»Verrückt, lasterhaft und eine Gefahr für jeden, der ihn kennt.«

Lady Caroline Lamb
über ihren Liebhaber, den Dichter Lord Byron

BARBARA
TAYLOR
BRADFORD

Straße der Engel

Roman

Deutsch von Michaela Bartmann

BLANVALET

Die Originalausgabe erschien unter dem Titel
»Dangerous to Know«
bei HarperCollins Publishers, Inc., New York

Umwelthinweis:
Alle bedruckten Materialien dieses Taschenbuches
sind chlorfrei und umweltschonend.
Das Papier enthält Recycling-Anteile.

Blanvalet Taschenbücher erscheinen im Goldmann Verlag,
einem Unternehmen der Verlagsgruppe Bertelsmann

Taschenbuchausgabe April 2000

Umschlaggestaltung: Design Team München
Umschlagmotiv: Claude Monet ·
Druck: Elsnerdruck, Berlin
Verlagsnummer: 35240
SK · Herstellung: Heidrun Nawrot
Made in Germany
ISBN 3-442-35240-1

1 3 5 7 9 10 8 6 4 2

Die Erzähler

Teil I

Vivienne
Loyalität

Teil II

Jack
Pflichtbewußtsein

Teil III

Luciana
Stolz

Teil IV

Zoë
Wahrheit

Teil V

Vivienne
Ehrgefühl

Teil I

Vivienne
Loyalität

1

Ich verliebte mich in Sebastian Locke, als ich ihn zum ersten Mal traf. Er war zweiunddreißig Jahre alt. Ich war zwölf. Ich hatte damals keine Ahnung, daß er der Geliebte meiner Mutter war. Ebensowenig wußte ich damals, daß ich ihn zehn Jahre später heiraten würde.

Jetzt war er tot.

Er war unter einigermaßen mysteriösen Umständen gestorben, die sogar gewisse Verdachtsmomente aufkommen ließen. Bisher war noch nicht bekannt, ob er eines natürlichen Todes gestorben war, Selbstmord begangen hatte oder ermordet worden war.

Wir waren geschieden. Ich hatte ihn seit fast einem Jahr nicht mehr gesehen, bis letzten Montag, als wir, auf seinen Wunsch hin, zusammen zu Mittag gegessen hatten. Offensichtlich hoffte die Polizei, ich könnte etwas Licht in diesen seltsamen Todesfall bringen, aber das konnte ich nicht. Ich war genauso perplex wie alle anderen.

Jedenfalls war die Polizei gerade eingetroffen, um mir einen Besuch abzustatten, und ich drückte einen Knopf auf der Haussprechanlage und sagte meiner Sekretärin Belinda, sie könnte die Männer in die Bibliothek führen.

Nur einen Sekundenbruchteil später schüttelte ich bereits Joe Kennelly und Aaron Miles aus der Abteilung Schwerverbrechen der Staatspolizei von Connecticut die Hand.

»Wir sind fassungslos, Mrs. Trent«, sagte Detective Kennelly, als wir uns setzten. »Solange wir den Autopsiebericht nicht haben, tappen wir völlig im dunkeln. Wie Sie bereits wissen, sind die Umstände ziemlich dubios, und wir können nicht ausschließen, daß hier irgend etwas faul ist. Aber wer könnte Sebastian Locke umbringen wollen? Ein derart guter Mensch hatte doch bestimmt keine Feinde, oder?«

Gebannt richteten sie ihre Blicke auf mich.

Ich starrte schweigend zurück. Mir kamen etliche Feinde in den Sinn, und jeder von ihnen hätte Sebastian jederzeit ermorden können. Ich dachte jedoch gar nicht daran, das der Polizei gegenüber zu erwähnen. Es war eine Familienangelegenheit, und obwohl wir schon seit acht Jahren geschieden waren, betrachtete ich mich seltsamerweise immer noch als eine Angehörige des Locke-Klans und wurde auch von der Familie als eine solche behandelt – das heißt, von denen, die noch übrig waren.

Schließlich räusperte ich mich und sagte: »Selbstverständlich hat ein Mann wie Sebastian auf seinen Reisen um die Welt eine Menge Leute kennengelernt, und zwar aus allen Lebensbereichen. Ich vermute, er *könnte* sich ein oder zwei Feinde gemacht haben, unabsichtlich natürlich. Einflußreiche Männer werden oft allein wegen der Macht, die sie besitzen, gehaßt.«

Ohne den festen Blick abzuwenden, mit dem ich die beiden fixierte, verzog ich das Gesicht, zuckte hilflos die Achseln und meinte abschließend: »Aber ich fürchte, ich kann nicht mit dem Finger auf eine bestimmte Person deuten, Detective Kennelly.«

Sein Partner sagte: »Kam Mr. Locke in der Regel allein nach Connecticut?«

Die Frage verwirrte mich etwas, und ich zog die Stirn in Falten. »Er war nicht mehr mit Betsy Bethune verheiratet«, erwiderte ich. »Aber ich vermute, er hat die Farm öfter alleine besucht. Es sei denn, er hat einen Freund oder einen Kollegen mitgenommen oder Gäste über das Wochenende zu sich eingeladen.«

»Ich meinte, ob er die Gewohnheit hatte, die Farm aufzusuchen, wenn das Personal frei hatte?« stellte Detective Miles klar.

»Nein, das täte er niemals … aber andererseits sollte ich so etwas nicht sagen. Im Grunde bin ich nicht mehr auf dem laufenden, was seine heutigen Gewohnheiten angeht. Wir sind schon seit einer Reihe von Jahren geschieden, und ich habe ihn in der letzten Zeit nicht allzu häufig gesehen.«

»Vor einer Woche haben Sie sich aber mit ihm getroffen, und zwar nur wenige Tage vor seinem Tod, Mrs. Trent«, erinnerte mich Detective Miles.

»Das stimmt. Wir haben zusammen zu Mittag gegessen, wie Sie offensichtlich schon wissen. Zweifellos haben Sie seinen Terminkalender konsultiert.«

Detective Miles nickte. »Ja, wir sind in seinem Terminkalender auf Ihren Namen gestoßen, neben den anderen Verabredungen, die er an dem Tag hatte.«

»Wir haben im *Le Refuge* in der zweiundachtzigsten Straße zu Mittag gegessen, in der East Side, nur ein paar Blocks von meiner Wohnung entfernt, und es hat sich über gut zwei Stunden hingezogen.« Diese Information lieferte ich ihnen freiwillig. Ich hatte nichts zu verbergen.

Detective Kennellys Tonfall war brüsk, als er mich fragte: »Wie war das Befinden von Mr. Locke? In welcher Verfassung war er an jenem Tag? Hat er einen verzweifelten Eindruck gemacht? Wirkte er irgendwie bedrückt? Hat er sich vielleicht Sorgen gemacht?« Der Kriminalbeamte zog fragend eine Augenbraue hoch.

Ich schüttelte den Kopf. »Nichts dergleichen. Ganz im Gegenteil. Er war ganz er selbst, ganz und gar Sebastian Locke … ruhig, gelassen und gefaßt. So sehe ich ihn immer vor mir …« Ich ließ meinen Satz abreißen. Ich spürte, wie die Tränen in meine Kehle aufstiegen. *Sebastian war tot.* Das erschien mir unmöglich. Ich hatte es immer noch nicht begriffen; es fiel mir schwer, mich damit abzufinden, daß er nicht mehr am Leben war.

Ich holte tief Atem, um mich zu beruhigen, räusperte mich und sprach langsam weiter. »So habe ich ihn schon immer gesehen. Beherrscht und absolut Herr der Lage. Und beim Mittagessen hat er sich vollkommen normal verhalten.«

Als diese Worte aus mir heraussprudelten, erkannte ich, daß sie nicht der Wahrheit entsprachen. Nicht ganz. Am letzten Montag war Sebastian keineswegs er selbst gewesen. Er war überschwenglich und aufgeregt gewesen und gewiß nicht so zurückhaltend wie sonst immer. Von seiner ernsten Ader war nicht das Geringste zum Vorschein gekommen. Er hatte sogar regelrecht *glücklich* gewirkt, und das war für ihn eine äußerst unnatürliche Verfassung. Das vertraute ich den beiden Kriminalbeamten jedoch nicht an. Was hätte es auch gebracht? Ich war absolut sicher, daß Sebastian an einem plötzlichen Herzanfall gestorben war. Er war ebensowenig wie ich ein Selbstmordkandidat. Und wenn wir schon dabei waren, er war auch kein Mordkandidat. Er hatte sich zwar ein paar Feinde gemacht, oder zumindest glaubte *ich* das, aber wenn ich es rational betrachtete, bezweifelte ich ernstlich, daß jemand so weit gegangen wäre, ihn umzubringen.

»Ja, Sebastian hat sich vollkommen *normal* verhalten, Detective Kennelly«, bestätigte ich noch einmal, und zwar mit einem gewissen Nachdruck. »Sein Benehmen war in keiner Weise ungewöhnlich, und er hat sich sehr positiv zu seinen Plänen für dieses Jahr geäußert.«

»Und wie haben diese Pläne ausgesehen?« fragte Kennelly.

»Er wollte wieder nach Afrika zurückgehen, um eine spezielle Form der Verteilung von Hilfsgütern an die Armen und die Kranken zu überwachen, und dann wollte er nach Indien. Nach Kalkutta, um genau zu sein. Er hat gesagt, er wollte Mutter Teresa einen Besuch abstatten. Er hat schon immer aus Überzeugung hinter ihrer Klinik gestanden und sie auch in der Vergangenheit großzügig finanziell unterstützt. Er hat mir erzählt, er käme im Dezember in die Staaten zurück, da er die Absicht hätte, Weihnachten hier in Connecticut zu verbringen.«

»Und Sie haben ihn in dieser Woche nicht noch ein zweites Mal gesehen?« Detective Miles beugte sich vor und sah mir fest ins Gesicht, als er diese Frage stellte.

»Nein, ich habe ihn nicht noch einmal gesehen, Detective Miles.«

»Was ist mit dem Wochenende, das Sie hier oben in Connecticut verbracht haben?« fragte er.

»Ich mußte einen Abgabetermin einhalten und habe mich vollständig zurückgezogen, um meine Geschichte zu beenden, erst in der Stadt und dann hier draußen. Wenn Sie es genau wissen wollen, ich habe mich mehr oder weniger in genau diesem Zimmer eingeschlossen und es während des gesamten Wochenendes kaum verlassen.«

»Ich verstehe.« Detective Miles neigte den Kopf als eine Art Anstandsbekundung und erhob sich langsam. Sein Partner Kennelly stand ebenfalls auf.

Ich sagte: »Wann genau ist Sebastian eigentlich gestorben?«

»Die Todeszeit ist bisher noch nicht genau ermittelt worden, aber wahrscheinlich ist der Tod irgendwann im Lauf des Samstagabends eingetreten«, antwortete mir Miles.

Kennelly war derjenige, der sagte: »Ich danke Ihnen, daß Sie sich Zeit für uns genommen haben, Mrs. Trent.«

»Ich fürchte, ich war Ihnen keine große Hilfe«, antwortete ich.

»Zumindest haben Sie uns bestätigt, in welcher Verfassung Mr. Locke war, in welchem Gemütszustand, und das bestätigt, was uns alle anderen Befragten auch erzählt haben. Vor allem, daß er sich bis zu seinem Tode so wie immer verhalten hat«, sagte Kennelly.

»Ich bin ganz sicher, daß er eines natürlichen Todes gestorben ist. Jack und Luciana sind auch dieser Meinung.«

»Das wissen wir, Mrs. Trent. Wir haben uns mit beiden

ausführlich unterhalten«, sagte Detective Miles unaufgefordert.

Das wußte ich längst, aber ich äußerte mich nicht weiter dazu, als ich die beiden Polizisten zur Tür der Bibliothek begleitete. »Wann werden Sie die Ergebnisse der Autopsie erfahren?« erkundigte ich mich behutsam.

»So bald noch nicht«, erwiderte Detective Kennelly und blieb in der Tür stehen, drehte sich um und sah mich wieder an. »Mr. Lockes Leiche ist noch nicht von der Farm abtransportiert worden. Aber später, wahrscheinlich morgen, wird sie in die gerichtsmedizinische Abteilung in Farmington überführt. Dort wird man sofort eine Autopsie vornehmen. Trotzdem werden wir auf die endgültigen Resultate möglicherweise noch eine Weile warten müssen.« Er blickte mich mit einem matten Lächeln an, was so wirkte, als wollte er sich entschuldigen.

»Wir werden uns wieder bei Ihnen melden, Mrs. Trent«, fügte Detective Miles hinzu.

Als ich mich einen Moment später wieder hinter meinen Schreibtisch setzte, nahm ich den Stift in die Hand, starrte jedoch die vor mir liegenden Seiten völlig geistesabwesend an. Ehe die Beamten gekommen waren, hatte ich versucht, den Text zu redigieren, den ich am Sonntagabend fertiggeschrieben hatte – ohne großen Erfolg. Durch die Nachricht von Sebastians Tod heute morgen und den Besuch der Polizei vor zehn Minuten war meine Konzentration ziemlich beeinträchtigt. Es war mir einfach unmöglich weiterzuarbeiten. Unter diesen furchtbaren Umständen war das wohl nicht weiter erstaunlich.

Meine Gedanken kreisten ausschließlich um Sebastian; seit Jack mich angerufen hatte, um mir die schockierende Nachricht von seinem Tod mitzuteilen, hatte ich kaum an etwas anderes denken können.

Jetzt schaute ich mich gedankenverloren in dem leeren

Raum um. Unzählige Erinnerungen drängten sich in mein Bewußtsein. Daher legte ich den Stift beiseite und lehnte mich in meinem Stuhl zurück.

Sebastian war, soweit ich zurückdenken konnte, ein Teil meines Lebens gewesen, und vielleicht hatte er mehr Einfluß als jeder andere auf mich gehabt. Obwohl wir lautstarke Auseinandersetzungen gehabt hatten, hitzige Diskussionen, Meinungsverschiedenheiten und stürmische Gefühlsausbrüche, die uns beide erschüttert und völlig aus der Fassung gebracht hatten, war es uns immer gelungen, die Dinge wieder ins Lot zu bringen, zusammenzuhalten und einander nahe zu bleiben, ganz gleich, was passiert war. Obwohl ich ihn mein ganzes Leben lang gekannt hatte, hatten wir erst nach unserer Scheidung begonnen, einander zu verstehen; und erst dann war in unserer Beziehung ein gewisses Maß an Frieden und Ruhe eingetreten.

In unserer Ehe war es zeitweise ziemlich ungestüm zugegangen, und sie war ohnehin kurzlebig gewesen; je mehr Zeit verging, desto besser verstand ich, warum sie so unbeständig und so kurz gewesen war. Um es auf den Punkt zu bringen: Der erfahrene zweiundvierzigjährige Mann von Welt hatte nicht gewußt, wie er mit dem zweiundzwanzigjährigen Kind umgehen sollte, das er gerade geheiratet hatte. Mit mir.

Ein Bild von Sebastian am Tag unserer Hochzeit kam mir plötzlich in den Sinn, und wieder schnürte es mir die Kehle zu. Tränen schossen mir in die Augen; ich versuchte sie zu unterdrücken. In den letzten Stunden war ich immer wieder in Tränen ausgebrochen... ich hatte um Sebastian geweint, der mit sechsundfünfzig Jahren tot war und noch soviel Leben vor sich gehabt hätte... ich hatte um mich selbst geweint... um Jack und Luciana... und um die Welt.

Er mochte ein schwieriger, ein gehetzter und ein gepeinigter Mensch gewesen sein, aber er war trotzdem ein großartiger Mensch gewesen. Ein guter Mensch. Ganz gleich, was er in seinem Privatleben gewesen war, seine Schultern waren stark genug gewesen, um einen enormen Teil der Last der Welt zu tragen, und sein Herz war von Mitleid mit allen Notleidenden gewesen.

Ein französischer Journalist hatte einmal über ihn geschrieben, daß er in jenen finsteren, turbulenten und schwierigen Zeiten, in denen wir lebten, wie ein Lichtstrahl erschien. Das war mit Sicherheit auch meine Ansicht. Jetzt, nachdem es ihn nicht mehr gab, war die Welt ein großes Stück ärmer geworden.

O Sebastian, du warst zu jung, um zu sterben, dachte ich, legte den Kopf auf den Tisch, schloß die Augen und durchlebte noch einmal Jacks Anruf vom heutigen Morgen. Ich hatte gerade die Fakten in meiner Geschichte überprüft, als Belinda mir sagte, Jack Locke sei am Telefon...

»Jack! Hallo!« hatte ich ausgerufen. »Wie geht es dir? Aber zuerst einmal, wo steckst du?«

»Ich bin hier, in Connecticut. Auf der Farm, Vivienne.«

»Großartig! Wann bist du aus Frankreich gekommen?«

»Vor zwei Tagen, Vivienne, aber ich...«

»Komm heute abend zum Essen rüber! Ich habe gerade diesen langen Text für das Magazin der Londoner *Sunday Times* fertiggeschrieben, und es wird mir guttun, etwas zu kochen, gemütlich mit dir zusammenzusitzen und...«

Er schnitt mir abrupt das Wort ab und sagte eilig: »Vivienne, ich muß dir etwas sagen.«

Ich entdeckte einen seltsamen Ton in seiner Stimme, und meine Nackenhaare sträubten sich. Ich setzte mich steif hin und schloß die Hand fester um den Telefonhörer. »Was ist los? Was ist passiert, Jack?«

»Es geht um Sebastian... Vivienne... ich weiß nicht so recht, wie ich es dir sagen soll, wie ich es dir schonend beibringen kann, und deshalb werde ich einfach gleich mit der Sprache rausrücken. Er ist tot. Sebastian ist tot.«

»O mein Gott! Nein! Das darf nicht wahr sein! Was ist passiert? Wann ist er gestorben?« erkundigte ich mich schrill und hörte mich dann selbst jammern: »Das darf einfach nicht wahr sein. Er kann nicht tot sein. Nicht Sebastian.« Mein Magen revoltierte, und mein Herz fing an gegen meinen Brustkorb zu hämmern, als die Aufregung mich endgültig ergriff.

»Es *ist* wahr«, beharrte Jack. »Ich habe heute morgen einen Anruf bekommen. Etwa um halb zehn. Von Harry Blakely. Dem Baummenschen.« Das war der Gärtner, der sich auf der Farm um die Bäume kümmerte. »Du kennst ihn doch, oder?«

»Ja.«

»Harry hat mich angerufen, um mir mitzuteilen, daß er Sebastians Leiche hinter dem Haus gefunden hat, im Freien. Nicht weit vom See. Harry war auf die Farm rausgefahren, wie jeden Montag. Er war auf dem Weg zum See, weil er die Kronen von ein paar toten Weiden abschneiden wollte. Er ist praktisch über die Leiche gestolpert. Sebastian lag in der Nähe dieser Felsen am hinteren Ende des Sees der Länge nach auf dem Bauch. Er hatte eine klaffende Wunde in der Stirn. Harry hat gesagt, es hätte ganz so ausgesehen, als hätte er die ganze Nacht im Freien verbracht. Vielleicht sogar einen noch längeren Zeitraum. Sowie er sich vergewissert hatte, daß Sebastian tot war, ist Harry ins Haus gegangen, um die Staatspolizei von North Canaan anzurufen. Man hat ihn angewiesen, die Leiche nicht ins Haus zu bringen und bloß nichts anzufassen. Dann hat er mich in meinem Haus in Manhattan angerufen. Ich habe mir Luciana geschnappt, die gerade aus London zu Besuch gekommen war. Wir sind mit Sebastians Hubschrauber rausgeflogen. Harry hat außerdem das Durcheinander in Sebastians Bibliothek beunruhigt. Es war ein gewaltiges Chaos. Eine Lampe war umgeworfen worden. Ein Stuhl hat auf dem Boden gelegen. Überall waren Papiere verstreut. Und die Glastüren haben offengestanden. Eine der Scheiben war zerbrochen. Harry fand, es sähe so aus, als könnte sie vorsätzlich eingeschlagen worden sein. Von einem Eindringling.«

»Willst du damit etwa sagen, Sebastian könnte *umgebracht* worden sein?«

»Das ist eine Möglichkeit. Das ist sogar durchaus eine Möglichkeit«, sagte Jack. »Die Umstände sind irgendwie verdächtig, findest du nicht auch?«

»Nach allem, was du mir erzählst, macht es wirklich einen seltsamen Eindruck auf mich, das stimmt schon. Aber andererseits könnte Sebastian eine Art Anfall gehabt haben, vielleicht einen Herzschlag. Er könnte durch die Bibliothek gewankt und dann ins Freie gelaufen sein, damit er Luft bekommt...« Meine Stimme stockte. Es war blödsinnig, Spekulationen anzustellen. Aber schon im nächsten Moment machte ich damit weiter.

»Glaubst du, er ist gestürzt und hat sich den Kopf aufgeschlagen, Jack? Oder willst du etwa andeuten, er sei aus dem Haus gejagt und dann von jemandem erschlagen worden? Dem Eindringling? Falls es überhaupt einen Eindringling gegeben hat.«

»Ich weiß es nicht, Vivienne. Ich frage mich, ob wir das jemals erfahren werden.«

»O Jack, das ist ja einfach grauenhaft! Ich kann nicht glauben, daß er tot ist. Ich kann es einfach nicht glauben.« Wieder ertappte ich mich dabei, daß ich weinte.

»Weine nicht, bitte. Damit kannst du ihn auch nicht wieder zum Leben erwecken.«

»Ich weiß, aber ich kann einfach nicht anders. Ich habe ihn geliebt, solange ich zurückdenken kann, schon als Kind. Und ich habe immer noch viel für ihn empfunden, trotz der Scheidung.«

»Ich weiß«, murmelte er.

Dann herrschte Schweigen zwischen uns.

»Wie geht es Luciana?« fragte ich schließlich und versuchte Jacks Kälte zu ignorieren, diesen Mangel an Gefühlen, den ich zu spüren glaubte.

»Es geht ihr ganz gut. Sie hält sich tapfer. Sie wird es schon überstehen.«

»Möchtest du vielleicht, daß ich nach Cornwall rüberfahre? Ich kann in einer halben Stunde da sein, maximal einer dreiviertel Stunde.«

»Nein, du brauchst nicht zu kommen. Trotzdem danke für dein Angebot. Jedenfalls wimmelt es hier nur so von Polizisten. Das ist einer der Gründe, aus denen ich dich angerufen habe. Um dich vorzuwarnen. Sie werden zu dir rüberkommen und dir einen Besuch abstatten. Irgendwann im Lauf des Tages. Du stehst in Sebastians Terminkalender. Sie haben mich gefragt, wer du bist. Ich habe ihnen gesagt, du seist seine Exfrau. *Eine* seiner Exfrauen. Du hast dich erst vor kurzer Zeit mit ihm getroffen. Ich nehme an, das ist der Grund, warum sie dich sprechen wollen.«

»Das verstehe ich schon, Jack, aber ich kann ihnen wirklich nichts sagen. Sebastian war blendend gelaunt. Und bei bester Gesundheit, soweit ich das am letzten Montag beurteilen konnte. Ich kann es nicht glauben, ich kann es einfach nicht glauben«, schluchzte ich.

Ich suchte nach meinem Taschentuch, putzte mir die Nase und bemühte mich, mich selbst und meine Gefühle in den Griff zu kriegen.

»Es ist der Schock«, murmelte ich nach ein oder zwei Sekunden ins Telefon. »Es kommt alles so unerwartet. Wie kann Sebastian tot sein? Er wirkte immer irgendwie überlebensgroß und unangreifbar. *Unbezwingbar*. Jedenfalls in meinen Augen. Ich habe geglaubt, ihm würde niemals etwas zustoßen, und er würde ewig leben. Oder zumindest, daß er ein hohes Alter erreichen würde. Um die Wahrheit zu sagen: Ich habe ihn wohl immer für unsterblich gehalten.«

»Er war nur zu sterblich«, sagte Jack mit einer leisen und gepreßten Stimme. »Hör zu, ich muß jetzt auflegen. Ich sehe zwei Kriminalbeamte auf das Haus zukommen. Sie kommen über den Rasen hinter dem Haus. Und sie scheinen ziemlich grimmig zu sein », fauchte er.

»Jack, bitte, ruf mich später noch einmal an!«

»Klar.«

»*Bitte.*«

»Okay, okay!«

Er wirkte ungeduldiger als sonst.

»Und sag Luciana bitte, wie sehr es mir leid tut. Vielleicht sollte ich jetzt gleich selbst mit ihr reden.«

»Sie ist aus dem Haus gegangen. Sie macht einen Spaziergang. Wir werden uns später alle treffen.«

Ohne ein weiteres Wort legte er auf, ohne sich auch nur zu verabschieden. Ich saß da und hielt den Telefonhörer in der Hand, als sei ich versteinert, und lauschte dem endlosen Freizeichen. Schließlich legte ich auf.

Seit diesem Anruf am Morgen war ich wie betäubt von dem Schock und von Kummer und Ungläubigkeit erfüllt. Aber nun fühlte ich mich plötzlich völlig ausgelaugt. Eine gewaltige Leere breitete sich in mir aus. Es war, als sei ich völlig ausgehöhlt, nichts weiter als eine zerbrechliche Hülle.

Solche Gefühle habe ich nie zuvor erlebt. Nein, das ist nicht wahr. Ich habe sie erlebt. Als meine Mutter damals genauso plötzlich und unerwartet gestorben ist, mit dieser schrecklichen Abruptheit, die andere hilflos und verwirrt zurückläßt. Und, wie in Sebastians Fall, hatte auch über dem Tod meiner Mutter eine dunkle Wolke geschwebt, da auch sie unter mysteriösen Umständen ums Leben gekommen war. Und als Michael Trent, mein zweiter Ehemann, unerwartet einen Herzanfall bekam, einen tödlichen Herzanfall, war ich am Boden zerstört, geriet ins Schwimmen und fühlte mich so sehr aus der Bahn geworfen wie jetzt.

Das Leben ist die Hölle; nein, der Tod ist die Hölle, murmelte ich vor mich hin, und dann fragte ich mich, woher es wohl kam, daß diejenigen, die ich liebte, mir immer so unerwartet genommen wurden, daß mir der Schock den Atem nahm.

Ich erhob mich mühsam von meinem Stuhl und verließ die Bibliothek. Auf dem Weg durch den Korridor warf ich einen Blick in Belindas winziges Büro und zog ein altes wollenes Cape aus dem Garderobenschrank.

Ich blieb auf der Hintertreppe stehen und holte ein paarmal tief Atem. An diesem Montag Anfang Oktober war das Wetter einfach prachtvoll, und es war frühlingshaft mild. Ich blickte auf. Der Himmel wölbte sich wie ein leuchtend blauer klarer Bogen über mir, und in dem strahlenden goldenen Sonnenschein schien alles zu funkeln. Die Bäume hatten bereits begonnen, sich zu verfärben, und das Laub hatte sein saftiges Grün verloren und schimmerte jetzt gelb, rostrot und orange; manche Blätter hatten einen tief violetten Pflaumenton, andere waren mattgold und an den Rändern mit einem zarten Rosa eingefaßt. Es war Herbst, diese ganz besondere Jahreszeit, zu der die Touristen aus aller Welt nach Connecticut kamen, um das prachtvolle Herbstlaub zu sehen, das einfach atemberaubend war.

Ich lief schnell über den mit Steinen gepflasterten Weg über den Rasen auf eine kleine Laube zu, die am Rand eines Wäldchens stand. Ich liebte diesen abgeschiedenen Winkel des Gartens, der völlig zugewachsen und absolut ruhig war.

Meine Großmutter hatte die Laube vor vielen, vielen Jahren errichtet, lange vor meiner Geburt. Sie war für meine Mutter angelegt worden, als sie noch ein Kind war. Sie war in diesem alten steinernen Haus im Kolonialstil aufgewachsen, das in den Hügeln über New Preston lag, einem pittoresken kleinen Städtchen, im nordwestlichen Hochland von Connecticut.

Ich stieg die drei hölzernen Stufen hinauf, betrat die Laube und setzte mich auf die Bank, zog das Cape enger um mich und fröstelte ein wenig. Und doch war es heute nicht kalt. Die Sonne war ein riesiger leuchtender Ball, und in diesem Teil der Welt durften wir dieses Jahr einen außerordentlich schönen Altweibersommer genießen, wie wir ihn hier schon lange nicht mehr erlebt hatten. Ich hatte gerade lediglich gezittert, weil ich hier in diesem rustikalen kleinen Bau die Gegenwart von Geistern wahrgenommen hatte und sie alle sah, alle. Ich ertappte mich dabei, daß ich gemeinsam mit ihnen durch die Zeit zurückfiel.

Großmama Rosalie mit ihrem aparten rosa Teint und dem schneeweißen Haar, das sich hoch auf dem Kopf türmte – mit wieviel Stolz und welcher Würde sie auf der Bank vor dem runden Tisch saß.

Sie schenkte Tee aus ihrer alten braunen Porzellankanne ein, die sie trotz des Sprungs im Deckel einfach nicht wegwerfen konnte, weil der Tee, wie sie sagte, aus dieser Kanne am besten schmeckte. Großmama erzählte mir Geschichten über dieses bezaubernde alte Haus, *Ridgehill*, das schon seit Generationen im Besitz ihrer Familie war. Es war 1799 erbaut worden und von der Mutter an die Tochter übergegangen, und es war immer im Besitz einer Frau gewesen, niemals im Besitz eines Mannes. Diese Klausel hatte Henrietta Bailey in ihrem Testament festgelegt, meine Ururururgroßmutter. Sie war diejenige, die das Haus von ihrem eigenen Geld hatte erbauen lassen, und sie war eine der einflußreichsten Matriarchinnen der Baileys gewesen. Meine Großmutter war eine Bailey und stammte in direkter Linie von ihr ab; Bailey war sogar ein Teil meines eigenen Namens.

Meine Großmutter hatte eine unglaublich schöne Stimme gehabt, kultiviert, melodisch und voller Musikalität. Sie rief mir ins Gedächtnis zurück, daß das Haus eines Tages mir gehören würde. Behutsam erklärte sie mir alles, was mit Henrietta und ihrem Testament zu tun hatte, und sie erzählte mir, wie meine erstaunliche Vorfahrin sich gewünscht hatte, daß die Frauen der Familie Bailey immer das

Gefühl sicherer Geborgenheit haben sollten. Daher mußte das Haus von der Mutter auf die Tochter übergehen, selbst wenn es Söhne gab. Wenn keine Töchter vorhanden waren, ging das Haus an die Ehefrau des ältesten Sohnes über. Ich habe die Geschichte meiner Familie immer begierig aufgesogen. Ich kostete Großmamas ergötzliche Geschichten genüßlich aus...

Meine Mutter war jetzt hier... ganz in goldenes Licht und in Helligkeit getaucht, eine Frau, die mit ihrem üppigen goldroten Haar, ihrer makellosen seidenglatten Haut und ihren verblüffend grünen Augen zu funkeln schien. Seine Smaragdaugen, so nannte sie mein Vater.

Jetzt war auch er bei uns... der Ire. Liam Delaney war, so berichtete mir meine Großmutter, ein dunkelhäutiger Ire. Ein Ire mit dunklem Haar und ein ziemlicher Charmeur, ein unwiderstehlicher, liebenswerter Schurke, ein Mann, in den sich die Frauen im Handumdrehen verliebten – zumindest erzählte mir meine Großmama das immer wieder, als ich heranwuchs.

Er war groß und dunkelhaarig, mit rosigen Wangen, leuchtenden braunen Augen und einem Akzent so dick wie geschlagene Sahne. Der dunkle Ire, der liebenswerte Schurke, war Schriftsteller gewesen. Von ihm habe ich wahrscheinlich die Liebe zur Sprache geerbt, seine Neigung, Worte so miteinander zu verbinden, daß sie irgendeinen Sinn ergeben. Er hatte eine enorme Begabung besessen; ich bin mir nicht so sicher, ob mein Talent sich auch nur annähernd mit seinem messen kann. Großmutter sagte immer, wenn meine Begabung wirklich geringer sei, dann nur, weil ich den Blarney Stone im County Cork nicht geküßt hatte, was mein Vater von sich behauptete. Großmutter meinte immer, daß er sicher die Wahrheit sagte, da sie niemand anderen kannte, der eine ähnlich erstaunliche Überzeugungskraft besaß wie mein Vater.

Er verließ uns jedoch eines Tages; mein eigener Vater

ging einfach eines Tages im Sommer vor vielen Jahren fort. Er sagte uns, er käme innerhalb von drei Monaten wieder zurück. Aber er kehrte nie wieder heim, und bis zum heutigen Tag habe ich keine Ahnung, ob er tot oder am Leben ist. Ich war zehn Jahre alt, als er zu diesem journalistischen Streifzug aufbrach, um neues Material aufzutreiben, und in dem fernen blauen Horizont der weiten Welt verschwand. Das war vor sechsundzwanzig Jahren. Vielleicht war er inzwischen tatsächlich tot.

Meine Mutter war anfangs traurig gewesen; erst als seine Briefe allmählich in regelmäßigen Abständen eintrafen, hatte sich ihre Stimmung gebessert. Sie las mir Teile davon vor, als diese Briefe einer nach dem anderen eintrafen; aber es waren nur kurze Auszüge, und ich habe den Verdacht, daß sie die Intimitäten ausließ. Immerhin hatte man mir stets erzählt, daß mein Vater sehr wirkungsvoll mit schönen Worten umgehen konnte, besonders wenn es darum ging, Frauen zu umwerben.

Zuerst war er in Australien, dann ging er nach Neuseeland, und schließlich verließ er diesen Teil der Welt und reiste nach Tahiti. Die Fidschiinseln waren eine weitere Anlaufstelle, während er sich im Stillen Ozean herumtrieb. Gott weiß, wonach er auf der Suche war. Waren es andere Frauen? Exotischere Frauen? Bald nachdem meine Mutter einen Brief mit dem Poststempel von Tonga erhalten hatte, endete der Briefwechsel abrupt. Wir hörten nie wieder etwas von ihm.

Als ich klein war, hatte ich immer geglaubt, meine Mutter litte an gebrochenem Herzen und sehnte sich grenzenlos nach meinem Vater. Ich wußte damals nicht, daß sie sich bereits achtzehn Monate, nachdem Liam Delaney nach Mikronesien aufgebrochen war, in Sebastian Locke verliebt hatte.

Ich lehnte mich auf meiner Bank vor, blinzelte, kniff die Augen zusammen und schaute auf den sonnendurchfluteten Garten hinaus...

Vor meinem geistigen Auge konnte ich ihn deutlich sehen, wie er über den Rasen auf mich zukam – genauso, wie vor all den Jahren.

Sebastian Locke, der meine Richtung eingeschlagen hatte, langgliedrig und schlank, die perfekte Verkörperung männlicher Anmut, und er kam auf *mich* zu.

An jenem Sommertag, an dem ich ihn zum ersten Mal sah, hielt ich ihn für den schönsten Mann, der mir je begegnet war. Er sah bei weitem besser aus als mein Vater, und das hieß etwas. Sebastian war groß und dunkelhaarig wie mein Vater, aber im Gegensatz zu Liams Augen, die samtig braun waren und eine große Tiefe besaßen, waren Sebastians Augen von einem klaren, leuchtenden Blau, so blau, wie man es sich nur irgend denken kann. Ich erinnere mich noch, daß ich an jenem Tag gedacht habe: wie ein Stück Himmel. Und diese Augen waren durchdringend. Es war, als könnte er direkt durch einen hindurchschauen, als könnten diese Augen einem in das Herz und in die Seele blicken. Ich glaubte wirklich, er wüßte ganz genau, was ich dachte; selbst letzten Montag beim Mittagessen hatte ich noch dasselbe Gefühl.

An jenem drückend heißen Julitag im Jahre 1970 trug Sebastian eine weiße Gabardinehose und ein hellblaues Hemd. Das Hemd war aus nahezu transparentem Voile und wog so gut wie nichts. Seitdem mag ich Voilehemden an Männern. Das Hemd war am Hals aufgeknöpft, die Ärmel waren hochgerollt, und sein Gesicht und seine Arme waren braungebrannt. Auch sein Körper war braungebrannt. Das konnte ich durch sein Voilehemd deutlich sehen. Er war ein geschmeidiger und sportlicher Mann, sehr athletisch.

Er hatte sich an die Pfosten der Laube gelehnt und mich angelächelt. Seine Zähne strahlten weiß und völlig ebenmäßig in seinem braungebrannten Gesicht; er hatte einen sinnlichen Mund, und die leuchtenden Augen in diesem umwerfenden Gesicht standen weit auseinander.

Diese Augen betrachteten mich ein paar Sekunden lang ohne zu blinzeln und mit großem Interesse. Als er sagte: »Hallo, junge Frau, Sie müssen die berühmte Vivienne sein«, hatte ich gespürt, daß mein Gesicht und mein Hals zu glühen begannen. Dann hatte er die Hand ausgestreckt und sie mir hingehalten. Als ich seine Hand genommen hatte, hatte er leicht genickt, als nähme er mich damit noch ein zweites Mal zur Kenntnis. Er hielt meine Hand wesentlich länger fest, als ich es erwartet hatte, und als ich mit einer sehr ernsten Miene in dieses offene, glattrasierte Gesicht aufblickte, hatte mein Herzschlag für ein paar Sekunden ausgesetzt.

Und natürlich hatte ich mich hoffnungslos in ihn verliebt. Ich war damals ganze zwölf Jahre alt, aber an jenem speziellen Tag fühlte ich mich weitaus älter. Ganz und gar erwachsen. Schließlich war es das erste Mal, daß ein Mann mich tatsächlich zum Erröten gebracht hatte.

Sebastian war zweiunddreißig, sah aber wesentlich jünger aus und wirkte extrem knabenhaft und unbeschwert. Irgendwie war mir vage bewußt, daß er zu der Sorte Mann gehörte, von der sich Frauen automatisch angezogen fühlen; irgendwie begriff ich, daß er Charisma und Sex-Appeal besaß, dieses *je ne sais quoi*, das gewisse Etwas, von dem die Franzosen unaufhörlich reden.

Jedenfalls himmelte ich ihn damals schrecklich an. Ich habe ihn nie dazu gebracht, es mir gegenüber einzugestehen, aber ich war sicher, daß er an jenem Tag ganz besondere Gefühle für mich hegte.

Andererseits konnte es gut möglich sein, daß er mich nur mochte, weil ich die Tochter meiner Mutter war, der wunderschönen Antoinette Delaney, mit der er zu jener Zeit eine äußerst intensive Liebesaffäre hatte.

An jenem Nachmittag, als er die Stufen der Laube hinaufgeschlendert kam und sich neben mich gesetzt hatte, war mir klar gewesen, daß er eine gewaltige Rolle in meinem Leben spielen würde, in meiner Zukunft. Fragen Sie mich nicht, wie das junge Mädchen, das ich damals war, so etwas ahnen konnte. Sie tat es einfach.

Wir redeten über Pferde, und er wußte, daß ich mich vor ihnen zu Tode fürchtete. Er fragte mich, ob ich Lust hätte, auf die *Laurel Creek Farm* in Cornwall zu kommen, um dort Reiten zu lernen.

»Ich habe einen Sohn, Jack, der sechs Jahre alt ist, und eine Tochter, Luciana, sie ist vier. Sie reiten jetzt schon ihre eigenen Ponys und machen das auch ganz gut. Sag, daß du kommen und mit uns ausreiten wirst, Vivienne, sag, daß du kommen und eine Zeitlang auf dem Gestüt bleiben wirst. Deine Mutter ist, wie du selbst weißt, eine ausgezeichnete Reiterin. Sie möchte, daß du ebensogut reiten lernst wie sie. Du brauchst dich vor den Pferden nicht zu fürchten. Ich werde dir das Reiten selbst beibringen. Bei mir kannst du dich sicher fühlen.« In dem Punkt hatte er recht; ich fühlte mich sicher an seiner Seite, und er brachte mir das Reiten bei, bis ich es wirklich gut konnte. Dabei zeigte er weit mehr Geduld und Verständnis als meine Mutter. Und dafür liebte ich ihn nur um so mehr.

Lange Zeit später, viele Jahre später, wurde mir klar, daß er damals versucht hatte, aus uns eine Familie zu machen, daß er meine Mutter für sich hatte haben wollen. Für immer. Aber wie hätte sie für immer bei ihm bleiben können? Sie war mit Liam Delaney verheiratet, und *er* war auf dem Ozean verschollen. Solange sie sich nicht scheiden lassen konnte, konnte sie auch nicht wieder heiraten. Sie konnte nicht Sebastians Frau werden. Und auch nicht die eines anderen.

Dennoch hatte Sebastian tatsächlich versucht, uns alle in einem engen, kleinen Kreis zusammenzubinden, und in gewisser Weise war ihm das auch gelungen.

Als ich an jenem Nachmittag zu ihm aufblickte, hatte ich lediglich stumm nicken können, als er über Pferde sprach und versuchte, mir die Angst vor dem Reiten zu nehmen. Dieser Mann machte mich sprachlos, er zog mich ganz und gar in seinen Bann.

Er hatte mich hypnotisiert.

Und ich konnte mich ihm nie mehr entziehen.

Belinda riß mich aus meinen Erinnerungen, aus meinen seligen Träumereien heraus, und vertrieb meine geliebten Geister in die hintersten Winkel von Großmama Rosalies Garten. »Vivienne! Vivienne!« rief sie, als sie den Pfad hinuntereilte und hektisch mit den Armen fuchtelte. »Es ist die *New York Times!* Am Telefon!«

Sowie ich das hörte, sprang ich auf und rannte ihr entgegen. Wir trafen uns auf halber Strecke auf dem Rasen. »Die *New York Times?*« wiederholte ich und verspürte plötzlich Angst, als ich ihr forschend ins Gesicht sah.

»Ja, man hat dort Wind bekommen... von Sebastians Tod. Sie scheinen zu wissen, daß die Polizei hinzugezogen worden ist und daß die Umstände ziemlich mysteriös sind. Et cetera, et cetera. Jedenfalls möchte der Reporter dich sprechen.«

Allein schon der Gedanke an die Schlagzeilen am kommenden Morgen ließ mich frösteln. Und natürlich würde der Fall Schlagzeilen machen. Ein berühmter Mann war gestorben, ein Mann, der ein Gewissen hatte und Mitgefühl aufbrachte... der größte Philanthrop auf Erden. Und es konnte durchaus sein, daß er ermordet worden war. Ich mußte mir die Schlagzeilen nur vorstellen, um mich innerlich zu krümmen. Die Presse würde sein ganzes Leben auf den Kopf stellen und alles von innen nach außen kehren. Niemand und nichts würde verschont bleiben.

»Der Reporter will dich sprechen, Vivienne«, sagte Belinda noch einmal eindringlicher und packte mich am Arm. »Er wartet.«

»O Gott«, stöhnte ich. »Warum ausgerechnet mich?«

2

»Warum ausgerechnet ich?« wiederholte ich am späteren Abend, als ich zu Jack aufblickte. »Warum hast du ausgerechnet mich zur Sprecherin für diese Familie gewählt?«

Er war gerade erst vor ein paar Minuten zum Essen gekommen, und wir saßen in meiner kleinen Höhle im hinteren Trakt des Hauses. Mit dem Rücken zum Feuer und den Händen in den Taschen ragte er vor mir auf.

Er starrte mich an, wußte anscheinend nicht, was er dazu sagen sollte, und gab mir keine Antwort. Dann schüttelte er nachdenklich den Kopf, wollte etwas sagen, unterbrach sich, zog die Stirn in Falten und schob die Lippen vor.

»Tja, Vivienne«, sagte er schließlich, »ich weiß nicht genau, warum ich das getan habe.« Er schüttelte noch einmal den Kopf. »Das ist eine Lüge«, sagte er mit Nachdruck. »Ich bin ein Lügner. Und ein Feigling. Deshalb habe ich dir die *Times* auf den Hals gehetzt. Ich wollte nicht persönlich mit dem Reporter reden.«

»Aber *du* bist jetzt das Familienoberhaupt und nicht ich«, protestierte ich.

»Und du bist Journalistin. Eine anerkannte Journalistin. »Du weißt besser als ich, wie man mit der Pressemeute umgeht.«

»Luciana hätte mit den Leuten reden können. Sie ist Sebastians Tochter.«

»Du bist seine Exfrau«, warf er mir an den Kopf.

»O Jack, *bitte*.«

»Okay, okay. Sieh mal, sie ist vollkommen außer sich, seit wir hier angekommen sind. Sie kann kaum mit *mir* reden, ganz zu schweigen mit der *New York Times*. Du weißt doch, wie empfindlich sie ist. Die geringste Kleinigkeit bringt sie aus der Fassung.«

»So ist es schon immer gewesen. Ich habe keinen Moment

ernsthaft damit gerechnet, daß sie heute zum Abendessen kommen würde, obwohl sie fest zugesagt hat. Mir war absolut klar, daß sie zu Hause bleiben würde«, gab ich zurück. Als wir damals als Kinder miteinander aufgewachsen waren, war Luciana gewöhnlich diejenige gewesen, die hinterherhinkte, die sich ausklinkte, die Müdigkeit oder gar Krankheit vorschob, wenn sie etwas nicht tun wollte oder wenn sie sich mit einer schwierigen Situation konfrontiert sah. Aber empfindlich war sie nicht. Da war ich mir ganz sicher. Sie war stark. Und zäh. Nicht, daß Luciana es jemals gezeigt hätte. Das Simulieren lag ihr, es gelang ihr stets völlig mühelos; sie tat sich mit dem Lügen leicht, und sie war eine wahre Meisterin im Erfinden von Geschichten. Ihr Vater hatte früher einmal zu mir gesagt, sie sei die geschickteste Lügnerin, die ihm je begegnet sei.

»Wie wäre es mit einem Drink?« sagte Jack und riß mich aus den Gedanken über seine Stiefschwester heraus.

»Ja, selbstverständlich, gern!« rief ich aus und sprang auf. »Wie unhöflich von mir. Was hättest du gern? Den üblichen Scotch? Oder ein Glas Wein?«

»Einen Scotch, bitte, Viv.«

Ich ging zu dem Tisch neben der Tür, auf dem ein paar Flaschen Schnaps und ein Eiskübel standen. Ich schenkte ihm einen Scotch ein und mir einen Wodka mit Eis, dann trug ich die Gläser zum Kamin. Nachdem ich ihm sein Glas gereicht hatte, setzte ich mich wieder.

Er bedankte sich murmelnd, trank einen großen Schluck von dem bernsteinfarbenen Alkohol, blieb gedankenverloren stehen und hielt das Glas mit beiden Händen fest.

»Es war ein grauenhafter Tag«, sagte ich. »Der schlimmste seit langer Zeit. Ich kann mich einfach nicht mit der Tatsache abfinden, daß Sebastian tot ist. Ich rechne immer noch damit, daß er jeden Moment ins Zimmer kommt.«

Jack äußerte sich nicht dazu, sondern nippte weiter an seinem Drink und wippte auf den Fersen.

Ich betrachtete ihn über den Rand meines Glases hinweg und dachte, wie teilnahmslos und gefühllos er doch war. Wut keimte kurz in mir auf. Jack konnte so kalt sein, kalt wie ein Eisberg. In diesem Augenblick haßte ich ihn, so, wie ich ihn als Kind manchmal gehaßt hatte. Sein Vater war am Morgen dieses Tages tot aufgefunden worden, und zwar unter äußerst seltsamen Umständen. Und doch benahm er sich, als sei überhaupt nichts passiert. Und Anzeichen von Kummer waren schon gar nicht zu sehen. Das erschien mir höchst unnatürlich, obwohl Vater und Sohn einander nie wirklich nahegestanden hatten. Ich war den ganzen Tag über fassungslos gewesen, hatte gegen die Tränen angekämpft und war doch immer wieder von meinem Gefühlen überwältigt worden. Ich trauerte um Sebastian, und ich würde noch lange Zeit um ihn trauern.

Plötzlich sagte Jack ohne jede Vorrede: »Sie haben die Leiche mitgenommen.«

Diese Bemerkung verblüffte mich derart, daß ich ihn mit offenem Mund anstarrte. »Du meinst, die Polizei hat die Leiche fortgebracht?«

»Genau«, antwortete er lakonisch.

»Sie haben sie nach Farmington gebracht? Zur Autopsie?«

»Du hast's erfaßt!«

»Wenn du so bist, kann ich dich wirklich nicht ausstehen!« rief ich aus und war selbst überrascht, wie schroff mein Tonfall war.

»Wenn ich wie bin, Süße?«

»Um Gottes willen, hör bloß damit auf. Du weißt genau, was ich meine. So kalt und hart und teilnahmslos. Die Hälfte davon ist doch ohnehin nur aufgesetzt. Mir kannst du nichts vormachen. Ich kenne dich fast dein und mein ganzes Leben lang.«

Er zuckte gleichgültig die Achseln, leerte sein Glas, trat vor den Tisch und schenkte sich noch einen Drink ein. Dann stellte er sich wieder vor das Feuer und sprach weiter. »Dieser Kriminalbeamte, Kennelly, hat mir gesagt, morgen bekämen wir die Leiche wieder.«

»So schnell schon?«

Er nickte. »Anscheinend wird der oberste Gerichtsmediziner die Autopsie morgen früh als erstes vornehmen. Er wird Gewebe und Organe entnehmen, außerdem Blut- und Urinproben und…«

Ich erschauerte und schrie ihn an. »Hör auf! Du sprichst über Sebastian! *Deinen Vater*. Hast du denn gar keinen Respekt vor ihm? Hast du überhaupt keinen Respekt vor den Toten?«

Er warf mir einen seltsamen Blick zu, sagte aber nichts weiter.

Ich fuhr fort: »Wenn *du* überhaupt nichts für ihn empfindest, dann ist das deine Sache. Aber merk dir eins: *Ich empfinde etwas für ihn*. Ich lasse nicht zu, daß du so herzlos und ohne Gefühl über ihn sprichst.«

Jack ignorierte meine Bemerkungen und sagte: »Wir können die Beerdigung noch für diese Woche ansetzen.«

»In Cornwall«, murmelte ich und versuchte, einen zarteren Tonfall anzuschlagen. »Er hat mir früher einmal gesagt, er würde gern in Cornwall begraben werden.«

»Was ist mit einem Gedächtnisgottesdienst, Viv? Sollten wir einen Gottesdienst zu seinem Gedenken veranstalten? Und wenn ja, wo? Noch wichtiger: wann?« Er schnitt eine Grimasse. »Sobald wie möglich. Ich muß nach Frankreich zurück.«

Ich hielt mich zurück, obwohl er mich schon wieder in Wut brachte.

Es kostete mich große Selbstbeherrschung, mit ruhiger Stimme zu erwidern: »In New York. Ich glaube, das wäre der beste Ort dafür, und mit Sicherheit ist es der passendste.«

»Wo?«

»In der *Church of St. John the Divine*«, schlug ich vor. Was hältst du davon?«

»Ganz wie du willst.« Jack ließ sich auf den Sessel fallen, der dem Kamin am nächsten stand, und lange Zeit betrachtete er mich; ein grübelnder Ausdruck trat in seine Augen.

»Oh, nein«, sagte ich, da ich ihn sofort durchschaute. »Oh, nein, Jack, nein, ganz bestimmt nicht! Du wirst mich nicht dazu überreden, daß ich die Beerdigung und den Gedenkgottesdienst organisiere. Das ist deine Angelegenheit. Deine und Lucianas.«

»Du wirst uns aber dabei helfen. Oder etwa nicht?«

Ich nickte. »Doch, aber du wirst dich nicht vor der Verantwortung drücken, wie du es in der Vergangenheit schon so oft getan hast«, warnte ich ihn. »Das lasse ich nicht zu. *Du* bist jetzt das Familienoberhaupt, nachdem Sebastian tot ist, und je eher du das begreifst, um so besser. Schließlich muß die Locke-Stiftung weitergeführt werden, und du wirst dort weitermachen müssen, wo dein Vater aufgehört hat, als er gestorben ist.«

»Was soll das heißen?« fragte er schnell, mit schneidender Stimme, und sein Blick heftete sich augenblicklich auf mein Gesicht. »Womit weitermachen?«

»Mit der Wohltätigkeitsarbeit, Jack. Du wirst seine Arbeit fortführen müssen. Du wirst dich um die Armen und die Kranken auf dieser Welt kümmern müssen, um diejenigen, die Not leiden, genauso, wie er es getan hat. Tausende von Menschen sind jetzt von dir abhängig.«

»Oh, nein! Das kommt überhaupt nicht in Frage, Süße. wenn du glaubst, daß *ich* mit dem Geld um mich werfen werde wie ein betrunkener Matrose, dann bist du verrückt. So verrückt und übergeschnappt wie er es war.«

»Diese Familie hat soviel Geld, daß sie ohnehin nicht weiß, was sie damit anfangen soll!« schrie ich ihn an und war wieder wütend auf ihn.

»Ich werde nicht in Sebastians Fußstapfen treten, um die

halbe Welt reisen und wieder zurück und den ungewaschenen Massen Wohltaten erweisen. Vergiß es, Viv, und fang mir nicht noch einmal damit an.«

»Du wirst die Locke-Stiftung leiten müssen«, erinnerte ich ihn. »An dich als den einzigen Sohn und Erben fällt nicht nur die Erbschaft, sondern auch die Verantwortung.«

»Okay, okay, dann leite ich sie eben. Aus der Ferne. Von Frankreich aus. Aber ich bin kein Erlöser, der auszieht, um die Übel der Welt zu heilen. Merk dir das. Mein Vater war ein Irrer.«

»Sebastian hat eine ganze Menge Gutes getan. Vergiß das ja nie!«

Langsam schüttelte er den Kopf. »Es ist seltsam. Es ist wirklich seltsam.«

»Was?«

»Wie du ihn nach all den Jahren noch immer anbetest. Und nach allem, was er dir angetan hat.«

»Ich weiß nicht, was du damit meinst. Er hat mich sehr gut behandelt. Immer.«

»Besser als seine anderen Ehefrauen, das muß ich zugeben. Er hat dich gemocht.«

»Mich gemocht! Er hat mich *geliebt*. Sebastian hat mich vom Tag unserer allerersten Begegnung an geliebt, als ich zwölf Jahre war...«

»Alter Kinderschänder.«

»Sei still! Und außerdem hat er mich auch nach unserer Trennung noch geliebt.«

»Er hat nie jemanden geliebt«, warf Jack schnell und schneidend ein und bedachte mich mit einem mitleidigen Blick. »Mich nicht. Meine Mutter nicht. Luciana nicht. Ihre Mutter nicht. Deine Mutter nicht. Seine beiden anderen Ehefrauen nicht. Noch nicht einmal dich hat er geliebt, Süße.«

»Hör auf, mich Süße zu nennen. Es ist widerlich. Und er hat mich geliebt.«

»Ich habe es dir doch gesagt – er war nicht fähig zu lieben. Selbst, wenn sein Leben davon abgehangen hätte, hätte er niemanden lieben können. Es war ihm einfach nicht möglich. Sebastian Locke war ein Monster.«

»Das war er nicht! Und ich weiß, daß er mich geliebt hat, hast du verstanden? Ich weiß es ganz genau«, antwortete ich hitzig; ich schluckte meine Wut herunter und bewahrte mühsam die Fassung.

»Wenn du das sagst«, murrte er und gab nach, was er im Umgang mit mir häufig tat. Dann wandte er den Kopf ab; sein Gesicht nahm einen grimmigen Ausdruck an.

Als ich dasaß und ihn beobachtete, mir überlegte, wie traurig es doch war, daß er sich derart in seinem Vater irrte, und mir überlegte, wie wenig Jack über ihn gewußt hatte, ging mir auf, daß er heute abend große Ähnlichkeit mit Sebastian aufwies. Die beiden hatten dasselbe Profil; Jack hatte das kräftige Kinn und die Hakennase seines Vaters geerbt, aber auch den dunklen Schopf und das feine Haar. Aber seine Augen waren von einem ausgeblichenen wäßrigen Blau und hatten nicht das leuchtende Kornblumenblau der Augen seines Vaters. Was ihren Charakter und ihre Persönlichkeit anging, waren die beiden so verschieden, wie zwei Menschen nur irgend sein können.

Die Verdrossenheit fiel während des gesamten Essens nicht von Jack ab. Er aß kaum etwas, trank eine Menge und sagte so gut wie nichts.

Einmal streckte ich den Arm aus, legte meine Hand auf seine und sagte in meinem versöhnlichsten Tonfall leise: »Es tut mir leid, daß ich dich angeschrien habe.«

Er antwortete nicht darauf.

»Es tut mir wirklich leid. Sei nicht so, Jack.«

»Wie denn?«

»Stumm. Verschlossen. Teilnahmslos und so verdammt starrsinnig, daß es einen wahnsinnig machen kann.«

Erst starrte er mich nur an, dann lächelte er.

Wenn Jack lächelte, hellte sich sein ganzes Gesicht auf, und er wirkte charmant, ja nahezu unwiderstehlich auf mich. So war es schon immer gewesen. Ich lächelte ihn ebenfalls an, und meine Zuneigung zu ihm hatte wieder die Oberhand gewonnen. »Ich kann es nur einfach nicht tolerieren, daß du gemeine Dinge über Sebastian sagst.«

»Wir beide haben ein ganz unterschiedliches Bild von ihm«, murmelte er und schüttete noch mehr von meinem besten Rotwein in sich hinein, dem Mouton Rothschild, den Sebastian mir letztes Jahr geschickt hatte.

Er fuhr fort: »Du warst schon immer... in ihn vernarrt und hast ihn... bewundert und... angebetet. Schau mal, ich trage nicht dieselbe rosa Brille, Viv.«

»Als du klein warst, hast du ihn auch angehimmelt.«

»Das glaubst *du*. Das stimmt aber nicht.«

»O Jack, lüg mich nicht an. Du sprichst mit Vivienne... der guten alten Viv, deiner besten Freundin.«

Er warf den Kopf zurück und lachte. »Himmel, gibst du denn nie auf? Was Beharrlichkeit angeht, bist du wie ein Hund, der einen Knochen nicht mehr hergeben will.«

»Nur, wenn wir über Sebastian Locke diskutieren«, konterte ich.

»Nun, eins steht jedenfalls fest. Deine Loyalität ist löblich, Süße.«

»Danke. Und hör auf, mich in diesem gräßlichen Tonfall Süße zu nennen. Du weißt genau, wie sehr ich das hasse. Das tust du nur, um mich auf die Palme zu bringen.«

Er grinste, streckte einen Arm aus und drückte meine Hand. »Waffenstillstand?«

»Waffenstillstand«, willigte ich sofort ein, genauso wie früher, als wir Kinder waren.

Anschließend sprachen wir kurz über andere Dinge. Über Frankreich, genauer die Provence, und über unsere jeweiligen Häuser dort, Häuser, die Sebastian uns zu verschiedenen Zeitpunkten geschenkt hatte. Ich wagte jedoch nicht, Jack daran zu erinnern. Offensichtlich war seine Haltung Sebastian gegenüber nach dessen Tod genauso ablehnend wie zu seinen Lebzeiten. Jack hatte im Zweifelsfalle nie zu seinem Vater gehalten, und er hatte anscheinend auch nicht die Absicht, es jetzt zu tun. Nachdem es ohnehin zu spät war.

Als wir uns in mein Zimmer zurückzogen, um dort Kaffee zu trinken, fing Jack plötzlich noch einmal mit den Begleitumständen von Sebastians Tod an.

Er machte es sich in einem Lehnstuhl bequem, stellte seinen Kaffee und seinen Cognac auf einem kleinen Beistelltisch ab und sagte: »Die Polizei hat mich aufgefordert, seine Sachen durchzusehen. In der Bibliothek. Und dann im restlichen Haus. Es fehlen keine Wertgegenstände. Soweit ich das beurteilen konnte.«

»Soll das heißen, daß die Polizei die Möglichkeit eines Eindringlings inzwischen ausgeschlossen hat?«

»Dazu haben sie sich nicht geäußert.«

»Das ist ziemlich verwirrend.« Ich lehnte mich in meinem Stuhl zurück, und in Gedanken drehte und wendete ich die neuesten Erkenntnisse. »Als ich mit Sebastian zu Mittag gegessen habe, hat er erwähnt, Mrs. Crane sei in Urlaub gefahren...« Ich unterbrach mich und sah ihn an.

»Worauf willst du hinaus, Viv?«

»Es kommt mir wahrscheinlich ein wenig seltsam vor, daß Sebastian auf die Farm rausgefahren ist, obwohl niemand da war, um für ihn zu sorgen. Daß er hingefahren ist, während sie fort war. Sogar der Polizei erscheint das merkwürdig, Jack.«

»Er hat mir am Donnerstag erzählt, daß er noch etwas aufarbeiten müßte. Aus seinem Tonfall und seiner ganzen Haltung habe ich geschlossen, daß er sich darauf gefreut hat, allein hier zu sein.«

»Vielleicht war er aber gar nicht allein.«

Jack warf einen schnellen Blick auf mich, und seine Stirn zog sich in Falten. »Das ist durchaus eine Möglichkeit. Er hätte jemanden bei sich haben können. Ja, das könnte natürlich sein.«

»Und dieser Jemand hätte ihn tätlich angreifen können«, fuhr ich fort.

»Das ist nur zu wahr.«

»Übrigens, warum seid ihr eigentlich plötzlich in die Staaten gekommen, du und Luciana? Hat es einen speziellen Grund für diesen Besuch gegeben?«

»Wir sind nicht hergekommen, um Sebastian umzubringen«, sagte er und bedachte mich mit einem Grinsen, das seltsam makaber war.

»Um Gottes willen, ich wollte nichts dergleichen andeuten. Hör bloß auf damit. Du weißt genau, daß mich deine albernen Scherze nur wütend machen. Werde endlich erwachsen und benimm dich deinem Alter entsprechend, Jack. Das hier ist eine verdammt ernste Situation.«

»Tut mir leid, Viv. Luciana und ich sind zur Jahresversammlung von *Locke Industries* gekommen«, erklärte Jack in ruhigerem, versöhnlichem Ton. Es schien, als hätten meine Zurechtweisungen endlich etwas bewirkt. »Die Versammlung hätte morgen stattfinden sollen. Sie ist natürlich abgesagt worden.«

»Das will ich doch hoffen! Jedenfalls muß ich auf meine spontane Reaktion von heute morgen zurückkommen, als du mir am Telefon von Sebastians Tod berichtet hast. Ich war ganz sicher, er hätte einen Herzinfarkt gehabt, oder möglicherweise einen Schlaganfall. Ehrlich gesagt glaube ich im Innersten immer noch, daß es so gewesen ist.«

Als Jack nicht darauf einging, sah ich ihn durchdringend an und fragte: »Was ist? Stimmst du mir nicht zu?«

Er hob eine Hand zu seinem Gesicht, rieb sich den Mund und das Kinn und wurde plötzlich nachdenklich. »Ich weiß es nicht«, antwortete er. »Heute nachmittag hätte ich dir noch recht gegeben, aber jetzt bin ich mir nicht mehr so sicher. Möglich ist alles.«

»Glaubst du im Ernst, daß er überfallen worden ist? Von einem Einbrecher?« bohrte ich weiter.

»Kann sein. Er könnte zur Farm rausgefahren sein und dort jemanden überrascht haben.«

»Ehe der Einbrecher Gelegenheit hatte, etwas zu stehlen? Ist es das, was du glaubst? Schließlich hast du gesagt, daß nichts fehlt.«

»Na ja, die Gemälde und die auffälligen Kunstgegenstände sind noch alle da. Aber Sebastian könnte ja noch etwas anderes besessen haben, was einen Einbruch wert war und einen Dieb in Versuchung führen könnte.«

»Was zum Beispiel?« Ich runzelte die Stirn und schüttelte den Kopf. »Ich komme nicht ganz mit, Jack.«

»Bargeld, Vivienne. Du weißt doch, daß Sebastian immer eine Menge Geld mit sich herumgetragen hat. Ich habe ihn oft davor gewarnt. Aber vielleicht hatte er auch irgendwelche Unterlagen im Haus.«

»*Unterlagen*«, sagte ich mit scharfer Stimme und starrte ihn an. »Aber wenn jemand Unterlagen gestohlen hat, dann läßt das auf Vorbedacht schließen, meinst du nicht auch? Ich meine, ein Dieb, der wahllos irgendwo einbricht und auf Beute hofft, ist eine Sache. Ein Dieb, der einen Einbruch verübt, um Unterlagen zu stehlen, ist etwas ganz anderes. Das würde darauf hinweisen, daß er im voraus eindeutige Informationen hatte.«

Jack nickte. »In dem Punkt hast du recht.«

»Was hat dich auf Unterlagen gebracht? Sind welche verschwunden? Und an welche Art von Unterlagen hast du gedacht?«

»Ich weiß es nicht, und, ehrlich gesagt, ich weiß auch nicht, was mich darauf gebracht hat. Außer, daß Sebastian gesagt hat, er wolle auf die Farm, um dort zu arbeiten. Was er auch sonst gewesen sein mag, ein Lügner war er nicht.

Wenn er gesagt hat, er müßte Papiere durchsehen, dann stimmte das auch. Aber es waren keine Unterlagen da, zumindest keine, an denen er gearbeitet hat...«

»Was ist mit all diesen Papieren, die in der Bibliothek verstreut waren?« warf ich ein.

»Bei den Briefen auf dem Fußboden und auf dem Schreibtisch hat es sich um ganz alltägliche Dinge gehandelt. Korrespondenz, Rechnungen, private Schreiben von allen möglichen Leuten. So, wie er sich am Donnerstag dazu geäußert hat, klang es aber eher danach, als müßte er dringend wichtige Dokumente bearbeiten. Jetzt, wo wir davon reden, erinnere ich mich auch, daß er von *Dokumenten* gesprochen hat. Vermutlich bin ich deshalb auf diese Idee gekommen.« Er zog die Schultern hoch. »Schau mal, ich bin seit ewigen Zeiten nicht mehr auf der *Laurel Creek Farm* gewesen, Viv. Woher sollte ich also wissen, ob dort etwas fehlt. Mrs. Crane kann das am ehesten bestätigen, aber andererseits auch nur, was die Kunstwerke angeht. Selbst sie würde es nicht bemerken, wenn Papiere verschwunden wären.«

»Nein, das würde sie nicht.« Ich stieß einen tiefen Seufzer aus. »Es sieht so aus, als wären wir wieder am Ausgangspunkt angelangt.«

»Stimmt...« Jack schüttelte den Kopf, und seine Verwirrung gewann wieder die Oberhand. Dann sprudelte es plötzlich in einem wahren Wortschwall aus ihm heraus: »Schau mal, Viv, ich bin nicht deiner Meinung. Ich glaube nicht, daß er eines natürlichen Todes gestorben ist. Höchstwahrscheinlich ist jemand ins Haus eingebrochen. Sebastian hat ihn dabei überrascht. Sie haben miteinander gerungen. Und Sebastian ist umgebracht worden. Gewissermaßen unabsichtlich.«

»Oder er ist aus Gründen, die wir nicht kennen, von jemandem ermordet worden, der mit ihm auf die Farm rausgefahren ist«, warf ich ein.

Jack grübelte einen Moment. Dann sagte er langsam und

versonnener als sonst: »Wir stellen hier wilde Spekulationen an. Das sollten wir besser bleiben lassen. Es führt ja doch zu nichts.« Er fixierte mich mit seinen Augen und fügte hinzu: »Seien wir doch ehrlich, Vivienne, wir werden nicht genau wissen, wie er gestorben ist, ehe die Polizei diesen Autopsiebericht vom obersten Gerichtsmediziner in Farmington bekommt.«

Ich konnte nur nicken. Ich stimmte ihm zu, zumindest, was seine letzte Äußerung betraf.

3

Lange, nachdem Jack gegangen war, lief ich durch das Haus, packte Geschirr in die Spülmaschine, räumte auf und stellte in meiner privaten Höhle und im Eßzimmer Ordnung her.

Zwischendurch machte ich mich sogar noch einmal an meine Geschichte, in der Hoffnung, sie redigieren und ihr die endgültige Fassung geben zu können. Aber ich war nicht besonders erfolgreich. Ich würde es morgen noch einmal probieren, und wenn mein Konzentration dann immer noch streikte, würde ich den Text in seiner derzeitigen Form aus der Hand geben müssen. Der Artikel mußte der Zeitung in London spätestens am Freitag vorliegen, und ich würde ihn auf jeden Fall spätestens am Mittwoch per *Federal Express* losschicken müssen.

Die Standuhr in der Eingangshalle schlug Mitternacht, als ich die Treppe von *Ridgehill* zu meinem Schlafzimmer hinaufstieg. Ich fühlte mich müde und total ausgelaugt.

Wie all meine weiblichen Vorfahren hatte ich mich in dem herrschaftlichen Schlafzimmer eingerichtet, das sich fast über die gesamte Breite des Hauses erstreckte. Es nahm nicht etwa die Vorderfront ein, sondern war nach hinten hinaus gelegen, ein bezauberndes Zimmer mit Dachbalken, vielen Fenstern und einem imposanten steinernen Kamin. Flügeltüren auf beiden Seiten des Kamins führten auf einen großen Balkon hinaus, der über den Garten ragte. Es war der wunderbarste Ort auf Erden, um im Frühling und im Sommer draußen zu frühstücken. Besonders, wenn der Flieder blühte.

Ridgehill stand über der Tinker Hill Road. Es war in ein kleines Gehölz hineingebaut, und man hatte von dort aus einen Ausblick auf den Lake Waramaug. Als meine glanzvolle Vorfahrin Henrietta Bailey dieses Haus erbaut hatte, hatte sie alles wohl bedacht und eine gute Wahl getroffen, als sie innerhalb des gesamten architektonischen Gebildes die Lage des Schlafzimmers festgelegt hatte. Der jeweilige Ausblick, der sich aus den verschiedenen Fenstern bot, war spektakulär. Zusammen ergaben sie geradezu einen Panoramarundblick.

Ich trat an eines der Fenster, blieb stehen, zog den Vorhang ein wenig zur Seite und starrte über die Baumwipfel hinaus auf den großen See weiter unten. Er lag völlig regungslos da, so glatt und spiegelnd wie schwarzes Glas, und der Himmel darüber war mit winzigen hellen Sternen übersät. Heute nacht stand ein Vollmond am Himmel. Silbrig und vollkommen rund ritt er auf den schwarzen Wolken. Dabei warf er einen Schimmer über das düstere Wasser des Sees und tauchte die Baumwipfel in verzauberndes Licht.

Was für eine wunderschöne Nacht, dachte ich, als ich den Vorhang fallen ließ und mich abwandte. Nachdem ich mich ausgezogen hatte, schlüpfte ich in ein Nachthemd und stieg in das prächtige alte Himmelbett. Ich schaltete die Nachttischlampe aus, zog die Bettdecke über mich und legte mich in der Hoffnung hin, ich würde schnell einschlafen. Es war ein emotional ungeheuer anstrengender Tag gewesen. Ein Tag des Schocks. Ein Tag voller Kummer.

Mondschein strömte in das Zimmer. Die Stille war Balsam für mich. Ich lag da und hing meinen Gedanken nach; Sebastian stand dabei im Vordergrund. Wir hatten in diesem Zimmer so vieles gemeinsam erlebt. Soviel Freude. Soviel Leid. Ich bin sicher, daß in diesem Zimmer mein Kind gezeugt worden ist, sein Kind, das Kind, das ich bei einer Fehlgeburt verloren habe. Und wieder einmal ertappte ich mich bei der Frage, ob Sebastian und ich wohl zusammengeblieben wären, wenn ich dieses Kind geboren hätte. Vielleicht.

In diesem Bett hatte ich in seinen Armen gelegen und mich an seiner Schulter ausgeweint, und er hatte mich über den Verlust unseres Babys hinweggetröstet. Wie konnte Jack diesen Mann bloß für ein Monster halten? Nichts war weiter von der Wahrheit entfernt. Sebastian hatte mich immer getröstet und für mich gesorgt. Und im übrigen auch für alle anderen. Jack täuschte sich so furchtbar in ihm; sein Urteil über Sebastian war fehlerhaft, wie er sich auch sonst in persönlichen Dingen meistens täuschte. Er hatte sein gesamtes Privatleben verpfuscht und schob die Schuld daran mit Vorliebe anderen zu, besonders seinem Vater. Ich liebte Jack wie einen Bruder, aber ich sah ihn nicht durch eine rosa Brille.

Sebastian war immer für mich dagewesen, solange ich zurückdenken kann, seit meiner Kindheit. Ich erinnere mich noch so gut an den Nachmittag, an dem er zu mir gekommen war, nachdem man meine Mutter tot am Ende der Kellertreppe seiner Farm aufgefunden hatte. Ich war gerade erst aus Manhattan gekommen: Jess, die Haushälterin meiner Mutter, hatte ihn sofort angerufen, als ich zur Haustür hereingekommen war, und er war augenblicklich nach *Ridgehill* geeilt, da er sich Sorgen um mich machte.

Es war ein so warmer Julitag gewesen, ungewöhnlich heiß für diese Jahreszeit, und ich hatte auf dem Balkon dieses Zimmers gesessen und mit gebrochenem Herzen fassungslos geschluchzt, als er kam, um nach mir zu sehen.

Vor achtzehn Jahren.

Ich war achtzehn gewesen, als meine Mutter starb, weil sie sich bei ihrem furchtbaren Sturz auf den Steinstufen das Genick gebrochen hatte.

Das war jetzt schon so lange her. Mein halbes Leben lang. Und doch erinnerte ich mich so lebhaft daran, als wäre es gestern gewesen.

Ich ertappte mich dabei, wie ich wieder in die Vergangenheit hinabtauchte, in diesen Julinachmittag im Jahre 1976.

»Vivienne… Liebling… ich bin da! Ich bin für dich da«, sagte Sebastian, als er wie ein Wirbelwind durch das Schlafzimmer und auf den Balkon gefegt kam.

Ich hob den Kopf und blinzelte, starrte ihn aus tränenverquollenen Augen an, und der helle Sonnenschein hüllte ihn von hinten ein.

Im nächsten Moment war er an meiner Seite und setzte sich neben mich auf die lange Bank. Besorgt sah er mir ins Gesicht, und seine eigene Miene war voller Kummer und angespannt. In seiner Schläfe zuckte ein Muskel, und seine unglaublich blauen Augen waren vor Traurigkeit stumpf und glanzlos.

Er wischte mir mit den Fingerspitzen die Tränen von den Wangen, schlang die Arme um mich, zog mich eng an sich und tröstete mich, als tröste er ein verletztes Kind.

»Es ist eine so furchtbare Tragödie«, murmelte er in mein Haar. »Ich habe sie auch sehr gern gehabt, Vivienne, und daher weiß ich, was du durchmachst. Ich leide selbst.« Während er diese Worte sagte, schlossen sich seine Arme noch fester um mich.

Ich klammerte mich an ihn. »Es ist so ungerecht«, schluchzte ich. »Sie war noch so jung. Erst zweiundvierzig. Ich verstehe nicht, wie das passieren konnte. *Wie ist es passiert?* Wie ist meine Mutter die Kellertreppe hinuntergefallen, Sebastian? Glaubst du, ihr ist schwindlig geworden und sie hat das Gleichgewicht verloren? Und was wollte sie überhaupt im Keller?«

»Ich weiß es nicht. Das weiß niemand«, erwiderte er. Dann löste er sich von mir und sah mir ins Gesicht. »Du weißt, daß sie zu mir gezogen ist, während einige Zimmer in *Ridgehill* frisch gestrichen wurden, aber ich war letzte Nacht nicht in Connecticut. Ich war bei einem Abendessen der Locke-Stiftung in der Stadt. Ich bin im Morgengrauen aufgestanden und zur Farm hinausgefahren, weil ich mit ihr frühstücken wollte. Außerdem hatte ich gehofft, wir könnten später zusammen ausreiten. Als ich dort ankam, stand schon alles kopf. Aldred hatte deine Mutter gefunden und die Polizei angerufen. Dann hatte er mit Jess gesprochen und ihr gesagt, sie sollte sich mit dir in Verbindung setzen. Als ich sie endlich zu fassen bekommen habe, warst du bereits auf dem Weg nach New Preston.«

Ich nickte, aber ehe ich etwas sagen konnte, überwältigte mich der Kummer von neuem, und ich fing wieder an zu weinen. Sebastian tröstete mich unermüdlich; er war so nett zu mir.

Schließlich brachte ich mühsam heraus: »Jess glaubt, daß meine Mutter sofort tot war. Glaubst du das auch? Mir wäre die Vorstellung unerträglich, daß sie gelitten hat.«

»Ich bin ganz sicher, daß Jess recht hat. Wenn jemand auf einer steilen Treppe stürzt, geht wohl alles sehr schnell... ich nehme an, es überstürzt sich alles. Für mich steht außer Frage, daß sie auf der Stelle tot war. Sie kann nicht gelitten haben, soviel kann ich dir versichern.«

Als ich das gräßliche Bild des Sturzes vor meinen Augen heraufbeschwor, schrie ich plötzlich gepeinigt auf. Er zog mich enger an sich und beruhigte mich, so gut es ging. »Ich weiß, ich weiß«, flüsterte er sanft in mein Haar.

»Sie wird dir fehlen, Sebastian«, murmelte ich schließlich. »Du hast sie auch geliebt.«

»Ja.«

Ich begrub mein Gesicht an seiner Brust und klammerte mich an ihn, als sei er das einzige auf der Welt, was mir geblieben war. In gewisser Weise war er das auch; und er war mein sicherer Zufluchtsort.

Sebastian strich mir über das Haar, ließ eine Hand über meinen Arm gleiten und murmelte weiter liebevolle Worte. Ich schmiegte mich noch enger an ihn, und es kam mir vor, als könne er mir Kraft geben.

So saßen wir lange auf dem Balkon, und schließlich senkte sich eine Form von Frieden auf mich herab, und endlich hörte ich auf zu weinen. Er machte jedoch keinerlei Anstalten aufzustehen, und auch ich rührte mich nicht von der Stelle; so blieben wir auf der alten Bank sitzen.

Plötzlich wurde ich innerlich ganz steif, hielt den Atem an und wagte kaum noch, mich zu rühren. Irgend etwas Seltsames geschah mit mir. Mein Herz pochte; meine Kehle war ganz ausgetrocknet und wie zugeschnürt.

Blut strömte in mein Gesicht; mir war vollkommen klar, was hier passierte; ich verstand mich selbst nur zu gut. Ich wollte, daß er aufhörte, mein Haar zu küssen, wollte, daß er mich statt dessen küßte. Ich wollte seinen Mund auf meinen Lippen spüren. Ich wollte, daß seine Hand meine Brüste streichelte, nicht meinen Arm. Ich wollte mit ihm ins Bett gehen. Ohne es zu wissen, erregte er mich sexuell, und ich stellte fest, daß ich mich gar nicht dagegen wehren wollte; ich wollte nicht, daß er aufhörte. Als ich merkte, wie feucht ich zwischen den Beinen wurde, lief mein Gesicht flammendrot an. Ich war wie versteinert.

Ich wagte es nicht, mich in seinen Armen zu rühren. Ich wagte es nicht, ihn anzusehen. Er konnte meine Gedanken lesen; schon als ich ein kleines Mädchen war, hatte er immer gewußt, was in mir vorging.

Daher blieb ich still sitzen und wartete darauf, daß diese seltsamen Gefühle sich legen und von mir abfallen würden. Ich war verwirrt und verlegen. Wie konnte ich solche Regungen verspüren, und noch dazu an so einem Tag? Meine Mutter lag tot im Leichenschauhaus in Farmington und wurde wahrscheinlich genau in diesem Augenblick vom obersten Gerichtsmediziner einer Autopsie unterzogen.

Ich erschauerte innerlich. Sebastian war mehr als sechs Jahre ihr Geliebter gewesen. Und jetzt wollte ich ihn für mich selbst haben. Ich erschauerte noch einmal und haßte mich für diese abscheulichen Gedanken, haßte meinen Körper, der mich in diesem Moment derart verriet.

Zum Glück lösten sich Sebastians Arme endlich, und er ließ mich los. Er hob mein Gesicht zu sich hinauf und küßte mich zart auf die Stirn. Er bemühte sich zu lächeln, und es sah ganz so aus, als wollte er etwas sagen, doch er blieb stumm.

Schließlich sagte er mit gesenkter und besorgter Stimme: »Mir ist klar, daß du dich jetzt sehr allein fühlen mußt, aber du hast immer noch mich, Vivienne. Und du darfst dir um nichts Sorgen machen. Ich werde mich um dich kümmern. Ich weiß, daß ich unmöglich den Platz deiner Mutter einnehmen kann, aber ich bin dein Freund, und ich bin immer für dich da, wenn du mich brauchst.«

»Seit dem Tag, an dem du mich in der Laube getroffen hast, dem Tag, an dem wir einander zum ersten Mal begegnet sind, habe ich mich von dir beschützt gefühlt«, erwiderte ich und meinte jedes Wort ernst.

Wieder versuchte er zu lächeln, doch es gelang ihm nicht so recht. Nach einer kurzen Pause meinte er. »Du mußt immer zu mir kommen, ganz gleich, was für ein Problem du hast. Ich lass' dich nicht im Stich, das verspreche ich dir.« Ein kleiner Seufzer entrang sich ihm, und mehr zu sich selbst fuhr er fort: »Du warst ein so wundervolles Kind. Du hast mein Herz angerührt.«

Und jetzt war er tot und nicht mehr da, um mich zu beschützen. Ohne ihn würde mein Leben soviel ärmer sein. Ich preßte mein Gesicht in das Kissen, und es dauerte lange, bis ich die Tränen endlich besiegt hatte.

Schließlich muß ich dann eingeschlafen sein, denn als ich mit einem Ruck erwachte, strömte Sonnenschein durch die vielen Fenster. Gestern abend hatte ich vergessen, die Vorhänge zuzuziehen, und ein neuer Tag war angebrochen. Ich konnte das Zwitschern der Vögel hören und in weiter Ferne das Krächzen der Kanadagänse, die den See umrundeten.

Bei einem Blick auf die Uhr auf dem Nachttisch sah ich, daß es schon kurz vor elf war, aber ich ließ mich auf das Bett zurücksinken, um noch einen Moment lang das Behagen und die Wärme auszukosten. Dann drängte sich die Realität gewaltsam in mein Bewußtsein, und eine heftige Woge intensiven Schmerzes überkam mich, als ich mich wieder an die Ereignisse des gestrigen Tages erinnerte.

Sebastian war tot. Ich würde ihn nie wiedersehen.

Ich blieb ganz still liegen, atmete tief durch, dachte an ihn, und so vieles ging mir wieder durch den Sinn, so viele Kleinigkeiten. Wir waren seit acht Jahren geschieden, und in den letzten drei Jahren hatte ich ihn nicht besonders häufig zu Gesicht bekommen. Aber bis dahin war er ein ganz wesentlicher und unverzichtbarer Bestandteil meines Lebens gewesen, mehr als einundzwanzig Jahre lang. *Einundzwanzig*. Eine Glückszahl für mich. Ich war einundzwanzig Jahre alt gewesen, als Sebastian mich zum ersten Mal geliebt hatte.

Sein Bild stand mir in diesem Moment absolut klar vor Augen. Ich sah ihn genauso vor mir, wie er in jenem Jahr gewesen war. *1979*. Ich war einundzwanzig. Er war einundvierzig. Zwanzig Jahre älter als ich, aber so hatte er nie gewirkt, nicht einen Moment lang.

Ich schloß die Augen und malte mir aus, wie er die Bibliothek im Erdgeschoß betreten hatte. Es war die Nacht nach meinem einundzwanzigsten Geburtstag gewesen. Sebastian hatte auf der *Laurel Creek Farm* eine phantastische Party für mich gegeben, die in zwei blumengeschmückten Festzelten im Garten veranstaltet worden war. Das Essen war köstlich gewesen, der Wein auserlesen, die Band die beste weit und breit; sie war extra für diesen Anlaß aus Manhattan geholt worden. Es war ein grandioser Abend gewesen. Bis Luciana ihn verdorben hatte. Sie hatte mich gegen Ende des Abends unglaublich unverschämt behandelt. Ich war von ihrem Verhalten total überrumpelt und aus dem Gleichgewicht geworfen worden, und die gemeinen und abscheulichen Dinge, die sie mir an den Kopf geworfen hatte, hatten mich tief entsetzt. Betroffen und verletzt war ich geflohen. Ich war nach Hause gefahren, nach *Ridgehill*… Reifen quietschten und kamen auf dem Kies zum Stehen. Eine Wagentür wurde heftig zugeschlagen.

Einen Sekundenbruchteil später kam Sebastian in die Bibliothek gestürmt; sein Körper angespannt, sein Gesicht weiß.

Ich stand verloren an den Schiebetüren, die in den Garten führten. Das Taschentuch hatte ich in der Hand zu einem feuchten Ball zusammengeknüllt; noch immer rannen Tränen über mein Gesicht.

Nie zuvor hatte ich ihn so wütend erlebt, und als ich ihn anblickte, sah ich, daß er völlig außer sich war.

Er starrte mich ebenfalls an, und seine Augen wirkten in seinem angespannten Gesicht wie blaue Eissplitter. »Warum bist du einfach weggelaufen? Durchgegangen wie ein verängstigtes Füllen?« fragte er mit strenger Stimme. Dann durchquerte er mit ein paar langen Schritten das Zimmer, blieb vor mir stehen und schaute auf mich herunter.

Ich blieb stumm.

»*Warum?*« erkundigte er sich noch einmal.

»Das kann ich dir nicht sagen.«

»Mir kannst du alles sagen, und das weißt du auch ganz genau! Du hast dich mir schon anvertraut, als du noch ein kleines Mädchen warst«, sagte er, und obwohl ihm seine

Wut immer noch deutlich anzusehen war, hatte er die Selbstbeherrschung wiedergefunden.

»Ich kann es dir nicht sagen. Diesmal nicht.«

»Und warum nicht?«

Ich starrte ihn weiterhin hilflos an. Dann schüttelte ich energisch den Kopf. »Ich kann es einfach nicht.«

»Komm schon«, rief er in einem wärmeren und aufmunternderen Tonfall. »Wir sind doch immer gute Freunde gewesen, du und ich. Echte Kumpel. Vivienne, bitte, erzähl mir, was passiert ist, was dich dazu gebracht hat, panisch aus dem Haus zu stürzen.

Als ich nichts sagte, fuhr er ohne Umschweife fort: »Es war Luciana, stimmt's? Sie hat dich aus der Fassung gebracht.«

Ich nickte, machte aber immer noch nicht den Mund auf.

»Sie hat dich verletzt... sie hat etwas... etwas *Niederträchtiges* gesagt. Das stimmt doch, oder nicht?«

»Woher weißt du das?«

»Ich kenne meine Tochter nur zu gut«, fauchte er. »Erzähl mir, was sie zu dir gesagt hat.«

»Ich kann es nicht, Sebastian. Ich verpetze andere nicht.«

Er musterte mich noch etwas eindringlicher und nickte dann. »Integrität ist angeboren, und bei dir ist sie mehr als bei jedem anderen ein Teil deines Wesens. Weißt du, Vivienne, du bist der anständigste Mensch, der mir je begegnet ist. Aber wenn ich auch verstehe, daß es dir widerstrebt, jemanden zu verraten, finde ich trotzdem, daß du dich mir anvertrauen solltest. Schließlich war die Party etwas ganz Besonderes... für uns beide. Ich kann dir versichern, daß es mir viel bedeutet hat, diese Party für dich zu geben, und ich war wirklich bestürzt, als ich gesehen habe, wie du plötzlich geflohen bist, so, als seist du völlig außer dir. In aller Fairneß, ich finde, du solltest mir genau schildern, was vorgefallen ist.«

Er hatte recht; natürlich hatte er recht. Ich holte tief Luft und sprudelte es heraus: »Sie hat gesagt, ich sei ein Problem für dich. Eine Last. Du wolltest mich loswerden. Sie hat gesagt, daß du mich verabscheust, es verabscheust, für mich sorgen zu müssen und meine Ausbildung in Wellesley bezahlen zu müssen. Sie hat gesagt, ich sei ein Fall für das Sozialamt, ein Niemand, nichts weiter als die verzogene Göre einer deiner...« Ich unterbrach mich abrupt, da ich einfach nicht weiterreden konnte, und ich schluckte schwer.

»Sprich weiter«, befahl er mir in einem scharfen, reichlich barschen Tonfall.

»Luciana... sie hat gesagt, ich sei ja doch nur der Bastard einer... einer deiner Huren«, flüsterte ich.

Seine Lippen zogen sich vor Wut zusammen, und ich wartete darauf, daß er explodieren würde. Er tat es aber nicht. Er schüttelte lediglich den Kopf, wirkte verärgert und murmelte mit gepreßter Stimme: »Meine Tochter ist eine Lügnerin. Es gibt Augenblicke, Vivienne, da glaube ich, daß sie die gerissenste Lügnerin ist, die ich je getroffen habe. Sie kann noch besser lügen als Cyrus, und das will etwas heißen. Und wenn sie mal wieder in tollkühner Stimmung ist und verwegen wird, dann erzählt sie dumme Lügen. So, wie heute abend. Ja, Luciana ist ein kleiner Dummkopf.«

»Ich falle dir doch nicht zur Last, oder?« flüsterte ich.

»Natürlich nicht! Das mußt du doch inzwischen selbst wissen. Habe ich dir etwa nicht bewiesen, daß ich mich um dich sorge und daß mir dein Wohlergehen am Herzen liegt? Und was ist mit deiner Party? Ich wollte dir dieses Geschenk machen, und es hat mir großen Spaß gemacht.«

Ich nickte. Ich brachte kein Wort heraus. Es hatte mir nicht etwa die Sprache verschlagen. Ich war vielmehr wütend auf mich selbst und entsetzt über mein eigenes Benehmen. Mir wurde klar, wie lächerlich ich mich in seinen Augen gemacht hatte, wie mißtrauisch ich ihm gegenüber erscheinen mußte. Er hatte mich niemals im Stich gelassen, und ich wußte, daß er ein Mann war, der sein Wort hielt.

Natürlich verabscheute er mich nicht. Und es war ihm auch egal, wieviel mein Schulgeld kostete, meine Kleider und mein Unterhalt. Geld hatte für ihn noch nie eine Rolle gespielt. Er besaß so viel davon, daß er es fast verächtlich behandelte. So erschien es mir zumindest. Fest stand, daß er große Summen verschenkte. Es war idiotisch von mir gewesen, auf Luciana zu hören. Sie hatte mich vertrieben, weil sie eifersüchtig auf mich und auf meine Beziehung zu ihrem Vater war. Plötzlich dachte ich an ihre Eifersucht, als wir noch Kinder waren. Sie hatte mich heute abend perfekt manipuliert; und das Allerschlimmste war, daß ich es zugelassen hatte.

Sebastian legte eine Hand unter mein Kinn und hob mein Gesicht. »Tränen, Vivienne? Meine Güte, was für ein trauriger Abschluß eines so schönen Abends.«

»Es tut mir leid, Sebastian«, antwortete ich mit erstickter Stimme. »Es tut mir wirklich sehr leid.«

Er strich mir mit einer Hand über die feuchten Wangen und murmelte: »Pst, Liebling, pst, dir braucht nichts leid zu tun.«

»Ich hätte nicht auf sie hören dürfen.«

»Nein, das hättest du nicht tun sollen«, stimmte er mir zu. »Und merk dir eins: Schenk den Dingen, die sie sagt, in Zukunft keine Beachtung mehr. Und wenn wir schon dabei sind, gib auch nichts auf das, was Jack sagt. Er ist nicht ganz so schlimm wie sie, und er ist kein Lügner, aber er kann falsch und verschlagen sein.«

»Ich werde auf keinen von beiden hören«, versprach ich. Ich trat einen Schritt vor und schaute in diese leuchtend blauen Augen auf, die mich so liebevoll betrachteten. Meine Blicke waren jetzt eindringlich. »Bitte, sag, daß zwischen uns wieder alles in Ordnung ist.«

Ein plötzliches strahlendes Lächeln ließ Fältchen um seine Augenwinkel herum entstehen. »Nichts wird sich jemals zwischen uns beide stellen, Vivienne. Wir stehen einander viel zu nah. Das ist schon immer so gewesen. Wir sind Freunde fürs Leben, du und ich. Uns verbindet etwas ganz Besonderes miteinander. Das stimmt doch, oder nicht?«

Ich nickte. Ich brachte kein Wort heraus. Ich war überwältigt. Seine äußere Erscheinung und seine sexuelle Ausstrahlung waren einfach umwerfend. Ich wurde von einem Strudel aufwallender Gefühle verschlungen. Ich wollte, daß er mir gehörte, und ich wollte im wahrsten Sinne ihm gehören. Ich versuchte, etwas zu sagen, brachte aber kein Wort heraus.

Einen Moment lang schien er verwirrt, und er sah mich fragend an. Er kniff die Augen zusammen, als er sagte: »Auf deinem Gesicht steht ein ganz merkwürdiger Ausdruck. Woran denkst du gerade?«

Ich trat noch einen Schritt näher, beugte mich zu ihm vor und küßte ihn auf die Wange. Als ich meine Stimme endlich wiedergefunden hatte, sagte ich: »Ich habe gerade daran gedacht, wie wunderbar du bist und wie wunderbar du schon immer zu mir gewesen bist. Und ich möchte mich bei dir für meine Geburtstagsparty bedanken. Diese ganz besondere Party.«

»Gern geschehen«, sagte er.

Ich legte den Kopf zur Seite und schaute in sein Gesicht auf. »Ich bin jetzt einundzwanzig. Ich bin erwachsen.«

»Das bist du allerdings«, sagte er mit einem leicht belustigten Lächeln.

»Sebastian?«

»Ja?«

»Ich bin jetzt eine Frau.«

In meinem Gesicht muß sich etwas Ungewöhnliches ausgedrückt haben, aber vielleicht lag es auch in meinem Tonfall. Was es auch gewesen sein mochte, er starrte mich lange ganz seltsam an, und der Ausdruck des Erstaunens war jetzt klarer zu erkennen. Unerwartet kam er einen Schritt auf mich zu und blieb dann abrupt stehen.

Wir wechselten einen langen Blick miteinander, so tief, so vielsagend und so voller Sehnsucht, daß ich das Gefühl hatte, als stockte mir der Atem. Ehe ich etwas dagegen tun konnte und fast gegen meinen Willen ging ich langsam auf ihn zu.

Mir schien, als beobachtete er jeden Schritt, den ich machte, und dann streckte Sebastian die Arme nach mir aus, ohne auch nur ein Wort zu sagen. Er zog mich mit einer solchen Leidenschaft an sich, daß ich fassungslos war. Und er hielt mich so fest, daß ich kaum noch Luft bekam.

Plötzlich hatte sich alles verändert. Ich war verändert. Sebastian war verändert. Unser beider Leben veränderte sich unwiderruflich. Die Vergangenheit spielte keine Rolle mehr. Nur noch die Gegenwart existierte. Die Gegenwart und die Zukunft. Unsere gemeinsame Zukunft. Es war uns so bestimmt, ihm und mir. Zumindest glaubte ich das. Es war schon immer so gewesen. Unser Kurs war schon vor langer Zeit festgelegt worden. Irgendwie wußte ich das.

Sebastian bewegte den Kopf ein wenig, beugte sich herab und küßte mich. Als seine Zunge zart über meine Lippen glitt, öffnete ich sie mit der größten Selbstverständlichkeit für ihn. Unsere Zungen berührten einander. Ich spürte, wie meine Knie weich wurden, und ich klammerte mich noch enger an ihn, um eine Stütze zu finden, während er mich weiter auf diese äußerst intime Art küßte. Ohne jede Vorwarnung riß er sich von meinen Lippen los, trat zurück, hielt mich fast grob auf Armeslänge von sich und schaute auf mein Gesicht herab.

Wieder trafen sich unsere Blicke. Ich wußte, daß er mich ebenso sehr begehrte wie ich ihn. Das hatte er mir bereits ohne ein einziges Wort gesagt. Und doch nahm ich ein Zögern an ihm wahr.

Ich nahm ihn an der Hand und führte ihn die Treppe hinauf. Sowie wir im Zimmer angelangt waren, ließ er meine Hand los und wich zurück, blieb mitten im Zimmer stehen.

Ich konnte ihm die Unsicherheit nicht wirklich ansehen, aber ich fühlte sie. Nach einem Moment sagte er mit erstickter Stimme: »Ich bin gekommen, um dich zu deinem Geburtstagsfest zurückzuholen...« Seine Stimme verhallte.

»Nein! Ich will nicht zurückgehen. Ich will hierbleiben. *Mit dir zusammensein*. Das ist alles, was ich je gewollt habe, Sebastian.«

»Vivienne...«

Wir gingen gleichzeitig aufeinander zu.

Wir fielen einander in die Arme, klammerten uns aneinander. Endlich lösten wir uns aus der Umarmung. Er schälte sich aus seiner Smokingjacke, warf sie auf einen Stuhl und löste seine Krawatte, als er auf die Schlafzimmertür zuging. Mit einer Hand schloß er sie ab; mit der anderen begann er, die Manschettenknöpfe mit den Saphiren aus dem Frackhemd zu ziehen, und als er wieder auf mich zukam, löste sich sein Blick keinen Moment lang von meinem Gesicht.

Ich breitete die Arme für ihn aus. Er ließ sich in meine Umarmung fallen und preßte mich eng an sich. Dann zog er meinen Reißverschluß herunter, und plötzlich war mein Abendkleid als ein Berg von weißer Spitze um meine Füße herumgefallen. Wortlos zog er mich zum Bett und stieß mich darauf, legte sich neben mich und zog mich wieder in seine Arme. Sein Mund fand meine Lippen. Er liebkoste mich von Kopf bis Fuß, und seine Hände glitten so gekonnt über mich, daß ich schon bald vollständig erregt war und der Ekstase entgegenwirbelte. Aber als er einen Moment später in mich eindrang, keuchte ich und stieß einen Schrei aus, und er hielt still und schaute auf mich herunter Ich versicherte ihm, daß alles in Ordnung war, drängte ihn, weiterzumachen und schlang die Arme um ihn. Meine Hände preßten sich fest auf seinen breiten Rücken, und ich fand seinen Rhythmus, bewegte mich im Takt mit ihm und war von seiner Leidenschaft und meinem eigenen Verlangen entflammt. Und so schwangen wir uns gemeinsam zum Höhenflug auf, und als wir den Gipfel erreichten, schrie ich wieder auf, ebenso wie er.

Wir lagen stumm nebeneinander. Sebastian atmete schwer, und sein Körper war feucht. Ich ging ins Bad, fand ein Handtuch, kam zurück und rieb ihn trocken. Er lächelte matt, zog mich an sich, schlang seine langen Beine um meinen Körper und preßte sich an mich, sagte jedoch immer noch kein Wort. Aber unser Schweigen war frei von Verlegenheit; es drückte unsere ganzen Gefühle aus, unsere Harmonie.

Ich ließ meine Finger durch sein dichtes schwarzes Haar gleiten; ich ließ meine Hände über seine Schultern und über seinen Rücken gleiten. Ich küßte ihn ganz so, wie mir danach zumute war. Es dauerte nicht lange, bis wir einander wieder liebten, voller Hingabe und ohne jede Zurückhaltung.

Wir waren matt, glücklich und ein wenig wund, als wir schließlich still nebeneinanderlagen. Nach einer Weile stützte sich Sebastian auf einen Ellbogen und schaute auf mich herunter. Er strich mir eine Haarsträhne aus dem Gesicht und sagte leise: »Wenn ich gewußt hätte, daß du noch Jungfrau bist, hätte ich niemals...«

Ich preßte meine Finger auf seine Lippen. »Sag das nicht.«

Er schüttelte den Kopf. »Auf den Gedanken wäre ich nie gekommen, Vivi, nicht in der heutigen Zeit und in deinem Alter...« Er beendete seinen Satz nicht, sondern schüttelte den Kopf – ein wenig hilflos, wie mir schien.

Ich sagte: »Ich habe mich für den Richtigen aufgespart.«

Eine dunkle Augenbraue zog sich über diesen stechenden blauen Augen hoch.

»Für dich«, erklärte ich mit einem selbstgefälligen Lächeln. »Ich habe mich für dich aufgespart, Sebastian. Solange ich zurückdenken kann, wollte ich von dir geliebt werden.«

»O Vivi, und ich hatte nicht die leiseste Ahnung.«

Ich streckte eine Hand aus und berührte sein Gesicht. »Ich liebe dich, Sebastian Locke. Ich habe dich schon immer geliebt. Und ich werde dich immer lieben... für den Rest meines Lebens.«

Er beugte sich herunter und küßte mich zart auf die Lippen, und dann schlang er die Arme um mich, preßte mich eng an sich. Jetzt konnte mir nichts mehr geschehen.

Das Telefon schrillte in meinen Ohren.

Ich kämpfte mich aus dem Halbschlaf heraus, und sofort waren meine Erinnerungen verflogen. Ich streckte den Arm aus, nahm den Hörer ab und murmelte: »Hallo?«

»Ich bin es«, sagte Jack. »Ich komme rüber. Mit den Tageszeitungen.«

»O Gott, sprich gar nicht erst weiter«, stöhnte ich. »Furchtbare Schlagzeilen, könnte ich wetten. Und lausige Nachrufe.«

»Du hast es erfaßt, Kindchen.«

»Die Presse wird dich belagern«, murmelte ich. »Wahrscheinlich ist es tatsächlich besser, wenn du rüberkommst. Vielleicht solltest du Luciana mitbringen, Jack.«

»Sie ist nicht hier, Viv. Sie hat sich gedrückt und ist wieder nach Manhattan abgehauen.«

»Na wunderbar«, sagte ich und setzte mich kerzengerade auf. »Aber das ist ja nicht weiter verwunderlich.« Ich ließ die Beine über die Bettkante gleiten und fuhr fort: »Ich setze Kaffeewasser auf. Wir sehen uns dann in circa einer halben Stunde.«

»Rechne eher mit zwanzig Minuten«, antwortete er schroff und legte auf.

4

Ich sah sofort, daß Jack in einer seiner merkwürdigen Stimmungen war. Es war ihm am Gesicht abzulesen, ehe er auch nur auf halbem Wege durch die Küche war.

»Guten Morgen«, sagte ich, trug die Kaffeekanne zum Tisch und stellte sie ab. Als ich daraufhin nur ein seltsames Grunzen zur Antwort bekam, fügte ich mit scharfer Stimme hinzu: »Wir sind heute morgen wohl matschig, stimmt's?«

Dieses Wort ließ ihn sofort aufhorchen, und er warf mir einen schnellen Blick zu. »Matschig. Was soll das heißen?«

»Du hast es schon oft genug gehört. Tu also nicht so, als wüßtest du nicht, was damit gemeint ist. Es war eines der Lieblingswörter von Großmama. Sie hat dich oft als matschig bezeichnet, als du noch ein rotznäsiger kleiner Junge in kurzen Hosen warst.«

Er ignorierte meine Schärfe und sagte mit ruhiger Stimme: »Ich kann mich nicht erinnern.« Dann ließ er sich auf den nächstbesten Stuhl plumpsen. »Und ich weiß nicht, was das heißen soll.«

»Dann werde ich es dir gerne erklären«, antwortete ich, beugte mich über den Tisch und sah ihm ins Gesicht. »Es heißt griesgrämig, übellaunig und verdrossen, und das Wort stammt aus Yorkshire, aus der Gegend von West Riding, wo meine Großmutter herkam.« Ich unterbrach mich und sagte in einem deutlich weniger strengen Tonfall: »Du hast doch nicht etwa Großmamas köstliche Geschichten über ihren Vater vergessen? Sie hat uns damit jedesmal wieder zum Lachen gebracht.«

»George Spence. So hieß er«, sagte Jack und schnitt dann eine Grimasse. »Ich brauche eine lebensrettende Transfusion. Starken Kaffee. Auf der Stelle, Süße.« Er streckte die Hand nach der Kanne aus, schenkte uns beiden ein und trank einen Schluck aus seiner Tasse.

»Jack, fang nicht schon frühmorgens damit an, mich Süße zu nennen. Bitte. Ich weiß auch, was mit dir los ist. Du hast einen Kater.«

»Ein regelrechtes Prachtexemplar. Ich habe noch einen draufgesetzt. Gestern nacht. Als ich auf die Farm zurückgekommen bin.«

Seine gelegentlichen Trinkgelage waren nichts Neues und hatten mir gelegentlich Sorgen bereitet, aber ich hatte den Versuch aufgegeben, ihn zu bekehren. Jetzt hielt ich ihm auch keine Strafpredigten mehr, da das völlig umsonst war, die reinste Zeitvergeudung. So enthielt ich mich jetzt jedes Kommentars. Ich nahm einfach nur ihm gegenüber Platz und warf dabei einen Blick auf die Zeitungen. »Wie schlimm ist es?«

»Nicht so schlimm, wie wir erwartet haben. Eigentlich sogar recht lobend. Es ist nicht viel dreckige Wäsche gewaschen worden. Du wirst erwähnt. Als eine seiner fünf Ehefrauen. Titelgeschichten. Nachrufe weiter hinten.«

Ich zog die Zeitungen näher heran. Jack hatte die *New York Post*, die *New York Times* und die *Daily News* mitgebracht. Als ich sie vor mir ausbreitete, sah ich, daß alle drei auf unterschiedliche Art mehr oder weniger dasselbe schrieben. Ein großartiger Mensch, ein vorbildlicher Mensch, war tot aufgefunden worden, und die Umstände waren mysteriös. Alle drei Zeitungen beklagten Sebastians Tod, sangen sein Lob und bedauerten sein Dahinscheiden. Sie hatten Fotografien von ihm abgedruckt, die alle ziemlich neu waren und aus den beiden letzten Jahren stammten. Er sah wunderbar aus – distinguiert, ein schöner Mann, mit Ruhm überhäuft, wenn auch in einem gefährlichen Maß. Aber das spielte jetzt keine Rolle mehr.

Für den Moment legte ich die *Post* und die *News* zur Seite und konzentrierte mich ganz auf die *Times*. Die Titelgeschichte des Reporters, der gestern am Telefon mit mir gesprochen hatte, war gut geschrieben, stimmte bis in alle Einzelheiten, war in einem behutsamen Tonfall gehalten, und der Mann hatte sich peinlich genau an die Tatsachen gehalten. Dazu kam noch, daß ich wörtlich zitiert wurde, ohne daß ein einziges meiner Worte verändert oder paraphrasiert worden wäre. Soviel dazu. Sensationsjournalismus war hier mit Sicherheit nicht betrieben worden.

Ich wandte mich den Nachrufen in der *New York Times* zu. Man hatte Sebastian Lyon Locke eine ganze Seite gewidmet, dem Sprößling einer großen amerikanischen Dynastie, dem Industriemagnaten und Milliardär, Vorstand von *Locke Industries*, Vorstandsvorsitzender der Locke-Stiftung und der größte Philanthrop auf Erden. Hier war eine vereinfachte Form seiner Lebensgeschichte zu finden; jede einzelne seiner guten Taten war zusammen mit den Wohltätigkeitsverbänden aufgelistet, die er in Amerika unterstützte. Zudem lieferte der Artikel eine Flut von Informationen über Sebastians wohltätige Werke im Ausland, besonders in Ländern der dritten Welt. Offensichtlich war der Bericht schon vor etlichen Jahren geschrieben worden, wie die meisten Nachrufe auf Berühmtheiten. Nur die Einleitung und den letzten Absatz hatte man noch weggelassen, damit sie nachträglich hinzugefügt werden konnten, wenn die betreffende Person tatsächlich starb.

Als ich einen Blick auf das Ende der Geschichte warf, fand ich dort zu meinem Erstaunen nur vier Namensnennungen. Ich wurde als sein ehemaliges Mündel und als seine frühere Frau genannt – als hätten die anderen nie existiert – gemeinsam mit Jack und Luciana, seinen Kindern, und Cyrus Lyon Locke, seinem Vater, den ich vergessen hatte.

»O mein Gott! Cyrus!« rief ich aus. Ich ließ die Zeitung sinken und sah Jack über den Rand hinweg an. »Hast du deinen Großvater verständigt?«

»Diesen alten Trottel! Der ist doch mehr tot als lebendig. Er modert in Bar Harbor vor sich hin. In diesem Mausoleum von einem Haus. Es sollte…«

»Aber hast du mit ihm gesprochen?« unterbrach ich ihn. »*Weiß* er von Sebastians Tod?«

»Ich habe mit Madelaine gesprochen. Gestern. Habe ihr alles erzählt. Der alte Trottel hat geschlafen.«

»Hast du ihr gesagt, daß sie ihn zu der Beerdigung herbringen soll?«

»Ganz bestimmt nicht. Er ist zu alt.«

»Wie alt ist er denn?« fragte ich stirnrunzelnd. Cyrus' Alter war mir im Moment entfallen, aber er mußte in den Achtzigern sein.

»Er ist 1904 geboren. Er muß also neunzig sein. Und er ist zu alt, um zu reisen.

»Also da bin ich mir nicht so sicher... schau mal, er sollte herkommen, Jack. Schließlich war Sebastian sein einziger Sohn.«

»Der einzige Sohn, der noch am Leben war«, verbesserte mich Jack.

»Und was hat Madelaine dazu gesagt?«

»Nicht viel. Wie üblich. Sie hat mir ihr Beileid ausgesprochen. Mir erzählt, Cyrus sei gebrechlich. Aber nicht senil. Ich kann sie nicht ausstehen. Diese Grabesstimme, als würde sie dir den Weltuntergang ankündigen. Die hat sie sogar dann noch, wenn sie einem alles Gute wünscht.«

»Ich weiß. In ihrer Stimme scheinen immer Katastrophenmeldungen mitzuschwingen. Aber ich bin sicher, daß es stimmt, was sie über Cyrus sagt, daß er nicht senil ist. Cyrus Locke ist schon immer ein bemerkenswerter Mann gewesen. Ziemlich bemerkenswert sogar. Im Grunde genommen ein Genie.«

Das Telefon läutete und unterbrach unser Gespräch. Ich ging zum Apparat, um das Gespräch entgegenzunehmen.

Ich hob den Hörer ab und sagte: »Hallo?« Dann warf ich einen Blick auf Jack. Ich hielt eine Hand auf die Muschel und murmelte: »Wenn man vom Teufel spricht. Es ist für dich, Jack.«

»Wer ist es?«

»Die Stimme des Jüngsten Gerichts, mit einem irischen Akzent.«

»Hallo, Madelaine«, sagte Jack einen Sekundenbruchteil später ins Telefon. »Wir haben gerade von dir gesprochen. Und von Cyrus. Vivienne möchte euch zur Beerdigung einladen, Madelaine.«

Ich funkelte ihn finster an und bildete mit den Lippen stumm die Worte: »Es ist schließlich nicht meine Beerdigung.«

Er ignorierte mich und hörte Madelaine ein paar Minuten lang zu, verabschiedete sich und legte auf. Mit einem nachdenklichen Gesichtsausdruck ließ er sich gegen den Türrahmen sinken. »Ich habe diese Nummer auf der Farm hinterlassen. Bei Carrie. Mrs. Cranes Nichte. Sie ist gekommen, um im Haus auszuhelfen. Bis zur Rückkehr ihrer Tante. Heute abend.«

»Vielen Dank«, sagte ich und seufzte. Ich warf ihm einen vorwurfsvollen Blick zu. »Eins würde ich ja gern mal wissen, Jack: Wie kommt es, daß du die Lasten dieser Familie immer am liebsten mir aufhalst? Das ist nicht mein Begräbnis. Die Verantwortung liegt bei dir. Bei dir und Luciana.«

»Vergiß Luce. Die will nur davonlaufen. Zurück nach London. Zu diesem Briten, dieser Niete von einem Ehemann.«

»Kommt er denn nicht zur Beerdigung?«

»Wer?«

»Der Ehemann. Gerald Kamper.«

»Keine Ahnung. Aber *er* will kommen. Der alte Trottel. Großvater.« Jack verzog das Gesicht zu einer Grimasse. »Zur Beerdigung eines Sohnes, der ihn verabscheut hat. Kommst du da noch mit?«

»Ich wußte, daß er gern dabeisein würde.«

»*Merde*«, murmelte Jack vor sich hin.

»Es wird schon alles gutgehen. Irgendwie werden wir es

überstehen«, versicherte ich ihm. »Und es ist nur natürlich, daß er die Beerdigung seines Sohnes besuchen will.«

»*Nur natürlich!* Sei doch nicht derart *dämlich!* Nichts an Cyrus Locke ist natürlich. Genauso, wie auch an Sebastian nichts Natürliches war. *Er* hatte keine Gefühle. Ebenso wenig wie Cyrus. Ein genetischer Defekt, vermute ich. Und der alte Trottel ist genauso ein Monster, wie sein Sohn es war. Es wäre besser, wenn er in Bar Harbor bliebe. Bei seiner Sekretärin/Haushälterin/Mätresse/Gefängniswärterin. Oder was zum Teufel sie auch sein mag. Ich...« Jack unterbrach sich und schenkte mir sein scheußliches makabres Grinsen, dann fuhr er fort: »Wir werden ihn nicht von hier fernhalten können. Cyrus will Gewißheit haben.«

»Welche Gewißheit?«

»Daß Sebastian wirklich tot ist. Daß er einen Meter unter der Erde liegt. Die Maiglöckchen von unten betrachtet.«

»O Jack.«

»Hör bloß auf mit deinem sentimentalen: ›O Jack‹. Nicht heute morgen. Du hast es gestern schon getan. Den ganzen Tag lang. Und keine Tränen. Mir reicht es. Du bist gefühlsduselig, Kindchen.«

»Und du bist der unangenehmste Mensch, dem zu begegnen ich je das Pech hatte. Du widerst mich an, Jack Locke. Sebastian ist tot, und du benimmst dich, als hätte das keine Konsequenzen, als würde es dir nichts ausmachen.«

»Es macht mir nichts aus.«

»Und du sagst, Cyrus sei unnormal. Wenn hier jemand unnormal ist, dann *du*.«

»Aus demselben Holz geschnitzt, was?« sagte Jack mit einem hohlen Lachen.

»Du ekelst mich an. Sebastian ist dir ein wunderbarer Vater gewesen.«

»Das kannst du deiner Großmutter erzählen! Du solltest es doch wirklich besser wissen. Er ist mir nie ein Vater gewesen. Und er hat sich nie etwas aus mir gemacht.«

»Oh, doch.«

»Ich habe es dir doch schon gesagt. Ich wiederhole mich. *Er konnte niemanden lieben.*«

»Er hat mich geliebt«, bekundete ich. Ich lehnte mich zurück und sah ihn finster an.

Jack lachte schroff, und auf seinem Gesicht stand ein geringschätziger Ausdruck, als er ausrief: »Jetzt sind wir schon wieder soweit! Er war darauf versessen, dich ins Bett zu kriegen. Das räume ich sofort ein. Er war scharf auf dich. Sogar schon damals, als du noch ein Kind warst. Er konnte es kaum abwarten, sich an dich ranzumachen.«

»Das ist nicht wahr.«

»O doch, und wie. Wir haben es früher ›Die allmähliche Verführung der Vivienne‹ genannt. Du weißt schon, wie der Titel eines Theaterstücks.«

»Wer?«

»Luciana und ich.«

»Was soll das heißen? Wie seid ihr darauf gekommen?«

»Weil *wir* jahrelang beobachtet haben, wie *er dich* beobachtet hat. Es war faszinierend. Der fette Kater, der nur darauf wartet, zum Sprung anzusetzen. Sich auf das kleine Mäuschen zu stürzen. Nur darauf wartet, daß du etwas älter wirst. Und der nicht von deiner Seite weicht. Dir jeden Wunsch erfüllt. Dir schmeichelt. Dich mit Geschenken überhäuft. Dich weichkocht. Dich vorbereitet. Er konnte es kaum abwarten, dich zu verführen, Viv. Wir haben es gewußt. Luce und ich. Und er hat es getan, sowie er es wagen konnte. Sowie ihm nichts mehr passieren konnte. Als du endlich einundzwanzig warst. In der Nacht nach der Party zu deinem einundzwanzigsten Geburtstag. Himmel, er konnte noch nicht einmal bis zum nächsten Tag warten. Die große Verführungsszene mußte gleich in dieser Nacht stattfinden.«

»Jack, hör mir zu, so war es nicht, so war es wirklich nicht. Sebastian hat mich nicht verführt.«

Jack warf den Kopf zurück und lachte schallend. »Man kann sich darauf verlassen, daß du ihn immer in Schutz nimmst. Ganz egal, worum es geht.«

»Aber es ist die Wahrheit«, protestierte ich.

Ich zitterte innerlich und kochte vor Wut, als ich die Küche verließ. Ich ließ Jack mit seiner dritten Tasse Kaffee und einer Zigarette am Tisch sitzen. Anscheinend hatte er seine schlechten Gewohnheiten wieder angenommen.

Ich ging in die Bibliothek, setzte mich an den Schreibtisch und begann, meinen Text für das Magazin der Londoner *Sunday Times* noch einmal durchzulesen. Dabei versuchte ich, wieder ruhiger zu werden.

Dann nahm ich automatisch einen Stift in die Hand und begann zu redigieren und die Form von Feinabstimmung vorzunehmen, die mir in meiner Arbeit als Journalistin wichtig war. Ich war derart wütend auf Jack, daß mein Adrenalinpegel so schnell noch nicht sank. Aber meine Wut gab mir auch den nötigen Dampf, um meine Traurigkeit zumindest für den Moment zur Seite zu schieben. Innerhalb von zwei Stunden hatte ich die endgültige Fassung fertig. Ich lehnte mich erleichtert zurück; außerdem war ich mit mir selbst zufrieden.

Als Belinda ein paar Minuten später die Tür aufstieß, erschrak ich direkt. Ich hatte erst in einer Stunde mit ihr gerechnet und sah sie daher fragend an, als ich sie begrüßte.

»Ich bin früher gekommen, weil ich dachte, du könntest mich vielleicht schon eher brauchen«, erklärte sie und kam auf meinen Schreibtisch zu. Sie setzte sich auf einen Stuhl. »Ich habe sämtliche Tageszeitungen mitgebracht, aber ich vermute, du hast sie bereits gesehen.«

Ich nickte. »Jack ist vor drei Stunden mit den Zeitungen hier eingetroffen. Übrigens, hat er meine Küche immer noch mit Beschlag belegt?«

»Nein, er hat sein Lager in meinem Büro aufgeschlagen.

Dort telefoniert er und organisiert die Beerdigung und den Gedenkgottesdienst.«

»Das freut mich. Ich hatte schon befürchtet, er würde wieder mal den Spinner spielen und sich verziehen, so daß alles an mir hängenbleibt.«

»Im Moment spricht er mit dem Pfarrer der Kirche in Cornwall«, erklärte Belinda. »Der Freitag ist für die Beerdigung im Gespräch.«

»Darauf haben wir uns gestern abend geeinigt. Und er will, daß der Gedenkgottesdienst nächste Woche abgehalten wird. Am Mittwoch, um genau zu sein.«

Belinda sah mich schief an. »Ich frage mich, ob uns das genug Zeit läßt? Ich meine, um alle rechtzeitig zu informieren.«

»Also wirklich, Belinda!« Ich schüttelte den Kopf und lächelte matt. »Die Zeiten der Brieftaube und der Buschtrommeln sind vorbei. Wir brauchen doch nur den Fernsehsendern und den Tageszeitungen die Nachricht durchzugeben. Oder, noch besser: Wir beauftragen die Locke-Stiftung damit, und innerhalb von zwanzig Minuten weiß alle Welt Bescheid, das garantiere ich dir.«

Sie war so nett, darüber zu lachen. »Du hast recht. Was ich gesagt habe, war ziemlich schwachsinnig, stimmt's?«

Ich ging darauf nicht weiter ein, sondern fuhr eilig fort: »Eins kannst du für mich tun, Belinda, nämlich alle Anrufe von Zeitungen abwimmeln und mich für den heutigen Tag damit verschonen. Mir ist wirklich nicht danach, mit der Presse zu reden. Ich brauche ein bißchen Ruhe und Zeit für mich selbst.« Ich warf einen Blick auf meine Armbanduhr. »Lila sollte heute zum Putzen kommen, nicht wahr?«

»Ja, sie kommt. Aber nicht vor eins. Sie hat um elf einen Zahnarzttermin. Sie hat mich gestern noch angerufen, um zu sagen, daß es vielleicht etwas später wird als sonst.

»Kein Problem.«

»Und was die Presse angeht, mach dir keine Sorgen, Vivienne. Das mache ich schon. Wenn jemand trotzdem darauf beharrt, irgendwann mit dir selbst zu reden, soll ich ihn dann auf morgen vertrösten?.«

»Ja. Nein, warte einen Moment, ich habe eine viel bessere Idee! Wenn Jack noch hier ist, dann reich die Presseleute an ihn weiter. Und wenn er auf die *Laurel Creek Farm* zurückgefahren ist, dann gib den Leuten seine Nummer dort. Er kann sich ebensogut mit ihnen auseinandersetzen wie ich.«

Mit diesen Worten verschwand ich.

5

Oben in meinem Schlafzimmer herrschten Ruhe und Frieden, und Sonnenschein strömte durch die Fenster.

Ich öffnete die Glastüren, trat auf den Balkon hinaus, verwundert über den milden Morgen, und fragte mich, ob dieser außergewöhnlich schöne Altweibersommer ein Geschenk der Natur an uns war, ehe wir von dem unbarmherzigen Winterwetter heimgesucht wurden, das so typisch für diese Gegend war. In den Hügeln von Litchfield kann es von Dezember bis weit ins Frühjahr hinein äußerst kalt und rauh sein, mit heftigen Stürmen und starken Schneefällen; tatsächlich bleibt der Schnee oft bis in den April hinein liegen.

Aber im Winter würde ich nicht hier sein. Ich würde ihn in Frankreich verbringen, auf meinem Anwesen in der Provence. Ich lebte schon seit langer Zeit in einer alten Mühle, die Sebastian und ich vor ein paar Jahren umgebaut hatten. Dort schreibe ich meine Bücher, vorwiegend Biographien und andere nichtfiktive Werke.

Sebastian und ich fanden das Anwesen im ersten Jahr unserer Ehe, und da ich mich unsterblich in das Grundstück verliebte, kaufte er es mir als Hochzeitsgeschenk.

An dem Tag, als wir darauf stießen, war ein abgerissenes Stück Holz an das baufällige alte Tor genagelt, und darauf hatte jemand mit schwarzer Farbe *Vieux Moulin* gekritzelt – alte Mühle – und wir hatten diesen Namen beibehalten. Ein zweites primitives Holzbrett wies darauf hin, daß Grundstück und Mühle zu verkaufen waren. Aus diesem vernachlässigten Morgen Land wurden schließlich meine zauberhaften Gärten.

Sebastian und mir machte es Spaß, gemeinsam an der Mühle zu arbeiten, und ein großer Teil des Wiederaufbaus und der Renovierung wurde von seinen, nicht von meinen Vorstellungen angeregt. *Vieux Moulin* und *Ridgehill*, an diesen beiden Orten war ich wirklich zu Hause. Das eine Haus, weil es schon seit Hunderten von Jahren im Besitz meiner Familie war; das andere, weil es meine ganz eigene Schöpfung war. Man brauchte mich nicht groß zu ermuntern, damit ich über die beiden Häuser ins Schwärmen geriet, da sie für mich wirklich etwas ganz Besonderes waren. Ich teilte meine Zeit zwischen diesen beiden alten Häusern auf; das kleine Studio in New York war nichts weiter als ein *Pied-à-terre*, ein günstig gelegener Ort, an dem ich die Beine hochlegen und meine Schreibmaschine aufstellen konnte, wenn meine Arbeit mich in die Stadt führte.

Als ich im August in Connecticut eingetroffen war, um dem Haus meinen jährlichen Besuch abzustatten, hatte ich vorgehabt, Ende Oktober in die Provence zurückzukehren. Ich plante es immer noch. Jetzt war mir jedoch der Autopsiebericht in die Quere gekommen; ich glaubte nicht abreisen zu können, solange ich die Fakten nicht kannte. Andererseits würde die Polizei sich mit Jack und Luciana in Verbindung setzen, Sebastians nächsten Angehörigen, und nicht mit mir. Es gab eigentlich keinen Grund dafür, meinen Aufenthalt hier zu verlängern, abgesehen von meiner eigenen Neugier, meinem brennenden Verlangen, die Wahrheit über seinen Tod zu erfahren.

Ich fragte mich, was bei der Autopsie wohl herauskommen würde, wie der Urteilsspruch des obersten Gerichtsmediziners wohl lauten würde. Trotz des warmen Tages überlief mich unversehens ein Schauer, und entschlossen versuchte ich, mich weiter an den Glauben zu klammern, daß Sebastian eines natürlichen Todes gestorben war.

Ich schob meine bedrückenden Gedanken beiseite, lehnte mich an die hölzerne Balustrade und blickte mich um. Die Bäume im Garten unter mir und auf den Hügeln, die sachte zum Lake Waramaug abfielen, erschienen mir prachtvoller denn je, und ihr leuchtend buntes Laub zeichnete sich als Silhouette vor einem klaren, tiefblauen Himmel ab. Mir fiel auf, daß einige Bäume schon früher als gewöhnlich ihr Laub zu verlieren begannen, und ich wußte, daß die Äste um den Fünfzehnten des Monats herum langsam kahl und trostlos wirken würden.

Trostlos. Genauso war mir zumute.

Ich fragte mich bedrückt, ob ich wohl der einzige Mensch war, der um Sebastian trauerte. Fest stand, daß seine Kinder ihm nicht nachweinten, und wer hätte schon wirklich sagen können, was ein alter Mann wie Cyrus empfand. Schließlich war er neunzig Jahre alt und fast wieder wie ein Kind, während er gleichzeitig mit einem Bein im Grabe stand. Er hatte bereits drei seiner Kinder überlebt; jetzt war auch der letzte tot. Wie furchtbar mußte es sein, die eigenen Kinder zu überleben und sie begraben zu müssen.

Schon lange war Sebastian der einzige verbliebene Abkömmling von Cyrus Locke gewesen. Soweit wir wußten, war er der einzige Nachkomme, der noch am Leben war. Es gab zwar noch eine Schwester, aber die war vor Jahren verschwunden, und keiner wußte, was aus ihr geworden war. Ihr Schicksal war für uns alle ein Rätsel, und sie konnte ebenso gut tot wie am Leben sein.

Sebastian war Cyrus' ältestes Kind von seiner ersten Frau, die die Geburt nicht überlebt hatte. Er hatte drei weitere Kinder mit Hildegarde Orbach Locke gehabt, seiner zweiten Ehefrau. Zwei Mädchen und noch einen Jungen.

Glenda, Sebastians Stiefschwester, die ihm altersmäßig am nächsten stand, hatte schon vor Jahren Selbstmord begangen. Sein Halbbruder Malcolm war bei einem Schiffsunglück auf dem Comer See in der Schweiz unter fragwürdigen Umständen ertrunken. Und Fiona, die jüngste Schwester, war vor sieben Jahren spurlos verschwunden. Sie ist abgetaucht in die Welt der Drogenszene, verlor sich unauffindbar zwischen den Süchtigen, den heruntergekommenen und bedauernswerten Gestalten und den Obdachlosen. Lebende Tote hatte Sebastian diese Menschen genannt.

Seit ihrem Verschwinden hatte er nach Fiona gesucht, und soweit ich wußte, waren von *Locke Industries* bezahlte Detektive noch immer auf der Suche nach der Verschwundenen.

Abgesehen von dem uralten Patriarchen Cyrus Locke waren nur noch Jack und Luciana übrig. Und keiner von beiden hatte Kinder. Wie tragisch es doch war, daß die Locke-Dynastie im Lauf der Jahre so heruntergekommen und geschrumpft war und sich jetzt in diesem desolaten Zustand befand; diese herausragende amerikanische Familie war so gut wie am Ende, sie stand kurz vor dem Aussterben. Malcolm Lyon Locke, der Urahn und Begründer der Dynastie, hätte sich im Grab umgedreht, wenn er das gewußt hätte. Ich fragte mich unwillkürlich, was er von seinen Nachkommen halten würde, wäre er noch am Leben. Dieser gerissene Schotte aus Arbroath, der im Jahre 1830 nach Amerika aufgebrochen und im Alter von achtundzwanzig Jahren bereits Millionär gewesen war, wäre wahrscheinlich ziemlich enttäuscht gewesen. Und ich persönlich hätte es ihm nicht einmal verübeln können.

Wenn Luciana auch in Zukunft die Vorstellung, Kinder zu bekommen, furchtbar fand und sie eine Schwangerschaft weiterhin gezielt verhinderte, und wenn Jack nicht wieder heiratete und ein Kind bekam, dann starben die Lockes mit den beiden tatsächlich aus. Nun, nicht ganz. Es gab noch ein paar Cousins und Cousinen, Enkelkinder von Cyrus' Brüdern Trevor und James, aber die zählten eigentlich nicht. Sie waren völlig unbedeutende Figuren, die sich im Hintergrund hielten und von ihrem unverdienten Einkommen lebten.

Ich hörte ein Klopfen an meiner Schlafzimmertür und dann Jacks Stimme: »Kann ich reinkommen, Viv?«

»Ja«, antwortete ich, und als ich vom Balkon aus mein Schlafzimmer betrat, ging die Tür auf, und er stürzte mit einem triumphierenden Gesichtsausdruck herein.

»Ich habe alles erledigt!« rief er aus. »Ich habe mit dem Pfarrer drüben in Cornwall geredet. Die Totenmesse ist auf elf angesetzt. Die Beerdigung findet fünfundvierzig Minuten später statt. Auf dem Friedhof von Cornwall. Nicht weit von der Kirche.«

»Ich weiß, wo der Friedhof ist«, murmelte ich. »Ich habe mir überlegt, Jack, daß wir vielleicht ein paar Leute zum Mittagessen auf die Farm einladen sollten...«

»*Eine Totenwache*? Ist es das, was du planst?« Er sah mich seltsam an.

»Nein, natürlich nicht«, erwiderte ich und schüttelte sofort den Kopf. »Keine Totenwache. Lediglich ein schlichtes Mittagessen für ein paar enge Freunde und Angehörige.«

Er lachte schallend. »Das ist ja zum Schreien! Von welchen Familienangehörigen sprichst du?«

»Da seid zuerst einmal ihr beide, du und Luciana. Und ich. Und dann sind da noch dein Großvater und Madelaine. Die beiden könnt ihr wohl kaum nach Maine zurückschikken, ohne ihnen vorher etwas zu essen anzubieten. Und außerdem wollen bestimmt einige eurer Cousins und Cousinen kommen. Und ein paar von Sebastians Freunden, Leute von *Locke Industries* und von der Locke-Stiftung. Seine Assistenten, seine Sekretärinnen, enge Mitarbeiter.«

»Wahrscheinlich hast du recht«, gab er mürrisch zu. Er wirkte verärgert. »Wir schreiben am besten Listen. Und vergleichen sie später miteinander.«

»Was ist mit den anderen Ehefrauen, die noch am Leben sind? Werden sie zur Beerdigung erscheinen wollen? Zum Beispiel Betsy Bethune?«

»Betsy kannst du vergessen«, murmelte er. »Sie gibt in Sydney ein Klavierkonzert. Sie ist anscheinend auf einer Art Welttournee.«

»Und was ist mit Christabelle?«

»Meine Güte, Christa! Wie kommst du bloß auf *sie?* Wo *die* ist, weiß ich nicht. Luciana hat auch keine Ahnung. Wahrscheinlich liegt sie im Sterben. Irgendwo. Leberzirrhose. Lad sie bloß nicht ein. Luciana würde dich durch den Fleischwolf drehen. Sie kann ihre Mutter nicht ausstehen.«

»Was ist mit dem Gedenkgottesdienst in *St. John the Divine?*« fragte ich, um das Thema zu wechseln.

»Dafür ist Luce zuständig. Sie hat mir versprochen, sich darum zu kümmern. Und zwar heute.«

»Hat sie endlich zugestimmt, die Messe dort stattfinden zu lassen? Du weißt ja, wie ... wie eigenwillig sie sein kann.«

»Du bezeichnest mich als einen Spinner und sie als eigenwillig. Du bist verdammt hart.«

»Ja, das bin ich. Es ist an der Zeit, daß jemand die Dinge beim Namen nennt.«

»Heute bist du einmal schonungslos offen – richtig?«

»Ja. Und was Sebastian angeht, warst du herzlos, kalt und grausam. Im Grunde genommen sogar *barbarisch*. Es fällt mir schwer, das einfach hinzunehmen. Du bist unmöglich, Jack.«

»Okay, okay. Dann sind wir jetzt quitt. Laß uns den Fehdehandschuh wegpacken. Einverstanden?«

»Mit dem größten Vergnügen.«

Er machte kehrt und ging auf die Tür zu, blieb aber im Rahmen noch einmal stehen. »Sehen wir einfach zu, daß wir ihn möglichst schnell begraben. Und die Gedenkfeier hinter uns bringen. Dann kann ich abhauen. Und nach Paris zurückfliegen.«

Sofort wollte ich etwas Gemeines erwidern, doch ich biß mir auf die Zunge und sagte in einem kühlen, geschäftsmäßigen Ton: »Du solltest lieber dafür sorgen, daß die Public-Relations-Abteilung von *Locke Industries* die diversen Bekanntmachungen vorbereitet, und dann werden wir gemeinsam das Material durchgehen. Achte darauf, daß sie den richtigen Tonfall treffen. Das heißt, falls du meine Hilfe haben willst.«

»Ja, die will ich. Ich habe gerade mit Millicent Underwood gesprochen. Von der Stiftung. Sie hat sich bereits an die Arbeit gemacht.«

»Wirklich erstaunlich.«

»Was?«

»Deine plötzliche und unerklärliche Tüchtigkeit.«

»Ich will diese ganze Geschichte möglichst schnell hinter mich bringen. Sie beenden und dann wieder meine Ruhe haben«, antwortete er. Er lächelte mich an.

Ich starrte zurück.

Ich sah dieses strahlende, freundliche Lächeln, erkannte noch nicht einmal einen Anflug von Sorge in seinen Augen und wußte Bescheid. Er war froh. Jack war *froh* darüber, daß Sebastian tot war.

Diese klare Erkenntnis, dieses Wissen, das plötzlich über mich hereinbrach, betäubte mich. Ich konnte nur noch den Kopf neigen, ehe ich mich von Jack abwandte und zu dem kleinen Schreibtisch in der Sitzecke des Schlafzimmers ging.

Ich blieb mit dem Rücken zu ihm stehen und rang um Fassung. »Ich werde mich jetzt an meine Liste machen«, murmelte ich, ohne mich zu Jack umzudrehen. Ich konnte ihn einfach nicht ansehen.

»Bis später dann, Viv.« Jack schlug die Tür hinter sich zu und war verschwunden.

Ich blieb mit den Händen auf den Schreibtisch gestützt stehen, zitterte und versuchte, mich wieder zu beruhigen. Mit wachsendem Entsetzen und gegen meinen Willen fragte ich mich, ob Jack Locke nach Amerika gekommen war, um ein Verbrechen zu begehen. War er zurückgekehrt, um seinen Vater zu ermorden? Allein der Gedanke ließ mir einen Schauer über den Rücken laufen.

Dieser eisige Schreck ließ mich auch für den Rest des Tages nicht mehr los, während ich meine Pflichten erledigte, immer in dem Bestreben, mich zu beschäftigen. Ich ordnete meine Papiere, heftete meine Notizen ab und beschriftete die Bänder meines Kassettenrecorders. Sobald ich eine Geschichte fertiggestellt hatte, sortierte ich jegliches relevante Forschungsmaterial nach Sparten, heftete es ab und packte es aus Sicherheitsgründen weg. Jetzt kam mir diese Aufgabe gerade recht. Damit konnte ich meinen Verstand beschäftigen.

Am späten Nachmittag, kurz nachdem Belinda gegangen war, machte ich das Feuer in meinem Zimmer an, bereitete mir eine große Tasse Tee und machte es mir vor den lodernden Holzscheiten bequem.

Es war nur naheliegend, daß meine Gedanken zu Jack und zu jener schrecklichen Überlegung zurückkehrten, die ich im Verlauf des Tages über ihn angestellt hatte. Jetzt drehte und wendete ich diesen Gedanken in meinem Kopf. Sich nicht viel daraus zu machen, daß der eigene Vater gestorben war, war eine Sache. Aber es war gleich ganz etwas anderes, sich tatsächlich darüber zu *freuen*. War Jack froh, weil er Sebastian derart verabscheut hatte? Oder weil er jetzt das ganze Geld erben würde, die ganze Macht? Ich bezweifelte ernstlich, daß Macht ihm etwas bedeutete, aber Geld bedeutete ihm mit Sicherheit etwas. Und Menschen töteten durchaus um des Geldes willen.

Ich saß da, starrte in die Flammen und versuchte ohne

großen Erfolg, meine beunruhigenden Gedanken zu verscheuchen. Immer wieder wandten sich meine Überlegungen Sebastians Tod und Jacks möglicher Beteiligung daran zu. *Vatermord.* Das war nichts Neues. Es war eine uralte Geschichte, so alt wie die Zeit selbst.

Plötzlich verspürte ich das Verlangen, mit jemandem über meine Sorgen zu reden; das Problem war nur, daß es eigentlich niemanden gab, dem ich glaubte vertrauen zu können. Vielleicht Christopher Tremain. Mit Sicherheit war er der einzige Mensch, bei dem ich keinerlei Bedenken hatte. Kit war nett und klug, und er hatte sich als guter Freund erwiesen.

Da ich zu schnellen Entschlüssen neigte, griff ich nach dem Telefon, das auf einem Tischchen neben mir stand, nahm den Hörer ab und begann, die Vorwahl für Frankreich zu wählen. Dann unterbrach ich mich, dachte kurz nach und legte den Hörer schließlich wieder auf die Gabel. Meine angeborene Vorsicht hatte gesiegt.

Ich durfte Kit unter gar keinen Umständen anrufen. Es wäre falsch gewesen, unfair gegenüber Jack, der mein Leben lang mein Freund gewesen war. Wir waren gemeinsam aufgewachsen, er war wie ein Bruder für mich. Und schließlich handelte es sich um einen Verdacht, nichts weiter. Es kam noch eine andere Überlegung hinzu. Kit war den Lokkes nicht gerade wohlwollend gesonnen. Er hatte eine spontane Abneigung gegen Jack gefaßt, als er ihm das erste Mal begegnet war, und er äußerte sich häufig in einem vernichtenden Ton über Sebastian.

Ich seufzte leise, als ich an Kit dachte. Er war ein amerikanischer Maler, der eine gewisse Berühmtheit besaß. Vor etwa zwei Jahren hatte er in der Gegend, in der ich in der Provence lebte, ein Anwesen gekauft. Als wir einander besser kennenlernten, stellten wir fest, daß wir viel miteinander gemeinsam hatten. Außerdem gab es zwischen uns beiden eine starke körperliche Anziehungskraft. Vor etwa einem

Jahr hatten wir uns relativ ernst miteinander eingelassen, und er wollte schon eine ganze Weile, daß ich ihn heiratete. Ich versuchte, Zeit zu gewinnen. Ich liebte Kit, und wir paßten gut zueinander, aber ich war nicht sicher, ob ich mich auf die Form von Bindung einlassen konnte, die er brauchte und sich wünschte. Wahrscheinlich scheute ich vor einer Heirat zurück: Ich hatte meinen Anteil an ehelichem Glück bereits bekommen. Natürlich war er enttäuscht, aber dadurch änderte sich nichts an unserer Beziehung.

Kurz bevor ich nach New York aufgebrochen war, hatte Kit ein paar bösartige Bemerkungen über Sebastian gemacht. Er war sogar soweit gegangen anzudeuten, ich sei immer noch in ihn verliebt. Was für eine blödsinnige Vorstellung.

Als ich jetzt gründlicher darüber nachdachte, wurde mir klar, daß ich niemals mit Kit über Jack reden konnte. Er war ein prima Kerl, äußerst fair, und er würde immer unvoreingenommen urteilen. Aber wenn ich ihm meine Sorgen aufhalste, war das keine Lösung für mein Dilemma, und ich hätte damit einen krassen Verrat an Jack begangen. Sonst gab es allerdings niemanden, den ich ins Vertrauen ziehen konnte.

Es war besser, wenn ich mit mir selbst zu Rate ging.

6

In der Nacht vor der Beerdigung war ich ruhelos. Der Schlaf wollte sich einfach nicht einstellen. Stundenlang wälzte ich mich im Bett und warf mich von einer Seite auf die andere, bis ich in meiner Verzweiflung schließlich aufstand und nach unten ging.

Als ich einen Blick auf die Standuhr in der Eingangshalle warf, sah ich, daß es bereits drei Uhr morgens war. Neun

Uhr in Frankreich, und für einen Sekundenbruchteil spielte ich mit dem Gedanken, Kit anzurufen. Nicht, um ihm meine Sorgen anzuvertrauen, das hatte ich mir längst anders überlegt, sondern einfach nur, um eine freundliche Stimme zu hören.

Es überraschte mich ein wenig, daß er mich nicht angerufen hatte. Er mußte von Sebastians Tod gehört haben, und mir ging plötzlich auf, daß das mindeste, was er hätte tun können, gewesen wäre, nach dem Telefon zu greifen und mich ein wenig aufzumuntern. Schließlich war Sebastian nicht nur fünf Jahre lang mein Mann gewesen, er war auch mein Vormund gewesen, und meinen Freunden mußte doch wohl klar sein, daß sein Tod ein schwerer Schlag für mich war.

Marie-Laure de Roussilon, meine engste Freundin in Frankreich, hatte mich gestern angerufen, um mir ihr Beileid auszusprechen und zu fragen, ob sie irgend etwas für mich tun könnte. Dasselbe hatten etliche andere gute Freunde in Paris und der Provence getan.

Fairerweise mußte ich aber auch die Möglichkeit in Betracht ziehen, daß Kit gar nichts von der Sache mitbekommen hatte. Im Moment malte er Tag und Nacht, um seine nächste Ausstellung vorzubereiten, die im November in Paris eröffnet werden sollte. Als wir das letzte Mal miteinander gesprochen hatten, vor etwa zehn Tagen, war er darauf fixiert gewesen, um jeden Preis ein riesiges Ölgemälde fertigzustellen, seine letzte Arbeit für die kommende Ausstellung.

Wenn Kit so besessen und hingebungsvoll malte, zog er sich in eine vollkommene Isolation zurück. Die einzigen Menschen, die ihn sahen, war das französische Ehepaar, das sich um ihn und sein Haus kümmerte. Er las keine Zeitungen, sah nicht fern und hörte kein Radio. Er hielt sich an einen simplen, aber extrem disziplinierten Tagesablauf: malen, essen, schlafen; essen, malen, schlafen, malen.

Manchmal malte er achtzehn Stunden am Tag, fast ohne Unterbrechung. Das hielt er so lange durch, wie es notwendig war, bis er den allerletzten Pinselstrich auf die Leinwand gesetzt hatte.

Ich hätte ihn wahrscheinlich anrufen und ihm die Nachricht persönlich übermitteln können, aber es widerstrebte mir, ihn zu stören. Außerdem war mir seine leicht spürbare Ablehnung den Lockes gegenüber bewußt. Ich wollte mich nicht dafür entschuldigen müssen, daß ich ihn aus seinem Arbeitsalltag herausholte und ihn ablenkte. Ebensowenig wollte ich mich seinen sarkastischen Bemerkungen aussetzen.

Einen Moment lang spielte ich mit dem Gedanken, Marie-Laure anzurufen – einfach nur so, um eine Zeitlang mit ihr zu plaudern. Doch dann entschied ich mich dagegen. Sie leitete das Château und das gewaltige Anwesen ihrer Familie bei Ansouis, und am frühen Morgen hatte sie im allgemeinen extrem viel zu tun.

Ich schlenderte auf Umwegen in die Küche, setzte einen Topf Milch zum Kochen auf, schenkte mir ein Glas warme Milch ein, rührte einen Löffel Zucker hinein und ging in die Bibliothek.

Dort schaltete ich eine Lampe an, setzte mich auf das Sofa und nippte langsam von dem heißen Getränk. Das war Großmama Rosalies Allheilmittel gewesen, als ich noch klein war. Und auch jetzt spürte ich sofort seine beruhigende Wirkung. Vielleicht würde die Milch mir beim Einschlafen helfen, wenn ich wieder nach oben ging und mich ins Bett legte.

Ich wußte, warum ich unruhig und von beispiellosem Unbehagen erfüllt war. Es war der Gedanke an morgen; mir graute vor dem Begräbnis. Jack und Luciana würden es mir nicht leichtmachen, und ich freute mich auch nicht gerade darauf, mit Cyrus Locke und Madelaine Connors fertig werden zu müssen.

Meiner Erfahrung nach benahmen sich Familien auf großen Zusammenkünften wie Beerdigungen und Hochzeiten schlechter als sonst. Ich war absolut sicher, daß Sebastians Begräbnis hier keine Ausnahme bilden würde.

In meinem Bemühen, mich zu entspannen, riß ich meine Gedanken vorsätzlich von dem morgigen Tag los und wandte sie meinen eigenen Plänen für die nächste Zukunft zu. Und bereits nach wenigen Minuten hatte ich einen plötzlichen Entschluß gefaßt. Ich würde nicht länger als nötig hierbleiben. Dafür gab es gar keinen Grund. Sowie am kommenden Mittwoch der Gedenkgottesdienst in New York stattgefunden hatte, würde ich abreisen. Ich würde für den darauffolgenden Abend einen Flug nach Paris buchen.

Ich sehnte mich danach, wieder in Frankreich zu sein, in meiner pittoresken alten Olivenmühle, die im Vaucluse zwischen den alten Ortschaften Lourmarin und Ansouis stand. Dort, im Schatten der Lubéron-Berge, inmitten meiner Gärten, Olivenbäume und endlosen Lavendelfelder, würde ich Ruhe und Frieden finden. Es war eine eigene Welt.

Dort bin ich glücklicher als irgendwo sonst. Es war der einzige Ort, wo ich über längere Zeit hinweg am besten arbeiten konnte, wo ich mich intensiv auf das konzentrieren konnte, was ich schrieb. Schon seit einigen Wochen wollte ich an der Biographie der Brontë-Schwestern weiterschreiben. Im Grunde genommen *mußte* ich das sogar: Das Manuskript sollte meinem Verleger Anfang Mai vorliegen, und ich hatte nur noch vier Monate Zeit, um das Buch zu beenden.

Die Vorstellung, über einen längeren Zeitraum hinweg ungestört zu arbeiten, erschien mir plötzlich sehr reizvoll, und ich fühlte, wie ich von dieser ganz besonderen Form von Spannung erfüllt wurde, die bei mir meistens einer kreativen Phase vorausgeht.

Als ich mich wieder in die alten Petitpoint-Kissen zurücklehnte, mich wieder wohler fühlte und liebevoll an mein

Haus in der Provence dachte, fiel mein Blick auf das große Fotoalbum auf einem Bücherregal neben dem Kamin. Darin waren Bilder von *Vieux Moulin*, und ich verspürte plötzlich das Verlangen, sie mir anzusehen.

Ich stand auf, um das Fotoalbum zu holen. Zurück auf dem Sofa schlug ich es auf, aber statt wie erwartet die Mühle in Lourmarin vor mir zu sehen, starrte ich auf Fotografien von der Party zu meinem einundzwanzigsten Geburtstag im Jahr 1979.

Ich betrachtete sie eine kurze Zeit.

Wieviel einem Fotografien doch verraten, wenn man sie nach langer Zeit wieder genauer betrachtet. Wie anders wir doch in Wirklichkeit aussehen, ganz anders, als wir uns selbst in Erinnerung haben. Jedesmal, wenn ich in Gedanken zu jener besonderen Geburtstagsfeier zurückkehre, denke ich an mich als eine erwachsene Frau. Aber das war ich natürlich gar nicht. Das Bild, das hier von mir festgehalten worden war, sagte mir, wie unschuldig und jung ich in meinem schulterfreien weißen Spitzenkleid und mit der Perlenkette damals gewesen war. Mein dunkles Haar war zurückgebürstet und fiel mir in einem weichen Pagenschnitt frei von jeder Raffinesse ums Gesicht, und meine hohen Wangenknochen waren noch nicht so prägnant wie heute. Mein breiter Mund wirkte zart und empfindsam, und ein sehr ernstes grünes Augenpaar schaute mich aus dem Album an, erwartungsvoll und voller Vertrauen.

Ich betrachtete mein Gesicht genauer. Nicht eine einzige Falte, kein Mal. Ich mußte lächeln. Weshalb auch? Ich war noch sehr jung, noch ein Mädchen, unerfahren und vom Leben unberührt.

Sebastian war an meiner Seite. Er wirkte lässig-elegant in seiner tadellos geschneiderten Savile-Row-Smokingjacke und seinem schimmernden weißen Hemd, auf dem vorn dieselben tiefblauen Saphire funkelten wie auf seinen Manschettenknöpfen, die ihm am späteren Abend noch solche

Schwierigkeiten bereiten sollten, als er sie abzulegen versuchte. Ein charmantes Lächeln stand auf seinem Gesicht.

Und hier hatten wir Luciana, die in ihrem blaßrosa Taftkleid ein wenig rundlich wirkte und einen ziemlich abweisenden Eindruck machte. Das kurzgelockte Haar fiel ihr wie ein goldener Heiligenschein um das strahlende Gesicht.

Selbst mit dreizehn hatte sie trotz des Babyspecks schon eine gewisse Sinnlichkeit ausgestrahlt. Wieviel älter sie auf dieser Aufnahme doch zu sein schien – mit Sicherheit wesentlich älter als das kleine Mädchen, das sie damals in Wirklichkeit noch war. Und sie hatte den Mund einer Dreißigjährigen. Das wußte ich nur zu gut.

Lange Zeit betrachtete ich das Bild von Jack. Mein spontaner Eindruck war, daß er wie ein kleiner alter Mann aussah. Sein Haar war ungepflegt, und seine Smokingjacke war zerknittert; sein gesamtes Äußeres wirkte entschieden ungepflegt. Auf seinem Gesicht stand ein mürrischer und griesgrämiger Ausdruck, und verblüfft stellte ich fest, daß er sich eigentlich kaum verändert hatte. Er war noch genauso, wie er mit fünfzehn Jahren gewesen war. Jack war niemals erwachsen geworden, und das war wirklich ein großer Jammer.

Ich blätterte die Seiten um und gelangte zu einer Reihe von Aufnahmen von Sebastian, die ich in jenem Sommer gemacht hatte, als wir in Nantucket Urlaub gemacht hatten. Besonders gut gefiel mir ein Bild von ihm, auf dem er nonchalant auf dem Deck eines Segelbootes stand, das seinem Freund Leonard Marsden gehörte. Er hatte es *Rascal* genannt, und damals hatten wir uns darüber lustig gemacht, wie passend dieser Name doch für Leonard war, der so eine Art Playboy war.

Sebastians weißes Hemd mit dem offenen Kragen unterstrich seine tiefe Sonnenbräune, und er wirkte so knabenhaft und unbeschwert, daß mir der Schnappschuß einen Moment lang den Atem verschlug. Sein Haar war vom

Wind zerzaust, seine Augen leuchtend blau unter den dunklen Brauen. In jenem Jahr war er einundvierzig Jahre alt geworden, doch das war ihm keineswegs anzusehen. Ganz und gar nicht.

Ebensowenig hatte er letzte Woche beim Mittagessen wie ein Sechsundfünfzigjähriger gewirkt.

Das hatte ich ihm während des Essens gesagt, und er hatte herzlich gelacht und sich offensichtlich über meine Bemerkung gefreut und geschmeichelt gefühlt. Dann hatte er gesagt, mir sähe man mein Alter ebenfalls nicht an, ich würde mindestens zehn Jahre jünger wirken.

An jenem Tag hatten wir etwas von einem Verein zur gegenseitigen Bewunderung an uns gehabt. Und ich hatte einen Arm ausgestreckt, seine Hand gedrückt, die auf der Tischplatte lag, und ihm gesagt, daß wir beide der Zeit standzuhalten schienen.

Diese Bemerkung hatte ihn noch mehr amüsiert. »Du bist schon immer mein Liebling gewesen, Vivi. Mir ist plötzlich klargeworden, wie sehr du mir gefehlt hast. Wir müssen einander öfter sehen, mein kleiner Liebling. Das Leben ist zu kurz, um seine Zeit nicht mit denen zu verbringen, aus denen wir uns wirklich etwas machen.«

Ich hatte ihn daran erinnert, daß er schließlich derjenige war, der ständig nonstop um die Welt reiste, während ich entweder in New Preston oder in Lourmarin saß und außerordentlich leicht auffindbar war. »Mach dir keine Sorgen, Vivi. Ich werde dich wiederfinden«, hatte er versprochen und mir lächelnd in die Augen gesehen. Und ich wußte, daß er es ernst meinte. Aber dazu konnte es nie mehr kommen. Jetzt nicht mehr. Es war zu spät.

Ich seufzte betrübt, blätterte die Seiten um und übersprang unseren Winterurlaub im Sun Vallev, Idaho, im selben Jahr. Auch die Fotografien von meiner Abschlußprüfung in Wellesley im folgenden Sommer interessierten mich nicht.

Dagegen ließ ich mir einen Moment lang Zeit, als ich zu den Seiten gelangte, auf denen ich unsere Hochzeitsfotos eingeklebt hatte. Hier war ich nun in all meiner jugendlichen Pracht, die süße kleine Braut in einem kurzen weißen Seidenkleid, wie sie einen Strauß weiße Rosen in der Hand hielt und mit Augen, die nur ihn sahen, zu ihrem gutaussehenden Bräutigam aufblickte.

Meine Bewunderung für Sebastian war so unverhohlen und ergreifend, daß ich spürte, wie sich meine Kehle bei der Erinnerung an unsere gemeinsamen Jahre als Mann und Frau zusammenschnürte.

Ich lehnte mich zurück, starrte ins Leere und dachte nach.

Wir wurden im Juli 1980 getraut. Im Sommer meines zweiundzwanzigsten Lebensjahres. Es war direkt nach meinem Abschluß in Wellesley.

Als Sebastian und ich im Vorjahr ein Liebespaar geworden waren, hatte ich nicht ins College zurückgehen wollen. Statt dessen wollte ich bei ihm bleiben, mit ihm reisen und ständig an seiner Seite sein.

Er wollte nichts davon hören, daß ich meine Ausbildung abbrach. In unmißverständlichen Worten teilte er mir mit, ich müsse erst mein Studium beenden und meinen Abschluß machen. Damals war es zu unserem ersten größeren Streit gekommen. Selbstverständlich hatten wir uns im Handumdrehen wieder miteinander versöhnt, da keiner von uns dem anderen wirklich böse sein konnte.

Dennoch konnte ich mich ohne Schwierigkeiten daran erinnern, wie wir uns bei diesem Anlaß in die Haare geraten waren, und zwar mit einer solchen Heftigkeit, daß wir beide über meine Kampfbereitschaft und die verbissene Entschlossenheit, meinen Kopf durchzusetzen, erschüttert waren. Er gewann. Ich verlor. Aber Sebastian gestand ein, daß er in mir eine würdige Gegnerin gefunden hatte. Was mich anging, so war ich erstaunt über mich selbst. Ich hatte nicht gewußt, daß ich derart hartnäckig sein konnte.

Seit unsere Affäre begonnen hatte, hatte ich gehofft, er würde mir einen Heiratsantrag machen. Dennoch war ich überrumpelt und verwundert, als er es tatsächlich tat. Er hatte immer wieder skeptisch über den Altersunterschied von zwanzig Jahren geredet. Dieser Punkt hatte mich niemals im entferntesten gestört. Sebastian war in so vieler Hinsicht jung und knabenhaft, daß ich ihn nie älter als mich selbst empfand.

»Wer soll dich bloß mir übergeben?« hatte er ein paar Wochen vor der Hochzeit gefragt. »Von Rechts wegen ist das meine Aufgabe als dein Vormund, aber da ich derjenige bin, der dich heiratet, kann ich dich wohl kaum mir selbst anvertrauen, was meinst du?«

Wir hatten schallend darüber gelacht, und schließlich hatten wir entschieden, daß Jack diese Aufgabe übernehmen sollte. Wir waren miteinander aufgewachsen, und er kam für mich einem Bruder am nächsten.

Die Trauung wurde auf der *Laurel Creek Farm* vollzogen, von einem ortsansässigen Richter, der ein langjähriger Bekannter von Sebastian war. Es war ein schlichtes und kurzes Zeremoniell, und sowie es vorüber war, gab es auf der Farm einen kleinen Imbiß für die wenigen Freunde und Familienmitglieder, die der Trauung beigewohnt hatten. Am späten Nachmittag waren Sebastian und ich zum Abendessen nach New York City gefahren, froh zu entkommen, endlich allein zu sein und endlich auch offiziell ein Paar.

Am folgenden Morgen brachen wir nach Afrika auf, wo wir den größten Teil unserer Flitterwochen verbrachten.

Unseren ersten Zwischenaufenthalt hatten wir in London, im *Claridge's*. Sebastian hatte dort eine Suite gebucht, und wir blieben zwei Wochen lang dort. Er mußte sich um gewisse geschäftliche Angelegenheiten kümmern, außerdem hatte er mich für unseren bevorstehenden Aufenthalt in Afrika entsprechend ausstatten wollen. »Du brauchst dringend die richtige Kleidung, Vivi, Sachen, in denen du dich wohl fühlst. Wir müssen gegen die Hitze gewappnet sein, die Sonne, die nächtliche Abkühlung und das ständige Unterwegssein«, hatte er mir erklärt.

Ich war vorher nur zweimal in London gewesen, beide Male mit meiner Mutter und Großmama Rosalie, und ich freute mich sehr, jetzt mit meinem Ehemann wieder dort zu sein.

Ich lernte viele von Sebastians Freunden kennen; wir aßen extravagant zu Mittag und elegant zu Abend; wir besuchten die Oper in Covent Garden und sahen uns im West End etliche Theaterstücke an. Ich kostete jede einzelne Minute genüßlich aus. Ich war rasend verliebt, und er schien es auch zu sein. Wir verbrachten viel Zeit im Bett, und es war jedesmal unglaublich schön für uns beide. Er liebte mich mit meisterlicher Könnerschaft, verwöhnte mich unglaublich, kleidete mich modisch ein und zeigte mich stolz seinen Bekannten vor.

Im Lauf der ersten Woche unseres Aufenthalts in London unternahm Sebastian einen ausgedehnten Einkaufsbummel mit mir, um mich für Ostafrika, unser nächstes Ziel, entsprechend einzukleiden. Er kaufte mir leichte Baumwollhosen, Safarijacken aus Baumwolle, kurzärmelige Baumwollhemden, aber auch vier Paar wirklich gute, weiche Lederstiefel und etliche breitkrempige Filzhüte als Schutz gegen die Sonne.

Nach Ablauf der zwei Wochen in London flogen wir nach Nairobi. Das sollte unser Stützpunkt für die drei bis vier Monate sein, die Sebastian für unseren Aufenthalt geplant hatte. Und solange ich lebe, werde ich diese Monate in Kenia niemals vergessen. Ich war in meinen Mann vernarrt, begeistert von dem Gedanken, seine Frau zu sein und so viele Dinge gemeinsam mit ihm zu erleben, aber ich war auch von dem Moment an, in dem ich den ersten Fuß auf afrikanischen Boden setzte, von Afrika gefesselt. Es war einer der schönsten und überwältigendsten Orte, an denen ich je gewesen bin. Ich war tief beeindruckt.

Sebastian kannte sich außerordentlich gut in Kenia aus, und es machte ihm großes Vergnügen, mir seine Lieblingsplätze zu zeigen, die Gegenden, die ihm am besten gefielen und ihn immer wieder angelockt hatten. Es waren wahrhaft verzauberte Orte.

Er steuerte ein kleines Flugzeug, das einem Freund in Nairobi gehörte, und er flog mich über die gewaltige Weite des Afrikanischen Grabens. Dieses Tal zog sich vom Norden bis in den Süden des Landes und war von aufragenden Steilwänden umschlossen, die so hoch und gewaltig waren, daß sie sich jeder Beschreibung entzogen. Manchmal erinnerte mich der Afrikanische Graben, der stellenweise unfruchtbar und trostlos war, an eine gigantische Mondlandschaft, und als ich das Sebastian gegenüber erwähnte, stimmte er mir zu und sagte, das sei eine treffende Beschreibung.

Einen krassen Kontrast dazu bildeten die üppigen und grünen Savannen, in denen wir auf Safari gingen. Hier waren wir entweder im Jeep oder zu Fuß unterwegs und fotografierten die Tiere auf freier Wildbahn – Leoparden, Löwen, Elefanten, Büffel, Nashörner, Geparde, Gazellen, Zebras, Weißschwanzgnus und Giraffen.

Von der Savanne brachte mich Sebastian ins Masai-Mara-Reservat, und wieder einmal war ich von der Schönheit des Landes überwältigt und verblüfft über das Großwild, das frei durch seine natürliche Umgebung streifte. Ich fühlte mich an den Anbeginn der Zeit zurückversetzt, als die Erde noch jung war.

Langsam zogen wir weiter zum Victoriasee, wo wir eine Woche damit verbrachten, uns an den fruchtbaren Ufern des Sees zu erholen. Als wir ausgeruht und frisch waren, brachen wir wieder auf und schlugen den Weg nach Süden ein, zur Grenze von Tansania und zum Kilimandscharo.

Was für einen ehrfurchtgebietenden Anblick dieser massive vulkanische Krater doch bot, der sich so hoch auftürmte, daß seine beiden Gipfel in Wolken und Dunst gehüllt und nur dann sichtbar waren, wenn man sich hoch, immer höher hinaufwagte. Wir waren beide keine geübten Bergsteiger, und daher gingen wir nur auf den sanfteren und leichter zu bewältigenden Hängen ein Stück weit hinauf.

Wir schlugen unser Lager im Vorgebirge des Kilimandscharo auf, erkundeten die nähere Umgebung und liebten uns nachts unter dem gewaltigen Schatten des Berges. Die Nächte waren einfach unglaublich. Wir lagen unter einem Himmel, der so klar und weich erschien, daß er wie ein hoher Baldachin aus vollkommenem und unberührtem schwarzem Samt wirkte.

»Ein schützender Himmel«, sagte Sebastian immer wieder zu mir. Eines Nachts, als wir dalagen, eng umschlungen den nächtlichen Geräuschen lauschten und zu den kristallklaren Sternen aufblickten, hatte er mir erklärt: »Hier in diesem Land, unter diesem Himmel, hat vor Äonen das menschliche Leben seinen Anfang genommen. Das hier ist die Wiege der Menschheit, Vivi.« Ich hörte aufmerksam zu, wenn er mir von Afrika erzählte; ich lernte von ihm ungeheuer viel über dieses Land, aber auch über unzählige andere Dinge.

Wir folgten der grob skizzierten Dreiecksroute, die Sebastian für uns geplant hatte, und die grünen Hügel Afrikas hatten mich für alle Zeiten in ihren Bann gezogen.

Wir fuhren vom Kilimandscharo langsam wieder Richtung Norden, nach Nairobi, damit mir Sebastian unterwegs die Seen und das Hochland dieser Gegend zeigen konnte, die er so sehr liebte und so gut kannte. Auch hier war das Land außerordentlich fruchtbar und eindrucksvoll und zog mich mehr denn je in seinen Bann. Oh, diese grünen Hügel Afrikas ... wie sehr sie doch meine Phantasie und mein Herz gefangennahmen.

Während ich über dem Album brütete, fiel mein Blick auf

ein paar Schnappschüsse, die auf Safari von uns aufgenommen worden waren. Ich sah Sebastian und mich, wie wir einander unter einem leuchtenden Flammenbaum in Thika in den Armen hielten. Ich fand mich in meiner Safarijacke, meiner Hose und den Reitstiefeln und mit dem kecken Hut auf dem Kopf ziemlich elegant.

Daneben hatte ich eine Vergrößerung von uns beiden eingeklebt, auf der ein Masai-Hirte zwischen uns stand. Er war sehr stolz und würdevoll und wirkte in seiner farbenfrohen und exotischen Stammestracht ungeheuer majestätisch. Die Masai waren groß und schlank, ein Nomadenstamm, der vorwiegend Rinderherden hütete, aber auch für seine wilden Krieger bekannt war.

Und hier posierten wir schließlich am Ufer des Nakurasees, einem der vielen Salzseen von Kenia, wo die Flamingos leben. Ich betrachtete das Bild eindringlich und wunderte mich einmal mehr über die erstaunliche Szenerie. Die Flamingos bildeten eine Flutwelle aus Rosa und Flammendrot, die sich in Bewegung gesetzt hatte, Millionen von Flügeln, die über dem weiten, dunklen Wasser des Sees ausgebreitet waren. Es war ein unglaublich faszinierender Anblick.

Nie habe ich diese Monate in Afrika mit Sebastian vergessen. Die Erinnerungen waren noch jetzt so frisch und lebhaft, als sei ich erst gestern dort gewesen. In Wahrheit waren seitdem vierzehn Jahre vergangen.

Ich blätterte schnell weiter, da ich im Moment kein besonders großes Interesse an unseren späteren Reisen hatte, und endlich war ich bei den Bildern von der alten Mühle in der Provence angelangt.

Einen Moment war ich regelrecht verblüfft, als ich die Bilder des heruntergekommenen, baufälligen Gebäudes vor mir sah, das ich so sorgsam auf Film festgehalten hatte. Ich hatte vollständig vergessen, was für eine häßliche Ruine es gewesen war, eine echte Beleidigung für das Auge, als wir zufällig darauf gestoßen waren.

Nachdem wir Kenia verlassen hatten, waren Sebastian und ich nach Frankreich geflogen. Wir verbrachten mehrere Monate im *Château d'Cose* in Aix-en-Provence, das ihm schon seit einigen Jahren gehörte. Während meiner Kindheit, als meine Mutter noch gelebt hatte, hatten wir alle den Sommer hier verbracht, und es waren denkwürdige Ferien gewesen. Es war für Jack der schönste Ort auf Erden; hier fühlte er sich zu Hause. Wegen seiner Liebe zum Château unternahm er auch große Anstrengungen, Französisch zu lernen. Und er sprach es wirklich beneidenswert gut.

Auf unseren Reisen durch die Provence hatten Sebastian und ich diese alte Mühle entdeckt. Sie stand neben einem Olivenhain inmitten von leicht hügeligen Feldern, nahe der jahrhundertealten Ortschaft Lourmarin. Sie war abgelegen genug, um einem das Gefühl vollkommener Abgeschiedenheit zu geben, geschützt durch großen Grundbesitz und doch nicht so weit von der Ortschaft entfernt, daß man sich langweilte.

Ursprünglich hatte Sebastian sie als Hochzeitsgeschenk für mich erworben, weil ich mich in die Mühle und das dazugehörige Grundstück verliebt hatte, aber auch in den pittoresken Ort. Sowie wir jedoch mit der Restaurierung begannen, erkannte er das gewaltige Potential, das in diesem Anwesen steckte. Er betrachtete es jetzt als perfektes Zuhause für uns, wenn wir in Europa wären, und er beschloß, daß wir einen Teil jedes Jahres dort verbringen würden.

Eine Zeitlang hatte Sebastian dann das Interesse an dem Château und dem Weingut verloren, und seine Wohltätigkeitsarbeit nahm wieder den Vorrang ein. In zunehmendem Maß überließ er die Leitung des Châteaus und des Anwesens einem Grundstücksverwalter und stattete dem Haus nur einmal im Jahr einen kurzen Besuch ab. Da er sich genau wie ich in die Mühle verliebt hatte, überließ er Jack das Château, die Ländereien und die Weinkellerei als Teil seiner Erbschaft. Jack war begeistert, hatte daraufhin jeden Sommer in Aix verbracht und war ganz nach Frankreich gezogen, sobald er seinen Abschluß in Yale gemacht hatte.

Auf meinen frühen Aufnahmen ähnelte *Vieux Moulin* einem alten, grauen Steinhaufen, einem formlosen Relikt, vor dem sogar der größte Stoiker kapituliert hätte, hätte er je die Hoffnung gehegt, das Gebäude wiederauferstehen zu lassen und zum Leben zu erwecken. Wie sich allerdings herausstellte, war das Projekt reibungslos abgelaufen. Der Wiederaufbau und der Umbau der ursprünglichen Grundmauern sowie der Anbau zweier neuer Flügel gehören zu den befriedigendsten Unterfangen, die ich je in Angriff genommen habe. Sebastian hatte auch seinen Spaß an dieser Arbeit gehabt, und wir verbrachten dort bis zu unserer Scheidung ein paar glückliche Jahre miteinander. Selbst später war er noch gelegentlich gekommen und hatte mich dort eine Weile besucht, wenn er der Welt entkommen wollte.

Ich blätterte schnell weiter und kam zu den letzten Fotografien, die ich mir ursprünglich hatte ansehen wollen: den Aufnahmen von *Vieux Moulin* nach der Fertigstellung.

Es war wirklich eine Pracht, wie es unter einem blaßblauen Sommerhimmel, an dem regungslose weiße Wolken hingen, in der Sonne funkelte. Meine liebste Aufnahme zeigte das Haus aus der Ferne, jenseits der purpurnen Lavendelfelder und im sanften Licht des späten Nachmittags, wenn die Sonne kurz vor dem Untergehen ist. Alles war in einen faszinierenden, unirdisch goldenen Glanz getaucht. Und wenn alles gutging, würde ich dort nächste Woche wieder hinfahren.

An diesem Gedanken hielt ich mich fest, als ich das Album zuschlug und nach oben ging, um mich wieder ins Bett zu legen.

7

Sebastians Beerdigung stellte für mich in vieler Hinsicht eine quälende Zerreißprobe dar. Ich fühlte mich jämmerlich und verloren, als ich in der kleinen Kirche in Cornwall in der vordersten Reihe saß.

Jack und Luciana saßen auf der einen Seite neben mir, Cyrus Locke und Madelaine Connors auf der anderen, und ich fühlte mich zwischen fremdartigen Wesen eingekeilt, obwohl gerade diese Personen einer Familie näherkamen als alles, was ich sonst noch hatte.

Es war nicht etwa so, daß einer von ihnen etwas Unerfreuliches zu mir gesagt oder sich schlecht benommen hätte. Ich störte mich eher an ihrer inneren Haltung. Ich nahm an ihnen allen einen eigentümlichen Mangel an Trauer wahr, und das versetzte mich innerlich in Wut. Ich schluckte meinen Zorn jedoch hinunter, wahrte äußerlich die Ruhe und zeigte der Welt ein unergründliches Gesicht. Ich saß vollkommen regungslos auf der Kirchenbank, die Hände im Schoß gefaltet, und wünschte, diesen Tag hätte es niemals gegeben. Wir alle mußten früher oder später sterben, keiner von uns war unsterblich, aber Sebastian war zu jung gewesen, es war einfach noch zu früh. Und wie war er gestorben? Das war die Frage, die mir Sorgen bereitete.

Verstohlen warf ich einen Blick auf Jack, der neben mir saß. Er war bleich und hatte dunkle Ringe unter den Augen, aber sein Gesichtsausdruck war so unergründlich wie mein eigener. Nur seine Hände verrieten seine Nervosität.

Ich schloß die Augen und versuchte, mich auf den Gottesdienst zu konzentrieren. Nach einem Moment wurde mir bewußt, daß ich dem derzeitigen Präsidenten von *Locke Industries* nur mit halbem Ohr zuhörte, als er einen der Nachrufe vortrug. Viel mehr beschäftigte mich Sebastians Vater, der auf der anderen Seite neben mir saß.

Ich hatte einen ganz anderen Cyrus erwartet – gebrechlich, eingefallen, ein Mann an der Schwelle des Todes. Schließlich war er neunzig Jahre alt, doch er wirkte erstaunlich fit auf mich. Sein weißes Haar war ausgedünnt, und die spärlichen Reste waren über seine mit Altersflecken gesprenkelte Glatze gekämmt; seine Gesichtshaut war nahezu transparent und spannte sich so straff über seinen Knochen, daß diese außergewöhnlich stark hervortraten. Und doch glänzten seine Augen, die alles andere waren als stumpf oder hohl. Und als er vor einer Weile auf dem Pfad zur Kirche vor mir hergelaufen war, war mir sogar ein gewisses Federn in seinen Schritten aufgefallen. Ein großer, hagerer Mann mit messerscharfem Verstand, so hatte ich ihn in Erinnerung, und heute wirkte er nicht wesentlich anders auf mich. Alter, ja, und ein wenig schwach, aber nicht ganz so hilflos, wie Madelaine ihn Jack gegenüber dargestellt hatte. Als er vor wenigen Minuten draußen vor der Kirche mit mir gesprochen hatte, hatte er einen lebhaften und klaren Eindruck auf mich gemacht. Es würde mich nicht überraschen, wenn Cyrus Locke hundert Jahre werden sollte.

Am meisten verblüfft hatte mich Luciana, als wir einander beim Aussteigen begrüßt hatten. Ich hatte sie seit ein paar Jahren nicht mehr gesehen, und bei ihrem Anblick erschrak ich geradezu. Sie war so hager, daß sie krank wirkte, und doch war ich sicher, daß ihr nichts fehlte. An ihrem Aussehen konnten nur extreme Diäten schuld sein, davon war ich fest überzeugt.

Falls Luciana jemals schwanger werden sollte, würde sie wahrscheinlich große Mühe damit haben, das Kind auszutragen. Es war jedoch unwahrscheinlich; eine Schwangerschaft stand ganz zuletzt auf ihrer Wunschliste, und sie hatte auch immer wieder öffentlich bekundet, daß sie keine Kinder haben wollte.

Das Traurige war, daß sie nicht mehr gut aussah und die Sinnlichkeit verloren hatte, die ihr in ihrer Jugend so gut gestanden hatte und sie so hübsch und so reizvoll hatte erscheinen lassen. Ihr Kopf schien zu groß für ihren ausgemergelten Körper zu sein, und ihre Beine waren spindeldürr. Kaum zu glauben, daß sie erst achtundzwanzig war. Sie sah wesentlich älter aus.

Wenigstens trug sie Schwarz, Gott sei Dank. Sie war so widerspenstig, so aufsässig, so wild entschlossen, anders als die anderen zu sein und sämtliche Regeln zu mißachten, daß ich fast damit gerechnet hatte, sie würde in einem knallroten Kostüm erscheinen. Eines stand jedoch fest: Es war ihr offensichtlich nicht gelungen, ihren Ehemann dazu zu überreden, bei der Beerdigung zu erscheinen; aber vielleicht hatte sie ihn auch gar nicht eingeladen. Gerald Kampers Abwesenheit fiel jedenfalls auf.

Jack hustete hinter vorgehaltener Hand und begann unruhig zu werden; ich riß mich von meinen Gedanken los und richtete meine Aufmerksamkeit auf den nächsten Sprecher. Es war Allan Farrell, der bei der Locke-Stiftung Sebastians Assistent gewesen war. Er sagte wunderbare Dinge über Sebastian und wirkte dabei enorm aufrichtig. Ich war von der Beredsamkeit ergriffen, mit der er einen Mann schilderte, dem er ergeben gewesen war und mit dem er so viele Jahre lang eng zusammengearbeitet hatte.

Etwa fünfzehn Minuten später war der Gottesdienst zu Ende, und wir verließen im Gänsemarsch die Kirche und machten uns auf den Weg zum Friedhof.

Der Moment, als Sebastians Sarg in die Erde herabgelassen wurde, traf mich wie ein Schock. Ich begann zu weinen und begriff endlich, daß das wirklich das Ende war. Ich würde ihn niemals wiedersehen. Er war tatsächlich tot – und fast schon begraben.

Ich hörte ein ersticktes Schluchzen und wandte mich schnell zu Cyrus um, der zu meiner Linken stand. Er schaute mich hilflos an, und ich sah die Tränen über seine alten

Wangen rinnen, sah den Schmerz, der in sein Gesicht geschrieben stand. In dem Moment wußte ich, daß er ebensosehr litt wie ich.

Ich nahm seinen Arm, um ihn zu stützen, wie Madelaine es auf seiner rechten Seite tat. Cyrus und ich schmiegten uns unter den Bäumen aneinander, zitternd vor Kälte, und fanden doch in unserem Kummer einen gewissen Trost.

Ein beißender Wind war aufgekommen, zerstreute das Laub und wirbelte es um unsere Füße, als wir das Grab verließen und den Pfad zum Friedhofstor hinuntergingen.

Als wir aufbrachen, wurde ich wieder von Traurigkeit und einem Gefühl der Endgültigkeit überwältigt. Ein Teil meines Lebens war zu Ende gegangen. Nichts würde jemals wieder so sein wie früher.

Als ich kurz aufblickte und die Augen zum Himmel erhob, sah ich, daß er klar und wolkenlos war und so strahlend blau, wie seine Augen es gewesen waren.

Jack hatte meinen Ratschlag befolgt und die Trauergäste zum Mittagessen auf die *Laurel Creek Farm* eingeladen. Mrs. Crane, die wieder voll im Einsatz war, war so vernünftig gewesen, das fertige Mittagessen ins Haus liefern zu lassen, und sie hatte jede Menge Hilfskräfte aus dem Ort engagiert, die ihr zur Hand gingen.

Madelaine führte Cyrus in den Salon, und ich folgte dicht hinter den beiden. Zu dritt setzten wir uns vor das Feuer. Sobald er sich hingesetzt hatte, streckte der alte Mann die Arme aus, um sich von den lodernden Scheiten die Hände wärmen zu lassen.

Als jemand vom Personal mit einem Tablett voller Getränke auf uns zukam, nahmen Madelaine und ich jeweils ein Glas Sherry, und an Cyrus gewandt fragte ich: »Warum trinkst du nicht auch einen? Davon wird dir bestimmt warm ums Herz.« Er musterte mich argwöhnisch und nickte dann zustimmend.

Als ich ihm mein Glas reichte und mir ein anderes vom Tablett nahm, murmelte er: »Meine Mutter hat das früher immer gesagt... als ich noch ein Junge war, während ich aufgewachsen bin. ›Davon wird dir bestimmt warm ums Herz, Cyrus‹, hat sie oft zu mir gesagt.« Er schaute in die Ferne, so gebannt, als sähe er dort etwas, was uns verborgen blieb. Vielleicht setzte er sich mit alten Erinnerungen auseinander und beschwor die Gesichter von Menschen herauf, die schon vor langer Zeit gestorben waren, kehrte in seine Jugend zurück.

»Stimmt, das ist ein alter irischer Ausdruck«, sagte Madelaine und durchbrach damit das Schweigen. »Den kenne ich selbst noch aus meiner Kindheit, damals in Dublin.«

»Ich dachte, das sei eine englische Redewendung«, sagte ich. »Großmutter Rosalie hat sie jedenfalls gern benutzt.«

»Sylvia. So hieß sie«, murmelte Cyrus. »Meine Mutter hieß Sylvia.«

»Ja, ich weiß«, erwiderte ich. »Ich glaube, ich kenne jeden einzelnen Namen in der ganzen Locke-Dynastie. Sebastian hat die ganze Ahnengalerie vor mir ausgebreitet, bis zurück – zu Malcolm aus Arbroath.«

»*Dynastie*«, wiederholte er und starrte mich über den Rand seines Glases hinweg an; seine zusammengekniffenen Augen waren scharf und klar. »Bist du verrückt, Vivienne? Es gibt keine Dynastie. Sie ist kaputt, es ist aus und vorbei damit, sie ist am Ende angelangt.« Seine Blicke suchten Jack und Luciana, die sich am anderen Ende der Raumes unter die Gäste gemischt hatten, dann fügte er beißend hinzu: »Und diese beiden jämmerlichen Exemplare werden wohl auch keine zukünftigen Erben hervorbringen, um sie wieder auferstehen zu lassen.«

»Das kann man nie wissen, Cyrus, das kann man nie wissen«, beschwichtigte ihn Madelaine. »Sei nicht so negativ.«

»Wie soll ich sonst sein«, murmelte er, leerte sein Glas auf einen Zug, reichte es mir und sagte: »Noch einen Sherry, bitte, Vivienne.«

»Glaubst du wirklich, daß du das tun solltest?« bemutterte ihn Madelaine und sah mich finster an. »Du wirst mir noch einen Schwips kriegen«, warnte sie ihn und schnalzte mit der Zunge.

Er sah sie schneidend an und sagte: »Unsinn, Frau. Und selbst wenn, was wäre schon dabei? Ich bin neunzig Jahre alt. Was kann mir jetzt noch zustoßen, was mir nicht früher schon passiert wäre? Es gibt nichts, was ich nicht erlebt hätte, nichts, was ich nicht irgendwann getan hätte. Ich habe mehr als ein Leben hinter mir, warum sollte ich mich nicht betrinken? Ich habe ja doch nichts Besseres zu tun.«

»Natürlich hole ich dir noch einen Sherry, Cyrus«, sagte ich und eilte mit seinem leeren Glas davon.

Als ich zurückkehrte, bedankte er sich bei mir, trank schnell einen Schluck und sagte zu Madelaine: »Ich habe Hunger. Könntest du mir bitte etwas zu essen holen?«

»Aber sicher! Eine wunderbare Idee!« rief sie aus und wirkte hocherfreut, als sie aufstand.

Ich beobachtete, wie sie sich in Richtung Eßzimmer in Bewegung setzte, eine rundliche, gutaussehende Frau Ende Sechzig, die ein freundliches Gesicht und leuchtend rotes Haar hatte, dessen Farbe heute offensichtlich aus einer Flasche aufgefrischt wurde. Ich fand es seltsam, daß sie nach fünfzig Jahren in Amerika immer noch mit einem starken und unverkennbaren irischen Akzent redete.

Sowie wir allein waren, zupfte mich Cyrus an Ärmel, zog mich näher zu sich, sah mir ins Gesicht und sagte: »Wir haben ihn zu sehr geliebt, wir beide. Viel zu sehr. Das war das Ärgerliche. Er konnte unsere Liebe nicht annehmen. Sie hat ihm angst gemacht.«

Ich starrte den alten Mann an und war verblüfft über seine Worte. »Ja… ja«, sagte ich zögernd, »vielleicht hast du recht.«

»Du warst die einzige, Vivienne. Du warst die beste. Die beste von allen. Die einzige, die etwas getaugt hat. Bis auf... wie heißt sie schnell noch mal... Jacks Mutter? Sie hätte ihm eines Tages gewachsen sein können.«

»Josephine«, sagte ich. »Jacks Mutter hieß Josephine.«

»Sie hatte das Potential, aber kein Durchhaltevermögen«, murmelte er vor sich hin, fast so, als spräche er mit sich selbst. Dann richtete er sich etwas auf und sah mir wieder fest ins Gesicht. »Du warst die beste«, betonte er noch einmal und nickte.

»Oh«, sagte ich und zögerte, weil mir plötzlich die Worte fehlten. »Danke, daß du das sagst. Ich bin allerdings nicht sicher, ob es stimmt. Die...«

»Schreib ein Buch«, fiel er mir ins Wort und zog wieder an meinem Ärmel. »Schreib ein Buch über ihn.«

»O Cyrus, ich weiß nicht, ob das eine gute Idee ist---«, setzte ich an, unterbrach mich und schüttelte den Kopf. »Das ist schwierig. So etwas würde niemandem leichtfallen. Und er ist mit Sicherheit kein einfaches Thema für einen Biographen. Sebastian hat immer etwas... etwas Undefinierbares an sich gehabt, er war einfach nicht zu packen. Außerdem bin ich dafür ohnehin nicht die richtige Person. Ich könnte nie objektiv sein.«

»Tu es!« fauchte er mich an, und seine Augen hefteten sich auf mich.

»Was soll sie tun?« fragte Madelaine, die gerade mit einem Teller zum Kamin zurückkehrte.

»Das geht dich nichts an«, versetzte er gereizt.

»Aber, aber, laß uns jetzt bloß nicht streitsüchtig werden«, murmelte sie. »Komm schon, laß uns etwas essen, ja?«

»Hör auf, mich wie ein kleines Kind zu behandeln«, murrte Cyrus und sah sie finster an.

Ich erhob mich eilig. »Ich glaube, ich sollte mich jetzt ein wenig mit meinen Gästen unterhalten... denen von der

Locke-Stiftung«, sagte ich. »Entschuldige mich bitte, Madelaine. Cyrus, ich bin in ein paar Minuten wieder da.«

Ich floh und ging auf Allan Farrell zu, der sich gerade mit Jordan Nardish unterhielt, einem Kollegen von der Stiftung. Ich sagte Allan, wie ergreifend ich seinen Nachruf gefunden hatte. Jordan hatte das genauso empfunden, und dann standen wir eine Zeitlang zu dritt da und unterhielten uns über Sebastian, ehe ich mich entschuldigte. Langsam drehte ich eine Runde durch den Raum, nickte jedem zu, den ich kannte, redete einen Moment lang mit den Leuten und hoffte, daß sie sich hier willkommen fühlten. Wir teilten unsere Erinnerungen an Sebastian und äußerten uns betrübt zu seinem vorzeitigen Ableben.

Ich war gerade wieder auf dem Weg zu Cyrus, als Luciana sich vor mir aufbaute und mir den Weg abschnitt.

»Du bist wirklich ganz schön dreist«, sagte sie zu mir, und ihre Augen waren hart, ihr Ausdruck frostig.

»Es tut mir leid, aber ich verstehe nicht, was...«

»Verschone mich bloß damit!« schnitt sie mir herrisch das Wort ab. »Du weißt ganz genau, was ich meine. Du wirbelst hier herum, spielst die vornehme Gastgeberin und benimmst dich, als seist du die trauernde Witwe. Um Gottes willen, du bist seit mehr als sieben Jahren von ihm geschieden, und zwischendurch warst du mit einem anderen Mann verheiratet. Und trotzdem macht es dir Spaß, stimmt's? Wieder einmal im Mittelpunkt zu stehen.«

»Spaß«, rutschte es mir erstaunt heraus. »Wie kannst du bloß so etwas sagen? Sebastian ist *tot*, und du glaubst, mir macht das hier *Spaß?*«

»Es ist doch wahr? Ich habe dich die ganze Zeit beobachtet. Du schmeißt dich an Cyrus ran, schwebst stolz durch den Raum und fühlst dich ganz toll«, warf sie mir an den Kopf, und ihr Gesicht war vor Abscheu verzerrt. »Schließlich ist es ja nicht so, als hättest du dir etwas aus meinem Vater gemacht.«

Ich war wütend. Zornig holte ich Luft, trat vor sie hin, packte ihren Arm und starrte ihr erbittert ins Gesicht. »Du wirst mir jetzt einmal ganz genau zuhören«, sagte ich barsch, aber mit gesenkter Stimme. »Glaube bloß nicht, du könntest Streit mit mir anfangen, das wirst du nicht schaffen! Ich lasse es nicht zu! Und ich werde auch nicht erlauben, daß du auf Sebastians Beerdigung eine Szene machst. Genau das probierst du nämlich gerade. Und dazu, ob ich mir etwas aus ihm gemacht habe, kann ich nur sagen, daß ich ihn mein ganzes Leben lang geliebt habe, und das weißt du ganz genau. Ich werde ihn auch immer lieben, mein Leben ist ärmer ohne ihn, und die Welt ist ein ganzes Stück trauriger, seit er gestorben ist. Und du solltest allmählich lernen, dich so zu benehmen, wie man es von Sebastians Tochter erwarten darf. Du machst dich nur lächerlich damit, daß du über mich herfällst. Versuch, ein wenig Würde an den Tag zu legen, Luciana. Und werde endlich erwachsen!«

Ich ließ abrupt ihren Arm los, entfernte mich eilig und ließ sie allein dastehen.

Ich durchquerte die große Eingangshalle und lief die Treppe hinauf. Ich zitterte innerlich und war kurz davor, in Tränen auszubrechen. Ich mußte einen Moment lang allein sein, um die Fassung wiederzufinden.

8

Die Tür von Sebastians Arbeitszimmer im ersten Stock war nur angelehnt. Ich stieß sie auf und ging hinein. Endlich war ich der Gästeschar entkommen und konnte mich von dem heftigen Wortwechsel mit Luciana erholen.

Wie gehässig sie war. Sie hatte sich überhaupt nicht verändert; schon während unserer Kindheit hatte sie es ständig auf mich abgesehen und hatte versucht, mir das Leben zur Hölle zu machen. Anscheinend hatte sie dieses Bedürfnis noch immer.

Ich durchquerte den Raum, trat an eines der Fenster, schob die Spitzengardinen zur Seite und blickte hinaus auf den hinteren Teil des Gartens und auf die Stallungen. Ein Erinnerungsfetzen schoß mir durch den Kopf, und für den Bruchteil einer Sekunde konnte ich uns dort draußen auf dem Hof vor den Ställen sehen – Jack, Luciana und mich.

Alle drei saßen wir auf unseren Pferden und warteten auf Sebastian, der gerade auf seinen Wallach aufsitzen wollte. Ohne jede Vorwarnung ging mein Pferd *Firebrand* plötzlich mit mir durch und hätte mich um ein Haar abgeworfen, wenn ich mich nicht so krampfhaft festgeklammert hätte. Sebastian galoppierte hinter mir her und half mir, das Pferd wieder zur Ruhe zu bringen.

Erst Stunden später erzählte mir Jack, daß Luciana, die damals acht Jahre alt war, schuld an dem Zwischenfall hatte. Er hatte gesehen, wie sie *Firebrand* ein paar kräftige Schläge mit ihrer Reitgerte versetzt hatte, woraufhin das Pferd wie der Teufel davongestoben war. Ich hätte dabei ohne weiteres tödlich verunglücken können.

Obwohl wir beide über ihre bösartige und gefährliche Handlungsweise entsetzt waren und sie eine Strafe verdient hätte, hatten wir Sebastian nichts gesagt. Wir wagten es nicht. Er wäre explodiert, hätte sie grob behandelt. So blieb es unser Geheimnis, eines der vielen Geheimnisse, die wir in unserer Kindheit miteinander teilten. Jack war damals mein bester Freund. Immer stand er für mich ein und verteidigte mich. Auch er hatte unter Luciana zu leiden und war deshalb ständig vor ihr auf der Hut.

Schon vor langer Zeit war mir klargeworden, daß sie eine sehr schwierige Beziehung zu ihrem Vater hatte. Selbst nach seinem Tod war sie eifersüchtig und extrem besitzergreifend. Das war nur allzu offensichtlich. Sie hatte mich heute schlicht und einfach nicht dabeihaben wollen. Im Grunde wollte sie wahrscheinlich auch nicht, daß Jack anwesend war, genausowenig wie ihr Ehemann.

Immer noch starrte ich zum Fenster hinaus. Der Hof vor den Stallungen wirkte wie ausgestorben und bot einen traurigen Anblick. Früher hatte dort immer ein geschäftiges Treiben geherrscht. Pferde, Hunde, Stallburschen und Kinder liefen überall herum. Aber seit Jahren lag alles verlassen da.

Nach dem Tod meiner Mutter im Jahre 1976 hatte Sebastians Leidenschaft für Pferde merklich nachgelassen. Ein Jahr später hatte er damit begonnen, sie zu verkaufen. Als wir heirateten, hatte er die Zucht fast völlig aufgegeben. Ein paar Pferde hatte er allerdings behalten, damit wir an den Wochenenden ausreiten konnten.

In dieser Zeit begann Sebastian auch damit, mehr und mehr Zeit in seine Wohltätigkeitsprojekte zu investieren. Mit *Locke Industries* und seiner Stiftung hatte er alle Hände voll zu tun; ständig waren wir auf Reisen. Gutes zu tun und anderen zu helfen war zu seiner Leidenschaft geworden.

1981 starb Aldred, sein langjähriger Majordomus. Danach veränderte sich das Leben auf der Farm vollkommen, und bei unserer Scheidung gab es bereits keine Pferde mehr auf *Laurel Creek*. Die einst so blühende, angesehene Pferdefarm war nur noch eines von vielen hübschen Landhäusern, umgeben von riesigen wunderschönen Ländereien.

Vor ein paar Jahren hatte Sebastian Mrs. Crane die Verantwortung für die Farm übertragen. Wenn er sich dort aufhielt, fungierte sie als Haushälterin, und während seiner Abwesenheit sah sie regelmäßig nach dem Rechten. Als sie die Leitung des Hauses übernahm, hatten alle Stall- und Landarbeiter die Farm verlassen. Bis auf den Gärtner Harry Blakely, der sich um die Bäume kümmerte. Die Gärten wurden von einigen Aushilfskräften der hiesigen Baumschule gepflegt.

Schließlich wandte ich mich vom Fenster ab und dachte: Nichts bleibt, wie es ist, alles verändert sich. Aber während ich so dastand und meinen Blick durch das Arbeitszimmer schweifen ließ, mußte ich diesen Gedanken korrigieren.

Das Zimmer sah noch genauso aus, wie ich es vor elf Jahren eingerichtet hatte. Nichts hatte sich hier verändert. Karmesinrot lasierte Wände, der dunkelgrüne, karierte Teppich und englische Antiquitäten, die ich aus verschiedenen Zimmern des Farmhauses zusammengesucht hatte, bildeten meiner Meinung nach noch immer ein harmonisches Ganzes. Sebastian war offenbar der gleichen Ansicht gewesen, da er alles so gelassen hatte.

Ich ging ins Nebenzimmer, das einst meines gewesen war, und entdeckte, daß das kleine Wohnzimmer haargenau so aussah wie zu meiner Zeit. Teppiche, Vorhänge und Polster waren in verschiedenen Blautönen gehalten, wodurch das strahlende Gelb der Wände noch besser zur Geltung kam, und die schwarz lackierten, zierlichen chinesischen Möbelstücke standen noch genau dort, wo ich sie vor all den Jahren hingestellt hatte.

Aus purer Neugierde ging ich weiter ins Schlafzimmer. Es erstaunte mich nicht im geringsten, daß auch dieser Raum unverändert war. Rebekkas Schatten, murmelte ich vor mich hin und dachte an den alten Film. Ich fragte mich, was Sebastians letzte Ehefrau wohl von meinem Einrichtungsstil gehalten hatte.

Meines Wissens hatte Betty Bethune nicht viel Zeit auf der *Laurel Creek Farm* verbracht. Sie war eine bekannte Konzertpianistin und trat meist in weit entfernten Metropolen auf, während Sebastian wohltätige Projekte irgendwo in der dritten Welt beaufsichtigte. Aus diesem Grund hatten sie sich schließlich scheiden lassen. Sie sahen sich so gut wie nie und verbrachten kaum Zeit miteinander. Sebastian hatte mir damals gesagt, es sei sinnlos, die Ehe fortzuführen.

Auf der antiken Kommode zwischen den beiden Fenstern entdeckte ich ein Bild von mir in einem silbernen Rahmen. Ich nahm es in die Hand und betrachtete es.

Es war ein vergrößerter Schnappschuß, den Sebastian auf unserer Hochzeitsreise in Afrika aufgenommen hatte. Da stand ich in meiner Safariausrüstung mit einem breitkrempigen Hut und lächelte in die Kamera. Auf den unteren Rand der Fotografie hatte Sebastian geschrieben: *Meine geliebte Vivi am Fuße des Kilimandscharo.*

Ich betrachtete das Bild noch eine Weile und stellte es dann zurück auf die Kommode. Es überraschte und rührte mich zugleich, daß er es all die Jahre behalten hatte.

»Du kannst es haben. Wenn du willst«, sagte Jack, und seine Stimme ließ mich zusammenfahren.

Ich wirbelte herum. »Mein Gott, warum schleichst du mir nach? Du hast mich furchtbar erschreckt«, rief ich.

Er schlenderte ins Schlafzimmer und trat neben mich. Er nahm das Bild in die Hand und sah es sich genauer an, dann reichte er es mir. »Nimm es. Es gehört dir.«

»Danke. Das ist wirklich nett von dir, aber bist du sicher?«

Er nickte. »Ich würde es ja selbst behalten. Aber ich habe bessere Bilder von dir. Und Luciana wird keinen Wert darauf legen.« Während des Sprechens zuckten seine Mundwinkel, und er versuchte vergeblich, sich das Lachen zu verbeißen. Leise kicherte er vor sich hin.

Auch ich mußte lachen. »Vor ein paar Minuten ist sie wie eine Furie auf mich losgegangen.«

»Ich habe gesehen, daß sie wütend war. Worum ging es überhaupt?«

»Sie hat mir vorgeworfen, die trauernde Witwe zu spielen.«

Langsam schüttelte Jack den Kopf. »Sie ist nicht ganz bei Trost. Am besten, du beachtest sie gar nicht«, sagte er gedankenverloren.

»Das tue ich auch nicht. Aber sie hat mich furchtbar wütend gemacht. Am liebsten hätte ich sie geohrfeigt. Deshalb bin ich auch nach oben gegangen – ich wollte mich wieder beruhigen.«

»Dachte ich mir. Deshalb bin ich dir auch gefolgt.« Er sah mich forschend an und wirkte genauso besorgt wie vor vielen Jahren. Er räusperte sich und fügte hinzu: »Ist alles in Ordnung?«

»Es geht mir gut, wirklich. Da muß schon was Schlimmeres kommen als Luciana, um mich fertigzumachen, und das weißt du auch. Im Augenblick bin ich wohl etwas empfindlich. Aber ich fand es einfach haarsträubend, wie sie versucht hat, mir eine Szene zu machen, ausgerechnet heute, an einem solchen Tag. Sie ist genauso nervtötend wie eh und je.«

»Ja, da hast du recht.« Jack öffnete die oberste Schublade der Kommode. »Ich bin dir noch aus einem anderen Grund gefolgt. Wollte dir ein paar von seinen Sachen geben. Hier sind sie. Such dir aus, was du willst.«

Zu überrascht um zu antworten, stellte ich die Fotografie zurück an ihren Platz und blickte in die Schublade.

»Es gehört alles mir. Er hat es mir hinterlassen.« Jack holte ein kleines schwarzes Samtkästchen heraus und zeigte mir eine mit Rubinen besetzte Krawattennadel. »Möchtest du sie haben?«

Ich schüttelte den Kopf. »Trotzdem vielen Dank. Es gibt da aber etwas, das ich wirklich gerne haben möchte...«

»Alles was du willst, Viv.«

»Seine Saphirmanschettenknöpfe... wenn du sie nicht willst...« Ich warf ihm einen schnellen Blick zu. »Ich könnte es gut verstehen, wenn du dich nicht von ihnen trennen willst.«

»Ich will sie nicht.« Jack öffnete weitere kleine Samtschachteln. Als er die Manschettenknöpfe schließlich gefunden hatte, reichte er sie mir. »Sie gehören dir. Da war noch eine passende Krawattennadel. Irgendwo muß sie sein. Ah, hier ist sie.«

»Die Sachen sind wunderschön, vielen Dank, Jack. Es ist wirklich lieb von dir, mir ein paar Erinnerungsstücke zu schenken.«

»Ich hab' dir doch gesagt, du kannst dir nehmen, was du willst. Das gilt auch für die Farm. Sie gehört jetzt mir. Möchtest du seinen Schreibtisch? Irgendwelche anderen Möbelstücke, die du damals hattest, während du mit ihm verheiratet warst?«

»Nein, nein, aber trotzdem vielen Dank. Dein Angebot ist wirklich ganz reizend, aber was du mir gegeben hast, ist vollkommen ausreichend, und es bedeutet mir ungeheuer viel.«

»Wenn du es dir anders überlegst, sag Bescheid.«

Wir verließen das Schlafzimmer durch die Haupttür, die direkt auf den oberen Flur führte. Auf dem Weg zur Treppe zögerte ich plötzlich und berührte Jacks Arm. »Ich nehme an, du hast noch nichts von der Polizei gehört, oder? Wegen der Autopsie meine ich?«

»Du würdest es als erste erfahren.«

»Ich verstehe das nicht, Jack. Warum dauert es so lange mit dem Bericht?«

»Die Gerichtsmediziner wollen alle Untersuchungen durchführen, die möglich sind. Um ganz sicherzugehen. Deshalb brauchen sie soviel Zeit. Das ist nichts Ungewöhnliches. Es ist noch keine ganze Woche her, Viv. Vergiß das nicht.«

»Ich habe es nicht vergessen, das kannst du mir glauben, Jack«, erwiderte ich.

9

Jedesmal, wenn ich in die Provence zurückkehrte, war ich aufgeregt und voller Vorfreude, und diesmal war es nicht anders. Ich konnte mich kaum zurückhalten, während ich auf dem Rücksitz der gemieteten Limousine saß und die Landschaft durch die Autofenster vorbeigleiten sah.

Wir fuhren von Marseille hinauf durch die Bouches-du-Rhône, weiter nach Lourmarin in die Vaucluse und zur *Vieux Moulin*. Ich konnte es kaum erwarten, anzukommen.

Am Morgen war ich aus New York in Paris eingetroffen und hatte ein Flugzeug nach Marseille genommen, wo der Fahrer des von mir immer wieder benutzten Mietwagenunternehmens mich am Flughafen erwartete.

Er hieß Michel, und ich kannte ihn schon seit vielen Jahren. Michel war ein umgänglicher, freundlicher und entgegenkommender Provenzale, der immer äußerst gut über die ganze Gegend informiert war. Er versorgte seine Fahrgäste mit genauen Informationen über Städte und Dörfer, alte Châteaus und Kirchen, Antiquitätenläden, Geschäfte und Restaurants in der Region. Allerdings redete er nur, wenn er gefragt wurde, und dies war einer der Gründe, aus denen ich ihn gern als Fahrer hatte. Er war nie übertrieben vertraulich oder geschwätzig und in keiner Weise aufdringlich. Ich schwieg am liebsten, entspannte mich und dachte nach, wenn ich gefahren wurde. Endlose Gespräche konnte ich nicht ausstehen.

Ich blickte aus dem Autofenster und dachte, wie außergewöhnlich die Landschaft doch an diesem sonnigen milden Oktobernachmittag wirkte. Sie schien in jenem berühmten Licht der Provence zu erglühen, das den Betrachter das ganze Jahr über bezaubert und von dem sich Künstler seit Jahrhunderten magisch angezogen fühlen.

Unzählige Maler sind hierhergekommen, angelockt

durch dieses unglaubliche Licht und die ausdrucksvollen Farben der Erde... Terrakotta geht über in Siena und eine Mischung weiterer Brauntöne. Rostrot verbindet sich mit Gold, Aprikot und Pfirsich, Orange, strahlendem Gelb und jeder nur erdenklichen Schattierung von Grün. All diese Farben erstrahlen unter dem atemberaubendsten, blauesten Himmel der Welt.

Vincent van Gogh hatte diese leuchtenden Farben auf seine Leinwand aufgetragen, in dicken Schichten und fast reliefartig. Damit schuf er die ersten leuchtend bunten Bilder des neunzehnten Jahrhunderts, wodurch er die Landschaft der Provence und sich selbst unsterblich machte.

Sebastian war früher einmal ein leidenschaftlicher Sammler impressionistischer Kunst gewesen. Er liebte die Werke van Goghs und besaß mehrere seiner Gemälde; jetzt gehörten sie wohl Jack oder Luciana. Es spielte zwar keine Rolle, aber ich fragte mich, wem von beiden er die Bilder hinterlassen haben mochte. Ich kam zu dem Schluß, daß sie wahrscheinlich in Jacks Besitz übergegangen waren.

Michel fuhr weiter landeinwärts, und nach einer Weile erreichten wir Aix-en-Provence. Ich kannte das Städtchen gut, nachdem ich jahrelang meine Ferien auf dem *Château d'Cose* verbracht hatte. Bestimmt würde Jack nächste Woche dort eintreffen; plötzlich wurde mir klar, daß ich kein Verlangen danach hatte, ihn zu sehen. Fürs erste hatte ich genug von ihm.

Die Straßen waren an diesem Nachmittag so gut wie leer, und wir kamen zügig voran. Bald hatten wir Bouches-du-Rhône hinter uns gelassen und erreichten die Vaucluse. Dieses Departement der Provence liebte ich am meisten; hier habe ich mit meinen beiden Ehemännern in den vergangenen vierzehn Jahren immer wieder zeitweise gelebt.

Die Vaucluse gefiel mir unter anderem wegen der abwechslungsreichen Landschaft so gut. Obstwiesen, Weinberge und Olivenhaine wechselten mit weiten Ebenen, sanften Hügeln und den Bergen von Lubéron. Dort, wo ich wohnte, ganz in der Nähe von Lourmarin, war die Landschaft das ganze Jahr über ungeheuer farbenprächtig. Das lag zum großen Teil an der beeindruckenden Vielfalt von Bäumen, Wildblumen und dem Obstanbau. Dort gedieh eine unvergleichliche Vegetation, die vom mildesten Klima in ganz Frankreich profitierte.

Natürlich bietet die Gegend auch andere Vorzüge. Das Dorf ist reizend und malerisch und bekannt als die Hauptstadt des Lubérongebiets. Außerdem wird es allgemein als das kulturelle Zentrum der Vaucluse betrachtet. Viele Maler, Musiker und Autoren wie ich leben im Dorf und in dessen näherer Umgebung. Früher war auch der große französische Schriftsteller Albert Camus hier zu Hause, und noch heute liegt sein Grab hier. Das ganze Jahr über werden Musikfestivals, Konzerte und Kunstausstellungen veranstaltet.

Als wir in die Nähe von Lourmarin kamen, öffnete ich das Fenster. Warme, milde Luft strömte herein und verbreitete jenen vertrauten Duft nach Wildblumen, Rosmarin, Obst, Lavendel und Fichtennadeln, den ich immer mit meinem Zuhause in der Provence verband.

Wir durchquerten nun eine offene, pastorale Landschaft mit üppigen Obstwiesen und Rebstöcken, Olivenhainen und meinen eigenen Lavendelfeldern, die sich fast bis zur Mühle hin erstreckten.

»*Voilà! Regardez, Madame Trent!*« rief Michel plötzlich und unterbrach die Stille.

Während er sprach, verlangsamte er die Fahrt. Direkt vor uns auf einem Hügel erhob sich die malerische Silhouette des kleinen, mittelalterlichen Dorfes gegen den strahlend blauen Himmel.

»Es ist schön, nach Hause zu kommen, Michel«, sagte ich, und mein Herz begann schneller zu schlagen, als er von der schmalen Schotterstraße in die lange Auffahrt, die zur *Vieux Moulin* führte, abbog. Wie spitz zulaufende, dunkelgrüne Wächter säumten stattliche Zypressen die gesamte Einfahrt bis hin zum gepflasterten Hof vor dem Haus.

Die tiefstehende Spätnachmittagssonne verlieh dem aus dem sechzehnten Jahrhundert stammenden Gemäuer der alten Mühle einen goldenen Schimmer. Die zahlreichen Fenster glänzten im warmen Licht. Auf dem Hof standen mehrere riesige Olivenfässer, in denen üppige bunte Blumen blühten. All dies erschien mir wie ein fröhlicher und einladender Willkommensgruß.

Die schwere Eichentür stand weit offen, und als wir auf den Hof fuhren, eilten Phyllis und Alain Debrulle, zwei meiner Angestellten, auf uns zu.

Phyl, die aus England stammte und einen Provenzalen geheiratet hatte, schenkte mir ein warmes Lächeln und umarmte mich. »Willkommen zu Hause, Mrs. Trent«, sagte sie herzlich.

»Hallo Phyl. Sie können sich nicht vorstellen, wie froh ich bin, wieder hier zu sein.

»Oh, ich glaube schon, daß ich das kann«, erwiderte sie.

Alain schüttelte mir grinsend die Hand und versicherte mir, daß ich von allen sehr vermißt worden war. Dann wandte er sich an Michel, der mein Gepäck aus dem Kofferraum holte, und sagte schnell ein paar Worte zu ihm.

»Ah oui, bien sûr, sagte Michel. *»Merci beaucoup.«* Er sah mich an und fügte hinzu: »Alain mich einladen zum Kaffee.«

»Ja, ich weiß«, erwiderte ich. »Kommen Sie noch einmal zu mir, bevor Sie gehen, Michel.«

»Oui, Madame. Merci.«

Ich hatte noch kaum Luft geholt, als das Telefon plötzlich klingelte. Es kam mir vor, als wüßte ganz Lourmarin von meiner Rückkehr aus New York. Das Informationssystem des Dorfes funktionierte offensichtlich noch immer ganz hervorragend.

Als ich den Hörer zum x-ten Mal innerhalb von zehn Minuten abnahm, klang mein »*Oui?*« bereits ein wenig gereizt, aber diesmal war meine enge Freundin Marie-Laure am Apparat.

»Ich wollte dir nur schnell guten Tag sagen, Vivienne«, erklärte sie. Dann fragte sie besorgt: »Ist irgendwas nicht in Ordnung?«

»Nein, nein. Warum fragst du?«

»Du klingst so... wie soll ich sagen... etwas angespannt.«

»Es geht mir gut, wirklich.«

»Du hattest hoffentlich eine gute Reise?«

»Ja, es ging alles wunderbar, Marie-Laure. Nach all den Jahren hab' ich wohl eine gewisse Routine. Aber stell dir vor, das ganze Dorf scheint zu wissen, daß ich zurück bin... ich hatte schon mehrere Anrufe. Es sieht so aus, als sei *ich* die Sensation des Tages.«

Ihre Stimme klang herzlich, als sie lachend antwortete: »Ja, das bist du wohl, Chérie. Madame Creteau hat mir von deiner Ankunft erzählt, als ich heute morgen beim Bäcker war. Sie wußte von Phyl, daß du gegen fünf ankommen würdest. Ich hoffe, mein Anruf kommt dir nicht allzu ungelegen.«

»Nein, nein, es ist wunderbar, deine Stimme zu hören. Aber ich muß schon sagen, das interne Nachrichtensystem des Dorfs überrascht mich immer wieder. Die geringste Neuigkeit verbreitet sich hier wie ein Lauffeuer.«

»Das kann man wohl sagen«, rief sie und lachte. »Aber du weißt doch, wie gern die Einheimischen hier klatschen und tratschen und sich in alles einmischen. Sie können einfach nicht anders. Sie meinen es nicht böse. Ich bin so froh, daß du zurück bist. Ich habe dich sehr vermißt.«

»Ich dich auch, Marie-Laure. Wie geht es Alexandre und den Mädchen?«

»Es geht uns allen gut, Vivienne.« Sie schien einen Augenblick lang zu zögern, dann fuhr sie mit leiser, mitfühlender Stimme fort: »Ich wollte dir noch einmal sagen, wie leid mir das mit Sebastian tut. Es muß ein furchtbarer Verlust für dich sein. Ich hoffe, du leidest nicht zu sehr darunter.«

»Ich war traurig, das ist nur natürlich. Irgendwie ist es, als habe jemand eine Tür zugeschlagen und damit einen Abschnitt meines Lebens beendet, der mir sehr viel bedeutet hat«, murmelte ich und ließ mich in einen Sessel fallen. Es war schön, ein paar Minuten mit ihr zu reden. »Du weißt ja, daß wir uns in letzter Zeit nicht mehr so häufig gesehen haben, weil er ständig unterwegs war, aber wir haben regelmäßig telefoniert. Sein Tod war wirklich ein Schock für mich. Ich hätte niemals mit so etwas gerechnet, Marie-Laure.«

»Damit war ja auch nicht zu rechnen. Er war doch noch gar nicht so alt, erst Mitte Fünfzig, und er machte immer einen sehr gesunden, lebendigen Eindruck.«

»Ja, das stimmt. Ich glaube, ich werde mich besser fühlen, wenn ich weiß, *wie* er gestorben ist. Leider hat Jack den Polizeibericht immer noch nicht bekommen.«

»Wirklich? Ich dachte, inzwischen wäre alles geklärt«, sagte sie überrascht. Dann fuhr sie hastig fort: »In den Zeitungen schreiben sie jetzt nichts mehr darüber. Die französische Presse hat die Umstände seines Todes als sehr mysteriös dargestellt.«

»Genauso wie die New Yorker Zeitungen. Aber was soll man machen... Ehrlich gesagt ist es *tatsächlich* ein wenig rätselhaft, wie er gestorben ist. Ich war so froh, als ich endlich wegkonnte, es war alles so deprimierend. Natürlich mußte ich noch bis zur Trauerfeier bleiben. Es war mir sehr wichtig, dabeizusein.«

»Wie war es?«

»Es lief sehr gut. Der Gottesdienst war gestern, und die Kirche war voll. Mehrere Mitglieder unserer Regierung waren dort, auch einige ausländische Politiker. Außerdem Abgesandte der UNO, Leiter von Wohltätigkeitsverbänden, Leute aus der ganzen Welt. Prominente und weniger prominente Leute. Es war sehr tröstlich für mich, daß so viele gekommen sind, um ihm die letzte Ehre zu erweisen. Aber sobald alles vorbei war, habe ich mich davongeschlichen, habe mein Gepäck geholt und bin direkt zum Kennedy Airport gefahren. Ich wollte so schnell wie möglich in mein gewohntes Leben zurückkehren.«

»Und ich will dich so schnell wie möglich wiedersehen. Kannst du Samstag abend zu uns zum Essen kommen? Im ganz kleinen Rahmen, nur die Familie. Vielleicht hast du ja Lust Kit mitzubringen?«

»Vielen Dank, ich komme gern, und ich werde ihn fragen. Ich weiß, er hat wie besessen gemalt. Im nächsten Monat hat er eine Ausstellung, und sein letztes großes Bild mußte unbedingt fertig werden. Ich bin noch gar nicht dazu gekommen, ihn anzurufen«, erklärte ich.

»Komm einfach allein, wenn er keine Zeit hat, aber ich bin sicher, er wird es einrichten können. Ganz bestimmt«, sagte Marie-Laure überzeugt. Sie war eine unverbesserliche Romantikerin. »Ich muß jetzt Schluß machen, Vivienne. Ich habe noch eine Menge Papierkram für die Antiquitätenausstellung am nächsten Wochenende zu erledigen.«

»Und ich muß meine Koffer auspacken. Wir sehen uns am Samstag. Wann soll ich eigentlich kommen?«

»Gegen sieben. *Ciao.*«

»Bis dann, Marie-Laure.«

Ich legte auf und machte mich auf die Suche nach Phyl.

Ich verließ mein Schlafzimmer in einem der neuen Flügel und durchquerte den Flur, der den neuen Teil mit dem ursprünglichen Gebäude verbindet. Das alte Gebäude bestand aus großen, roh behauenen Steinen, die warme Sand- und Goldtöne sowie verschiedene Rosaschattierungen und dunklere Grauabstufungen aufwiesen.

Die eigentliche Mühle mußte etwa um das Jahr 1567 entstanden sein und bestand aus vier riesigen Räumen. Dort befand sich heute der Hauptwohnbereich. Als Sebastian die Mühle für mich gekauft hatte, waren die Räume innen praktisch unbeschädigt, nur die Wände und Decken mußten repariert werden. Hier waren früher Oliven zwischen gewaltigen runden Steinen gepreßt worden. Die riesigen Flächen wurden von Gewölben unterbrochen, einige davon fast zehn Meter hoch. Dadurch wirkte alles noch größer und eindrucksvoller.

Eine Reihe von kleineren Kammern, die das Innere der Mühle ursprünglich gesäumt hatten, waren fast völlig eingestürzt, als wir das Gebäude erstanden hatten. Alles mußte neu aufgebaut werden; und als wir uns an die Arbeit machten, benutzten wir die Kammern als Abstellräume, Vorratskammern und Waschküche.

In der ganzen Mühle ließen wir neue Kachelböden verlegen und zahlreiche Fenster und Türen einbauen. Die Dekken wurden durch zusätzliche Pfeiler abgestützt. Sebastian hatte darauf bestanden, daß zur Restaurierung nur alte Baumaterialien benutzt wurden. Deshalb ließen wir möglichst viel Holz und Steine aus den Trümmerhaufen der Mühle heraussuchen. Den Rest kauften wir bei verschiedenen Bauunternehmern im Ort. Auch bei der Innenausstattung achteten wir darauf, daß Kacheln und andere Dinge einen alten, rustikalen Eindruck machten. Am Schluß war es unmöglich, das Alte vom Neuen zu unterscheiden. Das fertiggestellte Gebäude war in vielerlei Hinsicht ehrfurchtgebietend, besonders weil es den Eindruck erweckte, als hätte es schon seit Jahrhunderten genauso ausgesehen wie heute.

Der Flur führte über drei Stufen in die Küche hinunter, die das Herz des mittleren Teils bildete und sich in die offen angelegten Wohnräume einfügte. Von hier aus kam man ins Eß- und Wohnzimmer und in die Bibliothek. Trotz der vielen modernen Geräte strahlte die Küche mit ihren Stützpfeilern dem Terrakotta-Fußboden und den rohen Steinwänden einen behaglichen, ländlichen Charme aus. An der Decke und an den Pfeilern hingen Körbe, Kupferpfannen und alte Töpfe, getrocknete Kräuter, geräucherte Würste und Käselaibe, was die fröhliche provenzalische Atmosphäre noch verstärkte.

Ein riesiger, gemauerter offener Kamin bildete das Zentrum der Küche. Daneben stand ein gewaltiger Korb mit Brennholz, ein Kaminbesteck aus blank poliertem Messing und einige große, schmiedeeiserne Kerzenständer, fast anderthalb Meter hoch, mit dicken Stumpenkerzen.

Ich ging hinüber zu dem alten französischen Bauerntisch, der vor dem Kamin stand, und setzte mich auf einen der klobigen Stühle.

Phyl stand am Herd und sah mich an. »Wenn man danebensteht und wartet, kocht es nie«, sagte sie und deutete auf den Wasserkessel auf dem Herd. »Ich wollte Ihnen eine Tasse Tee machen und sie Ihnen ins Schlafzimmer bringen.«

»Ich trinke den Tee hier, vielen Dank, Phyl. Und dann wollte ich Sie bitten, mir beim Auspacken zu helfen, wenn es Ihnen nichts ausmacht.«

»Natürlich«, antwortete sie und blickte wieder prüfend zum Kessel.

»Übrigens – Michel ist doch noch nicht weg, oder?« fragte ich. »Ich habe ihn noch gar nicht bezahlt.«

»Nein, er ist noch hier, Mrs. Trent. Er hat einen Kaffee getrunken. Dann ist er mit Alain nach draußen gegangen. Die beiden wollten bestimmt eine Zigarette rauchen.«

Ich nickte und sagte: »Phyl, das Haus sieht wunderbar aus. Sie haben alles wunderschön in Ordnung gehalten. Ich danke Ihnen.«

Sie erwiderte nichts, aber ihr Gesichtsausdruck verriet mir, daß sie sich sehr über das Lob freute. Dann nahm sie den Kessel vom Herd, ging damit zur Spüle, goß etwas Wasser heraus und stellte ihn zurück auf den Gasherd.

»Wenn man danebensteht und wartet«, erinnerte ich sie und griff nach dem Telefon, das schon wieder klingelte.

»Hallo.«

»Du bist also endlich wieder zu Hause und rufst mich nicht einmal an«, sagte Christopher Tremain.

»Hallo Kit. Hör mal, bis jetzt habe ich noch niemanden angerufen. Und du warst der erste auf meiner Liste. Du bist mir nur um ein paar Minuten zuvorgekommen.«

»Gut zu wissen. Wie geht es dir? Wie war die Reise?«

»Mir geht es gut. Und die Fahrt ging schnell, ohne Probleme.«

»Dann hast du doch bestimmt Lust, heute abend mit mir zu essen? Zumindest hoffe ich das.«

»Ich würde dich schrecklich gern sehen, wirklich. Aber ich muß auspacken und mich wieder einleben, meine Papiere ordnen, das übliche. Du kennst das ja. Schließlich war ich fast drei Monate weg.«

»Als ob ich das nicht wüßte, Darling. Aber wie du willst, dann lasse ich dich für heute in Ruhe.«

»Marie-Laure hat uns für Samstag abend zum Essen eingeladen.«

»Das ist großartig, ich komme mit. Aber was ist mit morgen? Können wir da nicht zusammen ausgehen?«

»Ja, das wäre wunderbar. Was macht die Malerei? Hast du dein letztes Bild fertigbekommen?«

»Ja. Am Dienstag abend, besser gesagt am Mittwoch morgen. Ich bin ein bißchen kaputt, aber bis Samstag bin ich bestimmt wieder auf der Höhe.«

»Und du willst morgen wirklich essen gehen? Vielleicht solltest du dich lieber ausruhen.«

»Ich brauche doch nicht zu kochen, ich muß nur essen. Hör zu, Vivienne...«

»Was ist, Kit?«

»Gerade habe ich das von Sebastian gehört. Daß er tot ist. Heute morgen auf CNN. Es kam ein Bericht über die Trauerfeier. Es tut mir so leid. Bist du einigermaßen in Ordnung?«

»Ja, es geht mir gut, danke.«

»Du hältst mich bestimmt für gedankenlos, weil ich dich nicht angerufen habe, aber ich wußte nichts davon. Ich habe die ganze Zeit ziemlich isoliert gelebt.«

»Du mußt dich nicht entschuldigen. Ich dachte mir schon, daß du dich in deinem Studio vergraben hast, um rund um die Uhr zu arbeiten.«

»Und es geht dir wirklich gut?«

»Ja. Um wieviel Uhr willst du morgen essen?«

»Ganz wie du möchtest, Viv.«

»Gegen halb acht, paßt dir das?«

»Ja, ich hol' dich ab, und du kannst mir einen Drink spendieren, bevor ich dich groß ausführe.«

10

»Mrs. Trent, ein Anruf für Sie«, sagte Phyl, während sie die Stufen hinunterging, die von der Bibliothek zum Pool führten.

»Nicht schon wieder«, stöhnte ich und erhob mich mühsam von meiner Gartenliege. »Ich wußte gar nicht, daß ich hier in Lourmarin so populär bin.«

»Es ist Mr. Locke«, sagte sie und blieb vor mir stehen. »Er ruft aus New York an.«

Ich sah auf die Uhr. Es war halb vier, Freitag nachmittag, demnach war es in den Staaten jetzt halb zehn Uhr morgens. Sie reichte mir das Mobiltelefon. »Hallo Jack, ich dachte du wärst längst in Paris.«

»Hallo, Viv. Ich werde dort sein. Noch heute. Ich nehme die Concorde. Wie ist es bei euch? Warm und sonnig, stimmt's?«

»Genau. Ich sitze gerade am Pool und entspanne mich.«

»Viv, die Polizei hat sich bei mir gemeldet. Detective Kennelly hat mich angerufen. Vor zehn Minuten. Ich habe gerade erst aufgelegt. Sie haben den Autopsiebericht.«

Automatisch setzte ich mich gerade hin und schwang die Beine über den Rand der Liege, während ich das Telefon noch fester umklammerte. »Was steht darin? Zu welchem Schluß sind sie gekommen?« fragte ich gespannt.

»Suizid. Sebastian hat Selbstmord begangen. Er ist an einer Überdosis Schlaftabletten gestorben. Außerdem hatte er noch große Mengen Alkohol getrunken.«

Einen Augenblick lang war ich wie vor den Kopf geschlagen. Dann schnappte ich nach Luft und keuchte: »Das glaube ich nicht! Das kann nicht sein! Sebastian hätte sich niemals das Leben genommen. Das muß ein Irrtum sein.«

»Ich fürchte nicht. Es ist das Urteil des obersten Gerichtsmediziners. Sebastian hat sich selbst getötet.«

»Aber – aber – könnte es nicht ein Unfall gewesen sein?« Ich klammerte mich an einen Strohhalm.

»Nein, Viv. Es war kein Unfall. Er hatte einfach zu viel von dem Zeug im Körper. Die Gerichtsmediziner haben unzählige Tests durchgeführt. Sie haben alles andere ausgeschlossen.«

»Was ist mit der Wunde an seiner Stirn?«

»Daran ist er nicht gestorben. Ich habe es dir doch gerade gesagt. Alkohol und Schlafmittel haben zum Tod geführt. Das hat Kennelly gesagt.«

»Wieso kann der Gerichtsmediziner denn so sicher sein, daß es kein Unfall war?« fragte ich. Vor Anspannung klang meine Stimme laut und schrill.

»*Ich habe es dir doch gerade gesagt.* Es war einfach zu viel von all dem Zeug in seinem Blut, im Gehirn, im Gewebe und in den Organen. Er *muß* das Zeug einfach mit Absicht genommen haben. Über einen toxikologischen Bericht kann man nicht diskutieren. Fakten lügen nicht.«

»Aber er hätte sich nie und nimmer das Leben genommen. Nicht Sebastian«, protestierte ich. Immer noch war ich fest von meiner Ansicht überzeugt und schenkte Jack deshalb auch keinen Glauben.

»Wie kannst du das sagen?« zischte Jack ungeduldig. »Du bist schon seit Jahren nicht mehr mit ihm verheiratet, Vivienne. In letzter Zeit hast du ihn auch nicht mehr oft gesehen. Wie willst du wissen, was in ihm vorging!«

»Er war glücklich«, platzte ich heraus. »Er war an diesem Tag so –« Ich hielt inne, da mir plötzlich klar wurde, daß ich nicht mehr dazu sagen wollte.

»Sebastian und glücklich!« Jack spuckte die Worte förmlich aus. »Hör doch auf! Er war niemals glücklich. In seinem ganzen Leben nicht. Er war immer nur vergrämt und melancholisch. Gereizt. Er war ein Miesmacher und Spielverderber. Wer wüßte das besser als ich? Ich mußte seine Launen oft genug ertragen.«

Ich fühlte kalte Wut in mir aufsteigen, und am liebsten hätte ich ihn ausgescholten, ihm gesagt, daß er unrecht hatte, daß er grausam, voreingenommen und unfair war. Aber ich beherrschte mich. »Er machte einen sehr glücklichen Eindruck, als wir im *Le Refuge* zusammen gegessen haben, mehr wollte ich gar nicht sagen, Jack.«

»Das war am Montag. Am Samstag hat er sich dann das Leben genommen.«

»Das haben die Gerichtsmediziner also als Zeitpunkt des Todes festgestellt?«

»Ja. Samstag abend. Und warum er es getan hat, werden wir nie erfahren. Ich weiß nur eines mit Sicherheit. Der Chef eines gerichtsmedizinischen Instituts macht keine Fehler.«

»Ich kann es einfach nicht glauben«, wiederholte ich.

»Du mußt es glauben. So und nicht anders ist er gestorben. Es war Selbstmord.«

»Das wirft aber deine Theorie über einen Einbrecher über den Haufen«, bemerkte ich.

»Genau wie deine Theorie über einen Herzinfarkt oder einen Schlaganfall«, erwiderte er.

»Und wie erklärt sich die Polizei das Durcheinander in der Bibliothek? Die umgeworfenen Lampen und Stühle, die verstreuten Papiere?«

»Sie haben keine Erklärung. Wie könnten sie auch. Sie waren nicht dabei.«

»Aber sie müssen doch eine Theorie haben. Solche Untersuchungen sind doch schließlich ihr Geschäft.«

»Sie stellen keine Spekulationen an. Sie halten sich nur an die Fakten, Vivienne.«

»Er muß herumgetaumelt sein«, sprach ich meine Gedanken laut aus. »Bevor er nach draußen ging. Warum ist Sebastian bloß nach draußen zum See gegangen, Jack?«

»Ich habe keine Ahnung. Auf diese Fragen werden wir wohl nie eine Antwort bekommen. Wir werden nie mehr wissen als heute. Hör zu, ich muß jetzt Schluß machen. Ich muß Luciana anrufen und sie auf den neuesten Stand bringen. Dann muß ich zum Flughafen. Bis bald, Viv.«

Wie immer hatte er aufgelegt, bevor ich mich von ihm verabschieden konnte. Ich schaltete das Funktelefon ab, lehnte mich zurück und schloß die Augen. In meinem Kopf wirbelten die Gedanken wie wild durcheinander.

Ich war unsagbar wütend auf Jack. Seine Haltung gegenüber Sebastian entsetzte mich. Seit dem Tod seines Vaters war ihm nichts Besseres eingefallen, als sich kritisch oder flegelhaft über ihn zu äußern. Mir erschien das respektlos. Es war eine Beleidigung für Sebastians Andenken, aber es hatte keinen Sinn, Jack deswegen zur Rede zu stellen. Meine Worte würden nur auf taube Ohren stoßen.

Erst vor wenigen Minuten hatte er mit mir über Sebastians Tod gesprochen, als ob es um einen Fremden ginge, ohne jedes Gefühl. Genausowenig nahm er Rücksicht auf meine Gefühle. Er war kalt und herzlos, und das beunruhigte mich.

In Connecticut hatte ich mich kurz vor der Beerdigung gefragt, ob Jack seinen Vater getötet hatte. Aber ich hatte diesen Gedanken verworfen. Jetzt fragte ich mich erneut, ob Jack es vielleicht *doch* getan hatte. Hatte er seinem Vater präparierte Drinks gegeben, Alkohol gemischt mit Barbituraten? Eine tödliche Mischung – das weiß jeder. War ein präparierter Drink mit Mord gleichzusetzen?

Ich setzte mich abrupt auf und versuchte wütend, diesen furchtbaren Gedanken zu verscheuchen. Ich konnte eigentlich nicht glauben, daß Jack seinen Vater getötet hatte. Er war schwierig, manchmal sogar hassenswert, aber er war nicht böse.

Ich bezweifelte aber genauso, daß Sebastian Selbstmord begangen hatte. Er hatte keinen Grund für so etwas gehabt; er besaß alles, was das Leben lebenswert machte. Da war ich ganz sicher. Ich wußte das, weil Sebastian es mir selbst gesagt hatte. Er hatte mir gesagt, daß er niemals in seinem Leben glücklicher gewesen sei, daß er ganz neu anfangen wollte, noch einmal ganz von vorn beginnen wollte.

Ich lehnte mich wieder in meiner Liege zurück, schloß die Augen und versuchte, unseren Lunch im *Le Refuge* zu rekonstruieren, mir die letzte Gelegenheit vor Augen zu führen, als ich Sebastian Locke lebend gesehen hatte.

Ich war etwas zu früh dran. Es war erst zwanzig nach zwölf. Trotzdem beschleunigte ich meine Schritte, während ich die Lexington Avenue hinauf zum *Le Refuge* in der zweiundachtzigsten Straße eilte. Ich war dort um halb eins mit Sebastian verabredet und wollte vor ihm da sein.

Das schaffte ich zwar auch, aber ich kam ihm nur wenige Minuten zuvor.

Ich hatte gerade noch Zeit, mich zu setzen und Atem zu holen, als er auch schon hereinkam, pünktlich wie immer.

Während er auf mich zukam, drehten einige Gäste sich diskret nach ihm um. Aber auch denen, die ihn nicht kannten, mußte er einfach auffallen. Er war groß, vornehm, und eine atemberaubende Aura umgab ihn.

Mit seinen sechsundfünfzig Jahren war Sebastian noch immer so schlank und athletisch wie früher, und mir erschien er attraktiver denn je mit seiner gebräunten Haut und dem silbrig durchzogenen dunklen Haar. Er trug einen grauen Nadelstreifenanzug und eine blaßgraue Seidenkrawatte zum weißen Hemd, und wie immer war seine ganze Erscheinung makellos, vom gepflegten Haarschnitt bis zu den blank polierten Schuhen.

Sein Gesichtsausdruck war ernst, aber seine leuchtend blauen Augen blitzten, als er an meinen Tisch trat. Bevor er sich setzte, beugte er sich zu mir herab und küßte mich auf beide Wangen.

»Vivi, mein Liebling, ich bin so froh, dich wiederzusehen.«

»Ich auch«, sagte ich.

Dann fingen wir beide gleichzeitig zu reden an, hörten sofort wieder auf und mußten über uns selbst lachen.

»Es ist schon Monate her, daß wir uns gesehen haben, Vivi, ich muß dir soviel erzählen«, sagte er schließlich, griff nach meiner Hand und hielt sie fest.

»Fast ein Jahr«, erwiderte ich.

»So lange schon?« Erstaunt zog er die dunklen Brauen hoch. »Auf jeden Fall zu lange, Darling. Dagegen müssen wir sofort etwas tun. Das darf nicht noch einmal passieren. Aber Gott sei Dank gibt es ja das Telefon.«

»Ja, Gott sei Dank, aber du benutzt es nicht mehr so oft wie früher, oder so oft wie du es benutzen solltest«, murmelte ich und fügte schnell hinzu: »Das sollte jetzt kein Vorwurf sein.«

»Ich weiß. Und du hast recht. Du hältst es bestimmt für eine faule Ausrede, aber ich habe mich wirklich oft in abgelegenen Gegenden aufgehalten, weitab von der Zivilisation. Von den Krisengebieten ganz zu schweigen. Von dort aus zu telefonieren ist tatsächlich ein Problem. Aber wem sage ich das? Schließlich hast du mich oft genug auf solchen Reisen begleitet.«

»Du hast Unglaubliches geleistet, Sebastian. In so vielen Ländern bist du mit der schwerfälligen Bürokratie fertiggeworden und hast so viel geschafft. In letzter Zeit hast du wirklich wahre Wunder vollbracht«, lobte ich ihn.

»Ich hatte viele hervorragende Helfer. Und wir konnten die Hilfsgüter direkt an die Betroffenen weiterleiten, das war wirklich ein Durchbruch. Es ist so viel effektiver, Lebensmittel, Medikamente und medizinisches Gerät direkt zu den hilfsbedürftigen Menschen zu bringen. Wir konnten auch qualifizierte Ärzte und Krankenschwestern für unser Projekt gewinnen. Aber ich fürchte, ich bin dabei noch mehr angeeckt als sonst. Ich habe mir ziemlich viele Feinde gemacht, weil ich mich geweigert habe, mit zerstrittenen Regierungsparteien und korrupten bürokratischen Einfaltspinseln zu verhandeln.«

»Es hat sich nichts verändert«, sagte ich kopfschüttelnd. »Im Grunde bist du immer noch der alte Rebell.«

»Wirklich?« Er sah mich an und lachte ein wenig. »Ich sehe mich lieber als praktischen, effizienten und guten Geschäftsmann, Vivi, selbst wenn ich mit meinen Entwicklungshilfeprojekten beschäftigt bin. Ich möchte etwas zuwege bringen, auf die einfachste und schnellste Weise, aber das weißt du ja längst.«

Der Kellner kam an unseren Tisch, und Sebastian bestellte eine Flasche *Veuve Cliquot*, unseren Lieblingssekt, dann fuhr er fort: »Aber jetzt haben wir lange genug über mich geredet. Was hast du so gemacht seit du zurück bist? Wenn ich mich recht entsinne, haben wir im Juli zum letzten Mal miteinander telefoniert, und da warst du noch in der Provence.«

»Ach, nichts Besonderes. Ich habe fast ausschließlich gearbeitet. Ich bin gerade mit einem Bericht für die *Sunday*

Times über den Rechtsruck in der amerikanischen Politik fertig geworden. Und mein Buch über die Brontë-Schwestern ist auch fast beendet. Anfang August war ich in Yorkshire, in Haworth, wo die beiden gelebt hatten. Dann bin ich hierher gekommen, wie jeden Sommer. Ich wollte einfach –«

»... den Provencetouristen entfliehen und zu meinen Wurzeln zurückkehren«, beendete er den Satz für mich.

»Wie gut du mich kennst«, murmelte ich und konnte kaum glauben, wie genau er mich zitiert hatte. Aber schließlich hatte ich diese Worte ihm gegenüber unzählige Male geäußert.

»O ja, ich kenne dich, mein Schatz. Deine Gewohnheiten ändern sich wohl nie, Vivienne.«

»Genausowenig wie deine.«

»Da hast du wohl recht.«

Der Ober brachte den Sekt, zeigte Sebastian die Flasche, öffnete sie und schenkte ein.

Wir stießen miteinander an, und Sebastian sagte: »Wo wirst du dieses Jahr Weihnachten verbringen?«

»In der Provence, denke ich.«

»Oh, das ist schade.«

»Warum?«

»Es wäre schön gewesen, dich an den Feiertagen zu sehen. Ich werde wahrscheinlich auf der Farm in Connecticut sein.«

»Das wäre ja etwas ganz Neues. Normalerweise reist du in der Welt herum und tust irgendwo etwas Gutes, ohne selbst zu feiern«, rief ich erstaunt. Seine Äußerung hatte mich überrascht.

»Mir war einfach nach einem altmodischen Weihnachtsfest«, sagte er lächelnd. »So, wie es früher immer war, als du und Jack und Luciana noch Kinder wart.« Achselzuckend fuhr er fort: »Frag mich nicht warum.«

»Vielleicht hast du eine nostalgische Phase«, erwiderte

ich und betrachtete ihn nachdenklich. »Das hat jeder von uns ab und zu.«

»Stimmt. Wir sollten jetzt lieber bestellen. Bevor wir es vergessen. Weißt du noch, wie oft uns das schon passiert ist?«

Ich lachte und dachte daran, wie häufig wir so ins Gespräch vertieft gewesen waren, daß wir darüber das Essen ganz vergessen hatten. Nach einem Blick auf die Speisekarte bestellten wir beide gegrillte Seezunge, und Sebastian begann, ausführlich von Indien zu erzählen. Vor vielen Jahren war ich mit ihm dort gewesen, um Mutter Teresa zu besuchen, aber wir waren nur ein paar Tage in Kalkutta geblieben.

Während ich ihm wie immer fasziniert zuhörte, stellte ich fest, daß er irgendwie anders war als sonst. Ich konnte es nicht gleich benennen. *Er war fröhlich und unbeschwert.* In den Jahren nach unserer Scheidung wirkte er immer vergrämt und schwermütig, wenn wir uns trafen. Stets schien er niedergeschlagen und besorgt – über den Zustand der Umwelt, seine Wohltätigkeitsarbeit, die Locke-Stiftung, *Locke Industries*, seine schwierigen Kinder. *Bedrückt und niedergeschlagen.* Heute war er wie umgewandelt.

Ohne groß nachzudenken platzte ich spontan heraus: »Du bist glücklich! Das ist es, Sebastian! Seit Jahren habe ich dich nicht mehr so glücklich gesehen.«

Er lehnte sich zurück und sah mich aufmerksam an. »Du bist eine gute Beobachterin. Aber du hast mich ja schon immer durchschaut, Vivi. Ja, ich bin tatsächlich glücklich. Sehr glücklich. So glücklich wie noch nie –« Er sprach nicht weiter und wandte den Blick ab.

»Was ist der Grund?« fragte ich.

Er schwieg noch einige Sekunden, dann drehte er langsam den Kopf und sah mich durchdringender an als je zuvor.

Dann erzählte er es mir.

»Ich denke, ich kann es dir erklären, ohne dich zu verletzen, Vivi«, begann er. »Ich habe gerade gesagt, daß du eine gute Beobachterin bist, aber du bist auch intelligent und verständnisvoll und mitfühlend. Ja... ich weiß, ich kann dir davon erzählen, ohne dir weh zu tun.«

»Wir haben doch schon immer über alles miteinander sprechen können«, sagte ich. »Wie oft hast du mir das gesagt, als ich noch ein Kind war. Und später auch.«

»Weißt du, Vivi, als du ein Kind warst, hast du mein Herz gerührt. Und als du einundzwanzig warst, war ich völlig bezaubert von dir... hingerissen. Deshalb habe ich dich geheiratet.«

»Ich dachte, du hättest mich geheiratet, weil du mich liebtest«, sagte ich kaum hörbar.

»Ich habe dich auch geliebt, ich liebe dich, Vivi, und ich werde dich immer lieben. Du wirst immer einen ganz besonderen Platz in meinem Herzen haben. Aber als wir heirateten, war ich, glaube ich, einfach hingerissen von dem Kind, das mein Herz berührt hatte und das zu einer wunderschönen jungen Frau herangereift war, die *mich* anbetete. Vielleicht war unsere Ehe auch aus diesem Grund immer so explosiv... eigentlich warst du zu jung, viel zu unerfahren und so verletzlich. Ich war zu alt für dich. Aber ich wollte, daß unsere Ehe funktionierte. Das wollte ich, bei Gott.«

»Genau wie ich. Und wenn unsere Ehe auch wirklich schwierig war, so war sie doch auch sehr leidenschaftlich, das willst du doch wohl nicht abstreiten?« sagte ich herausfordernd.

»Natürlich nicht! Mein Gott, warum sollte ich das abstreiten? Dazu solltest du mich eigentlich besser kennen.«

»Was willst du mir die ganze Zeit erzählen, Sebastian? Daß du dich neu verliebt hast?«

Er beugte sich über den Tisch, und sein Gesicht war plötzlich so strahlend, so lebendig, so jugendlich, daß ich einen Moment lang ganz verwirrt wurde.

Er sagte: »Ja, ich habe mich verliebt, Vivi. In eine Frau, die mich vollkommen überwältigt hat. Und ich liebe sie, wie ich noch keine andere Frau oder überhaupt einen Menschen jemals geliebt habe.« Einen Moment lang schien er zu zögern, dann fügte er sanft hinzu: »Dich habe ich auf andere Weise geliebt. Die Liebe, die ich für diese Frau empfinde, ist... ganz außergewöhnlich. Ich kann es nicht erklären. Es ist die unvergleichlichste Erfahrung meines Lebens. So, wie jetzt, habe ich mich noch nie gefühlt. Und ich weiß, daß ich mich nie wieder so fühlen werde.«

»Sie ist auf sexuellem Gebiet überwältigend«, murmelte ich und hielt dies nicht für unwahrscheinlich. Er war ein sehr sinnlicher Mann.

»Ja, das stimmt. Das stimmt wirklich. Aber es ist mehr als das. Viel mehr. Wenn ich mit ihr zusammen bin, fühle ich mich wie ein vollständiger, ganzer Mensch. Es ist, als hätte immer ein Teil von mir gefehlt, bis sie in mein Leben trat. Durch sie bin ich mit mir selbst im Einklang.« Er hielt inne und blickte zu mir herüber. Dann ergriff er meine Hand. »Es tut mir leid, Vivi. Ich wollte dir nicht weh tun.«

»Du tust mir nicht weh«, beruhigte ich ihn, und ich meinte, was ich sagte. »Ich weiß, daß du mich auf eine bestimmte Art geliebt hast und immer noch liebst. Ich verstehe das. Deine Liebe zu ihr ist anders, das ist alles. Nichts ist dasselbe mit einem anderen Menschen. Ich weiß das. Ich war mit Michael verheiratet, und es war alles ganz anders als in unserer Ehe. Ich weiß, daß unsere Ehe aus vielen, vielen Gründen nicht funktioniert hat. Aber zumindest hatten wir diese fünf Jahre miteinander. Deine Ehe mit Betsy Bethune war dagegen ganz schnell vorbei. Jede Beziehung ist anders.«

»Das war keine Ehe! Es war nicht wie bei uns!« rief er. »Betsy war mir keine Ehefrau.«

»Das ist mir klar.«

»Habe ich dich verletzt?«

Ich schüttelte den Kopf und fragte: »Wer ist sie?«

Er lächelte, und es war ein so seliges Lächeln, daß ich schon wieder erschrak. Sein ganzes Verhalten war heute so anders als sonst. Wer immer sie war, sie mußte wirklich eine außergewöhnliche Frau sein, dachte ich.

»Du wirst sie kennenlernen«, sagte er. »Und sie wird dir gefallen, du wirst sie mögen. Und sie wird dich mögen, da bin ich mir ganz sicher. Ihr werdet sicher gute Freundinnen.«

»Aber wer ist sie?« drängte ich.

»Sie ist Ärztin. Wissenschaftlerin eigentlich. Sehr begabt.«

»Wie alt ist sie?«

»Ungefähr so alt wie du. Nein, ein bißchen jünger, ein paar Jahre.«

»Amerikanerin?«

»Nein... ich habe sie in Afrika kennengelernt.«

»Ist sie Afrikanerin?« fragte ich.

»Nein, sie stammt aus Europa. Ich werde mich bald in Afrika mit ihr treffen. Sie arbeitet dort an einem Forschungsprojekt. Wir fahren zusammen nach Indien. Zu Weihnachten kommen wir dann hierher zurück. Deshalb hatte ich auch gehofft, du würdest hier sein, damit du sie kennenlernen kannst. Ich hoffe jedenfalls, daß wir uns im neuen Jahr in Frankreich sehen. Kann ich sie zur *Vieux Moulin* mitbringen und dir vorstellen?«

»Aber natürlich.«

»Und wenn es nicht zuviel verlangt ist, dann hoffe ich, daß du bei der Hochzeit dabei bist. Wir wollen im Frühjahr heiraten. Du kommst doch, Darling? Ich möchte so gern, daß du dabei bist.«

Obwohl ich verblüfft war, sagte ich sofort zu. »Selbstverständlich, Sebastian. Du weißt, daß ich komme, wenn du es gern möchtest.«

»Ja, das möchte ich, Vivi, das möchte ich wirklich.«

Ich setzte mich auf, blinzelte in die tiefstehende Sonne und strich mir das Haar aus der Stirn. Dann stellte ich mir die naheliegendste Frage: *Warum hätte Sebastian Locke sich das Leben nehmen sollen, wenn er vorhatte, die große Liebe seines Lebens zu heiraten?*

11

Eine halbe Stunde später saß ich mit meiner Freundin Marie-Laure auf der Terrasse ihres Hauses, des *Château de Beauvais*, und erzählte ihr von dem Autopsiebericht.

Geduldig und aufmerksam wie immer hörte sie mir zu. Als ich fertig war, sagte sie nichts, sondern saß einfach nur da und verdaute, was ich ihr gerade erzählt hatte.

Nach ein paar Minuten murmelte sie schließlich leise: »*Mon Dieu*, wie entsetzlich traurig. Wie kann man sein Leben nur so wegwerfen.«

»Ja, du hast recht. Und ich frage mich die ganze Zeit, warum Sebastian sich hätte umbringen sollen, wo er doch kurz davor war, seine ganz große Liebe zu heiraten.«

Sie starrte mich überrascht an. »Was sagst du da? Woher weißt du das?«

»Er hat es mir gesagt«, erwiderte ich und erzählte ihr von meiner Unterhaltung mit Sebastian bei unserem letzten Treffen in New York.

»Du meinst also, daß er an diesem Montag ganz euphorisch war«, murmelte Marie-Laure nachdenklich. »Und trotzdem hat er sich fünf Tage später, am Samstag abend, umgebracht. Es liegt doch auf der Hand, oder Vivienne? Irgend etwas muß im Laufe dieser Woche geschehen sein. Und was immer es auch war, es trieb ihn dazu, sich selbst etwas so Entsetzliches anzutun.«

»Oder er wurde ermordet«, sagte ich.

»Das kann doch nicht dein Ernst sein?« Sie warf mir einen ungläubigen Blick zu.

»Na ja, es wäre zumindest eine Möglichkeit, nicht wahr? Nach dem Autopsiebericht war er voll mit Barbituraten und Alkohol. Aber vielleicht hat ja jemand seine Drinks präpariert – so wie man einen Mickey Finn mixt.«

»Was ist das? Ein Mickey Finn?« fragte sie verwirrt.

»Das ist eine Mischung aus Alkohol und Chloralhydrat. Das wirft dich um, und du verlierst das Bewußtsein. Die Wirkung kann auch tödlich sein.«

»Du glaubst also, jemand hat Sebastian diesen ... Mickey Finn gegeben?«

»Nein, nein, so habe ich das nicht gemeint, Marie-Laure«, sagte ich hastig. »Ein Mickey Finn führt nicht notwendigerweise zum Tode. Das sollte auch nur ein Beispiel sein. Ich will nur sagen, daß er vielleicht eine große Menge Alkohol getrunken hat, und jemand hat ihm Barbiturate hineingepfuscht.«

»Jetzt verstehe ich, worauf du hinauswillst. Aber wer hätte das tun sollen? Wer hätte Sebastian ermorden wollen?«

»Das ist das Problem, ich weiß es nicht«, antwortete ich finster. »Im Laufe der Jahre hat er sich zwar eine Menge Feinde gemacht, sogar noch vor kurzem. Er hat mir bei unserem letzten Treffen davon erzählt.«

»Wen hat er sich zum Feind gemacht?« fragte sie.

»Hauptsächlich ausländische Regierungen. Oder besser gesagt, *Mitglieder* von ausländischen Regierungen, Leute, die er für übergenaue Bürokraten hielt, die seine Hilfsprogramme durch unnötige Paragraphenreiterei behinderten, wie er es nannte. Oder Leute, die er für korrupt hielt. In seiner herrischen Art schob er sie einfach beiseite, stürmte weiter und tat, was er für richtig hielt. Zweifellos hat er auf diese Weise zahllose Wunder vollbracht. Er war wohl ein politischer Einzelgänger, stur, eigenmächtig, halsstarrig und tyrannisch, aber er hat vieles geschafft. Mehr als jeder andere vor ihm.«

»Ich verstehe, was du meinst, Chérie. Aber du glaubst doch nicht im Ernst, daß eine ausländische Regierung jemanden beauftragt hat, Sebastian umzubringen?«

»Ich weiß nicht... Vielleicht. Tagtäglich passieren die verrücktesten Sachen. Du mußt nur die Zeitung aufschlagen oder dir die Nachrichten ansehen.«

»Es wäre aber doch ziemlich riskant gewesen, oder?« erwiderte Marie-Laure. »Schließlich war er der größte Philanthrop der Welt. Einer der bekanntesten Männer überhaupt. Die gesamte Weltöffentlichkeit würde seine Mörder verurteilen.«

»Auch Terroristen werden verurteilt, aber dadurch wird der Terrorismus nicht gestoppt«, entgegnete ich. »Außerdem müssen Mörder zuerst einmal gefaßt werden, bevor man sie verurteilen kann.«

»Das ist richtig«, stimmte Marie-Laure zu und erhob sich. Tief in Gedanken versunken ging sie auf der Terrasse hin und her.

Während ich dasaß und ihr zuschaute, kam mir in den Sinn, was für eine wirklich gute Freundin ich an ihr hatte. Als ich ihr vor einer Weile am Telefon gesagt hatte, daß ich gern vorbeischauen würde, um ein Problem zu besprechen, hatte sie alles stehen- und liegenlassen, um für mich dazusein und mir zuzuhören.

Sie war eine kleine, grazile Frau, und obwohl sie vierzig war, sah sie mit ihrer schlanken Figur, dem dunklen Pagenkopf und dem außergewöhnlich hübschen Gesicht aus wie ein junges Mädchen. Außerdem war sie einer der tüchtigsten Menschen, die ich kenne. Sie verwaltete die Ländereien und das Château, das sie von ihrem Vater geerbt hatte. Ihrem Mann Alexandre war sie eine große Hilfe und eine liebevolle Ehefrau, ihren Töchtern Françoise und Chloé eine hingebungsvolle Mutter.

Wir hatten uns vor dreizehn Jahren kennengelernt, als Sebastian und ich mit der Restaurierung der Mühle begonnen hatten. Von Anfang an waren wir uns sympathisch gewesen, und ich habe mich in der Vergangenheit immer wieder gefragt, was ich ohne ihre Freundschaft wohl getan hätte.

Schließlich blieb Marie-Laure stehen und setzte sich neben mich auf einen Gartenstuhl. Sie sah mir aufmerksam ins Gesicht, nahm meine Hand und sagte vorsichtig: »Ich glaube nicht, daß Sebastian ermordet wurde. Ich denke, du mußt dich mit den Tatsachen abfinden, den Autopsiebericht akzeptieren, akzeptieren, daß er sich das Leben genommen hat.«

»Aber er hatte doch überhaupt keinen Grund dazu«, erwiderte ich beharrlich.

»Vielleicht ja doch. Wie können du oder ich das wissen? Was weiß man schon über einen anderen Menschen, Vivienne? Wie kann man wissen, was in einem anderen Menschen vorgeht?« Kopfschüttelnd fuhr sie fort: »Wir haben keine Ahnung. Da ist noch etwas, Vivienne...«

»Ja?«

»Könnte sein Tod vielleicht etwas mit der Frau zu tun haben, in die er verliebt war?«

»Was meinst du damit?«

»Vielleicht hat sie die Verlobung gelöst«, sagte Marie-Laure und fixierte mich mit ihren wachen braunen Augen.

»Das wäre eine Möglichkeit, in einer Beziehung ist ja wohl alles möglich. Aber ich glaube nicht, daß sie das getan hat, nein, nein«, antwortete ich.

»Warum bist du dir da so sicher, Chérie? Frauen ändern ihre Meinung, das passiert jeden Tag.«

»Keine Frau, die auch nur einen Funken Verstand hat, würde Sebastian Locke fallenlassen!« rief ich.

»Du hast es getan, Vivienne«, erwiderte sie und warf mir einen vielsagenden, wissenden Blick zu.

»Nein, das habe ich nicht. Wir haben uns in gegenseitigem Einverständnis getrennt... wir haben uns geliebt, wir konnten nur nicht miteinander leben.«

»Nehmen wir mal an, daß die Frau, die ja offensichtlich noch jünger ist als du, plötzlich doch Bedenken wegen des Altersunterschiedes bekommen hat. Sie kriegt... wie sagt man noch... kalte Füße? Und so beendet sie die Beziehung.«

»Also gut, das könnte passieren, das muß ich zugeben. Aber selbst wenn sie mit ihm Schluß gemacht hat, hätte er sich deswegen niemals umgebracht. Nicht Sebastian. Ich weiß einfach, daß er es niemals getan hätte. Ehrlich gesagt, reicht mir das als Begründung einfach nicht aus, Marie-Laure, es reicht einfach nicht. Sebastian war hart im Nehmen, eigentlich unverwüstlich. Er hatte einen starken Charakter, und es gab so viele Dinge in seinem Leben, die ihm ungeheuer wichtig waren. Seine Arbeit bei *Locke Industries*, die Locke-Stiftung und all die Entwicklungshilfeprojekte, die er ins Leben gerufen hatte. Er reiste ständig in der Welt herum, um den Menschen zu helfen. Unzählige waren von ihm abhängig, und das *wußte* er.«

»Ich weiß, wie ernst er seine Verantwortung nahm. Das habe ich immer an ihm bewundert«, sagte sie.

Ich biß mir auf die Lippen und überlegte, wie ich es ihr erklären sollte. »Glaub mir, Sebastian hätte sich niemals wegen einer Frau umgebracht, egal, wie sehr er sie geliebt haben mochte«, sagte ich schließlich. »Das entspricht einfach nicht seiner Art, und er war auch viel zu stark, um so etwas zu tun. Du darfst nicht vergessen, daß es für ihn immer einfach war, Frauen kennenzulernen. Unsere Ehe mitgerechnet, war er fünfmal verheiratet. Meine Mutter war seine Geliebte, und Gott weiß, wie viele andere er in all den Jahren gehabt hat. Außerdem bin ich sicher, daß die Frauen ihm bis zu seinem Tod zu Füßen gelegen haben. Er gehörte einfach zu dieser Sorte von Männern. Keine konnte ihm widerstehen. Und du kannst dir nicht vorstellen, wie phantastisch er bei unserem letzten Treffen aussah, besser als je zuvor. Er war so vital, und sein unglaublicher Charme zog einen noch so in Bann wie früher. Er war einfach unwiderstehlich.«

Marie-Laure nickte langsam. »Das stimmt alles. Er hatte wirklich Charisma und Sex-Appeal, und zweifellos kennst du ihn besser als jeder andere. Ich kann also nicht bestreiten, daß an deinen Überlegungen etwas dran ist. Deshalb muß es einen anderen Grund geben, der ihn zu diesem verhängnisvollen Schritt veranlaßt hat.«

»Richtig. Aber was hätte ihn soweit treiben können?« fragte ich.

»Ich habe nicht die geringste Ahnung«, erwiderte sie. »Ich weiß es einfach nicht. Wir wissen aber beide, daß es kein gesundheitliches Problem war, denn bei der Autopsie wäre eine tödliche Krankheit mit Sicherheit festgestellt worden. Nach gründlichen Ermittlungen konnte die Polizei ein Verbrechen ausschließen. Deshalb wissen wir, daß es kein Mord war. Ehrlich gesagt erscheint mir diese Idee einfach zu weit hergeholt, um weiter darüber nachzudenken, Chérie.«

»Du meinst also, er hat sich wirklich das Leben genommen, Marie-Laure?«

»Ja, das glaube ich. Welchen Schluß könnte man sonst ziehen? Wir wissen nur nicht, *warum* er es getan hat, das ist alles.«

Marie-Laure und ich starrten uns an. Wir wußten beide nicht weiter.

Schließlich sagte sie: »Wir müssen uns damit abfinden, Chérie, wir werden den Grund niemals erfahren. Der einzige Mensch, der es uns sagen könnte, ist... tot.«

12

Auf der Fahrt vom Château zur *Vieux Moulin* ließ ich alles, was Marie-Laure gesagt hatte, noch einmal Revue passieren und wurde dabei zusehends ruhiger.

Was meine liebe alte Freundin sagte, war in der Regel außerordentlich vernünftig. So auch an diesem Nachmittag. Mit ihrer Hilfe hatte ich mich mit der Tatsache abgefunden, daß Sebastian sich umgebracht haben mußte. Daß es ganz einfach keine andere Erklärung für seinen Tod gab. Am Anfang hatte ich an Mord gedacht, aber im Grunde nur flüchtig; dann konnte ich mir eigentlich nur noch eine natürliche Todesursache vorstellen, einen Herzinfarkt oder Gehirnschlag etwa. Aus diesem Grund hatte mich Jacks Anruf auch so schockiert. Auf Selbstmord wäre ich niemals gekommen.

Aber Marie-Laure hatte mich daran erinnert, daß wir keinen Menschen wirklich kennen. Wie nahe wir jemandem auch stehen mögen, wir wissen dennoch nicht, was in seinem Inneren vorgeht. Menschen handelten oft völlig überraschend. Im wesentlichen hatte sie mir dabei geholfen, die Geschehnisse nüchterner und realistischer zu betrachten, und zum ersten Mal, seit Sebastians Leiche gefunden worden war, begann ich mich ein wenig zu entspannen.

Als ich zur Mühle zurückkam, war es fast schon halb sieben. Die Sonne versank gerade hinter der dunklen, gezackten Hügelkette. Das helle Blau des Himmels ging langsam in ein irisierendes Perlgrau über, und es dämmerte bereits, als ich von der Schotterstraße in meine Einfahrt abbog.

Sobald ich den Wagen abgestellt hatte, ging ich ins Haus und eilte direkt in mein Schlafzimmer, ohne Phyl zu sagen, daß ich zurück war. Mir blieb nicht mehr viel Zeit, bis Kit mich zum Essen abholen würde.

Im Schlafzimmer zog ich Jeans und Pulli aus, schlüpfte in

meinen Morgenmantel und legte ein frisches Make-up auf. Nachdem ich mein Haar gebürstet und einen Hauch Parfum aufgelegt hatte, zog ich mir schnell naturweiße Schurwollbermudas und eine cremefarbene Seidenbluse an. Dazu wählte ich schwarz-beige Pumps. Dann nahm ich einen schwarzen Blazer aus dem Schrank, streifte ihn über und ging hinunter in die Küche.

Phyl stand gerade an dem alten Bauerntisch und füllte einen Sektkühler mit Eiswürfeln, als ich hereinkam.

»Da sind Sie ja, Mrs. Trent. Ich habe Sie, glaube ich, schon vor einer Weile kommen hören. Das hier ist für den Sancerre. Soll ich die Flasche schon öffnen?«

»Hallo Phyl, ja, warum nicht.« Ich schaute auf die Uhr. »Mr. Tremain wird bald hier sein. Normalerweise ist er pünktlich. Es ist ziemlich kühl geworden. Ich glaube es wäre besser, wir würden drinnen etwas trinken. Vielleicht in der Bibliothek.«

»Gute Idee. Soll ich ein Feuer machen?«

»Ach nein danke, lieber nicht. Es würde sich kaum lohnen. Wir wollen in einer halben Stunde zum Essen gehen.«

»Sie hatten ein paar Anrufe. Ich habe alles notiert. Die Zettel liegen auf der Kommode«, sagte sie.

Ich ging zur Kommode und zog die Zettel unter einem kleinen altmodischen Bügeleisen hervor, das als Briefbeschwerer diente. Rasch überflog ich sie. Renny Jackson, meine Londoner Lektorin, ließ mir ausrichten, daß sie am kommenden Wochenende in Aix-en-Provence sein würde, und fragte, ob wir zusammen essen könnten. Am Montag wollte sie noch einmal anrufen, um eine Zeit zu vereinbaren. Die andere Nachricht stammte von Sandy Robertson. Sandy war einer der Redakteure, mit denen ich bei der Londoner *Sunday Times* zusammenarbeitete. *Nichts Wichtiges*, hatte Phyl gekritzelt. Er würde morgen noch einmal anrufen.

»Bist du sicher, daß ich Mr. Robertson nicht sofort zurückrufen soll, Phyl?«

»Ja, ziemlich. Er sagte, daß er gleich das Büro verlassen wollte. Er hätte nur angerufen, um ein kleines Schwätzchen mit Ihnen zu halten.«

»Aha.« Ich knüllte die Zettel zusammen und reichte sie Phyl, damit sie sie fortwerfen konnte. In diesem Moment läutete es an der Haustür.

»Das muß Mr. Tremain sein«, sagte Phyl.

»Ich mache auf«, rief ich und eilte aus der Küche.

Ein paar Sekunden später öffnete ich Kit die Tür und war überrascht, wie frisch und gesund er aussah, obwohl er in den vergangenen paar Monaten wie ein Besessener an seinen Bildern gearbeitet hatte.

»Was für eine Wohltat für meine müden Augen!« rief er und schenkte mir sein strahlendstes Lächeln.

Er schloß mich in seine Arme und gab mir keine Chance etwas zu erwidern.

Als er mich endlich losließ, hauchte er mir einen Kuß auf den Mund und sah mich prüfend an. »Du siehst großartig aus, einfach *großartig*, Vivienne.«

»Du aber auch.« Ich lächelte ihn an. »Du hast doch behauptet, du wärst völlig erschöpft, aber davon ist wirklich nichts zu sehen.«

»Ich bin wirklich erschöpft. Aber schon die Nachricht von deiner Rückkehr hat mich wieder auf die Beine gebracht und ungeheuer aufgemuntert«, erwiderte er grinsend. Er legte mir den Arm um die Schultern und ging mit mir den Flur entlang. Seine Freude, wieder mit mir zusammenzusein, war deutlich spürbar.

»Es ist draußen ziemlich kühl geworden. Deshalb schlage ich vor, wir trinken etwas in der Bibliothek«, sagte ich. Dann sah ich ihn an und fügte hinzu: »Es ist wunderbar, dich wiederzusehen, Kit.«

»Und dich. Es kommt mir vor, als wärst du eine Ewigkeit fort gewesen. Jetzt, wo du endlich wieder hier bist, bleibst du hoffentlich auch, Viv.«

»Ja, das werde ich, Gott sei Dank. Ich muß mich noch einmal in die Arbeit an meinem Buch knien. Ich will es im März fertig haben.«

An der Tür zur Bibliothek trafen wir auf Phyl. Kit begrüßte sie auf seine übliche lässige, freundliche Art, bevor wir das Zimmer betraten.

»Dies ist mein Lieblingsplatz im ganzen Haus, und du hast wirklich etwas daraus gemacht«, sagte er anerkennend.

»Danke«, sagte ich und ging zum Tisch, auf den Phyl den Weinkühler mit einer Flasche und zwei Gläsern gestellt hatte. Ich schenkte ein.

»Auf dein Wohl«, sagte Kit und stieß mit mir an. »Willkommen daheim, schöne Frau. Du bist sehr vermißt worden.«

»Ich habe dich auch vermißt, Kit.«

»Das will ich auch hoffen«, antwortete er und setzte sich auf einen Sessel neben dem großen Fenster, von dem aus man den ganzen Garten übersehen konnte.

Ich nahm ihm gegenüber auf dem Sofa Platz, und als ich mich zurücklehnte und ihn ansah, stellte ich überrascht fest, wie *sehr* ich ihn tatsächlich vermißt hatte. Bis zu diesem Augenblick war mir das nicht richtig bewußt gewesen.

Christopher Tremain war ein gutaussehender Mann. Er war mittelgroß, schlank und sportlich. Sein dichtes Haar war dunkelblond, und sein faltenloses Gesicht ließ ihn fast wie einen Collegestudenten aussehen. Seit ich ihn zum erstenmal gesehen hatte, fand ich, daß er aussah wie ein typischer amerikanischer Held, der mit dem Ball an den Körper gepreßt übers Footballfeld rast. Er war zweiundvierzig Jahre alt und stammte wie ich aus New York. Seit achtzehn Jahren lebte er in Frankreich, wo er als einer der größten zeitgenössischen Impressionisten gefeiert wurde. Vor zwei Jahren war er dann von Paris in die Provence gezogen.

Mit seinen klugen grauen Augen erwiderte er meinen

Blick und fragte: »Stimmt etwas nicht? Habe ich einen Fleck auf dem Hemd?«

Ich schüttelte den Kopf. »Nein, ich mußte nur wieder denken, wie fit du aussiehst, kerngesund. Jedenfalls wesentlich besser als im Juli, bevor ich gefahren bin.«

»Ich fühle mich auch besser. Das liegt wahrscheinlich an der Arbeit. Durch die Malerei, die körperliche und psychische Anstrengung, habe ich mich anscheinend erholt.«

»Ich weiß genau, was du meinst. Mir gibt meine Arbeit auch immer enormen Auftrieb.«

»Viv... es gibt da etwas, das ich dir sagen will –« Er geriet ins Stocken.

»Was?« fragte ich hastig. Der merkwürdige Unterton in seiner Stimme war nicht zu überhören. »Was willst du mir sagen?«

»Ich möchte es loswerden, bevor wir zum Essen fahren. Als ich mich eben fertiggemacht habe, liefen gerade Nachrichten. Auf CNN kam ein Bericht über Sebastian. Die Polizei hat anscheinend den Autopsiebericht freigegeben –« Wieder hielt er inne und sah mich besorgt an.

»Ja, das stimmt. Jack hat mich heute nachmittag aus New York angerufen, sobald er davon erfahren hatte. Der leitende Gerichtsmediziner ist zu dem Ergebnis gekommen, daß es Selbstmord war, eine Überdosis Schlaftabletten. Aber das weißt du bestimmt, das haben sie sicher in den CNN-Nachrichten gesagt.«

»Ja.« Er zögerte, bevor er hinzufügte: »Es kam mir etwas seltsam vor.«

»Das fand *ich* auch. Deshalb bin ich heute nachmittag zu Marie-Laure gefahren. Ich wollte mit ihr darüber reden. Sie hat Sebastian lange gekannt, und sie kannte ihn ziemlich gut.« Ich seufzte tief auf. »Wir haben stundenlang hin und her überlegt, und es scheint tatsächlich keine andere Erklärung für seinen Tod zu geben. Darauf mußten wir uns schließlich einigen – es gibt einfach keine Alternative.«

»Ich weiß, wie sehr dich sein Tod getroffen haben muß, und es tut mir leid, daß ich nicht da war, um dich zu trösten«, sagte er mit aufrichtiger Anteilnahme.

»Es geht mir wirklich gut, Kit. Zuerst war es ein ziemlicher Schock, und Jacks Nachricht heute hat mich wirklich aus der Fassung gebracht. Aber, wie Sebastian gesagt hätte, das Leben muß weitergehen.«

»Das Leben ist ziemlich unberechenbar«, sagte Kit und stellte sein Glas auf den Couchtisch. »Wir wissen nie, was uns bevorsteht, was für Katastrophen hinter der nächsten Ecke auf uns lauern.«

Langsam stand er auf und setzte sich neben mich aufs Sofa. Er legte den Arm um mich und rückte nah an mich heran. »Ich möchte dir helfen, Vivienne. Ich möchte dir helfen, damit fertig zu werden. Ich will versuchen, dir alles ein wenig leichter zu machen. Ich bin immer für dich da, wenn du mich brauchst.«

»Das weiß ich. Es geht mir gut, ganz ehrlich.«

»Ist alles in Ordnung, Viv? Ich meine zwischen uns?«

»Natürlich, Kit.«

»Ich kann also davon ausgehen, daß wir da weitermachen, wo wir im Juli aufgehört haben?«

»O ja«, antwortete ich sofort. Langsam wurde mir immer klarer, daß ich unsere Beziehung nicht nur fortsetzen wollte, sondern sie brauchte, daß ich *ihn* brauchte.

Er beugte sich vor, nahm mein Gesicht in seine Hände und küßte mich leidenschaftlich. Ich erwiderte seine Küsse mit derselben Heftigkeit.

»Mein Gott, Viv, ich will dich, ich will mit dir schlafen«, flüsterte er in mein Haar, als wir uns schließlich wieder trennten. »Es ist so lange her, daß wir zusammen waren, ich halte es einfach nicht länger aus. Laß uns ins Bett gehen, bevor wir zum Essen fahren.«

Ich streichelte sanft seine Wange. »Später Kit. Wir beide haben alle Zeit der Welt.«

Er schüttelte den Kopf. »Nein, die haben wir nicht. Wer weiß, was morgen ist. Wir müssen die Gegenwart beim Schopf packen, das Leben auskosten. Oh, Darling, ich will dich so sehr.«

»Später, Kit«, sagte ich wieder. Ich schmiegte mich enger an ihn, küßte ihn zärtlich und fügte hinzu: »Laß uns essen gehen, und danach komme ich mit zu dir.«

Er warf mir einen fragenden, sehnsuchtsvollen Blick zu. »Bleibst du über Nacht?« fragte er.

Ich nickte. »Ich möchte die Bilder für die Ausstellung sehen, besonders das letzte, große.«

»Oh, du interessierst dich also nur für meine Arbeit und nicht für mich«, sagte er lachend.

»Für beides«, erwiderte ich und lachte mit ihm.

Als wir uns verabredet hatten, hatte Kit versprochen, mich ganz groß auszuführen. Und er hielt Wort.

Wir gingen in das beste Viersternerestaurant der Gegend, ins *Le Moulin de Lourmarin*. Bei der Reservierung hatte er Champagner bestellt, und sobald wir Platz genommen hatten, wurde er serviert.

Zum Essen, einem traumhaften Kalbsfrikassee, tranken wir einen der besten Weine, einen Château-neuf-du-Pape von der nahe gelegenen Domaine de Mt.-Redon.

Von dem köstlichen Essen und den hervorragenden Weinen abgesehen, war Kit selbst in Höchstform. Während des Essens war er amüsant und redete wie ein Wasserfall. Er erzählte von seiner Arbeit und der Ausstellung in Paris. Dann informierte er mich über den neuesten örtlichen Klatsch und berichtete, was während meines Aufenthalts in Connecticut alles passiert war. Wir lachten und unterhielten uns stundenlang.

Später beim Kaffee fragte er mich plötzlich: »Kommst du im November mit nach Paris, Viv, zur Eröffnung meiner Ausstellung?«

»Oh, Kit, ich muß noch schrecklich viel an meinem Buch arbeiten«, begann ich. Aber er blickte so enttäuscht drein, daß ich mich sofort unterbrach.

»Bitte, Viv, es würde mir so viel bedeuten, wenn du dabeisein könntest.«

»Dann komme ich mit«, sagte ich kurz entschlossen. »Es ist Ende des Monats, nicht wahr?«

»Ja, am Freitag, den fünfundzwanzigsten November. Warum?«

»Es ist mir ganz lieb, daß es erst Ende November ist. Da habe ich vorher genug Zeit, mich wieder in mein Buch einzuarbeiten. Ich werde in den nächsten Wochen möglichst viel schreiben, dann kann ich mich für ein verlängertes Wochenende freimachen und dich nach Paris begleiten.«

An seinem freudigen Gesichtsausdruck sah ich, wieviel ihm meine Zusage bedeutete, und ich war gerührt. Ich sagte: »Danke, daß du mich gebeten hast dabeizusein, Kit. Deine Ausstellung wird mit Sicherheit ein Riesenerfolg. Und ich freue mich schon auf meine ganz private Besichtigung der Bilder heute abend.«

»Und ich freue mich schon auf dich«, sagte er und warf mir einen hinterhältigen, lüsternen Seitenblick zu. Dann fuhr er grinsend fort: »Aber ehrlich gesagt glaube ich, daß es viel besser wäre, die Bilder erst morgen anzuschauen. Bei Tageslicht.«

»Oh, tatsächlich!« erwiderte ich und zog in gespieltem Erstaunen die Brauen hoch.

Vom Schlafzimmerfenster aus blickte ich auf das alte Schloß von Lourmarin, während ich auf Kit wartete. Das massige Renaissancegebäude mit seinen gedrungenen Türmen wurde vom Vollmond beschienen, was den verwitterten Steinen einen silbrigen Schimmer verlieh.

Ich habe den Blick aus seinem Schlafzimmerfenster schon immer geliebt, aber heute abend wirkte alles irgendwie außergewöhnlich, anders als sonst. Vielleicht lag es an dem silbernen Mondlicht auf den alten Schutzwällen und dem sanften Hügel, auf dem das Schloß erbaut war. Oder vielleicht lag es an dem dunklen, sternenübersäten Himmel und den schnell dahintreibenden Wolken, hinter denen der Mond ab und zu für kurze Zeit verschwand.

Oder vielleicht lag es daran, daß *ich* an diesem Abend anders war.

Ich fühlte mich so ruhig und entspannt wie schon lange nicht mehr. *Ich war glücklich, mit Kit zusammenzusein.* Das war mir schon vor Stunden aufgegangen. Ich hatte vergessen, wie wohl ich mich in seiner Nähe fühlte, wie sehr ich seine Wärme, seine Aufmerksamkeit und seine liebevollen Gesten genoß. Das war nichts Neues. Er war immer gut zu mir gewesen, einfach wunderbar. Ich hatte es nur während meiner dreimonatigen Abwesenheit vergessen.

Plötzlich war er da. Er stand hinter mir und legte mir die Hände auf die Schultern. Dann nahm er sanft mein Haar hoch und küßte meinen Nacken. Er drehte mich langsam herum und sah mir in die Augen.

Er trug einen weißen Frotteebademantel und reichte auch mir einen. »Bitte, zieh dich aus, Darling, laß uns zu Bett gehen«, murmelte er.

Aber als ich mich auf den Weg ins Bad machen wollte, zog er mich erneut in seine Arme und küßte mich. Es war ein langer, fordernder Kuß, und als er mich freigab, sagte er mit leiser, eindringlicher Stimme: »Beeil dich, ich kann es kaum noch erwarten, Viv. Ich habe dich so furchtbar vermißt.«

Ein paar Minuten später kehrte ich im Bademantel zurück und legte mich zu ihm aufs Bett. Ein paar Sekunden lang lagen wir nebeneinander, hielten uns an den Händen und betrachteten den eindrucksvollen Sternenhimmel. Ich war unglaublich glücklich, mit ihm zusammenzusein, und genoß den Frieden und die Vertrautheit dieses wertvollen Augenblicks. Dann stützte sich Kit plötzlich auf den Ellbogen und sah mich voller Leidenschaft an. »Du bist wunderschön, Vivienne«, sagte er und öffnete meinen Bademantel. Dann streichelte er meine Brüste, meinen Bauch und meine Schenkel mit sanften kreisenden Bewegungen. Schließlich kniete er sich hin, beugte sich über meinen Körper und küßte mich überall, bis er schließlich meinen intimsten Punkt erreicht hatte. Und hier verweilte sein Mund. Ich entspannte mich und ließ mich von ihm lieben, wie er es wollte, wie er es immer getan hatte.

Teil II

Jack
Pflichtbewußtsein

13

Ich war sieben Jahre alt gewesen, als ich das *Château d'Cose* zum ersten Mal sah. Und wenn es je einen kleinen Jungen gegeben hat, der sich unsterblich in ein Gebäude verliebte, dann war ich das.

Damals verstand ich noch nicht, warum ich das Château so sehr mochte. Ich wußte nur, daß ich mich hier zu Hause fühlte. Die gewaltigen Ausmaße des Gebäudes machten mir keine Angst. Auch die ganze Pracht konnte mich nicht einschüchtern. Im Gegenteil: Ich fühlte mich wohl in den großen Räumen. Es machte mir Spaß, durch die Wiesen und Wälder des riesigen Besitzes zu streifen.

Im Innersten wußte ich, daß ich hierher gehörte. Für immer. Dies war mein Heim. Ich wollte nie von hier fort. Wenn ich fortmußte, war ich Wochen später noch traurig. Ich konnte es kaum erwarten, zurückzukommen. Wir fuhren jeden Sommer hierher. Für mich war es nie lange genug.

Mein Vater schenkte mir das Château und die dazugehörigen Ländereien direkt nach seiner Hochzeit mit Vivienne 1980. Ich war völlig überrascht, als er es mir sagte. Ich hatte nicht geglaubt, daß es ihm wirklich ernst damit war. Die ganze Zeit hatte ich gefürchtet, daß er im letzten Augenblick noch einen Rückzieher machen könnte. Erstaunlicherweise tat er das nicht.

Das Château hatte begonnen, Sebastian zu langweilen. Er hatte kein Interesse mehr an den Weinbergen und der Weinkellerei. Aber so war mein Vater. Alle Dinge wurden ihm schnell langweilig. Und alle Frauen.

Nachdem er und Vivienne sich getrennt hatten, begannen Luciana und ich, ihn hinter seinem Rücken Henry zu nennen. Nach Heinrich dem Achten, der sechs Frauen gehabt hatte. Aus Henry wurde nach kurzer Zeit Hank.

Als Kinder hatten Luciana und ich für viele Leute geheime Namen. Vivienne war VDG, als Abkürzung von Vivienne die Große. Und genau dafür hielt mein Vater sie. Genau wie ich. Aber Luciana verachtete Vivienne. Deshalb war VDG für sie ein Schimpfwort. Für mich nie. Ich lachte mir ins Fäustchen.

Meine Halbschwester haßte auch Viviennes Mutter, Antoinette Delaney. Ich nicht. Ich liebte sie. Ich fand sie wunderschön. In ihrem Haar glänzte das Sonnenlicht, ihre grünen Augen hatten dieselbe Farbe wie die Smaragde, mit denen mein Vater sie überhäufte. Sie hatte einen ungeheuer hellen Teint. Wenn sie wütend wurde, nahm ihre Haut einen leuchtend rosa Schimmer an. Im Sommer bekam sie Sommersprossen auf der Nase. Ich mochte ihre Sommersprossen. Durch sie wurde sie menschlich, weniger ätherisch.

Antoinette war immer sehr gut zu mir. Sie liebte mich sehr. Genausosehr wie sie Vivienne liebte. Das weiß ich, weil sie es mir selbst gesagt hat. Sie sagte mir, daß ich der Sohn wäre, den sie nie hatte.

Ich erlaubte es Luciana nicht, Antoinette einen Spitznamen zu geben. Außer einen schmeichelhaften. Aber wir konnten uns nie auf etwas einigen. Und so bekam sie keinen geheimen Spitznamen. Sie wurde nie anders als Antoinette genannt.

Aber ich hatte meinen eigenen Namen für sie. Sie war meine Herzensdame. Ja, das war sie. Wir hatten einander ins Herz geschlossen. Sie bewirkte Wunder in meinem jungen Leben. Alles stellte sie auf den Kopf. Durch sie fühlte ich mich wie ein ganzer Mensch.

Dann fiel sie die Kellertreppe auf der *Laurel Creek Farm* hinunter. Sie brach sich das Genick und starb.

Ich war zwölf, und es brach mir das Herz. Ich weiß nicht,

ob ich ihren Tod je ganz verwunden habe. Seit damals verspüre ich ein Gefühl von Leere. Und bisher konnte niemand diese Leere füllen.

Mit zwölf durchlebte ich die Hölle.

Antoinette starb. Und mein Vater begann, mich über meine Pflichten zu belehren. Es war meine Pflicht, mich während seiner Abwesenheit um Luciana zu kümmern. Es war meine Pflicht, fleißig zu lernen. Damit ich später nach Exeter und Yale gehen konnte. Es war meine Pflicht, die Familie nicht im Stich zu lassen. Es war meine Pflicht, in seine Fußstapfen zu treten. Meine Pflicht, eines Tages *Locke Industries* und die Locke-Stiftung zu leiten. Und diese Pflichten waren immer ungeheuer wichtig. Die Pflicht stand immer an erster Stelle.

Ich war immer noch zwölf, als Cyrus auf den Plan trat.

Jedesmal, wenn wir ihn in Maine besuchten, dann war es *Pflicht, Pflicht, Pflicht.* Kein Wunder, daß ich dieses Wort langsam haßte. Ich beschloß, niemals meine Pflicht zu tun. Niemals. Aber natürlich tat ich es doch. Man hatte mich einer Gehirnwäsche unterzogen, wie einen Pawlowschen Hund. Ich unterwarf mich ihrem Willen. Ich tat, was sie mir befahlen. Mehr schlecht als recht.

Das Erbe, wie ich das Château in jenen Tagen nannte, wurde mir überschrieben, als ich erst sechzehn war und noch die *Exeter Preparatory School* besuchte. Es war nur ein kleiner Teil eines riesigen Erbes, denn mein Vater und mein Großvater waren Billionäre.

Manchmal erschien mir das Château wie ein Trostpreis. Mein Vater hatte Vivienne geheiratet, die Frau meiner Träume. Ich hatte immer gehofft, sie irgendwann selbst zu heiraten. Verständlicherweise war ich am Boden zerstört, als sie sich das Jawort gaben.

Ich habe den Verdacht, daß Sebastian das ahnte. Daher auch das Château. Indem er es mir zu Lebzeiten schenkte, ersparte er mir natürlich eine Menge Erbschaftssteuern.

Nachdem das Château in meinem Besitz war, flog ich sofort nach Frankreich, sobald ich in Exeter ein paar Tage frei hatte. Ich fand es herrlich, mehrmals im Jahr auf *d'Cose* zu sein statt nur in den Sommermonaten.

Sebastian und Vivienne waren in den Jahren 1980 und 1981 häufig dort. Sie gingen mir auf die Nerven. Unablässig turtelten sie miteinander herum. Luciana und ich tauften sie die Nymphensittiche. Bei ihrem Anblick wurde mir richtig übel. Manchmal mußte ich mich sogar tatsächlich übergeben.

Die Nymphensittiche stürzten sich voller Begeisterung auf einen Trümmerhaufen, den Sebastian in Lourmarin für sie gekauft hatte. Sie bauten die Ruine zu einem Wohnhaus um. Als es schließlich fertig war, nannten sie es *Vieux Moulin*. Ich hielt das Ganze für eine verrückte Geldverschwendung. Aber ich sagte nichts. Es ging mich nichts an. Und schließlich war *ich* jetzt der Besitzer des Châteaus. Ich besaß das Haus meiner Träume, wenn schon nicht das Mädchen.

Ich konnte nie verstehen, warum dieser alte Steinhaufen eine solche Anziehungskraft auf Sebastian ausübte. Eine alte Mühle, du liebe Güte. Aber andererseits habe ich meinen Vater nie verstanden. Jetzt war es zu spät. Seit fünf Monaten war er tot und begraben.

Nachdem ich mit achtzehn in Exeter mein Examen abgelegt hatte, ging ich nach Yale. Wie es von mir erwartet wurde. Ich tat meine Pflicht. Ich trat in die Fußstapfen all jener Lockes, die vor mir nach Yale gegangen waren. Der erste war mein Ururgroßvater gewesen, Ian Lyon Locke. Und wahrscheinlich war ich der letzte, da ich keinen Sohn hatte.

Ich haßte Yale. Die Universität hinderte mich daran, mir endlich mein eigenes Leben aufzubauen. Ich wollte nur eines: auf meinem Château in Aix-en-Provence leben. Von Olivier Marchand, der das Weingut schon für meinen Vater geleitet hatte, lernte ich viel über Weinanbau und Kelterei. Das war mein Leben.

Mit zweiundzwanzig wurde ich mein eigener Herr.

Nach dem Examen verließ ich Yale und verlegte meinen Wohnsitz auf das Château, wo ich an Oliviers Seite arbeitete. Leidenschaftlich hing ich an dem Land. Meinem Land.

Ich war auch leidenschaftlich verliebt.

Mit dreiundzwanzig habe ich sie geheiratet.

Jedermann hielt sie für eine überaus passende Partie. Das war sie auch, was ihren Stammbaum anbelangte. Eleanor Jarvis Talbot hatte die richtige Herkunft. Sie entstammte dem alteingesessenen Bostoner Geldadel. Nur daß ihre Familie kein Geld hatte. Nicht mehr. Aber das spielte keine Rolle für mich. Ich hatte mehr als genug für uns beide. Millionen. Als Treuhandvermögen von meiner Mutter.

Eleanor war hellblond und wunderschön. Groß und schlank. Und völlig sexbesessen. Gleich bei unserer ersten Verabredung schlief ich mit ihr. Danach tat ich es jeden Tag, bis ich Yale ein Jahr später verließ.

Ihr kühles, kultiviertes Erscheinungsbild stand in krassem Gegensatz zu ihrem wollüstigen Naturell. Sie war verrückt nach Sex. Vielleicht machte gerade das ihre Anziehungskraft aus. Sie sah aus wie eine Lady und benahm sich wie eine Hure. Wenn ich mit ihr zusammen war, machte mich allein der Gedanke an das, was wir später tun würden, schon scharf. Eigentlich haben wir fast nichts anderes gemacht als bumsen. Tag und Nacht, wann immer wir konnten. Ich war im siebten Himmel, wie man so schön sagt. Ich konnte mein Glück kaum fassen.

Die Familie hielt sie für die Richtige. Und ich auch. Wir hatten uns alle geirrt. Es stellte sich heraus, daß Eleanor die Falsche war.

Von Anfang an lief unsere Ehe schief.

Vielleicht war es teilweise meine Schuld, denn ich hatte versäumt ihr klarzumachen, wieviel das Château, die Weinkellerei und die Verwaltung des Gutes mir bedeuteten.

Wir verbrachten unsere Flitterwochen in Marokko. Ich

werde nie erfahren, wie es dort eigentlich aussieht. Es sei denn, ich würde noch einmal hinfahren. Ich verbrachte die ganze Zeit im Bett. Auf Eleanor, während ich in ihre klaren grauen Augen blickte. Oder ich lag auf dem Rücken und starrte an Hotelzimmerdecken, während sie mich voller Enthusiasmus bestieg. Das machte sie gern. Die dominante Position sagte ihr zu. »*Ich will dich* ficken«, sagte sie oft. Und das tat sie auch. Immer und immer wieder.

Dann fuhren wir heim zum Château. Und unser Leben änderte sich. Es mußte sich ändern. Das Château war mein wirkliches Leben. Ich hatte Arbeit. Ich hatte Pflichten. Aber in diesem Fall liebte ich meine Pflicht. Ich liebte das Land und die Weinkellerei.

Die endlose Bumserei wurde zwangsläufig weniger. Aber sie hörte nicht ganz auf. Leider war Eleanor wie ein Kaninchen. Sie war vollkommen verstimmt, wenn sie es nicht ständig bekam. Immer wenn ihr danach war. Sie sagte, ich würde sie nicht lieben. Ich glaubte, daß ich sie liebte. Aber sie machte mich fertig. Ich war erschöpft. Ich brauchte eine Pause von all der einfallslosen, stumpfsinnigen Bumserei. Schnell wurde mir klar, daß ich ihr nicht viel zu sagen hatte. Eigentlich fast gar nichts.

Außerdem hatte sie keinerlei Vorstellung, wie ein großes Château zu führen ist. Es bedeutete ihr nichts, Châteauherrin zu sein. Sie hatte keinerlei Ambitionen zu lernen, wie man eine wird. Ihr Interesse für meine Arbeit war gleich Null. Sie beteiligte sich in keiner Weise daran. Nach dem ersten Ehejahr tauchte dann ein weiteres Problem auf. Sie war plötzlich auf meinen Vater fixiert. Ständig redete sie von ihm. In seiner Gegenwart schien sie unter Strom zu stehen. Sie wurde übertrieben lebhaft, ungewöhnlich überschäumend, verhielt sich fast ein wenig anstößig. In seiner Abwesenheit war sie dann deprimiert. Hatte schlechte Laune und bekam Wutanfälle.

Eleanor wollte mich immer noch ständig bumsen. Aber

mein Interesse an ihr schwand zunehmend dahin. Ihre Schwäche für Sebastian machte mir eines sehr deutlich: Ich wußte, daß sie in Wahrheit mit meinem Vater schlafen wollte statt mit mir. Oder mit uns beiden. Wie auch immer. Diese Erkenntnis hatte katastrophale Folgen für unser Sexleben. Es machte mich impotent.

Wir ließen uns scheiden.

Es war kostspielig. Aber die Sache war es wert.

Und Gott sei Dank waren aus dieser unglückseligen Verbindung trotz des sexuellen Marathons keine Kinder hervorgegangen.

Als wäre ich noch nicht genug gestraft gewesen, heiratete ich mit sechsundzwanzig meine zweite Frau.

Ich lernte Jacqueline de Brossard in Aix-en-Provence kennen. Sie war die Tochter eines unbedeutenden Barons und lebte auf einem nahe gelegenen Château. Was mich an ihr anzog, war in erster Linie ihre Vertrautheit mit dem Châteauleben. Und ihr Wissen über das Land. Dazu kam ihr prachtvoller Körper. Ansonsten war sie eher unscheinbar. Diese Unzulänglichkeit wurde jedoch durch ihren unwiderstehlichen französischen Chic und ihr unfehlbares Stilgefühl wettgemacht.

Jacqueline de Brossard schien die perfekte Partnerin für mich zu sein. Wir hatten in den meisten Dingen den gleichen Geschmack. Wir paßten wirklich gut zusammen. Trotzdem dauerte unsere Ehe kaum länger als ein Jahr. Sie ließ sich in ihrem Leben von zwei Interessen leiten, die ihr wichtiger waren als alles anderes. Mein Geld ausgeben war eines davon. Promiskuität das andere. Meine zweite Frau hatte anscheinend nicht das Verlangen, mit meinem Vater ins Bett zu steigen. Jedenfalls nicht soweit ich weiß. Nur mit jedem anderen Mann, der ihr über den Weg lief.

Wir wurden geschieden.

Ich schwor mir, nie wieder zu heiraten.

Jetzt lebte ich in Sünde.

Meine Geliebte war Engländerin. Ihr Name war Catherine Smythe. Sie war gebildet. Geistreich. Eine Intellektuelle. Vor fünfzig Jahren wäre sie als Blaustrumpf bezeichnet worden. Catherine hatte in Oxford studiert. Sie hatte sich als Historikerin einen gewissen Ruf erworben. Sie hatte Geschichte unterrichtet, Artikel veröffentlicht, Vorlesungen gehalten.

Ich fand, daß sie außerordentlich gut aussah. Rothaarig, mit grünen Augen und heller Haut.

In manchen Augenblicken erinnerte mich Catherine an meine Herzensdame. Wie die Tochter meiner Herzensdame, Vivienne, war Catherine älter als ich. Fünf Jahre. Aber das spielte keine Rolle. Ich hatte schon immer ein Faible für ältere Frauen.

Catherine und ich hatten uns in Paris kennengelernt. Im August 1994. Sie lebte mit einem Freund von mir, einem englischen Journalisten namens Dick Vickerie, zusammen. Ich nahm an, daß sie ein Liebespaar waren. Meine Annahme war falsch. Sie waren nur gute Freunde.

Innerhalb von wenigen Tagen wurden sie und ich mehr als nur gute Freunde. Ich mag geistreiche Frauen. Sie stimulieren mich. Machen mich an. Das mit Catherine war viel besser als irgendeine hirnlose Bettgeschichte. Sie war das *non plus ultra*.

Zu Weihnachten besuchte sie mich, und ich fragte sie, ob sie zu mir ziehen wollte. Sie stimmte zu. Zusammen sagten wir dem alten Jahr Adieu und begrüßten das neue. Tranken Champagner auf der Brüstung des Châteaus. Prosteten einander zu. Betranken uns zusammen.

Das Jahr 1995 schien wundervolle Aussichten zu bieten. Besonders mit Catherine an meiner Seite. Auf unbestimmte Zeit.

»Ich kann dir nicht versprechen, dich irgendwann zu heiraten«, hatte ich ihr Weihnachten gesagt.

»Heiraten!« schrie sie verärgert. »Wer will denn heiraten? Ich mit Sicherheit nicht. Ich habe keinerlei Bedürfnis danach, mich rechtlich an einen Mann zu binden. Anwesende eingeschlossen. Ich liebe meine Unabhängigkeit. Ich habe nicht vor, sie zu verlieren.«

Dieses Thema war also vom Tisch.

Ich hatte meine Meisterin gefunden.

Sieben Monate nach unserem ersten Treffen faszinierte diese kluge Frau mich noch immer. Anscheinend war auch sie von mir fasziniert.

Ich ließ das Wäldchen hinter mir. Mit entschlossenen Schritten ging ich auf das Château zu, das in einiger Entfernung sichtbar wurde, ein imposantes Gebäude aus grauen Steinen.

An diesem Februarmorgen war das Gemäuer von einem bleichen Schimmer umgeben. In den zahllosen Fenstern spiegelte sich blasses Sonnenlicht. Die mit grauen Schindeln gedeckten Dächer und Türmchen zeichneten sich wie dunkle Kleckse vom diesigen Blau des Himmels ab.

Ich blieb stehen und blickte über die Wiesen, den Barockgarten und die riesige Steinterrasse auf das Château.

Von dieser Stelle aus hatte man zu jeder Tageszeit einen herrlichen Blick auf das im achtzehnten Jahrhundert errichtete Bauwerk. An diesem Morgen sah es atemberaubend aus in dem weichen Licht, während der Nebel noch von den Wiesen aufstieg.

Zu wissen, daß all dies mir gehörte, erfüllte mich mit tiefster Zufriedenheit.

Ich sah auf die Uhr. Es war fast neun. Zeit für mein Frühstück mit Catherine.

Ich fand sie in der Bibliothek. Sie hatte seit sieben dort gearbeitet.

»Was bist du doch für ein Schatz«, sagte sie und sah zu mir auf, als ich hereinkam. »Du bringst mir mein Frühstück. Du verwöhnst mich.«

»Morgen bist du dran.« Ich stellte das große Holztablett auf den Couchtisch vor dem Kamin, in dem ein Feuer brannte, und setzte mich.

Einen Augenblick später gesellte sie sich zu mir. Wir tranken Milchkaffee aus großen Kaffeeschalen und aßen dazu warme, frischgebackene Croissants mit Butter und hausgemachter Himbeermarmelade.

»Jack, diese Dinger sind mein Untergang.«

»Das sagst du jeden Tag.«

»Wenn ich so weitermache, paßt mir bald nichts mehr«, murmelte sie kopfschüttelnd. »Ich muß wirklich ab morgen Diät machen.«

»Mir gefällst du, so wie du bist.«

»Ich bin fett geworden, seit ich hier mit dir lebe, Jack.«

»Willst du wieder fort?«

»Nein, natürlich nicht, du Dummkopf«, antwortete sie schnell und liebevoll. »Dieses Haus ist unwiderstehlich.«

»Ich dachte, ich wäre unwiderstehlich.«

»Bist du auch. Du *und* das Château. Jack, ich bin auf etwas wirklich Faszinierendes gestoßen, in einem der alten Bücher, die ich gefunden habe. Ich weiß jetzt, woher der Name *d'Cose* vielleicht kommt.«

Ich spitzte die Ohren. Beugte mich interessiert vor. Ich war plötzlich ganz angespannt. Schon Sebastian hatte sich immer gefragt, welchen Ursprung der Name des Châteaus haben könnte. Olivier Marchand hatte uns auch nichts darüber sagen können. Genausowenig wie die älteren Arbeiter, die teilweise schon seit Jahrzehnten auf dem Gut gearbeitet hatten. Es existierten nur spärliche urkundliche Eintragungen. Das Ganze war sehr geheimnisvoll.

»Erzähl schon, Catherine!« sagte ich.

»Wie ich schon sagte, das Buch ist alt. Es enthält Portraits von etwa dreißig berühmten Gestalten des fünfzehnten, sechzehnten und siebzehnten Jahrhunderts. Die Rechtschreibung im Buch ist recht merkwürdig –«

»Was meinst du mit merkwürdig?« unterbrach ich sie.

»Zum Beispiel wird statt Rabelais *Rables* geschrieben. Der Duke of Buckingham steht dort als *Boucquin can*. Die Königin von Spanien erscheint als *la Reine Despaigne*, statt *d'Espagne*. Und die Königin von Schottland, also die *Reine d'Ecosse*, steht dort als *la Rene de Cose*. Deshalb denke ich, daß *d'Cose*, der Name dieses Châteaus, eine vereinfachte Schreibweise von *de Cose* ist und irgendwie auf Schottland verweist.«

Ich starrte sie an. »Das wäre ja seltsam. Ein merkwürdiger Zufall. Falls du recht hast. Malcolm Lyon Locke, der Gründungsvater der Dynastie, war Schotte. Gibt es in dem Buch irgendeinen Hinweis auf mein Château?«

»Nein. Nichts. Wie schon gesagt, es ist eigentlich ein Bildband mit verschiedenen Gemälden von... nun nennen wir sie Berühmtheiten jener Tage. Rabelais, der Schriftsteller, der Duke of Buckingham, Maria, Königin von Schottland, und so weiter. Und die Schreibweise des Namens der letztgenannten sprang mir natürlich sofort ins Auge.«

»Du mußt weiterforschen. Vielleicht findest du noch etwas. Etwas, das auf Schottland hindeutet. Vielleicht gehörte das Château ja ihr.«

Catherine schüttelte den Kopf. »Das bezweifle ich. Mary war in ihrer Kindheit und Jugend häufig im Loiretal. Und nachdem sie den französischen Thronfolger geheiratet hatte, zog sie auf das legendäre Schloß Chenonceaux, den Sitz des Königs. Außer ihr lebten dort Heinrich II., seine Mätresse Diane de Poitiers, seine Frau Katharina von Medici und ihr Sohn Franz II., der Thronfolger. Die *petite Reinette d'Écosse* wurde sie in jenen Tagen meist genannt. Wie verzweifelt die Ärmste am Ende war. Und sie starb wirklich schrecklich. Sie wurde geköpft –«

Das Telefon, das neben Catherine stand, läutete und unterbrach ihre Erzählung. Sie nahm den Hörer ab und sagte: »*Château d'Cose. Bonjour.*«

Einen Moment lang schwieg Catherine und lauschte der Stimme des Anrufers. Dann sagte sie: »Oh, hallo Vivienne, wie geht es dir?«

14

Catherine reichte mir den Hörer.

»Hallo, Viv«, sagte ich. »Wie geht's?«

»Danke gut. Jack, ich würde gern rüberkommen und mit dir sprechen.«

»Wann?«

»Heute morgen.«

»Das geht leider nicht«, sagte ich schnell. Ich hatte einen bestimmten Unterton in ihrer Stimme gehört. Ich wußte, wann ich mich vor ihr schützen mußte.

»Und wie ist es heute nachmittag? Oder am Abend?« fragte sie drängend. »Es ist sehr wichtig. Wirklich.«

»Ich kann nicht, Viv. Nicht heute. Ich habe Probleme. Ich muß dringend einige Dinge erledigen.«

»Eine halbe Stunde wirst du doch wohl erübrigen können. Bitte. Für *mich*.«

»Es geht nicht, Viv. Olivier hat Leute eingeladen. Wir haben den ganzen Tag zu tun. Weingeschäfte«, log ich. Ich kannte sie seit einer Ewigkeit. Seit ich sechs war. Irgend etwas lag ihr auf der Seele. Das spürte ich. Ich hörte es an ihrer Stimme. Instinktiv versuchte ich, sie auf Distanz zu halten. Sonst würde sie mich einwickeln.

»Ich muß wirklich mit dir sprechen, Jack«, murmelte sie mit wärmerer, sanfterer Stimme. »Über etwas, das uns beide betrifft.«

Viv konnte sehr betörend sein wenn sie wollte. Das wußte ich nur allzu gut. Hastig sagte ich: »Es wird warten müssen.«

»Nicht unbedingt. Vielleicht können wir ja am Telefon darüber reden.«

»Ich wüßte nicht wann.«

»Wir können es jetzt sofort tun, Jack. Hör mir einen Moment zu, bitte.«

»Aber –«

»Kein Aber, Jack. Ich habe mein Buch über die Brontë-Schwestern beendet, wie du weißt. Und jetzt, wo ich mich nicht mehr so sehr aufs Schreiben konzentriere, ist mir die Sache mit Sebastians Tod wieder in den Sinn gekommen. Es läßt –«

»Mein Gott, Viv! Nicht diese alte Geschichte! Nicht schon wieder. Hör doch endlich auf damit!«

»Das will und kann ich nicht. Hör zu. Sebastians Tod läßt mir einfach keine Ruhe.«

»Er hat sich umgebracht«, herrschte ich sie an.

»Das habe ich inzwischen akzeptiert. Aber ich will wissen, *warum* er es getan hat. Ich muß es einfach wissen. Erst wenn ich eine Erklärung habe, kann ich die Sache ruhen lassen. Erst dann habe ich meinen inneren Frieden wieder.«

»Niemand kann dir den Grund sagen. Nur Sebastian kannte ihn. Er hat das Geheimnis mit ins Grab genommen.«

»Nicht notwendigerweise«, sagte sie.

»Was meinst du damit?«

»Ich habe nachgedacht –«

»Worüber?« unterbrach ich sie und stieß einen lautlosen Seufzer aus. Wie gut ich diesen Ton kannte. Er bedeutete Ärger.

»Über sein Leben. Darüber, was er in den letzten sechs, acht Monaten vor seinem Tod gemacht hat. Mit wem er zusammen war. Und, was genauso wichtig ist, wie er sich benommen hat. In welcher Verfassung er war. Hatte er Sorgen? Oder war er glücklich?«

»Er war glücklich. An dem Tag, als ihr zusammen essen wart. Das hast du jedenfalls behauptet.«

»Er war *wirklich* glücklich.«

»Wie kannst du dir so sicher sein?«

»Das ist eine dumme Frage, Jack. Schließlich hatte ich einmal ein intimes Verhältnis mit ihm. Er *war* glücklich. Schau mal, ich weiß noch genau, wie ich mich an dem Tag gefühlt habe, ganz ehrlich. Ich habe mich für ihn gefreut, gefreut, daß er ein neues Leben anfangen wollte.«

»Wollte er das?« fragte ich überrascht. »Was meinst du mit einem neuen Leben?«

»Es gab da eine Frau, Jack, eine neue Frau in seinem Leben. Er war in sie verliebt und hatte vor, sie zu heiraten.«

Verblüfft rief ich: »Du machst Witze!«

»Nein. Er hat mir gesagt, daß er im Frühjahr heiraten wollte. Er wollte sie mir sogar vorstellen und hat mich zur Hochzeit eingeladen.«

»Wie geschmacklos«, sagte ich.

»Das finde ich ganz und gar nicht. Wir standen uns immer nah. Sehr, sehr nah. Ich wäre dir übrigens dankbar, wenn du nicht vom Thema abschweifen würdest.«

Ich ignorierte die Zurechtweisung und fragte: »Wer war die Frau?«

»Ich weiß es nicht. Er hat ihren Namen nicht genannt. Das ist das Problem. Wenn ich wüßte, wer sie ist, dann könnte ich sie aufsuchen. Du hast sie offenbar auch nie gesehen, sonst wärst du nicht so überrascht gewesen, als ich sie erwähnt habe.«

»Ich habe nicht einmal von ihrer Existenz gewußt.«

»Was ist mit Luciana?«

»Die weiß auch nichts. Da bin ich mir ganz sicher. Sie hätte mir bestimmt davon erzählt.«

»*Irgend* jemand muß sie kennen, Jack, und darauf will ich hinaus. Ich will mit den Leuten reden, die mit Sebastian an Entwicklungshilfeprojekten in Afrika gearbeitet haben.«

»Wieso afrikanische Projekte?«

»Weil Sebastian mir gesagt hatte, daß er sie dort kennengelernt hat«, erklärte Vivienne. »Sie ist Ärztin, hat er gesagt. Wissenschaftlerin. Ich will mit Leuten reden, die täglichen Umgang mit ihm hatten und an seinen Aktivitäten teilnahmen, damit ich eine klarere Vorstellung von ihm in diesen letzten sechs Monaten seines Lebens bekomme.«

»Vielleicht wollen die Leute nicht mit dir reden. Vielleicht ziehen sie sich vor dir zurück«, wandte ich ein. »Sie sind ihm immer noch treu ergeben. Seinem Andenken.«

»Ich weiß. Aber ich habe einen guten Vorwand. Ich soll nämlich ein Portrait über ihn für das Magazin der *Sunday Times* schreiben. Sandy Robertson hat gestern abend sein Okay gegeben. Ich plane eine gründliche Reportage über den größten Philanthropen der Welt... wahrscheinlich den letzten seiner Art. Das ist einer der Gründe, warum ich mit dir sprechen wollte, Jack. Ich möchte wissen, welchen Eindruck er auf dich während der letzten Monate vor seinem Tod gemacht hat.«

»Vivienne, das Ganze ist lächerlich! Warum kannst du die Sache nicht einfach auf sich beruhen lassen?«

»Ich kann nicht. Ich wünschte, ich könnte es. Vom Verstand her kann ich seinen Selbstmord akzeptieren. Gefühlsmäßig kann ich es nicht. Zumindest kann ich nicht nachvollziehen, daß er sich umgebracht hat, wenn er so glücklich war, so voller Zukunftspläne. Das will mir einfach nicht in den Kopf, versteh das doch. Irgend etwas stimmt da nicht, irgend etwas muß furchtbar falsch gelaufen sein. Irgend etwas Merkwürdiges muß geschehen sein, nachdem wir an diesem Montag miteinander gegessen haben. Das habe ich einfach im Gefühl.«

»Und du willst herausfinden, was es war? Ist es das? He, Viv, ich habe die perfekte Erklärung. Die Lady hat mit ihm Schluß gemacht.«

»Vielleicht stimmt das. Es wäre immerhin eine Möglichkeit, das will ich gar nicht bestreiten, Jack. Aber ich glaube nicht, daß sich Sebastian wegen einer Frau das Leben genommen hätte, jedenfalls nicht *der* Sebastian, den ich gekannt habe.«

»Aber ich weiß nichts. Ich kann dir nicht helfen. Nicht bei dem Portrait.«

»Vielleicht fällt dir doch etwas ein, wenn du dein Gehirn anstrengst. Wenn du versuchst, dich zu erinnern. Wenn du an den letzten Sommer zurückdenkst.«

»Das bezweifle ich.«

»Nach der Beerdigung hat Cyrus vorgeschlagen, ich solle ein Buch schreiben. Sebastians Biographie.«

»Vivienne, die Fackelträgerin! Ist das deine neue Rolle, mein Schatz?«

»Werde nicht sarkastisch, Jack. Das paßt nicht zu dir. Kann sein, daß ich tatsächlich ein Buch schreibe. Ich möchte nur vorher wissen, ob ich objektiv sein kann, was Sebastian anbelangt. Wenn ich den Artikel schreibe, werde ich es herausfinden. Er wird eine Art Test.«

»Wen willst du befragen, Viv?« fragte ich.

»Seine Mitarbeiter bei *Locke Industries* und bei der Stiftung. Einer wird mich an den anderen verweisen, wie das so üblich ist. So finde ich schnell heraus, wer am engsten mit ihm vertraut war, wer gewisse Seiten an ihm kannte. Ich möchte auch mit Luciana sprechen.«

»Viv, du müßtest doch klug genug sein, das zu lassen!« rief ich. »Du handelst dir nur eine Abfuhr ein.«

»Wir werden sehen.«

»Verlaß dich drauf, Schätzchen.«

»Jack?«

»Ja?«

»Im letzten Monat warst du doch in New York bei einer Vorstandssitzung von *Locke Industries*. Hat man dir gegenüber etwas erwähnt? Über die neue Frau in seinem Leben?«

»Nein.«

»Hm. Interessant. Vielleicht haben sie auch nichts von ihr gewußt.«

»Du hat es erfaßt, Kindchen.«

»Jack, du hilfst mir doch bei dem Artikel über ihn? Es ist wirklich wichtig für mich. Wichtig, daß ich ihn schreibe, und ich glaube wirklich, daß es mir hilft, mich mit seinem Tod abzufinden.«

»Na gut«, willigte ich zögernd ein. Und wider besseres Wissen. »Aber ich weiß nichts. Ich habe ihn im letzten Jahr kaum gesehen.«

»Vielleicht fällt dir ja irgend etwas ein, das mir einen Hinweis auf seine Stimmung und sein Benehmen in diesen letzten sechs Monaten seines Lebens gibt.«

»Ich muß jetzt Schluß machen. Ich ruf' dich an. Nächste Woche.«

»Dann bin ich nicht hier. Ich fliege in ein paar Tagen nach New York. Ich möchte mit den Interviews beginnen und ein paar von meinen alten Bekannten an der Stiftung befragen. Das wird immerhin ein Anfang sein.«

»Gute Reise. *Ciao*.«

»Bis bald, Jack. Ich melde mich bei dir, wir sehen uns.«

»*Merde!*« sagte ich, nachdem ich den Hörer auf die Gabel geknallt hatte. Ich lehnte mich entnervt zurück und hatte mein grimmigstes Gesicht aufgesetzt.

»Was ist los, Jack? Stimmt etwas nicht?« fragte Catherine mit ihrer ruhigen Stimme. Eine Stimme, an die ich mich in den letzten paar Monaten sehr gewöhnt hatte.

»Vivienne. Sie ist verrückt.«

»Was für eine abwegige Bemerkung über jemanden, der so ausgeglichen, so vernünftig und realistisch ist wie Vivienne«, konterte Catherine.

»Sie ist nicht vernünftig. Oder realistisch«, rief ich hitzig. »Jedenfalls nicht was Sebastian angeht. Sie ist von ihm besessen. Er ist seit fünf Monaten tot. Und immer noch lamentiert sie herum. Über seinen Tod. Ich wünschte, sie würde zum Teufel noch mal die Klappe halten. Ihn in Frieden ruhen lassen. Ich kann sie nicht ausstehen, wenn sie sich so aufführt.«

»Wenn sie sich *wie* aufführt?«

»Sie spielt die Fackelträgerin.« Ich lachte und fügte hinzu: »Sie ist immer noch Feuer und Flamme für ihn.«

Catherine schien diese Bemerkung nicht amüsant zu finden. Sie wirkte besorgt.

»Nach dem, was ich von dir weiß, hat sie ihn verehrt und du hast ihn gehaßt. Deshalb werdet ihr euch wohl niemals einig sein«, murmelte Catherine. »Was eure Meinung über Sebastian Locke anbelangt, trennen euch Welten. Er wird immer ein Streitpunkt zwischen euch bleiben.«

»Da hast du wohl recht, Liebling. Vivienne hat ein Problem. Sie hat einfach zu viel Zeit. Ihr Buch über die Brontë-Schwestern ist fertig. Abgeliefert. Jetzt ist Sebastian dran. Sie hat ihn im Visier. Schon wieder. *Merde!*«

Ein paar Sekunden lang sah Catherine mich nachdenklich an. Dann sagte sie langsam: »Meinst du, sie wird ein Buch über deinen Vater schreiben, Darling? Wolltest du mir das sagen?«

»Kein Buch. Ein Portrait für die Londoner *Sunday Times*. Für das Magazin der Zeitung. Der Redakteur, mit dem sie zusammenarbeitet, hat schon sein Okay gegeben. Aber vielleicht schreibt sie auch ein Buch. Mein Großvater, dieser alte Habicht, hat es ihr vorgeschlagen. Bei der Beerdigung. Kannst du dir das vorstellen? Du liebe Güte! Und womöglich tut sie es! Ich wette, sie tut es. *Merde! Merde! Merde!*«

»Jack, warum in Gottes Namen regst du dich so auf? Du benimmst dich ziemlich kindisch. Regelrecht irrational.«

»Tue ich nicht.«

»Ich fürchte, immer wenn es um deinen Vater geht, bist du sehr irrational, mein Schatz.«

»Vivienne will Nachforschungen anstellen. In seinem Leben herumschnüffeln. Im letzten Jahr seines Lebens, genauer gesagt. *Ich muß es wissen.* Das hat sie gesagt. Sie hat auch gesagt, *ich muß wissen, was er gemacht hat. Mit wem er zusammen war. Wie er war. Seine Stimmung. Sein Verhalten. Ich muß ihn verstehen. Ich muß den genauen Grund herausfinden, weswegen er sich umgebracht hat.* Das hat sie mir gerade alles gesagt.«

»Wie will sie auf diese ganzen Fragen denn eine Antwort bekommen?«

»Sie will mit allen möglichen Leuten reden. Interviews machen.«

»Mit wem genau?«

»Mit Leuten, die für Sebastian gearbeitet haben. Mit ihm. Bei *Locke Industries*. Bei der Stiftung. Mit mir. Mit Luciana. Gott weiß, mit wem noch alles.«

»Und sie wird über ihre Ergebnisse schreiben, läuft es darauf hinaus?«

»Nicht direkt. Sie wird nicht groß auf den Selbstmord eingehen. Nicht in dem Artikel. Wie ich sie kenne, wird sie ihn gar nicht erwähnen. Und wenn, dann wird sie ihn in einem Satz abhandeln. So, wie sie für ihn empfunden hat und immer noch empfindet, wird der Artikel die reinste Lobeshymne. Schmeichelhaft. Sie wird nur seine guten Seiten herausstellen. Ihn verstehen, die letzten paar Monate seines Lebens verstehen. Das ist ihr das Wichtigste. Es ist eine rein persönliche Sache.«

»Ich verstehe. Aber es ist mir trotzdem ziemlich schleierhaft, wieso du dich so aufregst.«

»Ich wünschte, sie würde die Sache auf sich beruhen lassen. Ich möchte nicht ständig an ihn erinnert werden. An Sebastian. Er ist tot. Begraben. Ich will nicht, daß sie ihn wieder ausgräbt.«

»Ich denke trotzdem, daß du dich ein wenig albern aufführst. Du hast doch gerade selbst gesagt, daß sie nichts Schlechtes über ihn schreiben wird. Und ich stimme dir zu. Wie du sagst, ist Vivienne gegenüber Sebastian und seinem Andenken äußerst loyal.«

»Sie ist immer noch in ihn verliebt.«

»Das glaube ich nicht, Jack. Wirklich nicht. So, wie ich sie einschätze, ist Vivienne viel zu lebendig und sinnlich, um ihr Herz an einen Toten zu hängen. Gütiger Himmel, nein. In ihren Augen gehört das Leben den Lebenden. Sie scheint ganz verrückt nach diesem Kit Tremain zu sein. *Er* ist jetzt ihr Leben, nicht Sebastian Locke. Du mußt mir glauben. Ich weiß, wovon ich rede, und ich weiß, daß ich recht habe.«

»Wahrscheinlich hast du recht«, sagte ich und wechselte augenblicklich das Thema.

15

»Es hat eine andere Frau gegeben«, sagte ich. Catherine saß mir beim Abendessen gegenüber, und ich starrte sie an.

Sie hielt meinem Blick stand und bemerkte dann mit einem leisen, belustigten Lächeln: »In deinem Leben hat es vor mir sicher viele Frauen gegeben, Jack. Ganz abgesehen von deinen zwei Ehen. Ich würde es auch nicht anders erwarten. Du bist immerhin ein sehr attraktiver Mann.«

»Nein, nein. Ich spreche von Sebastian. In seinem Leben hat es noch eine andere gegeben. Kurz vor seinem Tod. Eine neue Frau«, erklärte ich. »Ich hatte keine Ahnung von ihr. Niemand hat etwas gewußt. Aber Sebastian hat es Viv erzählt. Während ihres gemeinsamen Mittagessens in der Woche, als er sich das Leben nahm. Er hat Viv gegenüber behauptet, daß er diese Frau heiraten wollte.«

»Wie heißt sie denn?« fragte Catherine gespannt.

Ich zuckte die Achseln. »Keine Ahnung. Viv hat ihn nicht gefragt. Und er hat den Namen von sich aus nicht genannt. Hat bloß gesagt, daß sie Ärztin sei. Viv hat das heute morgen erwähnt. Am Telefon. Ich weiß auch nicht, warum erst jetzt. Ich habe vergessen, dir davon zu erzählen.«

»Dann muß er ja wohl glücklich gewesen sein. Wie komisch, daß er sich dann ausgerechnet jetzt umgebracht hat.«

»Das findet Viv auch.«

»Andererseits könnte es ja auch so sein, daß die namenlose Frau mit ihm Schuß gemacht hat«, gab Catherine zu bedenken.

Ich lächelte zustimmend. »Das ist genau meine Erklärung.«

»Und was hat Vivienne dazu gesagt?«

»Daß Sebastian bestimmt nicht so drastisch auf das Ende einer Liebesgeschichte reagiert hätte.«

Catherine schien darüber nachzudenken. »Nun ja«, meinte sie schließlich, »da gebe ich ihr eigentlich recht.«

Ich protestierte. »Aber du hast ihn doch gar nicht gekannt!«

»Nicht persönlich, nein, und von dir hab' ich auch nicht viel über ihn gehört. Nur ab und zu eine abfällige Bemerkung. Aber ich habe sein Leben schon lange bevor ich dich kennenlernte mit Interesse verfolgt«, erläuterte sie. »Das ganze Geld, das er für wohltätige Zwecke ausgab. Denk nur an die immensen Spenden vom letzten Jahr für Bosnien. Es hat ihn einfach jeder gekannt. Und ich habe natürlich viel über ihn gelesen. Die Presse hat doch immer lang und breit über ihn berichtet.« Sie hielt inne, um einen Schluck Rotwein zu trinken. »Und schließlich war er auch ein halbes dutzendmal verheiratet, oder?«

»Fünfmal.«

»Das kommt ungefähr aufs gleiche hinaus. Er war reich, gutaussehend und berühmt; es sprach also einiges für ihn. Und gebildet war er vermutlich auch. Ein Mann von Welt, habe ich recht?«

»Absolut.«

Catherine nickte. »Ich glaube, Vivienne hat recht. Wegen einer Frau hätte er sich bestimmt nicht das Leben genommen. Dafür war er zu lebenserfahren. Außerdem hätte er doch jede Frau haben können, die er wollte.«

»Wohl wahr. Frauen waren von ihm völlig verzaubert. Ich persönlich bin mit ihm nicht klargekommen, aber eins muß der Neid ihm lassen: Auf Frauen hat Sebastian tatsächlich eine geradezu magnetische Anziehungskraft ausgeübt. Da gab es kein Halten mehr. Sie taten alles, um ihn kennenzulernen. Lagen ihm zu Füßen. Dabei hat er sie keineswegs ermutigt. Er war Frauen gegenüber eher abweisend. Aber er hatte eben das gewisse Etwas. Präsenz. Charisma. Ausstrahlungskraft. Sex-Appeal. Und einen fatalen Charme. Wirklich, einen geradezu tödlichen Charme. Und unberechenbar war er auch. In manchen Dingen sogar leicht verrückt.«

»Verrückt, lasterhaft und eine Gefahr für jeden, der ihn kennt«, meinte Catherine nachdenklich.

»Das bringt es auf den Punkt. Du findest immer genau die richtigen Worte, mein Schatz.«

»Das sind gar nicht *meine* Worte, Jack. Das hat eine andere Frau gesagt, lange bevor ich überhaupt auf der Welt war. Genauer gesagt im frühen neunzehnten Jahrhundert.«

»Wer denn?«

»Lady Caroline Lamb. Sie hat diese Worte nach ihrer ersten Begegnung mit dem Dichter Lord Byron in ihr Tagebuch notiert. Sie hat damit natürlich gemeint, daß Byron *emotional* gefährlich war. Als sie es schrieb, war er in der Londoner Gesellschaft bereits eine Legende. Er war schon sehr früh mit der Veröffentlichung seines Versepos *Childe Harold* bekannt geworden. 1812 war das. Die Frauen setzten alles daran, ihn kennenzulernen, stritten sich seinetwegen. Obwohl er eher der Gejagte als Jäger war. Lady Caroline Lamb hat die Wendung später mit dem Zusatz vervollständigt: ›Dies schöne Antlitz ist mein Schicksal.‹ Als sie Byron kennenlernte, eilte ihm in der Londoner Gesellschaft ein gewisser Ruf voraus. Der Ruf, ein gefährlicher, unwiderstehlicher Mann zu sein. Dabei hatten natürlich Gerüchte und wilde Phantasien eine Rolle gespielt. Sie können äußerst stimulierend wirken.«

»Verrückt, lasterhaft und eine Gefahr für jeden, der ihn kennt«, wiederholte ich. »Doch, das trifft auf Sebastian zu. Haargenau.«

»Und von seiner jüngsten Eroberung hat niemand etwas gewußt?« fragte Catherine.

»Ich glaube nicht. Ich jedenfalls nicht. Genausowenig wie Luciana. Sonst hätte sie es mir erzählt. Wirklich seltsam, daß er es geheimhielt.«

Catherine nickte wortlos.

Für kurze Zeit schwiegen wir beide.

»Glaubst du, daß es gute und schädliche Gene gibt?« fragte ich schließlich.

»Ich weiß nicht.« Catherine hob die Augenbrauen. »Worauf willst du hinaus?«

»Könnte es eine *genetisch* bedingte Neigung zum Selbstmord geben?«

»Das weiß ich einfach nicht. Warum fragst du?«

»Sebastian hatte eine Halbschwester, Glenda. Sie nahm sich vor ein paar Jahren das Leben. Und sein Halbbruder Malcolm ebenfalls. Zumindest sehe ich es so. Er starb bei einem Bootsunglück auf dem Comer See. Angeblich war es ein Unglücksfall. Ich bin mir aber ganz sicher, daß es keiner war. Und dann hat es da eine zweite Halbschwester gegeben, Tante Fiona, die drogenabhängig wurde. Sie ist von der Bildfläche verschwunden. Schon vor Jahren. Vielleicht lebt sie ja noch. Sehr wahrscheinlich ist das allerdings nicht. Also – liegt hier eine erbliche Belastung vor?«

»Darauf weiß ich einfach keine Antwort, Jack. Aber wie furchtbar, das ist wirklich tragisch.«

»Ja. Ich bin der letzte. Der letzte Mohikaner.«

Sie hob erneut eine Braue. Ihr Gesicht nahm einen fragenden Ausdruck an.

Ich grinste. »Ich bin der letzte männliche Sproß der Dynastie. Es sei denn, ich habe irgendwann einen Sohn. Was unwahrscheinlich ist. Und Luciana wird sicher nie Kinder bekommen.«

Catherine machte einen nachdenklichen Eindruck. »Findest du das nicht traurig, Jack?« fragte sie.

»Was?«

»Daß du das letzte Glied einer großen amerikanischen Familie bist.«

»Eigentlich nicht. Und in meinen Augen ist auch keiner von meinen Vorfahren ›groß‹ gewesen. Cyrus und Sebastian am allerwenigsten.«

»Weshalb *haßt* du sie eigentlich so sehr?«

»Tue ich das?«

»Es hat jedenfalls immer so geklungen, wenn du sie erwähnt hast. Das war in all den Monaten, die ich dich kenne, nie anders.«

»Sebastian ist für mich nie ein Vater gewesen. Dazu war er einfach nicht fähig. Er war unfähig, mich zu lieben. Oder irgendwen sonst«, erwiderte ich und fand meine Stimme auf einmal erschreckend schrill.

»*Vivienne* hat er geliebt – das hat sie immer gesagt.«

»Das redet sie sich ein, weil sie es glauben *möchte!* Aber das stimmt nicht. Er war nett zu ihr. Netter als zu seinen anderen Ehefrauen. Aber geliebt hat er sie nicht. Dazu war er gar nicht imstande. Klar, er hat Lippenbekenntnisse abgelegt. Mehr war das aber auch nicht. Glaub mir.«

»Und warum konnte Sebastian niemanden lieben?«

»Woher, zum Teufel, soll denn ich das wissen!« Ich nahm einen großen Schluck Wein und ließ mich im Sessel zurückfallen. »Ein genetischer Defekt?«

Sie überhörte meine Frage und stellte eine Gegenfrage. »Was hat dein Vater für eine Kindheit gehabt?«

»Weiß der Himmel. Eine furchtbare wahrscheinlich. Seine Mutter ist bei der Geburt gestorben. Aufgezogen hat ihn Cyrus. Und eine Nanny. Dann hat Cyrus wieder geheiratet. Mein Vater hat mir einmal erzählt, daß seine Stiefmutter und seine Nanny beide sehr harte Frauen gewesen seien.«

»Das könnte zu einer Dissoziation geführt haben«, murmelte Catherine mehr für sich selbst.

»Was bedeutet das?« Mein Interesse war geweckt. Ich beugte mich über den Tisch vor.

»Es ist ein Begriff aus der Psychiatrie. Ich will versuchen, dir die Sache so einfach wie möglich zu erklären. So, wie sie mir selber mal erklärt worden ist. Ein Kind, das keine Liebe bekommt, das nach der Geburt und in den ersten Lebensjahren nicht umsorgt wird, so ein Kind kann in der Regel keine sozialen Kontakte zu anderen Menschen herstellen. Das Kind kann niemanden lieben, weil es selbst nicht geliebt worden ist. Es weiß überhaupt nicht, wie es jemand lieben könnte. Wenn du eine detaillierte medizinische Definition hören willst, müßtest du dich an einen Psychiater wenden. In meinen Augen könnte hierin jedenfalls eine plausible Erklärung für das Verhalten deines Vaters liegen, für seine Unfähigkeit zu lieben – wenn das bei ihm wirklich der Fall gewesen sein sollte.«

»War es. Das kannst du mir glauben«, erwiderte ich.

16

Catherine und ich lagen im Himmelbett, jeder mit einem Glas Cognac in der Hand.

Ich genoß diese Nähe, diese Vertrautheit.

Die Lampen hatte ich vor einiger Zeit ausgeknipst. Nur das Feuer im Kamin sorgte für etwas Helligkeit. Es erfüllte das ganze Zimmer mit seinem warmen Licht. Von Zeit zu Zeit war das Knacken der Scheite zu hören; sonst war es völlig still – bis auf das leise Ticken der Uhr auf dem Kaminsims. Es war ungeheuer friedvoll.

Ich war vollkommen entspannt. Im Einklang mit mir selbst, wie sooft, wenn ich mit Catherine allein war. Ich war froh, sie gefunden zu haben. Glücklich, daß sie hier auf dem Château bei mir war.

Sie hatte schon einmal mit einem Mann zusammengelebt. Vor vielen Jahren. Sie hatte mir von ihm erzählt. Zwischen den beiden hatte es nicht geklappt. Die Trennung war letzten Endes unvermeidlich gewesen. Als wir uns in Paris kennenlernten, gab es in ihrem Leben niemanden, der ihr wichtig war. Ein Glück für mich. Wir paßten gut zusammen. Mir gefiel ihre Klugheit. Ihre Art zu denken faszinierte mich. Ich konnte dumme Frauen nicht ausstehen. Ich hatte etliche von der Sorte gekannt. Zu viele.

Ich schloß die Augen. Ließ mich treiben. Dachte nach. Hauptsächlich über Catherine. Sie schien nie unter Druck zu stehen. Oder Druck auszuüben. Sie ließ mich einfach ich selbst sein. Einfach Jack. Für sie war ich einfach ihr Freund. Ihr Geliebter. In Catherines Augen war ich nicht der Sohn des berühmten Sebastian Locke. Nicht John Lyon Locke, der letzte männliche Nachfahre einer bedeutenden Familie Amerikas, Chef von *Locke Industries*, Chef der Locke-Stiftung. Dieser Aspekt meiner Person interessierte sie gar nicht. Sie hatte mich nie so gesehen.

Catherine war oft dabei, wenn ich mit dem Vorsitzenden von *Locke Industries* telefonierte. Und mit anderen, die den Konzern stellvertretend für mich managten. Wie sie es schon für meinen Vater getan hatten. Manchmal sprach ich in ihrer Gegenwart auch mit meinen Assistenten bei der Locke-Stiftung. Sie schenkte meinen Telefongesprächen jedoch nur wenig Aufmerksamkeit. So, wie sie auch für meine übrigen geschäftlichen Aktivitäten keine Neugier empfand.

Dafür liebte sie das Château und die Winzerei, worüber ich mich sehr freute. Ich hatte begonnen, Catherine in meine

Arbeit auf dem Weingut einzubeziehen. Sie hörte mir bei diesem Thema stets aufmerksam zu. Sie verstand meine Liebe zum Land. Zu meinem Land, meinen Weinbergen.

Ein weiterer Charakterzug von ihr war, daß mein Reichtum ihr nichts bedeutete. Geld verachtete Catherine offenbar genauso wie mein Vater. Materielle Dinge waren ihr völlig egal. Das störte mich keineswegs. Abgesehen davon, daß ich Catherine gern verwöhnt hätte, ihr gerne ab und zu etwas geschenkt hätte. Es fiel ihr aber schwer, von mir Geschenke anzunehmen. Außer wenn es ein Buch war. Oder etwas anderes, das nicht viel kostete.

Sie unterbrach meine Gedanken, als sie sanft meine Schulter berührte und leise fragte: »Schläfst du, Jack?«

»Nein. Ich döse nur. Ein wenig zumindest.«

»Mir ist gerade etwas in den Sinn gekommen.«

»Was denn?«

»Ist diese geheimnisvolle Frau im Leben deines Vaters bei seiner Beerdigung aufgetaucht?«

»Nein.«

»Ich frage mich, warum. Findest du das nicht auch seltsam?«

»Eigentlich nicht«, antwortete ich. »Es war keine große Beerdigung. Sie fand im engsten Familienkreis statt. In Cornwall, Connecticut. Streng privat. Es waren nur Verwandte zugelassen. Und Leute, die ihm sehr nahegestanden hatten.«

»Ach so. Ich will dir aber mal was sagen. Wenn ich einen Mann liebe und ihn heiraten will, und dieser Mann stirbt dann ganz unerwartet, würde ich mit seinen Verwandten sofort Kontakt aufnehmen«, rief sie. »Auch wenn ich ihnen noch nicht vorgestellt worden wäre. Selbst wenn sie nichts von meiner Existenz wüßten. Ich würde einfach bei ihnen sein wollen, um meine Trauer mit ihnen zu teilen! Ich würde mit Sicherheit an seiner Beerdigung teilnehmen wollen.« Catherine schwieg und biß sich auf die Lippe. »Überleg doch mal – die Sache ist wirklich komisch. Ich meine, daß sie sich mit dir oder Luciana nicht in Verbindung gesetzt hat. Und sei es nur, um ihr Mitgefühl zu bekunden. Um euch ihr Beileid auszusprechen.«

»Hat sie aber nicht«, sagte ich. »Obwohl es schon möglich wäre, daß sie am Gedenkgottesdienst für Sebastian teilgenommen hat. Mit Hunderten von anderen Menschen. Er wurde in der Kirche *St. John the Divine* in Manhattan gehalten. Da er groß angekündigt worden war, wußte die ganze Öffentlichkeit davon. Gott und die Welt waren da.«

Catherine seufzte. »Und weil du ihr nie begegnet bist, hättest du auch nicht gewußt, ob sie anwesend war oder nicht.«

»Genau.«

»Darf ich dich noch etwas fragen? Etwas Persönliches?«

»Schieß los.«

»Hatte dein Vater sein Testament geändert?«

»Nein. Wieso fragst du?«

»Nur so. Selbstmörder bringen ihre Angelegenheiten oft vorher in Ordnung.«

»Seine Angelegenheiten *waren* in Ordnung, Catherine. Schon seit Jahren. So war er nun mal. Effizient durch und durch, unser guter Sebastian.«

»Und er hat auch keiner Frau etwas vermacht, von der du nie gehört hattest?«

»Nein. Er hatte sein Testament vor drei Jahren gemacht und daran seither keinerlei Änderungen mehr vorgenommen. *Falls* er irgendeiner mir unbekannten Person etwas vermacht hätte, dann hätte ich bestimmt alles getan, etwas über sie herauszufinden.«

»Ja, natürlich hättest du das, Liebling. Ich weiß, ich stelle lauter dumme Fragen. Ich kann manchmal ein richtiger Trottel sein. Oje.«

Sie schwieg.

Ich ebenfalls.

Sie bewegte den Kopf. Der Schimmer des Feuers tanzte auf ihrem langen Haar und verwandelte es in ein glitzerndes Flammenmeer, welches das blasse Gesicht umrahmte. Sie bewegte sich erneut, drehte den Kopf zur anderen Seite, so daß ihr langer weißer Hals sichtbar wurde. Catherine hatte den Hals eines Schwans – einen Hals, wie ihn Antoinette Delaney gehabt hatte.

»Du hast mich schon oft an jemand erinnert«, sprudelte es plötzlich aus mir heraus. »An meine Herzensdame. Aber die Ähnlichkeit war noch nie so verblüffend wie heute abend, Catherine. Es ist direkt unheimlich.«

»Deine Herzensdame? Und wer ist das?« Sie fragte es leise, aber ich sah die Anspannung in ihrem Gesicht.

»Sie hieß Antoinette Delaney. Sie war Viviennes Mutter. Ich habe sie geliebt – vom ersten Augenblick an, als sie in mein Leben trat. Ich war damals sechs Jahre alt. Sie ist für mich wie eine Mutter gewesen. Freundlich, warmherzig, voller Liebe.«

»Und ich erinnere dich an sie?« fragte sie. Es klang, als könne sie es gar nicht fassen. »Bin ich etwa mütterlich?«

Ich mußte laut lachen. »Sie war eine ungewöhnlich schöne Frau. Wie du. Du bist derselbe Typ – rotes Haar, helle Haut, grüne Augen. Sie war auch so groß wie du. Genauso geschmeidig und anmutig.«

Catherine lächelte.

»Ich habe es dir bisher nicht gesagt«, fuhr ich fort, »aber ich habe im Alter von zwei Jahren meine Mutter verloren. Sie ist an Knochenmark-Krebs gestorben. Zwei Jahre später hat Sebastian dann Christa geheiratet. Luciana stammt aus dieser Ehe. Aber Christa war eine Alkoholikerin. Sebastian hat sie in eine Klinik eingeliefert. Sie ist nie zu uns zurückgekehrt. Er wollte sie nicht in unserer Umgebung haben. Oder irgendwo in seiner Nähe. Ich glaube, er hat sie verachtet.«

»Antoinette war also eine Freundin deines Vaters? Oder ist sie seine Geliebte gewesen?«

»Seine Geliebte. Wir sind sechs Jahre lang zusammengewesen. Wir alle, die ganze Familie. In Connecticut und hier im Château. Es war eine wundervolle Zeit. Ich verdanke Antoinette alles, was aus mir geworden ist. Was es Gutes an mir gibt, kommt von ihr. Von ihrem Einfluß. Und ihrer Zuneigung.«

»Ist das lieb gesagt. Wie rührend. Sie muß wirklich eine sehr ungewöhnliche Frau gewesen sein. Kein Wunder, daß du sie deine Herzensdame nennst. Aber wieso ist sie nur sechs Jahre lang bei euch geblieben?«

»Weil sie starb.«

»Ach Jack, das tut mir leid. Wie tragisch. Sie kann doch nicht sehr alt gewesen sein. Woran ist sie gestorben?«

»Es war ein Unfall. Jedenfalls haben alle behauptet, daß es ein Unfall gewesen ist. Sie ist auf Sebastians Bauernhof die Treppe hinuntergefallen. War sofort tot. Genickbruch.«

»*Jedenfalls haben alle behauptet, daß es ein Unfall war* – wieso sagst du das in diesem merkwürdigen Ton? Als ob du selber davon nicht überzeugt wärst?«

Ich gab keine Antwort. Ich schaute weg.

»Glaubst du, sie ist ermordet worden?«

»Ich habe nie gewußt, was ich denken sollte«, erwiderte ich schließlich, indem ich mich Catherine wieder zuwandte. »Es kommt mir nur merkwürdig vor, daß sie in den Keller wollte. Am frühen Morgen. Aber falls sie gestoßen wurde – wer könnte es getan haben? Wer hätte überhaupt ihren Tod wünschen können? Sebastian war zu der Zeit in Manhattan. Geschäftlich. Aldred? Aldred ist der Gutsverwalter. Er war auf der Farm. Luciana und ich waren ebenfalls da. Und Lucianas Nanny. Und die Haushälterin. Gegen sieben Uhr kam Sebastian aus New York zurück. Er sei früher zurückgekehrt, sagte er, um mit Antoinette auszureiten. Das ist mir später immer etwas seltsam vorgekommen.«

»Willst du damit andeuten, daß er sie gestoßen hat?«

»Ich weiß nicht.« Diesen Verdacht hatte ich bisher noch

niemandem gegenüber geäußert. Ich holte tief Luft. Dann gab ich mir einen Ruck. »Hätte immerhin sein können«, murmelte ich.

»Aber warum denn?«

»Das weiß ich nicht.«

Catherine schüttelte bedächtig den Kopf. »Das weckt ja Erinnerungen an Amy Robsart.«

»Wer ist Amy Robsart?« wollte ich wissen.

»Sie war die Frau von Lord Robert Dudley, Am 8. September im Jahre des Herrn 1556 fand man ihre Leiche am Fuß der Treppe in Cumnor Hall, wo sie damals gelebt hatte. Ihr Tod hat seinerzeit für große Aufregung gesorgt und wurde so etwas wie ein *cause célèbre*. Ganz England wurde durch den Fall aufgeschreckt. Robert Dudley war nämlich der engste Freund von Königin Elisabeth I. Sie waren seit Kindertagen miteinander befreundet. Er war ihr liebster und teuerster Begleiter. Hielt sich nie außerhalb ihrer Reichweite auf. Nachdem sie Königin von England geworden war, überhäufte sie ihn mit Ehren. Er hatte eine hohe Stellung am Hof, war ihr Oberstallmeister...«

»Und Gerüchten zufolge auch ihr Liebhaber, wenn meine Kenntnisse der englischen Geschichte mich nicht täuschen«, fuhr ich fort.

Catherine nickte. »So ist es. Amys Tod war ein Rätsel. Gewisse Leute haben Robert Dudley der Tat beschuldigt. Für eine Weile wurde sogar die Königin verdächtigt. Da Dudley sich zum fraglichen Zeitpunkt am Hof aufhielt, konnte er Amy jedoch nicht persönlich die Treppe hinuntergestoßen haben.«

»Er hätte allerdings auch jemand dazu anstiften können... Willst du darauf hinaus?«

»Mehr oder weniger. Der Einsatz war hoch genug.«

»Inwiefern?«

»Durch den Tod seiner Frau war Robert Dudley ein freier Mann geworden... frei, Königin Elisabeth zu heiraten.«

»Wäre das überhaupt möglich gewesen?«

»Der Verfassung nach schon. Und geliebt hat sie ihn ja. Und er sie auch. Aber Elisabeth Tudor wollte niemand heiraten. Im Grunde ihres Herzens nicht. Sie wollte die Macht nicht teilen müssen. Im übrigen glaube ich persönlich nicht, daß er etwas mit dem Tode seiner Frau zu tun hatte. Genausowenig wie die Königin. Sie war viel zu klug, um sich auf so etwas einzulassen. Wie du weißt, habe ich in Englischer Geschichte promoviert. Du hast aber nicht gewußt, daß ich auf die Tudorzeit spezialisiert war. Auf dem Gebiet kenne ich mich wirklich aus. Ich habe sogar etwas über dieses Thema geschrieben. Und nach meiner Überzeugung hat Amy Robsart Dudley Selbstmord begangen.«

»Wegen der Beziehung ihres Mannes mit der Königin?«

»Nein. Man weiß, daß Amy Brustkrebs hatte. Sie war krank – das kann leicht zu Depressionen führen, und nach Abwägen aller Indizien bin ich überzeugt, daß genau das hier der Fall war. Sie hat sich die Treppe hinuntergestürzt.«

»Antoinette war nicht krank«, dachte ich laut. »Das wäre bei ihrer Autopsie festgestellt worden. Ich nehme also an, daß *ihr* Tod auf einen Unfall zurückzuführen ist.«

»Das denke ich auch. Ich habe deinen Vater persönlich ja nicht gekannt, aber ich bezweifle doch sehr, daß er so ein Verbrechen begangen haben könnte. Oder jemand damit beauftragt hätte. Warum sollte er? Was für ein Motiv hätte er denn gehabt? Er war nicht mit Antoinette verheiratet. Wenn er sie hätte verlassen wollen, wäre dem nichts im Wege gestanden. Er hätte sie einfach sitzenlassen können. Dazu wäre kein Mord notwendig gewesen.«

»Da hast du wohl recht.«

Catherine rückte näher, legte mir die Arme um den Hals und zog mich an sich. »Du solltest dich nicht von solchen Gedanken beunruhigen lassen – wie du es wohl seit vielen Jahren getan hast.«

»Von Zeit zu Zeit schon«, gab ich zu.

Bald darauf verließ Catherine das Bett und ging ins Bad.

Ich blieb liegen und dachte an meinen Vater. Wenn sie ihn doch bloß nicht erwähnt hätte, dachte ich. Nicht an diesem Abend. Nicht jetzt. Eine halben Tag lang hatten wir uns nun schon über ihn unterhalten. Seit Viviennes Anruf am Morgen.

Ich stieß einen Seufzer aus. Ich hatte von der ganzen Geschichte die Nase voll. Und ich war erleichtert, daß Vivienne gegen Ende der Woche nach New York fuhr. Wenn sie erst mal damit beschäftigt war, andere Leute über Sebastian Locke auszuhorchen, würde sie mich jedenfalls in Ruhe lassen. Vivienne ging mir wirklich manchmal auf die Nerven.

Catherine schwebte zurück, kam wieder ins Bett, schmiegte sich an mich und gab mir einen Kuß auf die Wange.

»Den willst du doch eigentlich gar nicht, stimmt's?« sagte sie, nahm mir das Cognacglas aus der Hand und stellte es auf den Nachttisch.

»Also...«, hob ich an, doch sie unterbrach meinen Einspruch mit ihren Lippen.

Sie begann mich zu küssen – zunächst ganz leicht, dann wurden die Küsse jedoch heiß und leidenschaftlich, bis sie mir die Zunge zwischen die Lippen schob und ich ihr Drängen heftig erwiderte. Ich umschlang sie mit den Armen und zog sie auf mich.

Wir blieben ein Weilchen ineinander verschlungen, bis ich mich von ihr löste, eine ihrer Brüste mit der Hand umfaßte und den Nippel mit meinem Mund umschloß. Ich hörte ihr leises, kehliges Stöhnen, als ich ihre Brust küßte.

Schließlich machte Catherine sich los. Sie fuhr mir mit ihrem Mund über die Brust bis hinunter zum Bauch. Dann glitt sie ans Bettende. Sie beugte sich über mich, strich mir über den ganzen Körper. Streichelte meine empfindlichsten Zonen. Ich hörte mich selber aufstöhnen, als sie mich liebte.

Sie war eine gewandte Liebhaberin. Einfallsreicher als alle anderen Frauen, die ich gekannt hatte. Gedankenloses Fikken war ihre Sache nicht. Gott sei Dank.

Ihre langen Haare strichen über meine Oberschenkel. Und dann fand mich plötzlich ihr Mund, fing mich kreisend ein. Ich schloß die Augen. Ihre weiche Wärme umfing mich – wenn sie das tat, wurde ich gewöhnlich in Sekundenschnelle ein potenter Liebhaber. In dieser Nacht aber tat sich gar nichts. Ich blieb schlaff.

Das Vorspiel zog sich allzulang hin. Dessen wurde ich mir bald bewußt. Sie verlor den Elan. Aus Enttäuschung und Zorn über mich selbst machte ich ihren Bemühungen ein Ende und schob sie behutsam weg.

Catherine fuhr entsetzt auf. Sie starrte mich sprachlos an.

»Bin gleich wieder da«, murmelte ich und taumelte zum Badezimmer.

Ich schloß die Tür hinter mir und lehnte mich gegen die Wand.

Ich atmete schwer. Ich verspürte das alte, vertraute Gefühl von Übelkeit. Für einen Moment fürchtete ich, daß ich mich übergeben müßte. Den Cognac erbrechen würde. Mir war schwindlig und speiübel, aber ich versuchte auf den Beinen zu bleiben. Ich hielt mich in dem verdunkelten Badezimmer am Türgriff fest, und langsam ließ die Übelkeit nach.

Ich war impotent. *Wieder* impotent. Bei Catherine war mir das erst zweimal passiert. Gleich am Anfang unserer Beziehung. Seither nie mehr. Ich hatte schon geglaubt, von diesem Problem kuriert zu sein. Anscheinend doch nicht. »*Merde*«, flüsterte ich. Ich kniff die Augen zusammen. »*Merde*«, stieß ich noch einmal mit Nachdruck hervor.

Allmählich ließ die Panik nach. Ich wurde ruhiger, machte Licht, ging durchs Badezimmer, klatschte mir kaltes Wasser ins Gesicht, trocknete mich ab und betrachtete mich im Spiegel.

Das Gesicht, das mir aus dem Spiegel entgegenblickte, war nicht Jack. Es war eine blasse Imitation von Sebastian. Ich sah ihm sehr ähnlich. Es war nicht zu übersehen, daß ich sein Sohn war. Doch bei mir waren seine Gesichtszüge weniger markant ausgeprägt. Sie waren weniger scharf gezeichnet, nicht so herausgemeißelt, wie es bei ihm der Fall gewesen war. Gewiß, auch ich hatte blaue Augen. Aber was bei ihm ein strahlendes Blau gewesen war, wirkte bei mir wäßrig. Bei ihm hatten sie sich immer strahlend aus seinem sonnengebräunten Gesicht abgehoben. Meine Haut dagegen war blaß, ich sah stets erschöpft aus. Er hatte dunkles, lockiges Haar gehabt. Dunkel war meines auch – aber strähnig. Ich war kein bißchen schneidig und dynamisch – wie er es gewesen war. So, wie ich auch nichts von seinem einzigartigen, unwiderstehlichen Sex-Appeal geerbt hatte.

Wetten, daß *er* nie impotent war, dachte ich, während ich mich mit einer gewissen Verachtung im Spiegel musterte. Wetten, daß *er* permanent eine Erektion hatte.

Ich wollte keine blasse Kopie dieses Übermenschen sein. Ich fand es widerlich, sein Sohn zu sein. Ich haßte ihn. Ich haßte die Erinnerung an ihn.

Nachdem ich ein Glas kaltes Wasser getrunken hatte, riß ich mich zusammen und schluckte den Ärger hinunter. Ganz tief in mich hinein. Bis er wieder verschüttet war. Ich fand meine Selbstbeherrschung wieder, stieß die Tür auf und ging langsam zurück ins Schlafzimmer.

Catherine hatte sich den Morgenmantel übergezogen. Sie kauerte vor dem Kamin und blickte unbeweglich in die Flammen. Nachdenklich. Wie verloren. Ich nahm meinen seidenen Morgenmantel vom Bettende und schlüpfte hinein. Trat neben sie ans Feuer. Ließ mich auf dem Läufer neben ihr nieder.

»Entschuldige«, sagte ich leise und nahm ihre Hand. »Der viele Wein. Und danach zuviel Cognac.«

Sie blieb still. Sie hob nur den Kopf und sah mich an.

»Entschuldige«, sagte ich noch einmal.

»Schon in Ordnung, Jack. *Wirklich*«, murmelte sie in ihrem sanftesten Ton und schenkte mir ein Lächeln – im selben Moment war der Ausdruck von Besorgnis aus ihren Augen verschwunden. Sie hob nur mit einem leichten Achselzucken die Schultern und fuhr fort: »Wir werden noch viele Nächte zusammensein, Hunderte von Nächten... hoffentlich. Das werden wir doch, nicht wahr, Jack?«

»Ja. Ich werde nicht mehr so viel trinken. Es wird nicht wieder vorkommen«, versprach ich. Und fragte mich sofort, ob ich so ein Versprechen überhaupt würde halten können.

Sie beugte sich vor, gab mir einen Kuß und streichelte mein Gesicht. »Schau doch nicht so verstört. Kein Grund zur Besorgnis. Es ist doch gar nicht wichtig.«

Doch, dachte ich, für mich schon. Und sagte: »Du bist eine schöne Frau, Catherine, eine sehr begehrenswerte Frau...«

Catherine lehnte sich zurück und schaute mir in die Augen. Dann küßte sie mich. Ich erwiderte den Kuß. Als wir auseinandergingen, fuhr sie mir mit einem Finger über die Lippen, zog die Konturen meiner Lippen nach. Anschließend legte sie ihren Kopf in meinen Schoß und sah mich unverwandt an.

Ihr Blick ließ mich nicht mehr los. Ich hielt ihm stand. Fragte mich, was wohl hinter dem wunderschönen Gesicht vorging.

Nach einer Weile sagte sie: »Du bedeutest mir sehr viel, Jack. Du hast mir in den vergangenen zwei, drei Monaten so viel gegeben. Liebe, Wärme, Verständnis, Zärtlichkeit und Leidenschaft. Du darfst nie vergessen, wie sehr ich dich liebe«, fuhr sie mit leiser, eindringlicher Stimme fort. »Du mußt wissen, daß ich dich liebe.«

»Ja.« Mehr wagte ich darauf nicht zu entgegnen.

Ich bemerkte das leichte Lächeln, das um ihre Lippen

spielte, als sie beide Arme nach mir ausstreckte. Sie legte sie mir um den Hals und zog mich an sich. Ich gab ihr rasch einen Kuß und entwand mich ihrer Umarmung. Ich hatte Angst. Angst, sie wieder zu enttäuschen. Ich legte mich neben sie, auf einen Ellbogen gestützt, und betrachtete wie gebannt von neuem ihr Gesicht.

Ich flüsterte: »Was ist, Catherine? Du siehst aus, als hättest du ein Geheimnis.«

»Ich habe aber keins.«

»Du lächelst irgendwie geheimnisvoll.«

»Nicht geheimnisvoll. Nur zufrieden.«

»Und warum bist du zufrieden?«

»Weil ich dich habe. Weil ich bei dir bin. Weil du der beste Liebhaber bist, den ich je hatte. Ach Jack, mein Schatz –« Sie brach mitten im Satz ab und seufzte tief. »So wohl habe ich mich noch nie gefühlt. So gut wie bei dir habe ich es noch nie gehabt. Nie, nie. Bei keinem anderen Mann. Du erregst mich. Ich will dich. Ich will, daß du mich liebst. *Jetzt!*«

»Ach, Catherine... Darling...«

»Liebe mich, Jack. *Bitte!*«

»Catherine, ich weiß nicht...«

»Hab keine Angst«, flüsterte sie und legte ihren Morgenmantel ab, wobei sie sich mit einem Lächeln aufrichtete.

Im Schein des Kaminfeuers kam sie mir ätherischer vor denn je. Ihr Haar war ein glänzendes Kupfermeer, das rot und golden aufglänzte. Es fiel schwer auf die ebenen, weißen Schultern herab.

»Komm zu mir, Jack«, sagte sie und breitete die Arme aus. »Nimm mich hin. Mach mich wieder dein. Ich möchte mich dir schenken. Ich sehne mich nach dir. Nur nach dir, Jack.«

Ich spürte die Erregung in mir steigen. Als sie sprach, begann das Verlangen in mir zu pulsieren. Ich schüttelte den Morgenmantel ab und sank ihr fast in die Arme. Ich verdrängte die Angst, sie zu enttäuschen. Ich würde sie nehmen. Sie lieben, wie ich sie noch nie geliebt hatte. Wie ich überhaupt noch nie eine Frau geliebt hatte.

Ich lag auf ihrem langen, geschmeidigen Leib, schmiegte mich eng an sie. Ich küßte ihren Hals, ihre Brüste. Ich vergrub meine bebenden Hände in einer Wolke von rotem Haar.

Und während ich sie weiterhin auf Hals, Schultern und Gesicht küßte, begann sie mir Worte zuzuflüstern, erregende, erotische Worte, die mich antrieben, mich mit Begierde erfüllten.

Es dauerte nicht lang, bis ich völlig entbrannt war. Ich vermochte rasch in sie einzudringen. Catherine klammerte sich an mich. Ihre Finger preßten sich in meine Schulterblätter. Sie bog ihre langen Beine um meinen Rücken und schloß ihre Knöchel zusammen. Ich schob die Hände unter ihre Pobacken. Zog Catherine näher an mich heran. Schließlich war ich wahrhaft mit ihr vereint.

Ich vergaß alles. Alle. Ich konnte nur mehr an Catherine denken.

17

»Ich kann verstehen, daß du nie mehr von hier wegwillst«, sagte Catherine, die sich bei mir unterhakte, während sie auf die Landschaft hinausblickte. »Hier ist es umwerfend schön. Wirklich atemberaubend. Zauberhaft.«

»Ja, da hast du recht«, stimmte ich zu. Ich freute mich über ihre Worte. Sie hatten meine eigenen Gefühle ausgedrückt und genau getroffen, was ich für den Besitz empfand.

Wir standen auf einer Hügelkuppe, auf der höchsten Erhebung meines Besitzes, oberhalb der Weinberge, die sich über die Hänge erstreckten und fast unmittelbar vor den

Schloßgärten endeten. Zur Rechten des Châteaus lagen Wälder, ganz zur Linken die Äcker und der zum Château gehörende Bauernhof – die *Home Farm*, wie wir ihn nannten. Gleich dahinter war die Weinkellerei, eine dichte Ansammlung von Gebäuden mit riesigen unterirdischen Gewölben; dort wurden die Reben gekeltert.

Ich ließ meinen Blick schweifen.

Ich sah das Panorama mit Catherines Augen, und es *war* zauberhaft. Der Himmel leuchtete in einem reinen, hellen Blau. Er war absolut klar, ohne Makel, wolkenlos. Es war ein strahlender, sonnenerfüllter Nachmittag. Fast warm. Kaum ein Lüftchen regte sich. Wir hatten erst Mitte März, aber hier in der Provence war bereits der Frühling angebrochen.

Das Land hatte sich in den letzten Tagen und Wochen verändert. Ich hatte die Verwandlung bemerkt: Auf den Rasenflächen sproß frisches Gras. Die Bäume hatten zartgrüne Triebe, und auf den vielen Rabatten wuchsen Frühlingsblumen, so daß die Gärten einen fröhlichen, bunten Saum hatten. Sie bildeten lebhafte Farbkleckse auf dem dunklen Hintergrund des Bodens.

Ich atmete tief ein – welch saubere, reine, wohltuende Luft!

Ich wandte mich Catherine zu. »Ich hatte versprochen, dir die Weinberge zu zeigen. Schon vor Wochen. Also komm – gehen wir. Ich glaube, allmählich gibt es tatsächlich etwas zu sehen.«

Ich nahm sie bei der Hand und führte sie über den schmalen Pfad den Hang hinunter.

»Schau!« rief ich plötzlich ganz aufgeregt und bückte mich, um möglichst dicht an die Reben heranzukommen. »Die ersten Knospen! Da! Und da!« Ich deutete mit dem Finger darauf.

Catherine ging in die Hocke, um sie sich anzuschauen, und bemerkte mit einem Ausdruck des Erstaunens: »Aber die sind ja winzig, Jack! Ich kann gar nicht glauben, daß daraus einmal Trauben werden!«

»Tun sie aber.«

»Wie ist denn das möglich? Von Weinanbau verstehe ich leider absolut nichts. Bitte, erklär's mir.

»Ich will es mal versuchen. Da muß ich dir zuerst einmal etwas über den Kreislauf des Wachstums erzählen. Er beginnt mit der Winterruhe. Im Februar und März steigt der Saft empor. Und das da –« Ich brach ab, um auf eine Knospe zu deuten. »Das winzige Ding dort bezeichnen wir als Frühlingsknospe. Im April brechen dann die Knospen auf. Ein paar Wochen später treiben die Rebstöcke Blätter, die sich bis Mai langsam öffnen und ganz entfalten. Mit dem Juni beginnt die Rebblüte, und später verwandeln sich diese Blüten in ganz winzige Trauben. Im späten August und frühen September werden sie allmählich reif, und im Oktober können die Trauben geerntet werden. Im November verlieren die Reben ihr Laub. Der Kreislauf beginnt von neuem. Die Winterruhe setzt ein, und so weiter.«

»Das klingt alles so einfach«, meinte Catherine und sah mich an. »So simpel kann es doch wohl nicht sein – hab' ich recht?«

»Nein. Natürlich ist alles viel komplizierter. Das gilt besonders für die Pflege der Reben. Ihren Schutz während der Wintermonate. Eigentlich während des ganzen Jahres. Ich habe alles nur vereinfacht, damit du eine klare Vorstellung davon gewinnst.«

»Danke.« Catherine lächelte mich an. »Und geerntet werden die Reben dann wohl, wenn sie reif sind.«

»Dann kommen die *vendangeurs* zur Weinlese. Und die *porteurs* tragen die gepflückten Reben in den *bénatons* fort – das sind die großen Kiepen, die du sicherlich schon mal gesehen hast. Sie werden ans Ende jeder Rebenreihe getragen und von dort zur Weinkellerei transportiert. In den Kellern werden die Trauben fürs Keltern vorbereitet.«

»Werden die Trauben von Hand geerntet?«

»O ja. Olivier und ich ziehen das der maschinellen Ernte vor, die sich in einigen Teilen Frankreichs durchgesetzt hat. In unserer Gegend, also an so steilen Hängen, wäre das zu schwierig. Im übrigen besteht bei der manuellen Weinlese ein geringeres Risiko, daß die Trauben beschädigt werden.«

»Und was ist der nächste Schritt?«

»Die Weinerzeugung natürlich. In der sogenannten *cuverie* wird der Rebensaft in riesigen Kufen und Fässern gelagert. Im Küfereiraum. Den hast du ja schon gesehen, als ich dich an Weihnachten in die Gewölbe der großen Weinkellerei mitgenommen habe.«

Sie nickte. »Ich erinnere mich.« Sie neigte den Kopf zur Seite. »Wieso verstehst du eigentlich so viel von der Weinkellerei?«

»*So* viel versteh' ich nun auch wieder nicht davon«, widersprach ich. »Ich muß noch eine Menge lernen. Aber was ich weiß, verdanke ich hauptsächlich Olivier. Er ist mein Lehrer. Er hat mir die Grundkenntnisse beigebracht, als ich sechzehn war. Als Sebastian mir das Château geschenkt hat. Das ist jetzt vierzehn Jahre her, und ich weiß noch immer nicht einmal die Hälfte von dem, was er weiß. Obwohl ich an der Universität von Toulouse Önologie studiert habe, die Wissenschaft vom Wein und der Weinerzeugung. Das Studium dauert vier Jahre, ich habe meine Diplom gemacht und kann trotzdem nicht mit Oliviers Kenntnissen mithalten. Noch nicht. Er ist einer der besten Önologen weit und breit. Ein hochangesehener Wissenschaftler und Winzer zugleich.«

»Soweit ich bemerkt habe, ist er mit Leib und Seele dabei«, warf Catherine ein.

»Er hat hier im Laufe der Jahre alles verbessert. Von der Erzeugung unserer Rotweine bis zum Aufziehen auf Flaschen. In den letzten zehn Jahren hat er geradezu unglaubliche Fortschritte erzielt. Dank Olivier Marchand ist unser

Markenzeichen *Côtes de Château d'Cose* mittlerweile als *Appellation Supérieure* anerkannt.«

»Deswegen hast du ihn also zu deinem Partner gemacht. Du hast es neulich nebenbei erwähnt.«

»Nicht zum Partner. Ich habe ihm einen Teil des Geschäfts ganz übertragen. Das hat er sich wirklich verdient. All die Jahre, in denen er in unserer Weinkellerei gedient hat. Unserem Château. Der gesamten Verwaltung des Weinguts.«

Wir schlenderten die Hügel hinab und gingen auf das Schloß zu.

»Was hat deinen Vater überhaupt zum Kauf des Weinguts veranlaßt?« wollte Catherine kurz darauf wissen. »Da bin ich wirklich neugierig. Hat er sich denn für Wein interessiert?«

»Er hat gern Wein getrunken. Vor allem Sekt. *Veuve Cliquot.* Aber der Kauf des Gutes war bloß eine gute Tat. Ein Gefallen, den er jemandem getan hat. Wie üblich.«

»Wieso denn eine gute Tat?«

»Um einer Witwe weiterzuhelfen. Der Witwe des Mannes, dem das *Château d'Cose* früher gehört hat. Die Sache ist etwa dreißig Jahre her, als Sebastian in Afrika war, in Kenia. Er machte dort in Nairobi die Bekanntschaft eines Franzosen. Pierre Peyrefrette hieß er. Sie lernten sich über einen gemeinsamen Freund kennen. Im Laufe der Jahre kamen sie einander näher. Sebastian hat ihn oft besucht. Und vor dreiundzwanzig Jahren kam Pierre plötzlich ums Leben. Bei einem Autounfall. Er war auf der Fahrt von Paris hierher. Seine Frau Gabriella war völlig hilflos und verzweifelt. Sie wußte nicht, was sie mit der Weinkellerei machen sollte. Wie man so etwas führt. Söhne, männliche Erben gab es keine. Nur eine ganz junge Tochter. Etwa mein Alter. Gabriella wollte das Gut verkaufen, es gab aber keine Interessenten. Niemand wollte es haben, denn das Weingut warf keinen Gewinn ab. Damals noch nicht. Da hat Sebastian ihr also diese Sorge abgenommen. Er hat ihr das Gut abgekauft. Für gutes Geld. Vielleicht sogar für zuviel. Es half ihr jedenfalls, ein neues Leben anzufangen. Sie ist mit ihrer kleinen Tochter nach Paris gezogen.«

»Verstehe. Hat er sich je selber um das Gut gekümmert? Ich meine: Hat er sich auch so stark mit dem ganzen Thema befaßt wie du?«

»Du lieber Himmel – nein! Das war nichts für Sebastian! Dafür hat er Olivier Marchand eingestellt. Hat ihm die Verantwortung übertragen. Und welch weiser Entschluß. Bei meinem ersten Besuch hier auf dem Château war ich sieben. Ich habe mich auf der Stelle in das Schloß verliebt.«

»Es ist deine Heimat, dein Zuhause«, sagte sie schlicht, mit leiser Stimme, die tiefes Verstehen verriet. »Du gehörst hierher. Die Weinkellerei und die Weinberge bedeuten dir viel. Du kannst dich wirklich glücklich schätzen, weißt du, sehr glücklich. Du hast deinen Platz in der Welt gefunden, du hast eine Arbeit gefunden, die dir gefällt, deine Berufung. Das können leider nur wenige Menschen von sich sagen.«

»Aber dasselbe gilt doch auch für dich, Catherine. Du weißt genauso, was du willst«, sagte ich. »Du kennst deinen Weg. In manchen Dingen gleichst du Vivienne. Ihr blickt beide geradeaus und steuert ein klares Ziel an. Du bist eine verdammt tüchtige Frau. Eine Frau, die hart arbeitet. Gott sei Dank – faule Frauen kann ich nicht ausstehen.«

»Ich auch nicht. Ich kann einfach nichts mit ihnen anfangen. Wir haben nichts gemeinsam und einander auch nichts zu sagen. Mir war schon immer klar, daß ich in Oxford Geschichte studieren und nach der Promotion Vorlesungen halten und schreiben wollte. Ich hatte Glück, daß ich nicht nur eine Neigung zum Studieren, sondern auch ein schriftstellerisches Talent habe.«

»Wie kommst du mit deinem Buch voran? Hart gearbeitet hast du ja weiß Gott während der letzten Wochen. Wie ein Weltmeister.«

Beim Lachen hellten sich ihre Züge auf. »In dieser Umgebung kann man wunderbar arbeiten. Und in mancher Hinsicht fällt mir das Schreiben leichter als erwartet.« Sie schüttelte plötzlich den Kopf. »Nur daß ich nicht die geringste Ahnung habe, wer das Buch einmal lesen soll.«

»Es wird bestimmt eine Menge Leser finden«, versicherte ich ihr. »Glaub mir.«

Catherine lachte erneut. »Unmöglich. Ich kann mir nicht vorstellen, daß es auch nur einen einzigen Menschen gibt, der sich für meinen Fulk Nerra interessiert – Graf von Anjou, Kriegsherr und Räuber, bekannt unter dem Namen Schwarzer Falke, Begründer der Angevin-Dynastie und ihrer Nebenlinie, den Plantagenets. Vielleicht ist es nur für mich bedeutsam, daß das Haus Anjou über ein Jahrhundert lang sein Treiben fortsetzte, das seinen Höhepunkt im Jahre 1154 fand. Damals wurde Fulks Abkömmling Heinrich Plantagenet, Graf von Anjou, zum König von England gekrönt, heiratete Eleanor von Aquitanien und zeugte einen Sohn, der als Richard Löwenherz berühmt wurde.«

»Mich interessiert das«, versicherte ich ihr, und es war mir auch ganz ernst. »Du kannst wunderbar Geschichten erzählen. Obwohl du keine Romane schreibst, sondern Bücher, in denen es um tatsächliche Ereignisse geht. Dein Bericht über diese französisch-englischen Verflechtungen klingt zumindest für mich ziemlich spannend. Scheint ganz so, als hätten Heinrich und Eleanor da eine echte Seifenoper aufgeführt. Und das ihr ganzes Leben lang.«

»So kann man's auch nennen«, entgegnete Catherine laut lachend. »Ihr Familienleben wird wohl in der Tat etwas... Opernartiges an sich gehabt haben – bei ihren rivalisierenden, streitsüchtigen Söhnen, Eleanors zahllosen Intrigen und Manipulationsversuchen oder Heinrichs ewiger Schürzenjägerei und seinen ständigen Versuchen, sie zu verbannen. Er hat sie ja immer wieder auf eine ihrer vielen Burgen eingesperrt.«

»Die Geschichte könnte einen wahnsinnig spannenden Film abgeben«, meinte ich.

»Auf die Idee ist vor mir schon jemand gekommen. Ein Drehbuchautor. James Goldman. Er schrieb das Filmscript für *Der Löwe im Winter*, der die ganze Geschichte von Heinrich und Eleanor erzählt.«

»Mit Peter O'Toole und Katharine Hepburn! Genau! Den hab' ich sogar gesehen. Und es *war* eine verrückte Familie. Funktionsgestört. Genau wie das englische Königshaus heute. Es liegt eben doch alles an den Genen.«

»In diesem Fall allerdings nicht. Die Windsors stammen nämlich gar nicht von den Plantagenets ab«, korrigierte mich Catherine. »Die Windsors sind durch Königin Viktoria und ihren Prinzgemahl Albert nämlich deutscher Herkunft. Er war ihr Vetter und durch und durch deutsch. Wie Viktoria genaugenommen ja auch; denn ihre Mutter war schließlich eine deutsche Prinzessin. Und ihr Vater, der Herzog von Kent, stammte von den hannoverschen Welfen ab, die wegen ihrer Verwandtschaft mit den Stuarts als Herrscher nach England geholt worden waren. Eigentlich wurde Viktoria nur wegen des Wettlaufs geboren, den die Brüder von König Georg IV. um einen Thronerben veranstalteten. Doch um zu den Plantagenets zurückzukehren – sie wurden am Ende von den Tudors abgelöst. Als Elisabeth I. starb, ging der Thron an ihren entfernten Vetter James Stuart, den König von Schottland.«

Ich lachte. »Ich habe keine Ahnung von dem Zeug, aber ich glaube dir jedes Wort, Catherine. Und ich gehe jede Wette ein, daß dein Buch massenweise Leser findet. Weil du alles so lebendig erzählst. Bei dir klingt es so… modern, als ob's heute wäre.«

»Die menschliche Natur hat sich ja auch nicht sehr verändert, Jack. Trotzdem, die Plantagenets waren ein ziemlich verrückter Haufen. Du darfst allerdings nicht vergessen, daß ich ja eigentlich nicht über diese Menschen schreibe, sondern über Fulk Nerra, und für den interessiert sich keiner. Außer mir und meinem Verleger.«

»Da sei mal nicht so sicher. Hör zu. Ich will dir ja wirklich nicht in deine Arbeit dreinreden, aber du solltest vielleicht die Plantagenets stärker in die ganze Geschichte einbeziehen. Dann wird dein Buch bestimmt ein Bestseller.«

»Dein Wort in Gottes Ohr«, sagte sie noch immer lachend.

Wir waren am Fuß des Hangs angekommen, wo die Weinstöcke standen. Das Anbaugebiet umfaßte etwa 33 Morgen. Ich blieb stehen und faßte Catherines Hand. »Ich muß ein paar Stunden arbeiten. Mit Olivier zusammen. Was ist mit dir? Wirst du an deinem Buch weiterschreiben?«

»Für ein Weilchen. Dann wollte ich ein wenig ausreiten. Ein Galopp über die Felder täte mir bestimmt gut. Man bekommt dabei den Kopf wieder frei. Würde es dir schrecklich viel ausmachen, wenn ich *Black Jack* reiten würde? Ich komme wunderbar mit ihm zurecht.«

»Ich hab' dir doch schon gesagt, daß du alle Pferde im Stall reiten darfst. Natürlich kannst du *Black Jack* haben.«

Sie beugte sich vor und gab mir einen schallenden Kuß auf die Backe. »Danke schön. Einen wunderschönen Nachmittag wünsche ich. Und arbeite nicht zu viel.«

Ich erwiderte ihr Lächeln. »Gleichfalls.«

Sie ging langsam zum Schloß zurück und war bereits ein gutes Stück von mir entfernt, als ich ihr nachrief. »Catherine!«

Sie drehte sich abrupt um. »Ja? Was ist?«

»Wie wär's, wenn wir zum Abendessen nach Aix fahren würden? Wir sind schon viel zu lange nicht mehr rausgekommen.«

»Eine wundervolle Idee, Liebling!«

»Ich werde einen Tisch im *Clos de la Violette* reservieren. Ist das in Ordnung?«

»Absolut perfekt.« Sie winkte mir zu und entschwand.

Ich ging in Richtung Weinkellerei, verlangsamte jedoch meine Schritte, als ich an der *Home Farm* vorbeikam. Fast wäre ich sogar hineingegangen, um Madame Clothilde zu besuchen, die den Hof bewirtschaftete – wie vor ihr schon ihre Mutter. Ich kannte sie seit meinen Kindertagen, als sie selbst ein Teenager gewesen war. Ihr Mann, Maurice, arbeitete bei uns in den Weinbergen, half aber auch auf dem Hof aus, genauso wie die Kinder der beiden, Hélène und Vincent.

Ich war ihr stets willkommen und bekam jedesmal prompt einen *café au lait* und dazu entweder eine warme *brioche* oder ein Stück *tarte tatin*.

Mir lief das Wasser im Mund zusammen, aber ich lief weiter. Schließlich erwartete mich Olivier. Ich sollte ein paar Flaschen Wein begutachten. Eine ganze Menge Wein, um ehrlich zu sein.

Er war der Meinung, daß mit ihnen etwas nicht in Ordnung wäre. Ich fragte mich, ob sie wohl »flaschenkrank« sein könnten. Hoffentlich war's nur das – ein »flaschenkranker« Wein kam gewöhnlich ganz von selbst wieder in Ordnung, wenn man ihn in Ruhe ließ.

18

»Bei diesen Weinen hier hat sich ein dünner Film auf der Oberfläche gebildet«, erklärte Olivier, als ich in der Abfüllanlage auf ihn stieß.

»*Maladie de la fleur*«, rief ich, als ich auf ihn zuging. Ich meinte die Kahmhaut, eine Pilzschicht auf gärendem Wein und der häufigste Grund für verdorbenen Wein. Sie bildet sich oben auf dem Wein und wird durch die Hefe verursacht.

»Ganz recht, Jacques«, meinte Olivier. »Aber es betrifft

Gott sei Dank nur den jungen Wein vom letzten Jahr. Die Sache ist also nicht ganz so schlimm. Und es geht auch nicht um viele Flaschen – bloß um zwei Fässer. Also keine große Tragödie.«

Ich nickte. »Auf dem Weg zu dir hab' ich mich gefragt, ob der Wein nicht vielleicht bloß flaschenkrank sein könnte.«

»Nein, es ist schon etwas schlimmer. Trotzdem handelt es sich bloß um eine geringe Verderbnis.«

»Wir werden den Wein wegschütten müssen«, meinte ich.

»Wahrscheinlich. Aber damit sollten wir das Thema auch abschließen, zumal wir ja selten verdorbene Weine zu beklagen haben. Ich wollte dich eigentlich aus einem anderen Grund sprechen. Komm doch bitte mit in die *cave*.«

»In Ordnung, gehen wir.« Ich drehte mich auf dem Absatz um und ging voran. Mir war sofort klar, daß es sich um eine angenehme Überraschung handelte. Es war seinem Gesicht anzumerken.

Wir stiegen gemeinsam in die Keller hinunter.

Sie erstreckten sich über ein enormes unterirdisches Areal, wo der Wein reifte und in Fässer, Kufen und Flaschen sortiert wurde.

Am einen Ende des Reifungskellers für Rotweine befand sich ein kleines Eck für Weinproben; auf das steuerte Olivier nun zu. Dort waren Weinregale so aufgestellt worden, daß es nach zwei Seiten abgeschirmt war. An einem Tischchen standen mehrere Stühle, und auf dem Tischchen stand die unvermeidliche weiße Kerze im Halter neben einer Streichholzschachtel, verschiedenen Utensilien sowie einem frischen, weißen ordentlich zusammengefalteten Leintuch.

Olivier hatte bereits eine Weinflasche mit zwei Gläsern auf den Tisch gestellt. Er zündete zunächst einmal die Kerze an.

Ich beobachtete den hochgeschossenen Mann, der sich

beim Entkorken des Weins leicht über den Tisch beugte. Olivier war mein Mentor, Lehrer und Freund; ein stiller, bescheidener Mann, der durchaus attraktiv war. Mit seinen sechzig Jahren war er doppelt so alt wie ich, aber das sah man ihm nicht an – vielleicht deshalb, weil er ein glücklicher Mensch war. Er liebte seine Frau, seine beiden Kinder und seine Arbeit. Und die *bastide*, wo er mit seiner Familie lebte, ein reizendes, altes provenzalisches Wohnhaus, das zu meinem Besitz gehörte und gleich hinter den Feldern neben den Obstgärten lag. Seine Frau Charlotte hatte ein gemütliches, gastfreundliches Heim daraus gemacht.

Olivier öffnete die Flasche. Ich war jedesmal von neuem von der Art und Weise fasziniert, wie er das machte. Ganz behutsam und sorgfältig ging er vor, wie ein Chirurg. Erst schnitt er die rote Kappe am Flaschenhals durch; dann nahm er sie ab, damit er später im Flaschenhals den Wein beobachten könnte. Anschließend entfernte er den Korken. Mir war klar, warum er so sachte und behutsam vorging. Er wollte den Bodensatz der Flasche nicht aufrühren. Den herausgezogenen Korken beroch er an beiden Enden. Nun säuberte er mit dem weißen Handtuch den Flaschenhals von außen und innen. Am Ende hielt er die Flasche über die Kerzenflamme und betrachtete die Farbe des Weines im Flaschenhals. Er nickte zufrieden.

Über sein Gesicht breitete sich ein fröhliches Lächeln. »Ah, der wird dir gefallen. Da bin ich mir ganz sicher.«

Er füllte zwei Gläser. Eins reichte er mir.

Wir hoben die Gläser.

»*Santé*, Jacques.«

»*Santé*, Olivier.«

Wir nahmen einen Schluck.

Ich rollte den Wein im Mund, um ihn zu kosten. Herrlich! Weich, samten, und dennoch – ein voller Körper. Ich hielt das Glas gegen das Licht. Der Wein hatte ein sattes, tiefes Rot. Ein sehr schönes Rot. Ich führte das Glas zur Nase, roch und entdeckte es sofort – Veilchenaroma. Und noch etwas anderes, das nicht klar identifizierbar war.

»Es ist der Rotwein, den du 1986 gelagert hast«, bemerkte ich mit einem spitzbübischen Lächeln. »Drei Rebsorten hast du damals verwendet – Mourvèdre, Syrah und Cinsaut. Die ersten zwei wegen ihres roten Farbtons und dem Hauch von Veilchengeschmack. Die Cinsaut-Traube außerdem wegen des satten Farbtons sowie für die Sanftheit, die sie den beiden andern Trauben beigibt.«

Olivier strahlte mich an. »Richtig. Gut gemacht, Jacques. Findest du nicht auch, daß er gut altert?«

»Und ob! Ein wundervoller Wein, den du da geschaffen hast, Olivier! Ein *großer* Wein! Und wenn ich mich recht erinnere, war das Wetter jenes Jahres besonders günstig. Du hast gleich gesagt, daß der Wein eine herrliche Lebensspanne haben würde.«

»Gott sei Dank habe ich recht behalten. Aber jetzt müssen wir diesen Wein auf den Markt bringen«, sagte er. »Er ist reif. Er muß jetzt verkauft werden.«

»Einverstanden. Packen wir's an. Aber erst sollten wir uns noch ein Gläschen gönnen. Schade, daß ich Catherine nicht mitgenommen habe. Sie hätte ihn bestimmt auch gern gekostet.«

Olivier schenkte mir nach.

Ich schaute ihn an. »Auf dich, Olivier. Glückwunsch!«

»Ach, Jacques, du solltest mir nicht so gratulieren. Der Wein ist doch unser gemeinsames Werk.«

Ich schüttelte lachend den Kopf. »Einspruch! Das stimmt überhaupt nicht! Ich war damals gerade 21 Jahre alt. Und hatte von nichts eine Ahnung. Ich war grün hinter den Ohren. Vor neun Jahren habe ich noch in Yale studiert. Dieser Wein ist einzig und allein dein Wein! Du hast ihn geschaffen. Das Lob gebührt dir, Olivier.«

»*Merci*, Jacques. Großzügig, wie immer.«

Die nächsten Stunden verbrachte ich in meinem Büro im Weingut am Schreibtisch.

Ich mußte Rechnungen überprüfen und Absatzzahlen kontrollieren – Arbeiten, die ich seit Tagen vor mir hergeschoben hatte. Ich wußte aber genau, daß der Papierkram erledigt werden mußte, und es gab keine Entschuldigung dafür, die Sache noch länger hinauszuzögern. Ich biß die Zähne zusammen und machte mich ans Werk.

Um vier Uhr war ich schließlich mit allem fertig. Ich schloß die Unterlagen weg und griff nach dem Hörer, um das Restaurant in Aix anzurufen, und reservierte für abends einen Tisch.

Als ich wenige Minuten später das Büro verließ, nahm ich die halbleere Flasche mit, die Olivier mir mitgegeben hatte. Catherine mußte den Wein unbedingt kosten. Auf diesen Wein war ich richtig stolz. Und ich war stolz auf Olivier, der ihn kreiert hatte.

Durch den Vordereingang trat ich nach draußen in die Sonne, in einen himmlischen Nachmittag. Ich schlenderte gemächlich und ließ meine Blicke über das Anwesen wandern. Alles machte einen sehr gepflegten Eindruck, ich war sehr zufrieden. Mir lag viel daran, daß das Gut sich in einem guten Zustand befand.

Das Schloß stand auf ebenem Grund. Es war auf drei Seiten von sanft ansteigenden Hängen umgeben. Die Weinberge bedeckten sie wie ein Kleid. Hinter den Weinbergen schossen die Hügel steil in die Höhe wie ein mächtiger, strahlender Reif. Oder, wie Catherine es neulich ausgedrückt hatte, eine Art gigantisches Beffchen aus dem sechzehnten Jahrhundert. Die Gärten und Äcker vor dem Schloß leuchteten jetzt im goldenen Schein des späten Nachmittags.

Für mich ist das der schönste Ort auf Erden. Hier war ich stets glücklich gewesen. Selbst während meiner zwei Ehen hatten meine schwierigen Frauen mir dieses Glück nicht zerstören können. Hier konnte ich sie einfach ausblenden. Hier fand ich in dem Land und den Weinbergen zu mir selbst. Und ich wollte nie irgendwo anders sein als hier.

Aus den Augenwinkeln nahm ich plötzlich eine Bewegung wahr. Ich wandte mich nach links und trat an den Holzzaun, der dort, wo ich stand, die schmale Straße eingrenzte.

Ich lehnte mich an den Zaun und suchte den Horizont ab. Da war es schon wieder – ein leuchtendes Blau blitzte plötzlich auf. Und dann sah ich in der Ferne Catherine, ich erkannte sie an ihren dichten roten Locken, die von ihrem blauen Sweater abstachen.

Catherine galoppierte quer über einen Acker. Ich wußte, daß sie eine souveräne Reiterin war, aber aus irgendeinem mir zunächst völlig unverständlichen Grund hielt ich den Atem an. Ich zuckte zusammen, als sie über die erste Hecke setzte, voller Angst sie könnte abgeworfen werden. So, wie an jenem fatalen Tag auf der *Laurel Greek Farm* Antoinette abgeworfen worden war.

Ich umklammerte die oberste Latte des Zauns, und dabei glitt mir die Flasche aus der Hand. Sie fiel ins Gras. Ich ließ sie liegen. Ich blieb einfach stehen und verfolgte wie erstarrt mit meinen Augen die Gestalt in der Ferne und wartete darauf, daß sie im nächsten Moment vom Pferde stürzen würde…

Die Uhr stand still. Die Zeiger drehten sich zurück. Ich wurde wieder in meine Kindheit zurückversetzt.

Eine schreckliche Erinnerung, die ich zweiundzwanzig Jahre lang verdrängt hatte, brach wieder hervor und stieg an die Oberfläche des Bewußtseins.

Ich war wieder acht Jahre alt. Ich befand mich wieder auf *Laurel Greek Farm*.

Ich spielte gerade mit meinem roten Ball und meinem Schläger auf dem Felde, als es geschah. Antoinette ritt auf mich zu, nahm die Hecke, und plötzlich saß sie nicht mehr im Sattel, sie flog in hohem Bogen durch die Luft, stürzte.

Ich ließ Schläger und Ball fallen und rannte so schnell ich konnte. »Antoinette! Antoinette!« schrie ich. Ich hatte Angst. Angst, daß sie tot wäre. Oder schwer verletzt.

Sie war mitten im Sprung über die Hecke von *Tyger Bright* abgeworfen worden. Nun lag sie zusammengekrümmt auf dem Boden. Ihr Gesicht war kreideweiß. Gegen diese bleichen Wangen wirkte ihr Haar, das sich beim Sturz gelöst hatte, feuriger denn je.

Ihre Augen waren geschlossen. Meine Angst wuchs. Mir klapperten die Zähne. *Ich glaubte, sie wäre tot.* Ich kniete neben ihr nieder. Berührte ihr Gesicht. Sie rührte sich nicht. Ja, sie *war* tot. Mir traten Tränen in die Augen.

»Antoinette. Ach, Antoinette! Bitte sag doch was«, flüsterte ich und beugte mein Gesicht ganz dicht über das ihre. Ich war überzeugt, daß sie nie mehr sprechen würde.

»Geh aus dem Weg, Jack!« brüllte Sebastian, der sein Pferd aus dem Galopp heraus zum Stehen gebracht hatte und ins Gras absprang. »Du kannst gar nichts machen. Du bist bloß ein kleiner Junge.« Er schob mich einfach beiseite, kniete sich neben sie und berührte ihr Gesicht – genauso, wie ich's gemacht hatte.

»Lauf, Jack«, sagte er drängend und schaute zu mir hoch. »Lauf in die Küche. Sag Bridget, sie soll ein feuchtes Tuch bringen. Und such Aldred. Er soll sofort herkommen.«

Ich war wie gelähmt. Ich stand da und starrte noch immer Antoinette an.

»Was ist denn mit dir los! Tu, was ich dir sage!« kreischte mein Vater. »Bist du denn schwer von Begriff? Lauf zum Haus, Junge. Bring Aldred her. Hier muß ein erwachsener Mann her, kein kleiner Junge.«

Ich rannte los. Rannte den ganzen Weg bis zur Farm. Als ich Bridget in der Küche fand, stieß ich keuchend hervor: »Antoinette ist gestürzt. Vom Pferd. Feuchtes Tuch. Mein

Vater braucht ein feuchtes Tuch. Bring's ihm. Bitte, Bridget.«

Bevor Bridget auch nur ein Wort sagen konnte, stand Aldred in der Tür. »Was ist denn los, Jack?« fragte er ruhig. »Du weinst doch sonst nie. Sag's mir, Kind. Was ist passiert?«

Bridget erklärte schnell: »Mrs. Delaney hatte einen Unfall. Das Pferd hat sie abgeworfen. Jack sagt, Mr. Locke braucht ein feuchtes Tuch.«

»Er braucht *dich*.« Ich zupfte Aldred am Ärmel. »Er braucht einen *Mann*, der ihm hilft. Kein Kind. Das hat er gesagt.«

Aldred starrte mich kurz verständnislos an, sagte nichts, drehte sich auf dem Absatz um und rannte aus der Küche. Bridget hinter ihm her. Ich folgte den beiden.

»Ich habe Angst, sie zu bewegen«, hörte ich meinen Vater zu Aldred sagen, als ich sie keuchend erreichte. »Es könnte gefährlich sein. Sie könnte sich etwas gebrochen haben.«

»Hier, Mr. Locke, legen Sie ihr dieses Tuch aufs Gesicht«, sagte Bridget. »Damit sie zu sich kommt. Sie kommt bestimmt in ein paar Minuten wieder zu Bewußtsein.«

»Danke, Bridget«, sagte Sebastian, als er das Tuch nahm. Er legte es Antoinette auf die Stirn.

Aldred und mein Vater unterhielten sich mit gedämpfter Stimme, so daß ich nichts verstehen konnte. Mir war völlig klar – sie wollten mir etwas verheimlichen.

Antoinette war tot. Und sie wollten es mir nicht sagen. Ich begann wieder zu weinen. Ich preßte meine geballten Fäuste gegen die Augen, um die Tränen zurückzuhalten.

»Hör sofort auf, Jack!« fuhr mich Sebastian scharf an. »Benimm dich nicht wie ein Baby.«

»Sie ist tot!« rief ich schluchzend.

»Nein, sie ist *nicht* tot!« stieß Sebastian hervor. »Sie ist nur ohnmächtig.«

»Das glaub' ich dir nicht!« jammerte ich.

»Es ist alles in Ordnung, Jack«, murmelte Antoinette, die endlich die Augen aufschlug und mich unverwandt ansah. Und nur mich. »Du mußt nicht weinen, mein Schatz. Es war nur ein harmloser Sturz. Mir fehlt nichts, wirklich, mein Engel.«

Ich war so erleichtert, daß ich mich aufs Gras fallen ließ.

»Wo tut es dir weh, Antoinette?« fragte mein Vater, der ihre Züge musterte. »Kannst du die Beine bewegen?«

»Ich glaube schon«, sagte Antoinette und streckte langsam ihre Beine aus.

»Haben Sie irgendwelche Schmerzen, Mrs. Delaney?« erkundigte sich Aldred.

»Überhaupt nicht. Ich fühle mich nur etwas benommen. Das ist alles.«

»Dann wollen wir uns mal aufrichten, Liebling«, sagte Sebastian. »Kannst du sitzen? Was meinst du?« fragte er mit besorgtem Blick.

»Sicher. Bitte hilf mir, Sebastian. Ja?«

Er stützte sie. Als sie aufrecht saß, bewegte sie ihren Kopf nach beiden Seiten und reckte versuchsweise die Arme. Anschließend streckte sie wieder die Beine aus.

»Ich denke nicht, daß ich mir etwas gebrochen habe. Ich habe mich wirklich nicht verletzt. Höchstens ein paar leichte Prellungen«, bemerkte Antoinette mit einem matten Lächeln. »Aber jetzt habe ich doch den Eindruck, als ob ich mir den Knöchel verstaucht hätte. Ich spüre plötzlich so ein Stechen. Könntest du mir auf die Beine helfen, Sebastian?«

Gleich darauf stand meine geliebte Antoinette, meine Herzensdame, vor mir. Sie lebte. Sie war gar nicht tot. Und ich hörte sofort auf zu weinen, als sie auf mich herabblickte und mir lächelnd übers Haar streichelte. »Da siehst du, lieber Jack. Ich bin wie neu.«

Sie hatte sich allerdings den Knöchel verstaucht. Jedenfalls behauptete sie, der Fuß würde sich komisch anfühlen. Mein Vater trug sie auf den Armen zur Farm.

Er brachte sie auf ihr Schlafzimmer und kam ein paar Minuten später wieder herunter. Bridget wurde hineingeschickt, um Antoinette beim Ausziehen zu helfen. Doktor Simpson hat Antoinettes Knöchel dann später untersucht. »Nur um ganz sicherzugehen, daß er nicht gebrochen ist«, wie Vater mir und Luce erklärte. »Und zur Vergewisserung, daß sie sich auch sonst nicht verletzt hat.«

Nach dem Abendessen schlich ich mich vor Antoinettes Zimmer und klopfte an die Türe. Mein Vater öffnete. Er wollte mich nicht hereinlassen, um ihr gute Nacht zu sagen. »Antoinette schläft«, sagte er. »Morgen darfst du sie besuchen, Jack.« Dann machte er mir die Tür vor der Nase zu.

Ich sank neben der Standuhr in der Ecke des Flurs zu Boden. Ich wollte warten, bis Sebastian ihr Zimmer verließ, um ins Bett zu gehen. Dann könnte ich mich zu ihr schleichen, ihr einen Kuß auf die Wange drücken und eine gute Nacht wünschen.

Ich muß dann im dunklen Flur eingeschlafen sein. Es waren die Laute, die mich weckten. Das Stöhnen. Die Seufzer. Dann ein erstickter Aufschrei. Und unmittelbar darauf hörte ich die Stimme von Antoinette. »O mein Gott! O Gott!« rief sie. Dann folgte wieder ein leiser Schrei. »Bitte nicht –« Der Rest des Satzes war nicht mehr zu verstehen.

Ich rappelte mich hoch, rannte den Flur hinunter und stürzte in ihr Schlafzimmer. Es war ziemlich dunkel. Im Schein der Nachttischlampe konnte ich jedoch meinen Vater erkennen. Er war nackt. Er lag auf Antoinette. Er tat ihr weh. Davon war ich fest überzeugt.

»Laß das! Laß das!« stieß ich hervor, flog auf ihn los, packte ihn am Bein.

Mein Vater war ein kräftiger, sportlicher Mann mit schnellen Reaktionen. Er sprang vom Bett, schnappte mich, hob mich hoch und trug mich aus dem Zimmer. Dabei schaute ich noch einmal kurz zurück und sah, wie Antoinette ihren nackten Körper mit dem Laken bedeckte.

Sie fing meinen Blick auf und warf mir eine Kußhand zu. »Geh schlafen, Schatz, sei ein lieber Junge«, sagte sie mit einem liebevollen Lächeln. »Und träum süß.«

Ich weinte mich in den Schlaf. Ich war nur ein kleiner Bub. Gerade mal acht Jahre alt. Und konnte ihr deshalb gar nicht helfen. Ich konnte sie nicht vor meinem Vater beschützen. Er war wieder auf ihr Zimmer gegangen und tat ihr weh. Und ich konnte nichts dagegen tun.

Am nächsten Morgen kam Antoinette, wie üblich, zum Frühstück nach unten. Es kam mir so vor, als wäre sie noch nie so schön gewesen. Sie war sehr still. Ganz in Gedanken versunken. Jedesmal wenn ich sie ansah, lächelte sie mir zu – mit diesem eigenartigen Lächeln, das ich nur von ihr kannte. Mein Vater warf mir über die Kaffeetasse wütende Blicke zu. Ich rechnete damit, daß er mich wegen meines Verhaltens am Vorabend bestrafen würde. Er tat jedoch nichts dergleichen. Er erwähnte es mit keinem Wort.

Als wir später allein waren, hat Antoinette mich fest umarmt. Sie hat mir einen Kuß auf die Stirn gegeben und gesagt, ich sei der beste Junge auf der ganzen Welt, ich sei ihr Junge und sie hätte mich sehr lieb. Sie bat mich, ihr zu helfen, im Garten Blumen für die Vasen zu schneiden. So verbrachten wir den ganzen Morgen gemeinsam.

Ich blinzelte und holte tief Luft, als Catherine auf den Zaun zugetrabt kam.

»Geht es dir nicht gut?« fragte sie, als sie sich vorbeugte und mich über den Kopf von *Black Jack* hinweg musterte.

»Doch. Wieso?«

»Du schaust so merkwürdig. Das ist alles.«

»Nein, alles in Ordnung.« Ich bückte mich, um die Weinflasche vom Boden aufzuheben. Es tat mir leid, sie so ungeschickt fallen gelassen zu haben.

»Olivier hat einen bemerkenswerten Wein geschaffen«, erzählte ich ihr. »Möglicherweise sogar einen *großen* Wein.

Das Wetter war 1986 hervorragend. Die Ernte hätte kaum besser sein können. Ich wollte unbedingt, daß du den Wein auch probierst. Wahrscheinlich habe ich ihn aber ruiniert. Mir ist die Flasche aus der Hand gefallen.«

»Laß mich trotzdem probieren«, erwiderte sie, schenkte mir ein strahlendes Lächeln, hob die Hand zum Gruß und meinte im Davonreiten: »Bis gleich – in ein paar Minuten.«

Auf dem Weg zum Schloß war ich innerlich noch ganz mit Antoinette und Sebastian beschäftigt. Der schreckliche Unfall war mir seit jenem Tag nie wieder in den Sinn gekommen. Zweiundzwanzig Jahre lang war die Erinnerung verschüttet gewesen. Nun wurde mir plötzlich alles klar. Ich begriff: An jenem Tag damals hatte ich meinen Vater zum erstenmal gehaßt.

19

Etwa eine Woche später traf mich der Schock meines Lebens.

Ich kam nach meinem üblichen Morgenspaziergang durch den Wald zum Schloß zurück und begegnete in der Küche meiner Haushälterin Simone, die gerade das Frühstückstablett für Catherine und mich vorbereitete. Ich trug es nach einer kurzen Unterhaltung in die Bibliothek.

Seit Catherine in mein Leben getreten war, frühstückte ich immer dort. Ich hatte nichts dagegen. Im Gegenteil – ich mochte diesen Raum mit seinem Ausblick über die Wälder, und Catherine liebte ihn ganz besonders. Für die Arbeit an ihrem Buch saß sie stets am großen Bibliothekstisch vor dem Fenster.

Catherine war noch nicht nach unten gekommen. Ich goß mir eine Tasse *café au lait* ein, nahm ein Croissant aus dem Korb und bestrich es mit Butter und Marmelade.

Catherine entschuldigte sich für die Verspätung, als sie eintrat.

»Tut mir leid. Gut, daß du schon angefangen hast«, sagte sie, als sie sich setzte. Sie nahm auf dem Sofa mir gegenüber am Kamin Platz und goß sich Kaffee ein.

»War es ein schöner Spaziergang, Liebling?« erkundigte sie sich gleich darauf.

»Ja.«

»Und wie ist das Wetter draußen?«

»Sonnig. Wie du ja siehst. Nicht so mild wie gestern. Trotzdem, ein schöner Tag. Zum Ausreiten ideal.«

»Heute werde ich wohl aufs Reiten verzichten«, erwiderte sie. »Ich glaube nicht, daß es dem Baby guttun würde. Was meinst du?« Sie stellte die Kaffeetasse ab und blickte mich an.

»Dem *Baby*? Welchem Baby?«

»*Unserem* Baby, Jack.« Sie warf ihr langes rotes Haar nach hinten und strahlte mich an. »Ich wollte es dir eigentlich erst heute abend sagen und beim Abendessen den richtigen Moment abwarten. Es ist mir jetzt einfach herausgerutscht. Vermutet habe ich es aber schon seit einer Woche. Der Arzt in Aix-en-Provence hat es gestern bestätigt.«

Ich sah sie sprachlos an, war wie erstarrt.

»*Du bekommst ein Baby?*« stieß ich schließlich mit erstickter Stimme hervor. Ich war nicht nur geschockt. Ich konnte es einfach nicht glauben.

Sie nickte, überglücklich. »Ja. Ist das nicht wunderbar?«

Ich sagte nichts. Mir fehlten die Worte.

»Ich hätte nie gedacht, daß ich so empfinden würde«, fuhr sie rasch fort. »Das heißt, ich habe eigentlich überhaupt nie ans Kinderkriegen gedacht. Es war mir ziemlich gleichgültig, ob ich einmal Kinder haben würde oder nicht. Aber jetzt, wo ich tatsächlich schwanger *bin*, finde ich den Gedanken ganz wunderbar. Ich bin schrecklich aufgeregt. Das ist doch wirklich eine tolle Neuigkeit, findest –« Sie brach mitten im Satz ab, musterte mich scharf und meinte dann: »Du hältst das für gar keine gute Nachricht, stimmt's?«

»Nein. Absolut nicht. Das ist einfach eine Katastrophe. Ein Baby war bei uns nie eingeplant.«

»Aber Jack –«

»Es war abgemacht, daß du aufpassen solltest. Du hast mir gesagt, daß du ein Pessar benutzt«, stieß ich hervor. Wütend. »Was ist passiert? Hast du plötzlich damit aufgehört?«

»Natürlich *nicht*!« rief sie. Sie war zornig geworden. »Da muß irgend etwas schiefgelaufen sein.«

»Merde!«

»So etwas kommt vor, weißt du.«

»Es hätte aber nicht passieren dürfen. An eine Heirat haben wir nie gedacht. Ich habe dir doch gesagt, daß ich nie wieder heiraten würde.«

»Wer will denn heiraten?« gab sie ärgerlich zurück. »*Ich* bestimmt nicht. Das habe *ich* ja wohl oft genug klargemacht. Ich brauche meine Unabhängigkeit. Und hier geht es auch gar nicht ums Heiraten. Es geht um ein Baby. Um unser Kind. Ich stelle wider Erwarten fest, daß ich schwanger bin, und ich freue mich... Ich bin glücklich über das Kind.«

»Du darfst es aber nicht bekommen! Verstehst du mich? *Du kannst es nicht kriegen*!«

»Willst du mir etwa weismachen, daß ich abtreiben lassen soll?« fragte sie. Ihr Gesicht war plötzlich totenblaß.

»Dir bleibt gar keine andere Wahl!« rief ich.

»O doch. Ich kann das Baby zur Welt bringen.«

»Ich will das Baby nicht, Catherine.«

»Aber ich will es. Und ich habe nicht die geringste Absicht, die Schwangerschaft zu unterbrechen. Ich hatte angenommen, daß du dich genauso freuen würdest wie ich.«

»*Freuen?* Sei doch nicht so naiv. Das Ganze ist einfach grauenhaft.«

»Ich glaub', das siehst du falsch. Wir brauchen doch gar nicht zu heiraten, Liebling«, begann sie in freundlicherem Ton. »Wir können einfach nur zusammenleben, genauso wie während der vergangenen Monate auch. Und wir können das Baby gemeinsam aufziehen, hier im Schloß. Es ist ein idealer Ort, um ein Kind großzuziehen, Jack. Und, ganz ehrlich, der Gedanke an eine Ehe spielt da überhaupt keine Rolle.«

»Kommt nicht in Frage! Niemals!«

»So machen es heute doch viele, Jack. Sie –«

»Es ist mir völlig gleich, was ›viele‹ machen. Ich will das Kind nicht. Begreifst du denn nicht? Ich habe kein Interesse an diesem Baby«, brach es aus mir heraus.

»Sag, was du willst – ich werde das Kind zu Welt bringen. Du kannst mich nicht daran hindern«, entgegnete Catherine in zunehmend härterem Ton. Sie war plötzlich wie verwandelt. Sie hatte eine herausfordernde Haltung eingenommen, ihr Gesicht war starr wie eine Maske, ihr ganzer Körper angespannt. Ihre Entschlossenheit überraschte mich.

»Falls du dieses Baby behältst, können wir nicht zusammenbleiben«, drohte ich. »Es wäre das Ende unserer Beziehung.«

»Dann soll's mir recht sein!« rief sie und sprang auf. Ihre Augen funkelten. »Ich werde mein Baby nicht aufgeben. Und wenn du nicht mit mir zusammenleben und es aufziehen willst, dann werde ich eben alleine leben. Dann ziehe ich das Kind eben allein groß. Ich brauche dich nicht. Genausowenig wie dein verdammtes Geld, Jack Locke. Ich komme schon allein zurecht. Ich bin äußerst selbstgenügsam. In jeder Hinsicht!«

Ich war ebenfalls aufgestanden. »Das wär's dann wohl«, sagte ich kalt.

Ihre Augen funkelten mich an, ich hatte sie noch nie so wütend gesehen.

Ich hielt ihrem Blick stand, bis sie wegsah.

Keiner sagte ein Wort.

»Ich sollte jetzt wohl meine Sachen packen«, meinte sie kurz. »In dreißig Minuten, maximal einer Stunde bin ich weg. Sei bitte so freundlich und bestell mir ein Taxi. Nach Marseille. Von dort gehen täglich mehrere Maschinen nach London. Ich möchte nicht länger hierbleiben als unbedingt erforderlich.«

»Schon geschehn!« rief ich erzürnt, fast heiser. Ich war selbst vom harten Klang meiner Stimme überrascht.

Catherine marschierte entschlossen auf die Tür zu. Dort drehte sie sich noch einmal um. »Du hast Angst davor, Vater zu werden«, erklärte sie in eisigem Ton. »Du hast Angst, weil du dich für unfähig hältst, ein Kind zu lieben. Und das nur, weil dein Vater nicht imstande war, dich zu lieben.«

Ich öffnete den Mund, brachte aber kein Wort heraus.

Sie warf mir einen letzten. mitleidsvollen Blick zu, drehte sich abrupt um und schlug die Tür hinter sich zu.

Der Lüster klirrte.

Dann herrschte Stille.

Ich war völlig allein.

Ich bestellte ihr wunschgemäß ein Taxi und verschwand dann in mein Büro in der Weinkellerei. Ich hatte tatsächlich zu arbeiten. Aber ich wollte Catherine auch aus dem Wege gehen. Ich wollte mich nicht von ihr verabschieden. Ich wollte sie nicht mehr sehen. Nie wieder. In meinem ganzen Leben nicht. Ein ungeheurer Zorn packte mich. Ich versuchte ihn abzuschütteln. Da kam die Arbeit wie gerufen. Ich beugte mich über die Unterlagen, die am Tage vorher per Kurier von *Locke Industries* aus New York eingetroffen waren. Ich konnte mich aber einfach nicht richtig konzentrieren. Ich schob die Unterlagen beiseite, lehnte mich im Sessel zurück und schloß die Augen.

Um meine Fassung wiederzugewinnen, suchte ich meine Gedanken mit aller Macht auf geschäftliche Dinge zu lenken. Allerdings ohne großen Erfolg. Meine Gefühle befanden sich in Aufruhr und verdrängten alles andere.

Ich war wütend. Und verletzt. Ich fühlte mich von Catherine verraten. Sie hatte sich einfach verantwortungslos benommen. Wir hatten uns schließlich mehr als einmal über das Thema Verhütung unterhalten. Sie kannte meine Einstellung zu Kindern. Als ich verheiratet war, hatte ich nie welche gewollt. Warum sollte ich jetzt ein uneheliches Kind haben wollen?

Plötzlich fielen mir ihre letzten Worte wieder ein. Hatte sie etwa recht? Glaubte ich wirklich, daß ich unfähig war, ein Kind zu lieben, weil mich mein Vater nie geliebt hatte? Auf diese Frage wußte ich keine Antwort. Wie hätte ich eine solch unlösbare Frage auch beantworten können!

Catherine hatte mir eine irrationale Haltung gegenüber meinem Vater vorgeworfen. Damit lag sie jedoch falsch. Was Sebastian anging, war ich nur zu rational. Ich kannte den Ursprung meiner Antipathie gegen ihn. Er lag in meiner Kindheit. Sebastian hatte sich damals nie die geringste Mühe gemacht, mir zu helfen. Mir etwas beizubringen. Mir ein richtiger Vater zu sein, wie es die Väter anderer Jungen waren. Er hatte mich stets mir selbst überlassen. Mich Luciana und Vivienne überlassen. Wir hatten nie gemeinsam ›Männerinteressen‹ verfolgt. Oder ernsthaft miteinander gesprochen. Er hatte mich immer nur auf meine Pflichten hingewiesen. Geliebt hatte er mich nie.

Immerhin hatte Catherine nicht versucht mir weiszumachen, daß ich in dem Punkt irrte. Statt dessen hatte sie mir eine psychologische Erklärung des Sachverhalts geliefert. *Dissoziation*. So hatte sie es genannt. Ein Phänomen, das sie auf einen Mangel an Zuwendung während der ersten Lebensjahre zurückführte. Diesem Phänomen hatte sie Sebastians Unfähigkeit zur Liebe zugeschrieben. Und das leuchtete mir durchaus ein. Seine Mutter war während der Geburt gestorben. Sein Vater, Cyrus, hatte sich nie um ihn gekümmert

kümmert. Das wußte ich von Sebastian selbst. Ich wußte, daß er meinen Großvater geradezu gehaßt hatte.

Aber ich litt nicht unter einer derartigen *Dissoziation*. Ich hatte in den ersten zwei Lebensjahren, den entscheidenden Jahren im Leben eines Kindes, genügend Mutterliebe bekommen. Danach hatte ich Christa gehabt. Auch sie hatte mich geliebt. Und als Christa fort war, hatte es meine Herzensdame gegeben. Antoinette Delaney.

Ich unterdrückte ein Seufzen. Was meinen Vater betraf, mochte Catherine recht haben. Was mich anging, lag sie aber völlig daneben. Oder?

Ach, verdammt, was spielte es noch für eine Rolle, was sie dachte oder sagte! Sie war aus meinem Leben verschwunden. Oder würde es spätestens binnen einer Stunde sein. Eigentlich schade. Sie hatte mir etwas bedeutet. Wir waren gut miteinander ausgekommen. Hatten eine funktionierende Beziehung miteinander aufgebaut. Und nun hatte sie alles zerstört. Aber das tun Frauen ja eigentlich immer. Zumindest in meinem Leben.

20

»Großer Gott, wo kommst du denn her!« rief ich. Ich starrte zur Tür, ganz perplex vom Anblick der unerwarteten Besucherin. Ihre plötzliche Ankunft löste in mir gemischte Gefühle aus. Einerseits freute ich mich. Andererseits war ich auch wütend.

»Aus New York«, entgegnete Vivienne lachend. Sie kam in mein Büro und machte die Tür hinter sich zu. »Ich bin gestern in *Vieux Moulin* eingetroffen. Ich wollte dich eigentlich erst anrufen, aber dann habe ich beschlossen, dich zu überraschen.«

»Das ist dir gelungen, weiß Gott.« Ich stand auf und ging

auf sie zu, um sie zur Begrüßung zu umarmen. Dann ließ sie sich im Sessel neben dem Schreibtisch nieder und meinte: »Du wirkst enorm beschäftigt. Die vielen Papiere! Hoffentlich habe ich dich nicht gestört.«

»Kein Problem, Viv. Ich war sowieso fast fertig. Ich habe den ganzen Tag gearbeitet. *Locke Industries* können einen manchmal ganz schön ermüden. Selbst aus der Entfernung.« Ich schaute auf die Uhr. »Es ist fast fünf. Ohnehin Zeit, aufzuhören. Komm, genehmigen wir uns einen Drink.«

»Ist es dafür nicht noch etwas früh?« wandte sie ein.

»Nicht unbedingt. Kommt ganz drauf an, wie man's sieht. Hier in Aix ist es jetzt fünf. In Rom dagegen ist es bereits sechs. Cocktail-Zeit. Außerdem biete ich dir nicht einfach irgend etwas zu trinken an, sondern etwas ganz Besonderes. Damit du auch einen guten Grund hast, mal eine Ausnahme zu machen. Einen Grund, heute etwas früher mit dem Trinken anzufangen. Ich möchte dich unseren neuen Wein probieren lassen. Eine Kreation von Olivier. Jahrgang 1986. Er hat gerade die richtige Reife erreicht. Komm schon, Viv. Gehen wir in die *cave*.«

»Mit Vergnügen.« Vivienne war ganz begeistert und folgte mir aus dem Büro.

Kurz darauf standen wir in dem Keller, wo die Rotweine gelagert wurden und auch die Ecke für Weinproben eingerichtet war. Ich führte Vivienne zu einem Stuhl. Dann nahm ich eine Flasche des Jahrgangs 1986 aus dem Weinregal, um sie ihr zu zeigen.

»Sommer- und Herbstwetter waren damals optimal. Vielleicht kannst du dich noch erinnern, Viv«, erläuterte ich. »Und es ist ein hervorragender Wein geworden. Er ist gut gealtert. Olivier hat drei Rebsorten miteinander verschnitten mit dem Resultat einer wundervollen Geschmacksnote. Sehr weich.«

»Ich kann es gar nicht abwarten, ihn zu probieren«, antwortete sie und lächelte zu mir empor. »Na los, entkorke ihn. Laß mich deinen Triumph schmecken.«

Ich korrigierte sie: »Oliviers Triumph.«

Ich spürte ihre Blicke, während ich mit der Flasche hantierte. Ich ging äußerst vorsichtig vor. Ganz langsam. Ich folgte Schritt für Schritt dem Ritual, das ich vor Jahren von Olivier gelernt hatte.

Nachdem ich uns beiden eingeschenkt hatte, erhob ich mein Glas. »Auf dich, Viv.«

»Und auf dich, Jack.«

Sie nahm einen Schluck. Einen zweiten. Wartete einen Augenblick. Nickte beifällig. »Er ist wirklich wunderbar. Fühlt sich an wie Samt auf der Zunge. Und er hat genau den richtigen Hauch von Veilchen. Meinen Glückwunsch.«

»Danke. Aber wie gesagt: Das ist Oliviers Wein. Nicht meiner.«

Vivienne trank noch einmal, lobte, es sei der beste Wein, der je auf dem Château erzeugt worden sei, und fuhr fort: »Davon würde ich gern ein paar Flaschen bestellen, wenn du nichts dagegen hast.«

»Sicher. Ich werde dir ein paar Kisten geben. Heute abend. Vor deiner Abreise.«

»Ich möchte sie aber bezahlen, Jack.«

»Ausgeschlossen. Was mein ist, ist auch dein. Das müßtest du inzwischen eigentlich wissen.«

»Vielen Dank. Das ist wirklich sehr nett von dir. Aber bleib doch nicht die ganze Zeit stehn, komm, setz dich zu mir.«

Ich nahm Platz. Und unterdrückte ein Seufzen. Wie gut ich sie doch kannte. Manchmal besser als mich selbst. Ich konnte ihre Gedanken an ihrem Gesicht ablesen. Gleich würde sie zu einem endlosen Monolog ansetzen. Über die Reise nach New York. Über Sebastian. Über das verdammte Zeitungsportrait.

Weil ich es rasch hinter mich bringen wollte, schnitt ich

das Thema gleich selbst an. »Wie kommst du mit deinem Artikel über Sebastian voran?«

»Sehr gut. Zumindest teilweise. Ich habe mit vielen Leuten bei *Locke Industries* gesprochen. Mit dem Vorsitzenden und seinem Stellvertreter.«

»Was hatten Jonas und Peter über ihn zu berichten?«

»Nur Gutes natürlich. In der Stiftung habe ich mich ausführlich mit Madge Hitchens unterhalten. In all den Jahren, wo sie Sebastian nach Afrika begleitet hat, hat sie nie eine Frau an seiner Seite gesehen. Und schon gar nicht im letzten Jahr. Jedenfalls keine, mit der er auf irgendeine Weise liiert gewesen sein könnte.«

»Hat sie sich wirklich so ausgedrückt?«

Vivienne nickte. »Jawohl, genau so. Im übrigen gibt es niemand, der auch nur das Geringste von einer neuen Frau in seinem Leben wüßte. Außerdem hat auch kein Mensch davon gehört, daß er in diesem Frühjahr wieder heiraten wollte.«

»Außer dir.«

»Richtig.«

Ich lachte laut auf.

Vivienne sah mich strafend an. »Was gibt's da zu lachen?«

»Vielleicht hat die Frau gar nicht existiert. Die *gibt's* überhaupt nicht.«

»Was soll das heißen?«

Ich lachte erneut. Obwohl ich wußte, daß es zynisch klingen mußte, konnte ich mich nicht zurückhalten und sagte langsam: »Vielleicht hat er diese Frau ja bloß erfunden.«

»Das ist ja absolut lächerlich. Warum sollte er eine solche Frau erfinden, mir erzählen, daß er sich verliebt hätte, und mir weismachen, daß er in diesem Frühjahr heiraten wollte?«

»Um *dich* anzumachen, Viv. Dich wieder für ihn zu interessieren.«

»Und wieso, um Himmels willen, sollte ihm nun daran gelegen sein?«

»Vielleicht wollte er dich eifersüchtig machen – glaube ich zumindest.«

»Das ist doch albern. Das ist wirklich an den Haaren herbeigezogen.«

»Nicht unbedingt. Wenn ich es mir genau überlege, ist es sogar ganz plausibel.« Ich warf ihr einen wissenden Blick zu. »Du hast Sebastian immer am meisten bedeutet. Mehr als seine andern Ehefrauen. Du hast ihm sogar mehr bedeutet als deine Mutter. Und im übrigen –«

»Es fällt mir nun wirklich schwer, das zu glauben«, unterbrach mich Vivienne. »Meine Mutter hat er sehr geliebt.«

Ohne auf ihre Bemerkung einzugehen, fuhr ich fort: »Es wäre möglich, daß er wieder zu dir zurückwollte. Warum eigentlich nicht? Du warst etwas Besonderes für ihn. Sein Liebling. Genau, da haben wir's.« Ich lachte noch lauter als vorher. »Er wollte dich wiederhaben. Und deshalb hat er alles getan, um sich selber möglichst begehrenswert erscheinen zu lassen. Indem er eine neue Frau in seinem Leben erfand.«

»Das ist doch nur eine lächerliche Vermutung –«

»Wetten, daß ich recht habe!« unterbrach ich nun sie. »An dem Tag *hat* er dich doch eifersüchtig gemacht. Gib's zu.«

Sie protestierte vehement. »Nein, er hat mich überhaupt nicht eifersüchtig gemacht.«

»Mir gegenüber kannst du's doch ruhig zugeben, Vivienne.«

Sie schwieg.

Ich nippte an meinem Glas. Ein paar Minuten lang sagte keiner von uns ein Wort. Ich begriff, daß ich mit meiner Vermutung ins Schwarze getroffen hatte. Sie war damals wirklich eifersüchtig gewesen. Bei diesem gemeinsamen

Mittagessen im *Le Refuge*. Wie typisch für ihn. Was Frauen betraf, war er immer sehr klug gewesen. Er hatte es immer verstanden, bei ihnen die richtigen Reflexe auszulösen.

Nachdem ich uns nachgeschenkt hatte, murmelte ich: »Warum fliegst du nicht nach Afrika? Besuch einfach jeden Ort, den er ohne Madge bereist hat. In seinem letzten Lebensjahr. Du wirst schnell feststellen, daß er dort überall allein war. Ohne eine Geliebte, meine ich. Ohne eine neue Frau. Zu seinen gewöhnlichen Reisezielen hat ihn natürlich ausschließlich Madge begleitet – Madge und ein paar Mitarbeiter von verschiedenen Wohltätigkeitsverbänden.«

»Bei unserem Mittagessen im *Le Refuge*«, sagte Vivienne, »als ich ihn ein wenig über seine neue Freundin ausgefragt habe, seine Verlobte – sie war nämlich mit ihm *verlobt* –, da hat er mir erzählt, daß sie in Afrika arbeitet. Daß sie Ärztin ist. Wissenschaftlerin. Es ist mehr als wahrscheinlich, daß sie in irgendeinem Labor arbeitet. Vielleicht an einem total abgelegenen Ort. Ich bin mir ziemlich sicher, daß sie nicht zusammen herumgereist sind. Wie denn – wenn sie eine feste Stelle hatte? Das würde auch erklären, warum sie nirgends gemeinsam gesehen worden sind.«

»Du glaubst also, daß es diese Frau gab?« fragte ich.

»Daß es sie *gibt*«, korrigierte mich Vivienne. »Genau.«

Ich zuckte die Achseln. »Wer kann das schon wissen. Ich finde die ganze Geschichte nach wie vor seltsam. Daß keiner ihn mit dieser Frau zusammen gesehen hat. Das paßt eigentlich gar nicht zu Sebastian – diese Geheimniskrämerei.«

»Was willst du damit schon wieder sagen?«

»Sebastian hat gern mit seinen Frauen angegeben. Das müßtest du doch am besten wissen. Er hat sich gern mit einer schönen Frau an seiner Seite gezeigt. Dafür warst du der beste Beweis, Viv.«

»Wenn das als indirektes Kompliment gedacht sein sollte – vielen Dank«, entgegnete sie mit einem freundlichen Lächeln.

»Gern geschehen, Süße.«

»Jack?«

»Ja?«

»Vertraust du mir?«

»Das weißt du doch, Viv.«

»Auch meinem Urteil?«

»Manchmal«, wich ich aus.

»Hör zu, diesmal mußt du mir vertrauen. Ich weiß instinktiv, daß Sebastian damals jedes Wort ernst gemeint hat. Er hat nicht versucht, mich eifersüchtig zu machen, damit ich mich wieder für ihn interessiere. Er hat mich gut genug gekannt, um zu wissen, daß er mit der Methode bei mir nichts erreichen konnte«, erklärte sie ruhig. »Ich will es mal ganz einfach ausdrücken. Er hat bei dem Mittagessen in New York die Wahrheit gesagt. Er *war* in Afrika einer jungen Frau begegnet und hatte sich in sie verliebt. Er liebte sie, wie er noch nie in seinem Leben jemand geliebt hatte. Das waren seine eigenen Worte. Er wollte wieder nach Afrika, um sich mit ihr zu treffen. Sie wollten zusammen nach Indien reisen. Weihnachten wollten sie dann gemeinsam in Connecticut verbringen. Auf der Farm. Anschließend wollte er sie nach Frankreich mitnehmen. Nach *Vieux Moulin*. Um sie mir vorzustellen – und bestimmt auch dir. Die Hochzeit sollte hier in Frankreich stattfinden. Dieses Frühjahr. Und ich bin der festen und ehrlichen Überzeugung, daß alles auch genau so geplant war.«

Ich begriff, daß es Vivienne ernst war. »In Ordnung«, sagte ich. »Nehmen wir mal an, daß du recht hast. Aber spielt das eigentlich noch eine Rolle? Für dein Portrait von Sebastian bist du doch nicht auf diese Frau angewiesen. Du hast ihn von allen am besten gekannt. Sie kann dir bestimmt nichts Neues über ihn erzählen.«

»Das stimmt, ja. So gesehen könnte ich morgen mit dem Schreiben beginnen. Du vergißt nur eines: Ich will den *Grund* wissen, warum er sich das Leben genommen hat.«

»Ach Viv. *Schätzchen.* Den wirst du nie in Erfahrung bringen.«

»Ich werde jedenfalls alles unternehmen, um es herauszufinden.«

»Wie denn?«

»Ich werde diese Frau finden.«

»Aber *wie*?«

»Das weiß ich auch noch nicht. Aber ich werde sie aufspüren. Das kannst du mir glauben.«

»Und wozu?«

»Ich möchte mit ihr reden. Ihr Fragen stellen.«

»*Und wozu?*« fragte ich erneut.

»Weil sie meiner Meinung nach etwas mit seinem Tod zu tun hat.«

Ich starrte sie nur an. »Du willst mich wohl auf den Arm nehmen.«

»Nein, Jack, überhaupt nicht. Ich glaube, daß sie auf irgendeine Weise mit diesem Selbstmord in Beziehung steht. Und bevor du mir damit kommst – nicht etwa in dem Sinn, daß sie ihm den Laufpaß gegeben hätte.«

»Was denn sonst?«

»Das weiß ich nicht. Noch nicht.«

»Warum klammerst du dich plötzlich so an diese Frau?«

»Weil sie in seinem äußerst vorhersehbaren Leben das einzige Unvorhersehbare war.«

Ich nickte bedächtig. »Das stimmt allerdings. Aber du wirst sie nie finden«, bemerkte ich. Davon war ich ernsthaft überzeugt. Ich war der Ansicht, daß Viv nur Zeit verschwendete.

»Wart's ab. Inzwischen darfst du dir gern den Kopf für mich zerbrechen, ob du dich nicht an irgend etwas erinnern kannst, und sei es noch so nebensächlich, was in dieser Hinsicht wichtig sein könnte.«

»Ich will's versuchen. Aber wie ich bereits gesagt habe – ich habe ihn im vergangenen Jahr nicht oft gesehen.«

Vivienne leerte ihr Glas ohne weiteren Kommentar, sagte nur bald darauf: »Ich kriege langsam einen Schwips. Das kommt vom Trinken auf einen leeren Magen. Dabei muß ich doch mit dem Wagen nach Lourmarin zurückfahren.«

»Du bekommst gleich etwas zu essen«, versprach ich. »Bleib doch zum Abendessen.«

»Warum nicht? Und wo du schon fragst, ja, ich würde Catherine gern sehen. Wie geht es ihr?«

Ich räusperte mich. »Sie ist nicht da, Viv.«

»Ach. Wo ist sie denn?«

»Das weiß ich nicht.«

Vivienne runzelte die Stirn. »Ich kann dir nicht ganz folgen, Jack.«

»Sie hat mich verlassen. Ist nach England zurückgereist. Jedenfalls ist sie nach Marseille gefahren. Heute früh. Um eine Maschine nach London zu nehmen.«

»Ach, Jack, das tut mir aber leid«, sagte Vivienne mitfühlend. »Ich hatte immer den Eindruck, daß ihr zwei zueinander paßt. Perfekt. Ich dachte, du hättest endlich die richtige Frau gefunden. Was ist denn passiert?«

»Sie ist schwanger geworden.«

»Na und?« fragte Vivienne und zog die Augenbrauen hoch.

»Wir hatten hierzu verschiedene Ansichten. Was das Baby angeht. Sie wollte es. Ich wollte es nicht. Sie hat nicht nachgeben wollen. Daraufhin kam es zwischen uns zum Streit. Sie würde das Kind auf jeden Fall zur Welt bringen, hat sie erklärt. Ganz gleich, was ich dächte und für Argumente hätte. Schließlich haben wir uns furchtbar angeschrien. Und sie ist weggefahren.«

»Und du hast sie gehen lassen?«

»Ja.«

»Wie konntest du nur so dumm sein. Nicht zu fassen!« rief Vivienne und sah mich entsetzt an. »Wie konntest du zulassen, daß dir diese wundervolle Frau entkommt?«

Unter ihrem vernichtenden Blick zuckte ich zusammen. »Hör zu, Viv, ich will nicht wieder heiraten», erklärte ich endlich. »Und ich will ganz bestimmt keine Kinder. Sie ist fest entschlossen, dieses Baby zu bekommen. Gegen meinen Willen. Als sie erklärte, daß sie abreisen wollte, habe ich sie nicht aufgehalten. Es ist sowieso das Beste. Es hätte ohnehin nicht mit uns geklappt. Nicht auf Dauer.«

Vivienne betrachtete mich ein Weilchen und erklärte dann leise, aber sehr deutlich: »Jack Locke, du bist ein Trottel. Ein gottverdammter Trottel bist du. Du hast gerade den größten Fehler deines Lebens begangen.«

TEIL III

Luciana
Stolz

21

Einmal habe ich gehört, wie mich mein Bruder Jack Vivienne gegenüber als schwach bezeichnet hat. Ich war ganz baff, daß er so etwas sagen konnte. Er hat mich völlig falsch eingeschätzt.

Ich bin wirklich keine schwache Frau.

Ganz im Gegenteil, ich kenne kaum einen Menschen, der so stark ist wie ich, und zwar psychisch wie physisch. Mein Vater hat das auch immer gewußt. Deswegen hat er mich stets als eine Locke aus echtem Schrot und Korn bezeichnet.

Sebastian sah in mir eine neue Verkörperung des Typs von Lyon Locke. Ja, er hat sogar behauptet, daß ich ein Zwilling von Malcolm Lyon Locke sein könnte, dem großen Schotten, der unsere Familiendynastie begründet hat.

Und es stimmt – ich habe tatsächlich viele der Charaktereigenschaften geerbt, die unsere Familie so groß gemacht haben. Ich besitze einen eisernen Willen, Entschlußkraft, Hingabe, Selbstdisziplin, ein immenses Stehvermögen, und ich kann verdammt hart arbeiten.

Außerdem bin ich in geschäftlichen Angelegenheiten unnachgiebig und rücksichtslos. Mein Ehemann Gerald behauptet, ich sei der geborene Kaufmann – eiskalt, wenn es ums Handeln und Feilschen geht.

Mein Vater hat mich als wahre Meisterin in der Kunst des Verstellens bezeichnet und zu den raffiniertesten Lügnern gezählt, die ihm je untergekommen waren. Nach seinem Urteil beherrschte ich die Kunst der Ausweichmanöver sogar noch besser als sein Vater Cyrus; Sebastian hat schallend gelacht, als er mir das sagte. Ich wußte, es war als Kompliment gedacht. Wenn er dagegen Vivienne erklärte, daß ich eine Lügnerin sei, hat er es sicher stets in einem abfälligen Ton gesagt, um sie nicht zu irritieren; *daß* er es ihr gesagt hat, steht für mich außer Zweifel. Er hat ihr immer alles anvertraut, von dem Tag an, als sie in unser Leben trat. Damals war Vivienne zwölf und ich selbst gerade vier Jahre alt.

Trotzdem, er *war* stolz auf mich, stolz auf meine Talente und besonderen Fähigkeiten, ganz besonders auf mein Verhandlungsgeschick. Ich hatte schon sehr früh begriffen, daß es ihm lieber gewesen wäre, er hätte noch einen Jungen bekommen. Zwei Söhne, die später in seine Fußstapfen treten konnten, wären besser gewesen als nur einer.

Die Tatsache, daß ich ein Mädchen war, hat ihn aber letztlich nicht gestört, wenn es darum ging, die Interessen der Familienfirma zu wahren. Sobald ich das nötige Alter erreicht hatte, hat er mich bei *Locke Industries* in New York eingearbeitet.

Ich führe jetzt schon seit einigen Jahren die Geschäfte der britischen Niederlassung von Locke in London, und bei unserem letzten Gespräch, kurz vor seinem Tod, hat er mir versichert, ich hätte phantastische Arbeit geleistet. Er war sehr stolz auf mich. »Du bist ganz aus dem alten Holz geschnitzt, Luce. Gut gemacht, mein Schatz.«

Im Laufe dieser Unterredung, die bei einem Abendessen in seiner Stadtwohnung in Manhattan stattfand, fragte er mich, ob ich nicht vielleicht wieder in die New Yorker Zentrale zurückkehren möchte. Dort hatte schließlich meine Karriere gleich nach Abschluß meines Studiums in Yale begonnen. Er hätte mir im Konzern eine ganz besondere Position anzubieten: die Stelle eines Executive Vice-President mit Verantwortung für sämtliche Firmenbereiche, die mit der Herstellung von Produkten für Frauen zu tun hatten.

Ich hatte seither viel über dieses Angebot nachgedacht. Ich spielte noch immer mit dem Gedanken, es anzunehmen. Der Vorschlag war sehr verlockend. Ich brauchte bloß Jack Bescheid zu sagen, und er würde alles Nötige veranlassen.

Er hatte an jenem Abendessen in Manhattan teilgenommen, hatte die Begeisterung gespürt, die Sebastian und mich bei dem Gedanken gepackt hatte; und sprach uns sogar noch auf unseren Enthusiasmus an. Mein Mann hatte keine Einwände; Gerald gefiel die Vorstellung, nach New York umzuziehen, ausgesprochen gut. Er könnte dort in der amerikanischen Niederlassung der familieneigenen Investment-Bank tätig werden.

Eigentlich bin ich davon überzeugt, daß ich die Konzernleitung übernehmen sollte, statt Jack. Mein Bruder lenkte die Firma aus der Ferne, so, wie auch mein Vater es seit vielen Jahren getan hatte. Sehr zufriedenstellend war diese Lösung nach meinem Dafürhalten nicht; obwohl wir fürs Tagesgeschäft einen kompetenten Chief Executive Officer hatten, den Sebastian vor zehn Jahren selbst ausgesucht hatte.

Ich regle Geschäft am liebsten direkt vor Ort, daher glaube ich auch, daß es für *Locke Industries* besser wäre, wenn ich an der Spitze stünde. Es war mein sehnlichster Wunsch, *Locke Industries* an Jacks Stelle zu leiten; und ich zweifelte keinen Augenblick daran, daß er selber den Wechsel nur begrüßen würde.

Mein Bruder liebte das Château und die Weinberge aus tiefster Seele – mehr als alles andere auf der Welt. Keine Frage, er managte das Weingut ganz hervorragend. Ich war richtig stolz, daß er solch großen Erfolg mit der Weinkellerei erzielt hatte und daß seine Marke inzwischen als eine *Appellation Supérieure* anerkannt war. Er hat es ganz allein geschafft, lediglich von Olivier Marchand unterstützt – alle Achtung.

Mich konnte niemand davon überzeugen, daß Jack wirklich an *Locke Industries* interessiert war. Er war nur aus einem Grund Aufsichtsratsvorsitzender geworden – weil ihm jahrelang eingetrichtert worden war, dies sei seine vorrangige Rolle im Leben. Pflicht, Pflicht, Pflicht – so hatte die ständige Mahnung von Sebastian und Cyrus gelautet. Tief in seinem Innersten haßte Jack den Konzern wahrscheinlich. Ich dagegen liebte die Firma; ich widmete ihr mein Leben.

Vor einer Stunde hat Jack aus Aix-en-Provence angerufen. Er hat den fürs Wochenende geplanten Flug nach London storniert. Ich nahm es ihm irgendwie übel. Ich hatte mich darauf gefreut, mit ihm über *Locke Industries* und andere geschäftliche Angelegenheiten zu diskutieren.

Jetzt müßten wir unsere Unterhaltung bis nächsten Monat verschieben; Jack hatte versprochen, zu der Party zu kommen, die ich an Geralds Geburtstag veranstalten wollte.

Momentan befand sich Gerald auf Geschäftsreise in Hongkong. Ende der Woche würde er zurückkommen. Beim Gedanken an meinen Mann wurde ich unruhig, stand vom Schreibtisch auf und schritt im Büro auf und ab. An der Wand, über einer Sitzecke mit Sofa, Sesseln und Kaffeetischchen, hing ein Spiegel. Vor dem blieb ich kurz stehen.

Ich war nervös, weil Gerald wahrscheinlich schrecklich böse sein würde, daß ich mir meine langen blonden Haare hatte abschneiden lassen. Er war ganz vernarrt gewesen in meine blonden Locken. Doch würde er sich letzten Endes wohl an den kurzen Pagenschnitt gewöhnen; er war einfach zeitgemäßer. Im übrigen wirkte mein Kopf mit diesem Haarschnitt zierlicher, kleiner und paßte daher besser zu meiner extrem schlanken Figur.

In den drei Wochen seit Geralds Abreise hatte sich nicht nur meine Frisur, sondern auch mein Körper verändert. Ich hatte zugenommen. Nicht viel, nur sechs Pfund, aber genug, um nicht mehr einen so ausgemergelten Eindruck zu machen. Die Gewichtszunahme hatte meine Garderobe durcheinandergebracht. Die meisten Kleider paßten nicht mehr, ich würde sie weggeben müssen. Ich hatte mehrere neue Kostüme für den Büroalltag bestellt; sie würden in der nächsten Woche geliefert werden.

Ich war über meine Gewichtszunahme froh. Nicht nur, daß ich besser aussah; ich fühlte mich auch wohler. Die Pfunde stellten sich im Dezember ganz von selbst ein, als ich unerwarteterweise wieder normal zu essen begonnen hatte.

Nicht, daß ich in den Jahren zuvor bewußt Diät gehalten hätte. Ich hatte ganz einfach nie viel Appetit gehabt. Das war seit meinem zwanzigsten Lebensjahr so. Ab da hatte mir plötzlich nichts mehr geschmeckt. Sebastian hatte mich damals mit meinem Körpergewicht aufgezogen; er hatte gesagt, ich wäre dick. »Ein richtiges kleines Butterfaß«, hatte er leicht abfällig noch hinzugefügt, und vom nächsten Tag an hatte ich dann nicht mehr richtig gegessen. Ich hatte mir im Grunde nur suggeriert, keinen Hunger mehr zu haben, und mich auf diese Weise jahrelang gequält.

Gerald wünschte sich schon seit langem ein Kind von mir.

Und jetzt tat ich es auch. Es war genau der richtige Zeitpunkt. Ich war achtundzwanzig, Gerald dreiunddreißig Jahre alt. Wir hatten das ideale Alter erreicht, um eine Familie zu gründen.

Ich wollte Erben. Söhne und Töchter zur Verjüngung der Lockes, die zu einer aussterbenden Dynastie geworden waren. Ich hatte den Ehrgeiz, daß *meine* Kinder die Familie weiterführen würden, daß sie unsere Familie ins nächste Jahrtausend retten, unser Vermögen vergrößern und die Tradition fortsetzen würden, die seit Generationen bestand.

Ich wandte mich vom Spiegel ab, zögerte kurz, um dann spontan das Büro zu verlassen. Ich eilte über den Flur zum Sitzungssaal.

Ich trat ein, machte die Türe hinter mir zu und knipste das Licht an. An den Wänden hingen die Portraits all derer, die unsere Familie groß gemacht hatten.

Doch um ehrlich zu sein – ich mußte gar nicht an mein beeindruckendes Erbe erinnert werden. Es war mir von Kindesbeinen an eingeimpft worden, ich war ungeheuer stolz, eine Locke zu sein, Teil einer langen Reihe von brillanten Geschäftsleuten.

Mein Vater hatte sie immer als Straßenräuber bezeichnet, und das in einem höchst verächtlichen Ton; ich hatte sie nie so gesehen. Sie waren meine Götter, ganz egal, ob sie nun Straßenräuber gewesen waren oder nicht.

Ich schaute mir ihre Portraits von Zeit zu Zeit gern an. Es handelte sich um Kopien der Originale, die im New Yorker Sitzungssaal hingen. Mit diesen Kopien hatte ich einen prominenten Künstler beauftragt, und nach meinem Empfinden waren seine Kopien den Originalen haushoch überlegen. Die Bilder beflügelten mich jedesmal zu noch größeren Anstrengungen.

Mir meine Vorfahren anzusehen war mittlerweile zu einem Ritual geworden. Ich fand jeden von ihnen faszinierend; ich wünschte mir, ich hätte sie alle persönlich gekannt.

Ich begann meine Betrachtungen stets mit dem Gründervater, Malcolm Trevor Lyon Locke, und fragte mich beim Anblick seiner Züge jedesmal von neuem, was für ein Mensch er wohl in Wirklichkeit gewesen war, mein Ururur-großvater.

Rein physisch sah er aus wie eine Ausgabe von Sebastian aus dem neunzehnten Jahrhundert. Oder andersherum: Mein Vater hatte Malcolm ähnlich gesehen. Man erkannte gleich, wem Sebastian sein gutes Aussehen verdankte – und Jack auch. Malcolm hatte das schwarze Haar, die frische Gesichtsfarbe und die hellen blauen Augen eines typischen Schotten.

Ich wußte alles über ihn. Er war eine legendäre Gestalt in unserer Familie. Geboren in Arbroath, einem kleinen Fischerdorf und Seehafen an der schottischen Ostküste bei Dundee, war er im Jahre 1830 nach Amerika gesegelt. Neunzehn Jahre war er alt gewesen, als er aufgebrochen war, sein Glück zu suchen.

Es heißt, Malcolm hätte nur zu bald entdeckt, daß die Straßen New Yorks keineswegs, wie man ihm weisgemacht hatte, mit Gold gepflastert waren. Also zog er weiter nach Philadelphia.

Malcolm war gelernter Hufschmied, ein unternehmungslustiger Mensch und so etwas wie ein Erfinder, der unentwegt an Maschinen und Werkzeug herumbastelte. Während er noch in einer Hufschmiede arbeitete, begann er nebenbei ein eigenes Werkzeuggeschäft mit einer kleinen Schmiede aufzubauen, die er in seiner freien Zeit betrieb.

1837 wurde der erste Scharpflug erfunden, der selbsttätig die Spur hielt und sich in die Erde grub. Ein Jahr später, 1838, brachte es Malcolm, der selbst mit Pflügen experimentiert hatte, zu einer eigenen Erfindung.

Malcolm Locke schuf ein Streichblech aus gekühltem Gußeisen mit dem geringsten Reibungsverlust und größter Leistung. Die Erfindung hat sein Leben von Grund auf verändert und legte den Grundstein für seinen Aufstieg zum Millionär. Sie war auch die Basis des Familienvermögens und von *Locke Industries*, das zu jener Zeit allerdings noch unter der Bezeichnung *Locke Tool Company* lief. Den Namen hatte ihr Malcolm gegeben.

Vom Portrait Malcolms ging ich weiter zu Ians Bild. Er war der älteste Sohn aus Malcolms Ehe mit Amy McDonald; seine Geburt fiel ins Glücksjahr 1838.

Sobald er das entsprechende Alter erreicht hatte, trat Ian in Malcolms Betrieb ein, der mittlerweile längst nicht mehr nur Streichbleche fabrizierte, sondern weitere landwirtschaftliche Gerätschaften und Hilfsmittel. Die *Locke Tool Company* florierte unter Ians verläßlicher, wenngleich phantasieloser Leitung.

Colin, der erste Sohn von Ian und dessen Frau Georgina Anson, kam 1866 zur Welt. Colin sah Ian und Malcolm überhaupt nicht ähnlich; von letzterem hatte er jedoch die Erfindungsgabe und den Pioniergeist geerbt.

Mit Ende Zwanzig ging Colin nach Texas, um nach Öl zu suchen, allerdings ohne Glück, so daß er schließlich nach Philadelphia und zum Familienbetrieb heimkehrte.

Aufgrund seiner Erfahrungen in den Ölfeldern kam er aber auf die Idee, an Bohrgeräten herumzutüfteln. Gleichzeitig arbeitete er in seinem Werkzeugladen noch an vielen anderen Erfindungen. Aber wann immer er Zeit hatte, beschäftigte er sich vor allem damit, den Fischschwanzmeißel zu verbessern, der bei Bohrungen meistens verwendet wurde. Er wußte aus Erfahrung, daß das Ding andauernd kaputtging.

Colin war Anfang Vierzig, als ihm die Idee zu jenem Bohrgerät kam, das die *Locke Tool Company* ein weiteres Mal von Grund auf verändern sollte.

Nach jahrelangen Enttäuschungen und zahlreichen unterschiedlichen Variationen erfand er zu guter Letzt einen Bohrer, der durch Felsen und Treibsand dringen konnte. Er hatte die Form von zwei Pinienzapfen, von denen sich der eine im Uhrzeigersinn bewegte, der zweite in Gegenrichtung; diese zwei Drehkegel, die sich im Gegensinn bewegten, verfügten über 170 Schneidkanten.

Man schrieb das Jahr 1907. Colin Lockes Bohrstück war geradezu revolutionär. Er kam Bo Hughes um ein Jahr zuvor. Hughes machte eine ähnliche Erfindung und gründete die *Hughes-Sharp Tool Company*.

Intensiv betrachtete ich Colins Portrait.

So gutaussehend wie die Lockes vor ihm war mein Urgroßvater nicht. Er hatte blondes Haar und dunkelbraune Augen; mir war klar, wem ich meinen persönlichen Farbtyp verdankte. Auf dem Gemälde machte Colin einen recht leidenden Eindruck. Sebastian hatte ihn überhaupt nicht gemocht – er hatte ihn fast genauso gehaßt wie seinen Vater.

Es war die Erfindung von Colin Locke, welche den Grundstein eines noch viel größeren Familienvermögens gelegt und die *Locke Tool Company* begründet hatte.

Sein berühmtes Bohrstück wurde in der ganzen Welt verkauft, und das bereits während der Jahre, als er es noch ständig weiter vervollkommnete. Ohne es sind Ölbohrungen heutzutage unmöglich; an diesem Teil verdienen wir jedes Jahr Hunderte von Millionen – seit damals, als Colin es erfand.

Neben ihm hängt das Portrait meines Großvaters Cyrus, dem Erstgeborenen aus Colins Ehe mit Sylvia Vale; er war 1904 zur Welt gekommen.

Großvater war jetzt einundneunzig. In meiner Vorstellung sehe ich ihn stets als weißhaarigen alten Mann vor mir, doch auf dem Portrait hier ist er jung, Ende Dreißig, und auf eine düstere, finstere Weise ziemlich attraktiv. Er hatte damals hellbraunes Haar und schwarze Augen und schien gar nicht in die Reihe seiner Vorfahren zu passen. Mir kam er so ganz und gar nicht wie ein Locke vor.

Ich mußte wieder daran denken, wie ich diesen Mann auf Sebastians Beerdigung erlebt hatte, und unwillkürlich erschauerte ich. Wie schrecklich einen Menschen doch das Alter verändert. Cyrus war einst ein dominierender, kompromißloser und rücksichtsloser Mensch gewesen, der *Locke Industries* mit harter Hand geführt hatte.

Heute war er ein Nichts. In der Firma, über die er einst geherrscht hatte wie ein Despot, verfügte er weder über Macht noch Einfluß. Er war nur mehr ein gebrechlicher, kleiner alter Mann; man hatte den Eindruck, daß ihn ein Windstoß umwerfen könnte.

Ich ging weiter. Neben ihm hing das Bild von Sebastian Lyon Locke. Es war das letzte Portrait.

Mein Vater.

Was für ein schöner Mann er gewesen war! Mit seinen strahlend blauen Augen und dem rabenschwarzen Haar hatte er einfach unglaublich gut ausgesehen. Auch seine Gesichtszüge waren faszinierend, die klaren Konturen wie gemeißelt. Kein Wunder, daß die Frauen ihm zu Füßen gelegen hatten. Ich konnte sie verstehen. Er war ein Bild von einem Mann gewesen.

Mit fünf Frauen war er verheiratet gewesen. Aber nur zwei hatten ihm Kinder geboren, je eins. Ich fragte mich seit einiger Zeit oft, warum er eigentlich nicht mehr Kinder gehabt hatte.

Seine erste Frau, Josephine Allyson, stammte aus einer der besten Familien Philadelphias und hatte selbst ein Vermögen mit in die Ehe gebracht. Sie war Jacks Mutter und starb, als er zwei Jahre alt war. Sie hatte ihn als Alleinerben ihrer Millionen eingesetzt, die bis zu seiner Volljährigkeit treuhänderisch verwaltet wurden.

Sebastians zweite Ehefrau war meine Mutter, Christabelle Wilson, gewesen. Als er Christa geheiratet hatte, war er ein trauernder Witwer gewesen. So hatte man mir zumindest weismachen wollen.

Ich war das Ergebnis dieser kurzen Verbindung.

Ich war noch sehr klein, als meine Mutter nach New Haven in eine Entzugsklinik gesteckt wurde. Sie ist nie mehr zu uns zurückgekehrt. Ich habe sie zwar noch gelegentlich gesehen, aufgezogen hat mich jedoch Sebastian.

Nach der Scheidung von meiner alkoholkranken Mutter hatte er ein Verhältnis mit Antoinette Delaney, der Mutter von Vivienne. Aus dieser Liebesgeschichte ist nie eine Ehe geworden, da Antoinette noch mit Liam Delaney verheiratet war, der sich in der Südsee herumtrieb.

Sebastians Verhältnis mit Antoinette fand ein abruptes Ende, als sie sich bei einem Sturz auf der Kellertreppe das Genick brach. Hätte sie länger gelebt, so hätte sie sich vermutlich irgendwann einmal wegen böswilligen Verlassens von Liam scheiden lassen und meinen Vater heiraten können. Ich weiß, daß Sebastian die Beziehung legalisieren wollte. Er hat es mir selbst einmal gesagt. Und ihr Tod hat ihn offenbar sehr getroffen.

Die dritte Ehefrau meines Vaters war Stephanie Jones. Sie

blieb nur eine kurze Episode in unserem Leben. Stephanie hatte in der Locke-Stiftung als Sebastians Assistentin gearbeitet. Jack und ich haben sie gern gemocht. Sie war eine Intellektuelle, ein ziemlich stiller Mensch mit blendendem Aussehen, ein kühle, kultivierte Blondine, die mich an Grace Kelly erinnerte. Stephanie hat sich mir und Jack gegenüber immer freundlich verhalten. Wir waren sehr traurig, als sie bei einem Flugzeugunglück ums Leben kam.

Danach kam die große Vivienne.

Mit ihr war mein Vater am längsten verheiratet. Fünf Jahre. Mir sind sie vorgekommen wie eine Ewigkeit. Ich weiß, daß sie von ihm schwanger wurde und eine Fehlgeburt hatte. Sebastian hat es mir selbst erzählt. Der Verlust des Babys hat ihm fast das Herz gebrochen.

Es war wohl unvermeidlich, daß er Vivienne geheiratet hat. Sie war schon als Heranwachsende sein Liebling gewesen; nach dem Tod ihrer Mutter hatte er die Vormundschaft übernommen. Er kam für ihr Schulgeld auf und unterstützte sie auch sonst finanziell; die Schulferien und alle besonderen Feiertage verbrachte sie bei uns.

Gegen Vivienne hatte ich schon immer eine recht heftige Abneigung verspürt. Im Grunde konnte ich sie nie ausstehen. Deswegen war ich froh, als mein Vater sich von ihr trennte. Ich war schon immer der Ansicht gewesen, daß mein Vater etwas Besseres verdient hätte.

Seine fünfte und letzte Ehe ging er mit Betsy Bethune ein – einer Karrierefrau. Jemand ungeeigneteren hätte er nach meiner Empfindung gar nicht heiraten können. Sie war viel zu sehr damit beschäftigt, eine berühmte Konzertpianistin zu werden, um meinem Vater eine gute Ehefrau zu sein, und ich war nicht überrascht, als er sich von ihr scheiden ließ. Ich habe nie verstanden, warum er sie überhaupt geheiratet hatte. Es war mir immer ein Rätsel gewesen.

Ich studierte das Bild meines Vaters länger als die andern und musterte seine Züge ganz genau.

Ich fragte mich erneut, warum er sich umgebracht hat. Es war für mich einfach unbegreiflich. Als ich bei ihm in New York war, schien alles völlig in Ordnung. Ja, er wirkte viel weniger düster als oft zuvor. Er machte in der Woche vor seinem Selbstmord einen entspannten, beinahe glücklichen Eindruck. Ich wünschte mir, er hätte es nicht getan. Er fehlt mir sehr.

Ich habe meinen Vater immer geliebt, obwohl er Jack in vieler Hinsicht mir vorgezogen hatte. Er hat meinem Bruder immer viel Zeit und Kraft gewidmet; andererseits war das wohl insofern ganz natürlich, als Jack sein einziger Sohn und Erbe war.

Vivienne ist vom ersten Augenblick an, seit sie mit ihrer unerträglichen Mutter auf der Bildfläche erschienen war, zwischen mich und meinen Vater getreten. Sie hat mir den Vater gestohlen, als ich ein Kind war; erst später, als ich erwachsen war, habe ich mir ein Teil von ihm zurückerobern können.

Immerhin war ich sein echtes Kind, sein biologisches Kind, in dessen Adern das echte Blut der Lockes floß. Als Teenager hat er in mir den zweiten Sohn gesehen, den er sich immer gewünscht hatte. Das war auch der Grund, warum er mir bei *Locke Industries* so viel Macht eingeräumt hat. Er hat natürlich gewußt, daß ich eine tüchtige Geschäftsfrau war, pragmatisch und effizient wie er selbst; er hat auch gewußt, daß ich ihn nicht enttäuschen würde. Ihm war bewußt, wieviel mir unsere Firma bedeutete.

Ja, mein Vater hat mich geliebt. Das hat er in seinem Testament deutlich gemacht.

»Meiner teuersten und liebsten Tochter Luciana übergebe und vererbe ich hiermit...« Das waren seine Worte gewesen, bevor er meine Erbschaft im einzelnen auflistete.

Mein Vater hat mir die Hälfte seines Privatvermögens und viele von jenen Dingen vererbt, die ihm persönlich am teuersten waren. Am allermeisten habe ich mich über die unschätzbare Sammlung impressionistischer Gemälde gefreut, besonders über die vielen van Goghs, die er mir geschenkt hat. Allein diese Geste ist für mich ein weiteres Zeichen seiner Liebe.

Ich seufzte, als ich einen letzten Blick auf das Bild von Sebastian warf. Dann verließ ich den Sitzungssaal, machte das Licht aus und zog die Tür hinter mir zu.

22

Während meines kurzen Besuchs bei den Bildern meiner Ahnen im Sitzungssaal hatte mir Claire, meine Sekretärin, einen Stapel von Fax-Dokumenten auf den Schreibtisch gelegt. Die meisten kamen von *Locke Industries* in New York.

Ich las alle durch, beantwortete sie, wo eine Antwort notwendig war, und machte mir zum Rest Notizen. Nachdem ich einen Stoß Briefe unterschrieben hatte, begab ich mich ins angrenzende Büro und gab alles an Claire weiter.

Von meinem Schreibtisch aus führte ich danach ein halbes Dutzend Telefonate mit *Locke* in New York, erledigte noch ein paar geschäftliche Dinge und überflog anschließend meine Termine für den Rest der Woche.

Für den morgigen Tag hatte ich mit Madge Hitchens von der Locke-Stiftung eine Verabredung zum Lunch im *Claridge's*. Madge war für die Stiftung auf dem Weg nach Afrika und machte für ein paar Tage in London halt, um ihre Tochter Melanie zu besuchen, die am *Royal College of Art* studierte.

Es war der einzige feste Termin, sonst gab es nur Routineangelegenheiten zu erledigen. Am Abend kam Gerald aus Hongkong zurück.

Ich verschloß meinen Kalender im Schreibtisch und verabschiedete mich von Claire.

Das Londoner Büro von *Locke Industries* befand sich am Berkeley Square. Beim Verlassen des Gebäudes blieb ich kurz stehen.

Es war sechs Uhr und noch immer hell, ein angenehmer Abend Ende März, so daß ich mich entschloß, nach Hause zu laufen. Ich ging Richtung Charles Street, die mich zur Curzon Street führen würde, von dort konnte ich dann über die Park Lane zur Hyde Park Corner weitergehen.

Ich ging gern in London zu Fuß, um die alten Gebäude zu betrachten und das Gefühl von Vergangenheit und die historische Atmosphäre zu genießen. Außerdem war London meine Lieblingsstadt. Mein Vater hatte mich und Jack zum erstenmal hierhergebracht, als er vierzehn und ich zwölf Jahre alt war. Und natürlich habe ich mich sofort in diese Stadt verliebt, in die Menschen, die Kultur und natürlich die angenehme Art der Briten. Sie waren so höflich und kultiviert, daß man sich in ihrer Umgebung einfach wohl fühlte.

Das war im Sommer 1979 gewesen. Mein Vater war damals mit der erklärten Absicht angereist, seine Wohnung in Mayfair zu verkaufen. Doch nachdem er sie einem Makler übergeben hatte, blieb er in London und kaufte ein Haus am Eaton Place.

Ich habe ihn an dem Tag, als er das Haus zum erstenmal besichtigt hat, begleitet, und ich weiß nicht mehr, wem von uns beiden es besser gefiel, Sebastian oder mir. Jack zeigte nicht das geringste Interesse, er zählte die Stunden bis zur Weiterreise zum *Château d'Cose* in Aix-en-Provence; er wäre am liebsten immer dort geblieben. Ihm war das Schloß in sieben Jahren sehr ans Herz gewachsen. Ihm galt seine ganze Leidenschaft.

Das Haus in London wurde jedenfalls gekauft, ein Innenausstatter mit der Einrichtung beauftragt, und zum Jahresende kehrten wir zurück, um hier Weihnachten zu feiern. Auf das Haus war eine Menge Sorgfalt und Geld verwendet worden, Colefax & Porter hatten exzellente Arbeit geleistet und ein elegantes, warmes, äußerst gemütliches Ambiente geschaffen. Es war ein richtiges Heim geworden, keine von diesen typischen Designerkreationen. Sebastian war mit dem Resultat sehr zufrieden.

Mir wurde der Aufenthalt durch die Anwesenheit von Vivienne verdorben; doch ich war andererseits so froh, wieder in London zu sein, daß es mir gelang, mein Mißfallen hinter einem falschen Lächeln zu verstecken. Dieses Lächeln trug ich damals unentwegt im Gesicht.

Es gelang mir auch, mich in diesem Winter daheim rar zu machen. Ich besuchte das Victoria and Albert Museum, das Britische Museum, den Londoner Tower, Madame Tussaud's und meinen Lieblingsort überhaupt, die Tate Gallery. Ich liebte es, dort durch die Räume zu wandern, um die Gemälde zu bewundern, insbesondere die Bilder von Turner.

Jack hat mir damals immer wieder weiszumachen versucht, daß Sebastian hinter Vivienne her wäre. Es sei ein richtiger Feldzug, behauptete er, er nannte es ›Die allmähliche Verführung der Vivienne‹, so daß es fast wie der Titel eines Theaterstücks oder Films klang. Laut Jack war Sebastian der große fette Kater, der nur darauf lauerte, sich die unschuldige Jungfrau zu schnappen. Da war ich allerdings anderer Ansicht; für mich war es genau umgekehrt.

Ich hatte es immer so gesehen, daß Vivienne hinter meinem Vater her war, schon als Teenager, noch zu Lebzeiten ihrer gräßlichen Mutter. Ihr lebhaftes Interesse an Sebastian wurde mir Weihnachten 1979 klarer denn je; sie ließ ihn keinen Moment aus den Augen. Sie hing an seinen Lippen, an seinem Arm, sie ließ Jack oder mich keinen Augenblick mit ihm allein.

Ich habe Jack damals gesagt, daß sie mit Sebastian ins Bett ginge, aber er hat über diese Vorstellung nur gelacht. Mein Bruder hatte für Vivienne die Große geschwärmt, solange ich denken konnte, und daher vermutlich den Gedanken nicht ertragen können› daß unser Vater genau dort war, wo *er* selbst gern gewesen wäre – in ihren Armen.

Ich kann mich noch erinnern, daß ich auch nicht gerade von der Vorstellung begeistert war, weil Vivienne seit langem versuchte, einen Keil zwischen meinen Vater und mich zu treiben. Als Geliebte Sebastians würde sie dazu noch mehr Gelegenheit haben, und weil ich sie kannte, wußte ich, daß sie die Gelegenheit nutzen würde.

Ich war immerhin klug genug zu begreifen, daß ich das Problem, falls es denn tatsächlich eines gab, nicht beseitigen konnte. Aus diesem Grunde folgte ich meinen eigenen Interessen und überließ die beiden sich selbst. Ich empfahl Jack, das gleiche zu tun, doch er bestand darauf, zu Hause zu bleiben, »um die Dinge im Auge zu behalten«, wie er es nannte. Ich nannte so etwas spionieren.

Ich habe London in jener Zeit gut kennengelernt, und nach unserem Stadthaus in Manhattan, wo ich mit Jack zusammen aufgewachsen war, war mir unser Londoner Haus am liebsten. Zu meinem Glück verbrachten wir in den folgenden Jahren ziemlich viel Zeit in London. Mein Vater engagierte sich damals mehr und mehr für seine philanthropischen Aktivitäten in Afrika; da bot sich London als idealer Ausgangspunkt für seine Reisen an.

Nach seiner Heirat mit Vivienne schien sein Interesse an London und dem dortigen Haus abzunehmen. Während ihrer Flitterwochen sind sie sogar im *Claridge's* abgestiegen; gegen Jahresende hat er dann die alte Mühle in Lourmarin gekauft. Darüber war ich nur froh, weil es meinen Vater auf die Idee brachte, Jack das Château zu schenken, worüber Jack so glücklich war, daß er beinahe übergeschnappt wäre.

Ich war dreiundzwanzig Jahre alt, als ich mich in meiner Lieblingsstadt niederließ. Sebastian hatte mir eine leitende Stellung in unserem Londoner Büro anvertraut, wo ich mich endlich in meinem Element befand. Ich war für einige Firmen verantwortlich, die Produkte für Frauen herstellten.

Locke Industries hatte sich im Laufe der Zeit zu einem riesigen Mischkonzern entwickelt. Von Malcolms Pflugscharen stellten wir nur noch eine symbolische Menge her; statt dessen produzierten wir Traktoren und sonstige landwirtschaftliche Maschinen sowie Kleintransporter, Jeeps, Golf-Carts und Kombis.

Wir hatten eine Firmendivision für Baumaterialien, in der alles von Türen und Fenstern bis zu Fußböden und Wänden hergestellt wurde. Wir produzierten Fertighäuser, -garagen und -scheunen. Unsere Abteilung für Badezimmer-Einrichtungen fabrizierte ein komplettes Designsortiment von Wannen, Duschen und WCs samt Zubehör. Es gab sogar einen Firmenzweig für Duschvorhänge.

Mit dieser Erweiterung unserer Produktpalette hatten mein Urgroßvater Colin und mein Großvater Cyrus angefangen, lange bevor so etwas zu einem industrieweiten Trend wurde. Mein Vater hatte ihre bahnbrechenden Anregungen weitergeführt, als er sich noch ganztägig um die Firma kümmerte – bevor er einen großen Teil seiner Zeit philanthropischen Aufgaben widmete.

Sebastian hatte mit den Jahren eine Reihe von großen Firmen übernommen, die er innerhalb von *Locke Industries* in jenen Firmenzweigen zusammenfaßte, die Produkte für Frauen herstellten. Er hatte bekannte Markenfirmen für Kleidung, Unterwäsche, Strümpfe, Schuhe, Bademoden, Sport- und Freizeitkleidung erworben.

Als mein Vater mich vor nunmehr fünf Jahren nach London geschickt hatte, war meine erste eigenverantwortliche Entscheidung gewesen, eine Firma zu kaufen, die sich auf Kosmetik und Körperpflegemittel spezialisiert hatte. Dieser Kauf zog weitere Akquisitionen nach sich; dieser erste erwies sich jedoch bald als riesige Einnahmequelle; ich bin immer noch ganz besonders stolz auf diese Transaktion.

Ich hatte mich jahrelang für eine hundertprozentige Karrierefrau gehalten und nie viel über Heirat und Ehe nachgedacht, obwohl ich eine Menge Freunde gehabt hatte. Ich war jedoch erst ein paar Monate in London, als ich mich auch schon verliebte.

Thomas Kamper, ein Geschäftsfreund, machte mich mit seinem Bruder Gerald bekannt, der mit ihm zusammen in der City arbeitete, in der Merchant Bank, die im Besitz ihrer Familie war.

Gerald und ich mochten uns auf Anhieb. Die Zuneigung war gegenseitig. Seine schlanke, dunkle, attraktive Erscheinung und seine klaren blauen Augen trafen einen Nerv in mir. Sechs Monate nach unserer ersten Begegnung waren wir bereits verheiratet. Damals war ich vierundzwanzig, er neunundzwanzig.

Ich bin mir noch immer nicht sicher, ob Geralds Mutter, Lady Fewston, sehr erbaut davon war, daß ihr jüngster Sohn eine Amerikanerin zur Frau genommen hatte; Sebastian dagegen war von dieser Verbindung sehr angetan. Er mochte Gerald, billigte die kurze Verlobungszeit und schenkte uns das Haus am Eaton Place zur Hochzeit, was mich so glücklich machte, wie Jack gewesen war, als Vater ihm das Château geschenkt hatte.

Ich liebte Gerald aus einer Reihe von Gründen; darunter war seine generelle Einstellung gegenüber Frauen keineswegs der unbedeutendste. Für faule, verwöhnte Nichtstuerinnen empfand er wenig Sympathie; da waren ihm starke, unabhängige Frauen, die Karriere machten, schon lieber. Wie mein Bruder Jack fühlte auch er sich zu intelligenten Frauen hingezogen, die selber etwas zu sagen hatten.

Ganz tief in meinem Innersten weiß ich, daß ich trotz allem gezögert hätte, Gerald zu heiraten, wenn er gegen meine Arbeit Einwände gehabt hätte. Wahrscheinlich hätte ich die Sache dann sogar nach ein paar Verabredungen wieder aufgegeben.

Es war mir einfach ein Bedürfnis, für *Locke Industries* zu arbeiten; ich brauchte das für mein eigenes Wohlbefinden und mein Selbstverständnis. Ich brauchte eine Beschäftigung, das Gefühl, etwas zu schaffen, auf meine eigene, bescheidene Weise einen Beitrag zur Gesellschaft zu leisten. Und außerdem lag mir natürlich *Locke Industries* auch im Blut, es bildete einen wichtigen Bestandteil meines Lebens. So war es immer gewesen. Ich wollte es so. Eines Tages würde ich hoffentlich selbst die Firmenleitung übernehmen.

Ich sah, daß ich fast zu Hause angekommen war. Ich war so rasch gelaufen, daß ich den Eaton Place in Rekordzeit erreicht hatte. Als ich den Schlüssel ins Sicherheitsschloß steckte, schlug die Standuhr im Flur halb sieben.

23

»Ich war absolut sprachlos, als Vivienne mir mitteilte, daß dein Vater in diesem Jahr wieder heiraten wollte«, erklärte Madge Hitchens und sah mich aufmerksam an. »Davon hatte ich überhaupt nichts gewußt, Luciana. Du etwa?«

Ich konnte sie nur sprachlos anstarren. Die Nachricht traf mich wie ein Schock.

»Ich entnehme deinem Gesichtsausdruck und deinem Schweigen, daß du auch nichts gewußt hast. Du reagierst genauso erstaunt wie ich, als ich davon hörte«, meinte Madge weiter.

»Und wen hat er heiraten wollen?« fragte ich, als ich meine Stimme wiedergefunden hatte.

»Ihren Namen hat Vivienne nicht gewußt. Das war ja der Grund, weshalb sie mich nach dieser Frau fragte.«

Ich überlegte kurz und sagte dann: »Vivienne hat geglaubt, du würdest sie kennen, weil du dauernd mit Sebastian zusammen auf Reisen warst.«

»Richtig. Aber von einer Verlobten war mir nichts bekannt. Das gilt übrigens für alle Mitarbeiter der Stiftung.«

»Und wieso hat es Vivienne gewußt?« Mir fiel noch während der Frage ein, wie dumm es von mir war, sie überhaupt zu stellen. Vivienne war für Sebastian immer eine enge Vertraute gewesen.

»Sie wußte es von Sebastian selbst«, erwiderte Madge und bestätigte damit nur meine Vermutung.

»Aber den Namen der Frau hat er ihr nicht genannt, Madge.« Ich schüttelte den Kopf. »Typisch Sebastian. Aber irgend etwas muß er Vivienne doch über sie erzählt haben.«

»In der Tat. Er hat Vivienne berichtet, daß sie Ärztin ist. Naturwissenschaftlerin. Wenn ich es recht verstanden habe. Angeblich lebt und arbeitet sie in Afrika.«

»Warum interessiert das Vivienne überhaupt noch, wo mein Vater doch tot ist?«

»Sie schreibt an einem Portrait über Sebastian und hätte die Frau deshalb gerne interviewt.«

»Verstehe.« Ich schenkte Madge ein leises Lächeln. »Da müssen wir uns wenigstens keine Sorgen machen, was Tonlage und Inhalt betrifft, liebe Madge. Wenn Vivienne die Verfasserin ist, kann das Portrait ja nur äußerst schmeichelhaft ausfallen.«

»Das meine ich auch.«

»Und für wen schreibt Vivienne? Hat sie dir das gesagt?«

»Ja.« Madge nickte. »Für das Magazin der *Sunday Times*. Wie ich schon sagte: Sie hat sich einige Wochen in New York aufgehalten und alle möglichen Leute bei *Locke Industries* und in der Stiftung befragt. Soweit ich verstanden habe, haben sich alle nur sehr positiv zu Sebastian geäußert. Aber wie könnte es auch anders sein? Er war ein einmaliger Mensch. Seine Mitarbeiter haben ihn verehrt. Sie verehren ihn noch immer. So gesehen dürfte Viviennes Portrait am Ende durchaus der Wahrheit entsprechen.«

»Und die wäre?« Jetzt war ich doch neugierig.

»Sie baut ihren Artikel auf der Grundprämisse auf, daß Sebastian der letzte große Philanthrop war.«

»Der letzte große Philanthrop«, wiederholte ich. »Gar kein schlechter Titel, nein, ganz und gar nicht, du hast völlig recht: Er trifft es genau.«

»Dein Vater ist ein großartiger Mensch gewesen, Luciana. Ich habe achtzehn Jahre für ihn gearbeitet, es hat nicht einen Tag gegeben, an dem ich ihn nicht von neuem bewundert hätte. Dank seiner Persönlichkeit flogen ihm die Herzen der Menschen zu, und er verfügte über eine Energie, die weit über das Durchschnittsmaß hinausging. Ich habe auch keinen anderen derartig willensstarken Menschen gekannt. Er war in vielerlei Hinsicht bemerkenswert, und zudem ein Mensch voller Mitgefühl.«

»Ja, du hast mit allem recht«, stimmte ich zu. »Ich war stets überzeugt, daß er alles hätte schaffen können, was er gewollt hätte – selbst wenn er ohne seine ganzen Privilegien geboren worden wäre. Er war so brillant, daß er sowieso überall Erfolg gehabt hätte.«

»Er hatte eine außergewöhnliche Ausstrahlung«, bemerkte Madge. »Es hat ihm bei Verhandlungen mit den Regierungen einiger Drittweltländer sehr genutzt. Sie waren von ihm beeindruckt, und am Ende hat er sie von seiner Einstellung überzeugen können. Was mich zu einem anderen Punkt bringt, Luciana.«

»Und der wäre, Madge?«

»Auch wenn Jack nun die Stiftung leitet und die Gelder im Sinne eures Vaters verwaltet – Reisen in unsere Aktionsgebiete wird er nicht unternehmen wollen. Ob du ihn wohl überreden könntest, daß er mich später in diesem Jahre nach Afrika begleitet?«

»Du machst wohl Witze. Auf mich würde er bestimmt nicht hören. Übrigens auch auf niemand anderen. Jack ist stur, das müßtest du inzwischen doch wissen. Du kennst ihn immerhin seit er ein Kind war.« Ich schüttelte erneut den Kopf und fuhr fort: »Er wird nicht nach Afrika reisen. Oder irgendwo anders hin. Tut mir leid.«

»Meinst du nicht, daß wir darauf hinarbeiten könnten, Luciana?«

Ich ließ ein hohles Lachen hören. »Versuchen können wir's ja, auch wenn ich bezweifle, daß es etwas bringt. Er wird ja doch seine Weinberge nie verlassen.« Ich trank einen Schluck Wasser und fuhr fort: »Wir sollten jetzt aber einen Blick auf die Speisekarte werfen und etwas zu essen bestellen. Meinst du nicht auch?«

»Selbstverständlich.« Sie betrachtete mich lange und sagte dann: »Ich bin wirklich froh, daß du etwas zugenommen hast. Du bist viel zu lang viel zu mager gewesen.«

»Ich weiß«, meinte ich lächelnd. »Ich habe plötzlich wieder Hunger.«

Nachdem wir unsere Bestellung aufgegeben hatten, kam ich wieder auf Jack und seine Arbeit für die Stiftung zu sprechen. »Jack hat überhaupt nichts dagegen, das Geld auszugeben, Madge«, erklärte ich. »Er ist da absolut nicht knauserig. Er will sich nur nicht persönlich für eine solche philanthropische Arbeit einsetzen. Er kann nicht so mit Menschen umgehen, wie Sebastian das gekonnt hat. Frag mich nicht, warum. Es liegt ihm einfach nicht.«

»Vielleicht könnte ich ihn langsam dahin bringen«, begann Madge, brach dann aber ab und spitzte nachdenklich die Lippen. »Weißt du, ich hatte eigentlich immer den Eindruck, daß Jack auf keinen Fall im Schatten eures Vaters leben wollte. Vielleicht liegt da das Problem.«

»Das könnte durchaus zutreffen«, pflichtete ich ihr bei. »Er ist Sebastian in vieler Hinsicht sehr ähnlich, aber er tut alles, um sich anders zu geben. Es ist ganz so, als hätte er Angst als Klon seines Vaters zu enden.«

»Sehr gut möglich.« Madge warf mir einen prüfenden Blick zu. »Glaubst du übrigens wirklich, daß Sebastian wieder heiraten wollte?«

»Wäre durchaus möglich.« Ich zuckte die Achseln. »Nur hat er *mir* davon nichts gesagt.«

»Das hat er eben niemandem – außer Vivienne. Warum hätte er denn ein Geheimnis draus machen sollen, wenn die Geschichte stimmt?«

»Vielleicht hat er das ja gar nicht.« Ich wurde nachdenklich. »Vielleicht hat sie in einer abgelegenen Gegend gearbeitet. Du weißt doch wie er war, reiste die ganze Zeit in der Weltgeschichte herum. Ich wußte nie genau, wo er gerade war. Du etwa?«

»Nicht immer, nein. Es kam oft genug vor, daß wir uns in ganz verschiedenen Teilen Afrikas aufhielten. Oder sogar in unterschiedlichen Teilen der Welt. Aber seltsam ist es trotzdem, oder? Übrigens, ich sollte dich vorwarnen ... Vivienne hat die Absicht, dich in London aufzusuchen, um dich zu interviewen.«

Ich nahm es schweigend zur Kenntnis.

In dem Augenblick traf der Kellner mit dem ersten Gang ein, und ich ließ das Thema Vivienne fallen. Zu meiner eigenen Überraschung war ich tatsächlich hungrig. Mir lief richtiggehend das Wasser im Mund zusammen, als der Kellner uns vorlegte. Es war das erstemal seit Jahren, daß ich eingelegte Garnelen aß, und ich konnte es kaum erwarten, den ersten Bissen zu nehmen!

Ich wünschte Madge einen guten Appetit, nahm eine dünne, mit Butter bestrichene Scheibe dunkles Brot und aß ein Stück davon, bevor ich mich mit Genuß über die Garnelen hermachte. Ich hatte sie zum erstenmal 1970 gekostet, am selben Ort, hier im *Claridge's*, wo Sebastian uns oft zum Lunch und gelegentlich zum Dinner eingeladen hatte. Jahrelang hatte ich dieses Essen gemieden, weil die Garnelen mit reiner Butter angerichtet wurden, doch heute durfte ich sie bedenkenlos genießen – ich *wollte* ja zunehmen.

»Ich würde mich freuen, Gerald einmal wieder zu sehn«, murmelte Madge, als sie ihre Gabel unter eine Colchester-Auster schob.

»Er kommt heute abend aus Hongkong zurück. Vielleicht könntest du am Sonntag mit uns auf dem Land zu Mittag essen.«

»Das wäre wunderbar, Luciana, vielen Dank. Er ist so ein netter Mensch, beim Gedenkgottesdienst in New York war er richtig rührend, seine Anwesenheit war ein echter Trost.«

»Typisch Gerald. Ich fürchte, er macht sich heute noch Vorwürfe, daß er nicht zu Sebastians Beerdigung in Connecticut kommen konnte. Aber sein Vater hatte gerade eine schwere Operation hinter sich, und er wollte ihn nicht im Stich lassen«, erklärte ich.

»Davon hat er mir erzählt. Dafür hatte ich volles Verständnis.«

»Möchtest du Melanie mitbringen?« erkundigte ich mich. »Oder meinst du, daß sie sich nur langweilen würde?«

»Natürlich nicht. Sie kommt bestimmt gern mit. Danke.«

»Sie kommt mit ihrem Kunststudium gut voran?«

»Hervorragend. Und es macht ihr großen Spaß«, erwiderte Madge und erzählte mir kurz von ihrer 21jährigen Tochter.

Während ich der langjährigen Mitarbeiterin meines Vaters und Freundin unserer Familie zuhörte, konnte ich nicht umhin festzustellen, wie gut sie aussah. Sie war mit 42 Jahren die Assistentin meines Vaters geworden; Melanie war damals gerade zwei Jahre alt. Madge hatte sich in den vergangenen Jahren kaum verändert. Das Haar war noch immer rabenschwarz, das Gesicht strahlend und ohne Falten. Man sah ihr überhaupt nicht an, daß sie schon sechzig war.

»Warum siehst du mich so an, Luce?« sagte sie und legte den Kopf zur Seite. »Stimmt etwas nicht?«

»Wie unhöflich von mir. Entschuldige. Ich habe dich nur bewundert, Madge. Wegen deines Aussehens ... wie an dem Tag, als ich dir zum erstenmal begegnet bin. Ich war zehn.«

»Mit freundlichen Worten erreichst du alles«, entgegnete sie lachend. »Ich fühle mich aber auch sehr wohl.«

»Sebastian hat immer nur gestaunt, wie fit du bist. Er hielt dich für den fittesten Menschen in seinem ganzen Bekanntenkreis. Er hat es bei unserem letzten Gespräch in New York noch einmal erwähnt... kurz vor seinem Tod.«

Madge starrte mich an, und dann brach es aus ihr heraus. »Er fehlt mir ja so sehr, Luce.« Ihre schönen grauen Augen füllten sich mit Tränen. Sie mußte sich mehrmals räuspern.

Ich ergriff ihre Hand, die auf dem Tisch ruhte. »Ich weiß. Mir geht es ja nicht anders.«

Wir schwiegen eine Weile. Sie fand ihre Fassung wieder und sagte schließlich: »Sein Selbstmord läßt mir keine Ruhe. Ich verstehe einfach nicht, warum er das getan hat.«

»Vielleicht gab es gar keinen Grund, Madge«, sagte ich und drückte ihre Hand. »Jedenfalls keinen, den wir begreifen könnten.«

24

»Gerald, hör mir zu. Bitte schlaf noch nicht ein. *Bitte*«, bat ich. »Ich möchte mit dir über etwas reden, etwas sehr Wichtiges.«

Mein Mann unterdrückte ein Gähnen und richtete sich auf, während er in bedauerndem Ton erwiderte: »Tut mir leid, daß ich so müde bin, Liebling. Ich fürchte, ich leide immer noch unter dem Zeitunterschied. Aber sag mir ruhig, was du auf dem Herzen hast; ich bin ganz Ohr, ich verspreche es.«

Ich stützte mich auf einen Ellenbogen und sagte: »Ich habe die Pille abgesetzt, deshalb ist es gut möglich, daß du mich heute nacht geschwängert hast. Ist das nicht ein aufregender Gedanke?«

Gerald richtete sich kerzengerade im Bett auf und starrte mich verblüfft an. »Großer Gott, Liebling, wann um alles in der Welt vollzog sich dieser außergewöhnliche Sinneswandel?

»Ich habe schon seit Dezember darüber nachgedacht, ein Kind zu bekommen. Der Zeitpunkt *ist* richtig, findest du nicht auch?«

»Und ob ich das finde! Ich bin voll und ganz dafür, das weißt du. Gott!« rief er. »Ein Baby! Was für eine wundervolle Idee.« Er schenkte mir ein jungenhaftes Grinsen. »Vielleicht haben wir tatsächlich eins produziert; leidenschaftlich genug waren wir bestimmt, falls das etwas zählt.«

Er lehnte sich wieder in die Kissen zurück, warf mir einen langen, durchdringenden Blick zu und meinte: »Soso, du willst also Mutter werden, Luciana. Was hat dich denn nun wirklich umgestimmt?«

»Die Tatsache, daß die Locke-Dynastie vom Aussterben bedroht ist, beunruhigt mich schon lange«, erklärte ich. »Und die einzige Möglichkeit, dem abzuhelfen, besteht darin, daß wir Kinder bekommen. *Erben*, Gerald. Erben, die in unsere Fußstapfen treten werden. Deine und meine. Ich weiß, du wünschst dir Kinder, und dein Vater möchte Enkel haben, die später einmal *Kamper Brothers* übernehmen. Schließlich gehört deiner Familie eine der ältesten Handelsbanken in England, so, wie die Lockes eine der ältesten Dynastien in Amerika sind. Wir können doch nicht zulassen, daß unsere beiden Familien aussterben, oder?«

»Gott bewahre«, sagte er mit einem trockenen Lachen. »Und wie viele Kinder hast du für uns geplant, mein Schatz?«

»Mindestens vier«, erwiderte ich. »Zwei für mich – ich meine, zwei, die bei *Locke Industries* einsteigen, wenn sie alt genug sind; und zwei für dich, für die Bank.«

»Klingt ein bißchen kaltblütig, wenn du es so darstellst, findest du nicht?« meinte er und warf mir einen seltsamen Blick zu.

»Schon möglich, daß es so klingt«, gab ich zurück. »Aber

so habe ich es nicht gemeint, wirklich nicht, Gerald. Ich bin nur praktisch, das ist alles; und vielleicht werden wir auch nur zwei oder drei haben. Es könnte jedoch auch sein, daß wir sechs Kinder haben werden. Wer weiß. Es gehört auch etwas Glück dazu, davon bin ich überzeugt, aber was mich betrifft, so kann ich nur sagen – je mehr, desto besser.«

»Verzeih mir, wenn ich ein klein wenig erschrocken bin, aber das ist wirklich ein ziemlich radikaler Umschwung. Du warst immer so dagegen, Kinder zu haben.«

»Du hast mir immer den Eindruck vermittelt, du wolltest Kinder. Sag mir nicht, daß du deine Ansichten plötzlich geändert hast. Das hast du doch nicht, oder?«

»Nein, nein, überhaupt nicht, Luce. Ich bin entzückt über deine Entscheidung, ich könnte gar nicht erfreuter sein. Ich nehme an, du wirst weiterarbeiten und ein Kindermädchen für das Baby einstellen wollen?«

»Die Antwort auf beide Fragen ist ein entschiedenes Ja, und sicherlich bist du damit einverstanden, Gerald. Du hast immer Verständnis für meine Arbeit gehabt.«

»Natürlich bin ich einverstanden.«

»Immerhin bist du ja auch von einem Kindermädchen aufgezogen worden.«

»Ja, Gott sei Dank. Meine *Nanny* war wundervoll, und ich habe sie als Kind sehr geliebt. Schade, daß sie im Ruhestand lebt, sie wäre perfekt für Bertie gewesen.«

»Bertie?«

»Ja, Bertie, das Baby. Unser Baby. Klingt niedlich, nicht?«

Ich mußte lachen. »Nicht Bertie, Liebling. *So* werden wir ihn bestimmt nicht nennen. Er soll Sebastian heißen, nach meinem Vater, und Horatio nach deinem. Also wird sein voller Name Sebastian Horatio Lyon Locke Kamper lauten.«

»Du lieber Himmel, für ein kleines Baby ist das aber ein ganz schöner Bandwurm.«

»Aber er wird erwachsen werden und ein Industriemagnat sein und *Locke Industries* leiten. Und überhaupt, er wird offiziell schlicht Sebastian Locke Kamper heißen. Das klingt doch gar nicht so übel.«

»Sieht so aus, als hättest du dir alles schon gut überlegt«, erwiderte Gerald. »Nun, eines weiß ich jedenfalls mit Sicherheit, Schätzchen.«

»Und das wäre?« fragte ich, während ich in seine leuchtend blauen Augen blickte. Ich liebte ihn sehr.

»Wir werden die nächsten paar Jahre ziemlich aufregende Zeiten erleben, während wir versuchen, all die Babys zu machen, die du haben willst.«

Ich lachte und küßte ihn auf die Wange. »Ich bin sicher, das wird dir keine Mühe machen.«

»Natürlich wird es das nicht. Ich bin verrückt nach dir, Luce.«

»Du bist unglaublich sexy, Gerald.«

»Danke für das Kompliment, ich gebe es hiermit gleich zurück. Du auch.«

»Danke. Gerald?«

»Ja, Liebling?«

»Da ist noch etwas, worüber ich mit dir reden möchte.«

»Ich bin inzwischen ohnehin hellwach, also schieß los. Ich höre.«

»Es geht um *Locke Industries*«, begann ich und zögerte dann. »Bist du sicher, daß du nicht zu müde bist?«

»Ich fühle mich bestens. Also erzähl, was bekümmert dich?«

»Ich bin nicht direkt bekümmert«, erwiderte ich schnell. »Nur etwas besorgt um *Locke Industries.*«

»In welcher Beziehung?«

»Jack hat kein wirkliches Interesse an dem Unternehmen. Er hat die Leitung übernommen, weil er es mußte; er wurde so erzogen, daß er immer seine Pflicht tut. Weiß Gott, das ist ihm sein Leben lang eingetrichtert worden.

Aber ihm liegt längst nicht so viel an *Locke Industries* wie mir. Und ich habe das Gefühl, ich sollte die Gesellschaft an seiner Stelle leiten. Er könnte trotzdem noch den Titel eines Vorsitzenden führen.«

»Willst du mir damit etwa sagen, daß du Generaldirektorin und Präsidentin werden möchtest?« fragte Gerald mit leicht erhobener Stimme.

»Also...«, begann ich und hielt dann inne, als ich den besorgten Ausdruck auf seinem Gesicht sah. »Meinst du, ich wäre dazu nicht fähig?«

»Sei nicht albern, Luce, natürlich wärst du das. Aber es ist ein schrecklich anspruchsvoller Job, der einen voll und ganz fordert. Ganz offen gesagt, ich finde, Jonas Winston ist ein hervorragender Geschäftsmann und ein großartiger Generaldirektor, und er hat in den letzten zehn Jahren gute Arbeit geleistet. Vergiß nicht, er wurde von Sebastian selbst ausgewählt. Und Peter Sampson ist ein verdammt guter Stellvertreter. Ich...«

»Denkst du, ich könnte *Locke* nicht leiten, weil ich eine Frau bin?

»Das hat nicht das geringste damit zu tun!«

»Warum machst du dann so ein beunruhigtes Gesicht?«

»Du bist meine Frau. Ich möchte Zeit mit dir verbringen, Luciana. Es macht mir wirklich nichts aus, daß du einen Beruf hast, ich bin sogar stolz auf dich, auf deine Erfolge. Das weißt du. Aber ich bin mir nicht sicher, ob ich mir wünsche, daß du achtzehn Stunden am Tag in der Zentrale von *Locke* in New York verbringst.«

»Das würde ich nicht tun.«

»Natürlich würdest du das. Du bist ein Mensch, der gern alles unter Kontrolle hat, das ist dein Führungsstil. Ich bezweifle, daß du dich ändern wirst.«

»Vielleicht würde Jack sich freuen, wenn ich Vorsitzende würde«, überlegte ich laut. »Das ist ein wesentlich weniger anspruchsvoller Job. Und es wäre auch viel besser für das Unternehmen, es vor Ort zu leiten, statt von Frankreich aus. Du hättest doch nichts dagegen, wenn ich Vorsitzende wäre, oder?«

»Nein. Ich nicht. Aber Jack vielleicht.« Er warf mir einen wissenden Blick zu.

Ich zuckte die Achseln.

»Und was glaubst du, wie viele Entscheidungen Jack wirklich trifft?« fragte Gerald ruhig. »Meistens gibt er doch nur seine Zustimmung zu dem, was Jonas Winston für richtig hält; er segnet die Entscheidungen ab, die Jonas bereits getroffen hat. Sie diskutieren sie natürlich, aber Jack hört auf Jonas, das weiß ich. Er wäre ja auch ein Dummkopf, wenn er nicht auf ihn hören würde – immerhin hat Jonas den Oberbefehl über die gesamte Firma. Ich bin absolut davon überzeugt, daß es genau so läuft. Das kannst du mir glauben, Luce, wirklich.«

»Ich bin mir nicht sicher, ob du recht hast«, begann ich und hielt inne. Ich wußte, daß alles, was er gesagt hatte, stimmte.

»Hör zu«, erwiderte Gerald nachdrücklich. »Ich werde dir einen Rat geben. Es ist derselbe Ratschlag, den ich Freunden und Kollegen erteile, die zu mir kommen, um ein Problem zu besprechen, das sie mit jemand anderem haben. Ich sage ihnen immer, daß sie mit der falschen Person reden. Sie müssen mit der Person sprechen, mit der sie Schwierigkeiten haben, nicht mit mir. Das ist die einzige Möglichkeit, zu einem greifbaren Ergebnis zu kommen und das Problem zu lösen.«

»Du willst mir sagen, daß ich mit Jack sprechen soll?«

»Genau das rate ich dir, Liebling, wenn du diese Angelegenheit weiterverfolgen willst.«

»Und was, wenn Jack froh ist, daß ich ihn ablösen möchte? Was würdest du dazu sagen? Und noch etwas, Gerald. Würdest du wirklich nach New York ziehen?«

»Auf der Stelle! Natürlich würde ich das. Ich würde gern dort leben; ich könnte unser Wall-Street-Büro leiten, und wir könnten in diesem prachtvollen Stadthaus deines Vaters wohnen, das jetzt dir gehört und leer steht. Und wir könnten die Wochenenden auf der *Laurel Creek Farm* verbringen. Dein Bruder wäre sicher froh, wenn wir sie während seiner Abwesenheit benutzten. Was deine Absicht betrifft, den Vorsitz von Jack zu übernehmen – damit wäre ich durchaus einverstanden, solange du dich für *Locke Industries* nicht umbringst.«

»Das würde ich bestimmt nicht tun!« rief ich. »Nicht als Vorsitzende.«

»Nein, das denke ich auch nicht. Du bist zu klug, um dich für das Unternehmen kaputtzumachen.« Er grinste mich auf seine jungenhafte Art an und fügte hinzu: »Wir müssen ja auch etwas Freizeit zusammen haben – um all diese Babys zu zeugen, von denen du sagst, daß du sie haben willst.«

»Ich will sie wirklich, zweifle nicht an meinen Worten, Gerald.«

»Wie könnte ich. Und wenn Jack nicht bereit ist, den Vorsitz an dich abzugeben, was ja durchaus möglich ist, dann könntest du ihm etwas anderes vorschlagen. Du könntest ihm anbieten, gemeinsam mit ihm den Vorsitz zu führen, die Verantwortung mit ihm zu teilen.«

»Ja, das... ich schätze, das könnte ich wohl...«

»Gehen wir einfach mal davon aus, daß Jack deinem Vorschlag zustimmt. Was meinst du, wie Jonas darüber denken würde?«

»Ich glaube nicht, daß er Einwände hätte. Er hat mich immer gemocht, mich sogar bewundert, und wir sind gut miteinander ausgekommen, als ich mit ihm bei *Locke* in New York gearbeitet habe. Ich glaube, ich kann mit Recht behaupten, daß sowohl er als auch Peter Sampson mich respektieren.«

»Und vor allem mußt du dich nicht vor irgendwelchen

Aktionären verantworten, da *Locke Industries* in Privatbesitz ist und alle Anteile in den Händen der Familie liegen.«

»Du vergißt Vivienne Trent. Sie besitzt einige Aktien. Sebastian hat sie ihr vor Jahren gegeben, als sie noch verheiratet waren«, erinnerte ich ihn.

»Herrgott, Luce, das ist doch wohl kein Problem! Vivienne würde dir niemals irgendwelche Steine in den Weg legen.«

»Willst du darauf wetten?«

»Nein, das will ich bestimmt nicht. Außerdem wäre es noch nicht mal eine faire Wette, da sie nicht genug Anteile besitzt, damit es überhaupt eine Rolle spielt, so oder so.«

»Das stimmt allerdings.«

Gerald gähnte und streckte sich. »Tut mir schrecklich leid, Schätzchen, aber ich muß jetzt wirklich schlafen. Ich fühle mich, als wäre ich vier oder fünf Tage ununterbrochen auf den Beinen gewesen, so müde bin ich. Der Zeitunterschied zu Hongkong macht mir doch ziemlich zu schaffen.« Er beugte sich zu mir und küßte mich zart auf die Lippen. »Aber wenigstens hatte ich vorhin noch Kraft genug, um dich zu lieben.«

»Und vielleicht ein Baby zu machen«, murmelte ich.

Er lächelte mich an. »Das hoffe ich, das hoffe ich wirklich. Gute Nacht, mein Liebstes.«

»Gute Nacht, Liebling«, sagte ich und löschte das Licht.

Innerhalb von Sekunden war Gerald fest eingeschlafen und atmete tief und gleichmäßig. Armer Schatz, er war wirklich erschöpft nach dem langen Flug von Hongkong plus dem Zeitunterschied. Er war am vorigen Abend angekommen, müde und erledigt, und dennoch hatte er darauf bestanden, an diesem Morgen zur Bank zu gehen.

Es war nur natürlich, daß ihn sein Jet-lag später doch noch eingeholt hatte. Heute nachmittag war er einfach im Wagen eingeschlafen, als ich ihn hierher zu unserem kleinen Landhaus in Aldington in Kent gefahren hatte.

Ich lag neben Gerald in der Dunkelheit und versuchte einzuschlafen, aber meine Gedanken rasten, machten sozusagen Überstunden. In der Hauptsache drehten sich meine Überlegungen um Jack. Er lag mir sehr am Herzen, und ich wußte, er mochte mich ebenfalls gern. Er hatte auf mich aufgepaßt, als wir klein waren, hatte sich immer für mich eingesetzt. Und trotz seiner lächerlichen Vernarrtheit in Vivienne wußte ich, daß er immer auf meiner Seite war, wenn es darauf ankam. Wir hatten zwar verschiedene Mütter, aber unser Vater hatte darauf geachtet, daß wir ein enges, liebevolles Verhältnis zueinander hatten.

Als Kinder hatten wir vieles zusammen durchgemacht, vieles gesehen. Ich hatte immer an Jacks Kummer und Wehwehchen Anteil genommen, so wie er an meinen, und ich hatte mit ihm gelitten, wenn Sebastian und Cyrus ihm wieder einmal einbleuten, er müsse immer und jederzeit seine Pflicht tun.

In den letzten paar Jahren hatte ich Mitleid mit ihm empfunden. Mein Bruder hatte so ein verdammtes Pech mit Frauen. Kein Wunder, daß er irgendwann Zuflucht im Alkohol gesucht hatte. Seine erste Ehefrau war von unserem Vater besessen gewesen; seine zweite Frau hatte sich als Nymphomanin entpuppt, die jedem Mann an die Wäsche ging. Und jetzt hatte er sich mit seiner Freundin Catherine Smythe überworfen. Ich hatte sie zweimal mit Jack getroffen und war nicht sonderlich von ihr angetan gewesen.

Als Jack mir vor zwei Wochen erzählte, er hätte mit ihr Schluß gemacht und sie nach London zurückgeschickt, war ich nicht im geringsten überrascht. Die beiden paßten überhaupt nicht zusammen, und ich hatte Gerald vorausgesagt, daß die Beziehung früher oder später in die Brüche gehen würde. Catherine war viel zu intellektuell und anspruchsvoll für meinen nüchternen, praktisch veranlagten Bruder.

Zumindest hatte Jack das Weingut, das ihn in Anspruch nahm. Die Arbeit machte ihm ungeheuer Spaß, und er genoß den Erfolg, zu dem seine Marke in den letzten Jahren geworden war. Anfang dieser Woche hatte er mir am Telefon erklärt, er würde niemals wieder heiraten, und ich glaubte ihm. Und selbst gesetzt den Fall, er würde seine Meinung ändern und eines Tages tatsächlich noch einmal eine Ehe eingehen, würde er niemals Kinder haben. Er hegte eine viel zu starke Abneigung gegen sie und empfand sie als störend.

Deshalb war es an mir, eine neue Generation von Lockes in die Welt zu setzen, meine eigenen Lockes, die die Familie ins einundzwanzigste Jahrhundert tragen würden. Über diesem Gedanken schlief ich schließlich ein.

Am folgenden Morgen nach dem Frühstück ging ich ins Arbeitszimmer und rief Jack im *Château d'Cose* an. Er schien erfreut, meine Stimme zu hören, und angenehm überrascht, als ich ihm erklärte, ich wollte ihn besuchen.

»Kommt Gerald auch mit, Luce?« wollte er wissen.

»Nein, ich fürchte, er kann nicht. Du weißt ja, er ist drei Wochen fort gewesen und hat eine Menge Arbeit nachzuholen.«

»Wie lange kannst du bleiben?«

»Zwei Tage, mehr leider nicht. Ich muß mit dir über einige Geschäftsangelegenheiten sprechen, ganz abgesehen davon, daß ich dich gern sehen möchte, Jack. Ich war wirklich enttäuscht, als du deinen Trip nach London dieses Wochenende abgesagt hast.«

Er ignorierte meine Bemerkung und meinte: »Wann kommst du?«

»Am Mittwochmorgen. Ist das in Ordnung?«

»Das paßt wunderbar.«

Wir verabschiedeten uns und legten auf.

25

Wie geplant verließ ich London sehr früh am Mittwochmorgen.

Ein paar Stunden später wurde ich vom Flughafen in Marseille abgeholt, und der Fahrer brachte mich Richtung Aix-en-Provence.

Ich war schon eine ganze Weile nicht mehr auf dem Château gewesen und hatte vergessen, wie wunderschön die Provence war. Als wir jetzt durch die Bouches-du-Rhône fuhren, lehnte ich mich im Sitz zurück, wobei ich gelegentlich aus dem Fenster schaute und die malerische Szene genoß.

Es war ein herrlicher Frühlingstag. Angesichts der sonnendurchfluteten Felder, Weinberge und Olivenhaine unter dem leuchtend blauen Himmel überfielen mich wieder Kindheitserinnerungen, und ein paar Sekunden lang wurde ich in eine andere Zeit versetzt.

Ich war gerade fünf Jahre alt gewesen, als ich zum erstenmal in der Provence war, und ich weiß noch, wie verwirrt ich war von der fremden Sprache und diesem unbekannten Ort voller Menschen und unvertrauten Anblicken.

Ich hatte mich fest an Jacks Hand geklammert, meine Augen so groß wie Untertassen, während ich alles in mich aufnahm. Aber ich hatte mich nicht gefürchtet. Ganz im Gegenteil. Ich erinnere mich daran, daß ich – ähnlich wie Jack – ganz aufgeregt war, endlich das Schloß zu sehen, das mein Vater kürzlich gekauft hatte. Und als wir schließlich am *Château d'Cose* angekommen waren, waren Jack und ich tief beeindruckt gewesen.

Gemeinsam, Hand in Hand, waren wir durch das weitläufige Gebäude gewandert, hatten neugierig in die großen Zimmer gespäht, waren durch die endlosen Korridore gelaufen und hatten den staubigen Dachboden erkundet.

Im Laufe der nächsten Jahre hatten wir viele glückliche Wochen im Schloß verbracht, obwohl Antoinette Delaney und Vivienne ständig bei unseren Ferien in Frankreich dabeigewesen waren. Mein Vater hatte es so gewollt, und wer war ich, eine knapp Fünfjährige, um dagegen zu protestieren.

Vivienne. Ich fragte mich, was ich ihretwegen unternehmen sollte.

Madge Hitchens hatte mir gesagt, Vivienne wolle mich für die Biographie meines Vaters interviewen, an der sie schrieb. Bestimmt wußte sie, daß ich nach Aix kam. Jack hatte es sicher nicht fertiggebracht, das für sich zu behalten. Er erzählte ihr alles. Wie mein Vater hatte er Vivienne zu seiner einzigen Vertrauten gemacht, eine Rolle, die sie seit ihrer gemeinsamen Kindheit in Connecticut für ihn spielte.

Ich war mir absolut sicher, daß sie mich behelligen würde, während ich bei Jack wohnte. Und ich entschloß mich augenblicklich, ihr zuvorzukommen. Ich würde sie anrufen und einen Termin ausmachen, bevor sie Gelegenheit hatte, mich anzurufen. Nicht, daß ich die Vorstellung, sie wiederzusehen, sonderlich genoß; aber so, wie ich sie kannte, würde sie mir keine Ruhe lassen, bis ich mich bereit erklärte, mit ihr zu sprechen. Ich konnte es ebensogut bald hinter mich bringen.

Ich hatte Vivienne zuletzt bei Sebastians Trauergottesdienst in der Kirche *St. John the Divine* in Manhattan gesehen. Wir hatten einander kaum zugenickt.

Sie war noch eingeschnappt gewesen wegen unseres Streits auf der Farm im Anschluß an das Begräbnis; ich war wütend auf sie. Sie hatte meine Geduld mit der Art, wie sie an diesem Morgen die trauernde Witwe gespielt hatte, auf eine harte Probe gestellt. Sie war von Sebastian seit Jahren geschieden, hatte inzwischen ein zweites Mal geheiratet gehabt und war Witwe geworden. Es hatte wirklich keinen Grund gegeben, sich auf Sebastians Begräbnis als seine

Witwe aufzuspielen, wo sie lediglich eine seiner Exfrauen war.

Jack hatte behauptet, ich täte ihr unrecht, Vivienne trauere aufrichtig, und er hatte mich daran erinnert, daß Sebastian nach dem Tod ihrer Mutter ihr Vormund gewesen war. Ich hatte mich an jenem Tag auch mit Jack gestritten; wir waren alle etwas gereizt und nervös gewesen, wie ich später erkannte, und ich hatte die Sache mit Jack augenblicklich wieder ausgebügelt.

Ich war entschlossen, höflich und freundlich zu Vivienne zu sein, wenn ich sie im Château sah. Denn *daß* ich sie sehen würde, war sicher.

Simone, Jacks Haushälterin, und Florian, sein Hausmeister, eilten die Vordertreppe des Schlosses hinunter, noch bevor der Wagen zum Stehen gekommen war.

Eine Sekunde später, als ich ausstieg, kamen sie auf mich zugelaufen, um mich zu begrüßen. Sie strahlten übers ganze Gesicht.

»*Bonjour*, Madame«, sagten sie wie aus einem Mund.

»*Bonjour*, Simone, Florian«, antwortete ich und erwiderte ihr Lächeln.

Der Fahrer hatte inzwischen meinen kleinen Koffer aus dem Kofferraum geholt, und als sie ihn sah, rief Simone: »Monsieur Locke hatte gesagt, Sie würden nur zwei Tage hierbleiben. Ich sehe an Ihrem Gepäck, daß das stimmt. *C'est dommage*, Madame Kamper, das ist wirklich schade!

»Das nächste Mal werde ich hoffentlich länger bleiben können, Simone«, murmelte ich, während ich ihr die Treppe ins Schloß hinauffolgte. Sie arbeitete seit fünfzehn Jahren hier, und ich war immer ihr besonderer Liebling gewesen.

In diesem Moment kam Jack in die Halle marschiert. »Tut mir leid, Liebes«, sagte er entschuldigend. »Ich habe telefoniert. Mit Paris.«

»Hallo, Jack«, sagte ich und lächelte zu ihm auf.

Er umarmte mich liebevoll und hielt mich dann auf Armeslänge von sich ab. »Luce. Du hast dich verändert.« Nach einem scharf abschätzenden Blick fügte er hinzu: »Du hast dir die Haare kürzer schneiden lassen. Und du hast zugenommen. Großartig! Du siehst großartig aus.«

»Danke, Jack. Du selbst siehst auch nicht übel aus.«

Er grinste mich an, legte einen Arm um meine Schultern und führte mich in das kleine Wohnzimmer neben der Bibliothek. Es war ein gemütliches Zimmer, ich hatte es immer gemocht.

»Laß uns ein bißchen plaudern. Und etwas trinken. Vor dem Lunch. Ich habe einen neuen Wein. Etwas ganz Besonderes. Du mußt ihn probieren, Luce.«

»Das würde ich gerne, und nun erzähl mal – wie geht es dir? Ich hoffe, du bist nicht zu deprimiert über den Krach mit Catherine Smythe.«

»Überhaupt nicht. Gut, daß ich die los bin.« Er ging hinüber zur Anrichte, wo er ein Tablett mit Flaschen und Gläsern stehen hatte, und machte sich daran, eine Weinflasche zu öffnen. »Wir paßten nicht zusammen, es war einfach nicht das Richtige. Ich bin froh, daß sie fort ist«, murmelte er wegwerfend.

Ich setzte mich in einen Sessel beim Kamin und betrachtete ihn einen Moment.

Mir fiel auf, wie sehr er Sebastian an diesem Morgen ähnelte. Er trug einen leuchtend blauen Pullover mit Stehbund, der die Farbe seiner Augen betonte. Mit seinem dichten schwarzen Haar und den feingezeichneten Zügen war er das lebendige Abbild unseres Vaters.

Ich hätte es beinahe gesagt und schluckte die Worte gerade noch rechtzeitig hinunter, da ich wußte, die Bemerkung würde ihn beleidigen. Er haßte es, wenn ich sagte, daß er wie Sebastian aussah, und er gab sich immer große Mühe, sich ganz anders zu kleiden.

Unser Vater war ein sehr eleganter, gepflegter und modisch angezogener Mann gewesen. Jack war genau das Gegenteil. Er hegte eine Vorliebe für alte Pullover, ausgefranste Hemden, ausgebeulte Cordhosen und abgetragene Jacketts, die Florian auf seine Anweisung hin immer wieder flicken und ausbessern mußte. Ich schämte mich regelrecht für seinen Aufzug. Deshalb schenkte ich ihm zu Weihnachten und zu Geburtstagen auch hauptsächlich Pullover und Hemden, Krawatten und Jacketts. Er schien sich niemals selbst etwas Neues zu kaufen.

Jack würde es zwar nie zugeben, aber ich wußte, daß er sich absichtlich so nachlässig kleidete und es genoß, leicht zerknittert auszusehen. Vor langer Zeit hatte ich entdeckt, daß ihn Vergleiche mit Sebastian in Wut versetzten, und dennoch waren sie fast unvermeidlich. Es war keine Frage, wessen Sohn er war, so ähnlich sahen sie sich.

Inzwischen war Jack mit dem Entkorken der Flasche fertig und begann, mir Details über den Wein zu erzählen: wie er vor neun Sommern eingelagert worden war und wie er sich als ein Juwel von einem Rotwein entpuppt hatte, wahrscheinlich der beste, der jemals im Château produziert worden war.

Beim Zuhören bemerkte ich, daß Jack flüssiger und in längeren Sätzen sprach, als er über den Wein und Olivier redete und wie der letztere ihn kreiert hatte.

Plötzlich ging mir auf, daß dies daran lag, weil er entspannt war und über etwas redete, was ihm wirklich am Herzen lag. Gewöhnlich kamen die Worte in kurzen Stakkatosätzen aus dem Mund meines Bruders – eine abrupte Sprechweise, die er im Alter von ungefähr acht oder neun Jahren entwickelt hatte. In jenen Tagen stotterte er häufig, ein Leiden, das uns allen Kummer gemacht hatte, nicht nur Jack selbst. Ich glaube, deshalb hatte er begonnen, in kurzen, abgehackten Sätzen zu sprechen. Um sein Stottern zu vermeiden. Zumindest war das meine Theorie.

Vorsichtig trug Jack mein Glas Wein zu meinem Platz, dann ging er zurück, um sein eigenes zu holen. Gleich darauf stellte er sich vor den Kamin, erhob sein Glas und sagte: »Trinken wir auf jenen großen Mann, dessen Name Luciana ist.«

Ich sah ihn mit hochgezogenen Brauen an.

»Das hat Voltaire einmal zu Katharina der Großen gesagt. Es ist ein Kompliment.«

»Das ist mir klar«, erwiderte ich. »Danke.« Erst dann nahm ich einen Schluck Wein und nickte. »Er ist wunderbar, Jack, und auch nicht zu schwer. Meinen Glückwunsch.«

Jack strahlte mich an, als er sich auf dem Sofa niederließ und fragte: »Worüber wolltest du mit mir reden, Luce?«

Ich nahm erneut einen Schluck Wein und erklärte: »Über *Locke Industries*.«

»Was ist mit *Locke*?«

»Speziell über die *Führung* des Unternehmens, Jack.«

»Jonas ist ein hervorragender Generaldirektor. Da gibt es keine Probleme. Sebastian hat ihn selbst für diese Stelle ausgewählt. Jonas wiederum hat Peter Sampson eingestellt. Unsere Profite sind hoch. Wir sind niemals besser dagestanden. Also, was ist dein Problem?«

»Ich habe kein Problem. Ich stimme dir völlig zu, daß die beiden phantastisch sind, und *Locke* ist wirklich rundum erfolgreich. Was ich zu sagen versuche, ist, daß ich gern stärker an der Leitung der Firma beteiligt sein würde.«

Mein Bruder starrte mich an. »Willst du umziehen, Luce? Die Frauenprodukte leiten? In New York? Wie Sebastian angeboten hat? Ist es das?«

»Ich möchte vielleicht zum Hauptsitz nach New York überwechseln und das Angebot annehmen, das Sebastian vor seinem Tod gemacht hat, ja. Aber was ich im Moment meine, ist eine Beteiligung auf einer höheren Ebene, eine Beteiligung an der Geschäftsführung.«

»Ich kann dir nicht folgen, Schwesterherz.« Mein Bruder betrachtete mich skeptisch.

»Ich möchte maßgeblich an der Führung von *Locke Industries* mitwirken, nicht nur die Frauenprodukte betreuen.«

»Das würde niemals gutgehen! Die Idee würde gar nicht gut ankommen, Luce. Nicht bei Jonas. Und auch nicht bei Peter. Einmischung. So würden sie es sehen. Könnte ihnen keinen Vorwurf daraus machen.« Er schüttelte energisch den Kopf. »Nein, nein, das würde nicht gutgehen.«

»Weil ich eine Frau bin, ist es das, Jack?« fragte ich ruhig, wobei ich ihn durchdringend anblickte.

»Du weißt, daß es darum nicht geht. Es ist doch einfach so: Du brauchst mehr Erfahrung! Du bist nicht alt genug, um eine Gesellschaft wie unsere in den Griff zu bekommen. Sie ist zu groß.«

»Ach nun komm schon, Jack, sag das nicht. Du weißt sehr gut, daß Sebastian viel von meinen Fähigkeiten gehalten hat, von meiner praktischen Veranlagung und meiner Effizienz. Er hatte große Dinge mit mir vor bei *Locke*.«

»Das hatte er. Stimmt. Aber du bist nicht erfahren genug. Ich bin es auch nicht. Luce, *ich* wüßte gar nicht, wo ich anfangen sollte. Und dir würde es genauso gehen. Nicht jetzt, Liebes.«

Ich seufzte. »Ich möchte nicht den Eindruck vermitteln, ich hätte kein Vertrauen zu Jonas. Das ist es wirklich nicht. Ich glaube zufällig, daß er ein Genie ist, und so denkt auch Gerald.«

»Er hat es mir bewiesen. Du brauchst dir nur die Bilanzaufstellung anzusehen«, erklärte Jack mit einer Stimme, die hart klang.

»Hast *du* dir jemals gewünscht, *Locke Industries* zu leiten, Jack?«

Er schüttelte den Kopf. »Nein. Aber das weißt du ja. Ich habe dir gerade gesagt, wie mir zumute ist. Ich wüßte gar nicht, wie. Selbst Sebastian wollte *Locke* nicht führen. Nicht hauptberuflich. Nicht am Ende. Und er hat mitgeholfen, die Firma zu dem zu machen, was sie heute ist. Ein harter Job, Luce, ein verdammt harter Job.«

»Du bist nicht besonders gerne Vorsitzender, nicht wahr?« Ich warf meinem Bruder einen scharfen Blick zu. »Ist es nicht ein bißchen unangenehm, alle zwei Monate nach New York fahren zu müssen? Dich täglich mit Jonas auseinandersetzen zu müssen?«

»Ich spreche nicht jeden Tag mit ihm«, warf Jack stirnrunzelnd ein. »Worauf willst du hinaus?«

»Wenn du zurücktreten willst, hätte ich nichts dagegen, das Amt der Vorsitzenden zu übernehmen, Jack. Wirklich, es würde mir nichts ausmachen. Du hast niemals Interesse an der Firma gehabt, du ziehst es doch bei weitem vor, hier das Weingut zu leiten.«

Er warf den Kopf zurück und lachte aus vollem Hals, so daß es von den Wänden des kleinen Zimmers widerhallte. »Ich habe immer gewußt, daß du ehrgeizig bist. Aber Himmel, Luce! Den Vorsitz übernehmen zu wollen! Von mir! Das übersteigt wirklich alles.«

»Ich würde ihn nur übernehmen, wenn du ihn nicht mehr willst. Oder das Amt mit dir teilen, wenn dir das lieber wäre. Einfach, um dir die Last etwas zu erleichtern.«

Mein Bruder begann erneut zu lachen, dann schüttelte er den Kopf. »Das muß man dir lassen, Luce. Du bist ganz schön gerissen.«

»Ich bin nur realistisch. Ich liebe das Geschäft. Du nicht. Ich würde eine wunderbare Vorsitzende abgeben.«

»Vielleicht. Aber es ist *meine* Pflicht, Vorsitzender zu sein. Ich wurde dazu erzogen, diese Arbeit zu übernehmen. Und das werde ich auch. Erinnerst du dich, wie Cyrus und Sebastian es mir eingebleut haben? Tag und Nacht. Pflicht. Pflicht. Pflicht. Das ist alles, worüber sie mit mir gesprochen haben. Laß die Familie nicht im Stich. Leite das Geschäft.

Kümmere dich um deine Schwester. Sei ein pflichtbewußter Sohn. Ein pflichtbewußter Enkel. Pflichtbewußter Erbe. Pflichtbewußter Locke.«

»Ja, ich erinnere mich«, murmelte ich. »Sie haben dich hart rangenommen, Jack. Ich weiß das.«

»Also laß es bleiben. Und vergiß eines nicht. Sebastian hat alles festgelegt. In seinem Testament.«

»Ich weiß. Vergiß es, Jack. Vergiß, daß ich mit dem Thema angefangen habe. Aber falls du tatsächlich jemals als Vorsitzender zurücktreten willst, bin ich bereit, die Position zu übernehmen.«

»Das würdest du auch müssen, Luce. So ist es im Testament geregelt. So wollte Sebastian es haben. Es gibt sonst niemanden für diesen Posten.«

Ich nickte und fuhr gleich darauf fort: »Jack, ich möchte dir noch etwas sagen. Ich habe Madge versprochen, mit dir zu reden. Sie möchte, daß du ein paar Reisen unternimmst, um dich an Ort und Stelle zu informieren. Du sollst mit ihr nach Afrika fliegen, für die Stiftung.«

»Kommt nicht in Frage! Niemals!« rief er. »Ich habe Madge das bereits gesagt. Schon mehrmals. Ich spende denselben Betrag wie Sebastian. Darauf kann sie sich verlassen. Ich bin sogar bereit, noch mehr Organisationen zu unterstützen. Sie hat mich auf ein paar neue hingewiesen. Aber keine Reisen. Nicht mit mir. Keine Trips nach Zaire. Oder Sambia. Oder Somalia. Oder Angola. Oder Ruanda. Oder Indien. Oder Bosnien. Oder sonst irgendwohin, wo sich Sebastian so gerne herumtrieb. Ohne auf Krankheiten, Bomben, Scharfschützen zu achten. Oder auf Chaos, Mord und Aufstände. Was auch immer. Kommt absolut nicht in Frage! *Ich* bin *nicht* verrückt. Er *schon.*«

»Okay, okay, reg dich nicht gleich so auf. Es war ja nur ein Vorschlag von Madge, nun ja, eher eine Bitte. Und ich habe ihr bereits gesagt, daß du dich bestimmt weigern würdest.«

»Da hast du verdammt recht. Und ob ich mich weigere!«

»Jack, hast du Vivienne erzählt, daß ich dich hier besuchen kommen würde?

»Ja. Warum? Ist das wichtig?«

»Nein, natürlich nicht. Ich habe von Madge gehört, daß sie mich irgendwie... interviewen will, wegen des Artikels, den sie über Sebastian schreibt.«

»Ja, das ist richtig.«

»Dann werde ich sie später anrufen und sie ins Schloß einladen. Wie wär's mit heute abend? Paßt dir das?«

»Sicher. Lade sie zum Abendessen ein. Wenn du möchtest.«

»Gut, das werde ich«, erwiderte ich.

26

Mein Bruder war für den Rest des Tages freundlich und liebevoll zu mir.

Nach einem angenehmen Lunch im Château schlenderten wir in die Kellerei hinüber, wo wir einige Zeit mit Olivier Marchand verbrachten, und anschließend nahmen mich die beiden auf einen ausgedehnten Rundgang durch die Lagerräume mit.

Von dort aus gingen Jack und ich quer über die Felder zur *Home Farm* und besuchten Madame Clothilde, die darauf bestand, uns mit Kaffee und Kuchen zu bewirten, während wir in Erinnerungen an alte Zeiten schwelgten.

Später nahm Jack mich zu den Weinbergen mit, wo er mir stolz von den Weinen erzählte, die er dieses Jahr produzieren würde. Wir gingen hinunter zum See, machten einen langen Spaziergang durch die Wälder und kehrten schließlich zum Schloß zurück.

Hier tranken wir eine Tasse Tee in dem kleinen Wohnzimmer; ein Ritual, das Antoinette Delaney eingeführt hatte und das über die Jahre beibehalten worden war.

Danach zog sich Jack noch für eine Stunde oder zwei zum Arbeiten zurück, und ich ging auf mein Zimmer, um eine Weile auszuruhen, bis ich mich für den Abend fertigmachte.

Früher am Tag hatte ich mit Vivienne telefoniert. Sie war einverstanden gewesen, von Lourmarin mit dem Wagen herzukommen, um sich mit mir über das Portrait meines Vaters zu unterhalten, an dem sie zur Zeit schrieb. Sie hatte Jacks Einladung zum Abendessen angenommen und hatte so freundlich geklungen, so höflich, daß ich mich entschlossen hatte, sie so liebenswürdig wie möglich zu behandeln. Häßlich zu ihr zu sein und schneidende Bemerkungen zu machen, war mir zur Gewohnheit geworden, doch jetzt nahm ich mir vor, mich zusammenzunehmen.

Wann immer ich Jack im Château besuchte, gab er mir das Zimmer, in dem ich als Kind gewohnt hatte. Es war groß, dank der vielen Fenster mit hellem Licht erfüllt, und ich liebte den Ausblick auf die Wiesen und die *Home Farm*.

Jetzt trat ich an eines der Fenster und betrachtete diese Aussicht, die mir seit der Zeit, als ich ein kleines Mädchen gewesen war, so vertraut war.

Jack und ich waren zusammen über jene Wiesen gelaufen, hatten Wildblumen gepflückt, waren auf die großen Bäume in den Wäldern geklettert, im See geschwommen, hatten Früchte im Obstgarten gepflückt und auf der weinumrankten Loggia der *Home Farm* Picknicks veranstaltet.

In jenen sorglosen Tagen unserer Kindheit war es Clothildes Mutter gewesen, Madame Paulette, die im Haus das Sagen hatte. Sie hatte uns köstliches Essen vorgesetzt, war geschäftig hin und her geeilt, hatte mit uns geschimpft, wenn wir frech waren, und uns immer bemuttert wie eine Glucke ihre Küken. Jack und ich hatten sehr um sie getrauert, als sie starb. Sie war wie eine Lieblingstante für uns gewesen und hatte stets eine große Wärme ausgestrahlt.

Als wir klein waren, hatte Jack immer auf mich aufpassen müssen, und ich bin brav hinter ihm hergetrabt, ganz gleich, was er vorhatte. Zum Glück schien es ihm nie etwas ausgemacht zu haben; er war immer der beschützende ältere Bruder gewesen, der auf mein Wohlergehen achtete, immer freundlich und gutmütig, selbst wenn ich nur Unsinn im Kopf hatte.

Ich dachte wieder an die Diskussion über *Locke Industries*, die wir vor dem Lunch geführt hatten. Jack war nicht wütend aus der Haut gefahren, wie Gerald es vorausgesagt hatte, als ich an diesem Morgen aus London abgeflogen war. In einem Punkt hatte mein Mann allerdings recht behalten: Jack hatte nicht die Absicht, das aufzugeben, was sein Geburtsrecht war.

Es kam nicht oft vor, daß ich mich in geschäftlichen Dingen oder auch was meinen Bruder betraf verschätzte, aber in diesem Fall hatte ich mich geirrt. Jack hatte mir meinen Vorstoß jedoch nicht übelgenommen, und unsere Beziehung hatte keinen Schaden gelitten. Er wußte, daß ich gern die Kontrolle hatte, gern Verantwortung auf mich nahm. Außerdem reagierte er jetzt generell nicht mehr so übertrieben heftig, seit er mit dem Trinken aufgehört hatte.

Nachdem ich mein Kostüm ausgezogen hatte und in einen Morgenmantel geschlüpft war, trug ich mein Laptop zum Bett und verbrachte die nächste Stunde mit Arbeit.

Vivienne kam pünktlich ein paar Minuten vor sechs an, und Florian führte sie in das kleine Wohnzimmer, wo ich bereits wartete.

Es hatte immer ein gewisses Maß an Feindseligkeit zwischen uns geherrscht, und da keine von uns beiden eine Heuchlerin war, täuschten wir keine innige Freundschaft vor, indem wir uns umarmten und küßten. Statt dessen begrüßten wir einander ziemlich förmlich und gaben uns die Hand.

Ich setzte mich in meinen gewohnten Sessel am Kamin.

Vivienne nahm den Sessel gegenüber und begann: »Du siehst sehr gut aus, Luciana.«

»Danke, du aber auch«, erwiderte ich in einem Versuch, nett zu sein.

Dann übernahm ich auf meine gewohnte Weise die Kontrolle über die Situation, indem ich gleich auf den Punkt zu sprechen kam, bevor sie eine Chance hatte, noch irgend etwas zu sagen. »Wie kann ich dir behilflich sein? Was möchtest du über Sebastian wissen, was du nicht schon weißt?«

Sie wirkte für einen Moment unsicher, dann räusperte sie sich und sagte: »Ich hatte gehofft, du könntest mir sagen, wie er in seinem letzten Lebensjahr war. Du hast ihn häufiger als Jack oder ich gesehen, nicht?«

»Ja. Letztes Jahr um diese Zeit war er in London. Anfang April, genauer gesagt, und wir arbeiteten ein paar Tage gemeinsam im Büro. Er kam im Mai zurück. Es war ein Wochenende, und er fuhr an dem Sonntag nach Kent runter, um mit uns im *Goldenbrooke* Mittag zu essen. Er war ganz er selbst bei diesen zwei Besuchen, und damit meine ich reserviert, leicht in sich gekehrt, sogar ein bißchen melancholisch. Trotzdem, das gehörte ja zu seiner Art, stimmt's? Er war ein launischer Mann, Vivienne, wie du sehr gut weißt. Als Kinder sind wir weiß Gott oft genug Zeuge seiner Stimmungsumschwünge und Wutausbrüche geworden.«

»Er konnte mißmutig sein«, warf Vivienne ein. »War oft gereizt. Er schien die Last der ganzen Welt auf seinen Schultern zu tragen.« Sie starrte mich durchdringend an. »Hat er dir erzählt, ob er spezielle Pläne hätte? Für die Zukunft?«

Ich schüttelte den Kopf. »Nein, davon hat er nichts gesagt.«

»Kann ich hereinkommen?« fragte Jack von der Tür her. »Oder störe ich?«

»Hallo, Jack«, rief Vivienne. »Nein, nein, du störst nicht. Komm und setz dich zu uns.«

Jack schlenderte herein, gab ihr einen Kuß auf die Wange, dann machte er sich daran, eine Flasche *Veuve Cliquot* zu öffnen, die in einem silbernen Kühler auf der Anrichte stand. »Wie wär's mit einem Glas Prickelwasser, ihr zwei? Oder würdet ihr lieber etwas anderes trinken?«

»Sekt ist wunderbar«, meinte ich.

»Danke, Jack, ich werde auch ein Glas trinken.« Vivienne wandte sich wieder zu mir um und fuhr fort: »Dann war Sebastian also bis zu seinem Tod genau derselbe wie immer?«

»Du wirst dich doch wohl in deinem Artikel nicht seitenweise mit diesem Selbstmord auseinandersetzen, oder, Vivienne?« verlangte ich zu wissen, meine Stimme war plötzlich scharf.

»Ich widme ihm exakt *eine Zeile*, mehr nicht, Luciana. Ich bin nur daran interessiert, sein Portrait so zu zeichnen, wie er wirklich war. Es gab also keine neuen Projekte am Horizont? Entweder bei *Locke Industries* oder bei der Lokke-Stiftung?«

»Nicht daß ich wüßte«, erwiderte ich und blickte zu meinem Bruder hinüber. »Hat Sebastian vielleicht dir irgend etwas über eventuelle Zukunftspläne erzählt?«

»Nein, nichts. Hat nur übers Geschäft geredet, wie üblich. Es stand nichts anderes auf seinem Programm. Ich habe Viv das bereits gesagt.«

Ich warf ihr einen Blick zu und sagte rasch: »Kurz bevor Jack hereinkam, wollte ich gerade erwähnen, daß Sebastian in guter Stimmung war, als Jack und ich ihn im letzten Oktober besuchten. Das ist mir im Gedächtnis haften geblieben, weil ich ihn nicht sehr oft in meinem Leben glücklich gesehen habe.«

»Das ist mir damals auch aufgefallen«, murmelte Vivienne.

»Ich habe von dieser Heiterkeit nichts mitbekommen«, knurrte Jack, als er uns unsere Sektgläser brachte. »Aber wenn ihr zwei der Meinung seid, daß er fröhlich war, wie käme ich dazu, euch zu widersprechen? Es wird schon etwas drangewesen sein.«

Wir prosteten uns zu und erhoben unsere Gläser.

Ich sagte: »Es steckt mehr dahinter als nur die Biographie, stimmt's? Du könntest sie mühelos schreiben, ohne mit uns oder irgend jemand anderem zu sprechen.«

Vivienne lehnte sich zurück, schlug ihre Beine übereinander und nickte. »Sicher. Aber ich habe es dir ja schon erklärt, ich möchte ein umfassendes Bild von ihm bekommen. Sebastian war ein sehr vielschichtiger Mann.«

»Vivienne, ich bin nicht ganz dumm. Madge hat mir von seiner Freundin erzählt. Aber du verschwendest nur deine Zeit, weil ich nichts über sie weiß. Niemand weiß etwas über sie. Du bist die einzige, der er sich anvertraut hat.«

»Falls sie existiert«, murmelte Jack, als er zu uns kam. Er lehnte gegen den Kamin und nippte an seinem Sekt.

»Oh, sie existiert durchaus.« Vivienne klang so zuversichtlich, daß ich ihr einen prüfenden Blick zuwarf.

»Vielleicht hast du recht, Viv«, brummte Jack. »Aber du wirst sie niemals ausfindig machen. Wie auch? Du weißt ja nicht einmal den Namen.«

»Oh, und ob ich ihren Namen weiß! Tatsächlich habe ich ihn gerade herausgefunden. Ich weiß, wer sie ist, Jack. Ich hoffe, ich kann mich innerhalb der nächsten Wochen einmal mit ihr unterhalten, und vielleicht kann sie etwas Licht in diese Sache bringen. Vielleicht weiß sie etwas über Sebastians Selbstmord.«

»Was genau meinst du damit?« wollte ich wissen.

»Sie hat möglicherweise eine Ahnung, *warum* er es getan hat«, antwortete Vivienne.

»Ach, um Himmels willen! Vergiß doch diesen ganzen Unsinn, Viv!« rief Jack. »Ich möchte wissen, wer zum Teufel sie ist. Und wie du es geschafft hast, sie aufzuspüren. Himmel! Der typische Fall von einer Nadel im Heuhaufen!«

»Laß mich dir erst einmal erzählen, wie ich sie gefunden habe«, erwiderte Vivienne. »Letztes Wochenende habe ich einen alten Terminkalender durchgeblättert, um einen Termin für Kit Tremain herauszusuchen, als das Buch an einer bestimmten Stelle aufklappte, an einem Tag im letzten Juli. Montag, der elfte Juli 1994. Ich hatte mir eine Notiz gemacht, daß ich an jenem Morgen mit Sebastian telefoniert hatte. Er hatte mich von Paris aus angerufen. Als ich auf die Seite starrte, fiel mir nach und nach wieder unser Gespräch ein. Er hatte mir erklärt, er wohne im *Plaza-Athénée*, und er wäre in Paris, um mit einem seiner Freunde an einem speziellen Bankett teilzunehmen. Es war ein Ärztebankett. Ich fragte ihn, ob er nicht für ein paar Tage nach Lourmarin kommen wolle, und er sagte, nein, er könne nicht, er müßte für die der Locke-Stiftung nach Zaire fliegen. Jedenfalls, als mir diese Unterhaltung wieder einfiel, begriff ich, daß ich endlich etwas hatte, wo ich einhaken konnte. Einen ersten *Anhaltspunkt*. Das Ärztebankett. Es war der Schlüssel für mich. Da Sebastian einen großen Bekanntheitsgrad hatte, war ich mir ziemlich sicher, daß er als einer der wichtigen Gäste des Banketts aufgeführt sein würde. In Presseberichten, falls es welche gab.

Auf diese Idee hin flog ich am Montagmorgen für einen Tag nach Paris. Ich ging direkt in die Redaktion des *Le Figaro* und bat einen Redakteur, den ich kannte, mir Zugang zu den Ausgaben vom Juli 1994 zu verschaffen. Was er auch tat. Leider stand in der Zeitung nichts über das Ärztebankett, und so nahm ich mir ein Taxi und fuhr rüber zum *Paris Match*. Ich habe einen Freund dort, Patrick Brizzard, ein Fotograf, mit dem ich in der Vergangenheit zusammengearbeitet hatte. Patrick half mir, die Ausgaben vom letzten Juli durchzuforsten, und ich fand, wonach ich gesucht hatte: eine kurze Notiz über das Bankett unter der Rubrik ›Schlagzeilen der Woche‹. Und dort fiel mein Blick prompt auf ein Foto von Sebastian. Er war in Begleitung zweier französischer Ärzte. Und einer französischen Wissenschaftlerin. Seiner Freundin, der Frau, von der er mir erzählt hatte.«

»Nicht zwangsläufig«, warf Jack ein. »Sie hätte irgend jemand sein können.«

»Nicht nach der Art zu urteilen, wie sie ihn anschaute und wie er sie ansah!« Vivienne stellte ihr Glas ab und stand auf. »Entschuldigt mich einen Moment, ich habe meine Tasche in der Halle stehenlassen.«

Allein mit meinem Bruder meinte ich: »Vielleicht ist Vivienne da wirklich auf etwas gestoßen.«

Jack zuckte die Achseln. »Schon möglich.«

Vivienne kehrte mit ihrer Aktentasche zurück. Sie nahm eine Ausgabe des *Paris Match* heraus und ein Schwarzweißfoto. »Ich bin durch Patrick an diese alte Ausgabe herangekommen, und er hat mir auch eine Kopie des Fotos gemacht. Wenn diese zwei Leute keine Affäre haben, dann weiß ich absolut nichts über menschliche Gefühle«, schloß sie, während sie mir die Unterlagen reichte und wieder Platz nahm.

Ich sah mir das Foto als erstes an. Da war mein Vater, unglaublich attraktiv in einem maßgeschneiderten Dinnerjakket. Er wurde von zwei Männern zu seiner Linken flankiert; rechts von ihm stand eine Frau. Sie blickte zu ihm auf, und er schaute sie an. Sie hatten nur Augen füreinander; es war vollkommen offensichtlich, was sie empfanden. Obwohl ich es nur sehr widerwillig vor mir selbst zugab, hatte Vivienne recht gehabt mit ihrer Einschätzung. Mein Vater und die Frau sahen eindeutig aus, als wären sie verliebt.

Jack, der sich über meine Schulter beugte, sagte: »Sie ist eine gutaussehende Frau. Sie erinnert mich an jemanden. Ich weiß nur nicht, an wen. Also pack endlich aus, Viv. Wer zum Teufel *ist* sie?«

Bevor Vivienne antworten konnte, warf ich einen Blick auf die Bildunterschrift in der Zeitung und las laut vor: »Doktor Ariel de Grenaille vom Pasteur-Institut.«

»Ich habe gestern im Institut angerufen, als ich nach Lourmarin zurückkam«, erklärte Vivienne. »Und sie arbeitet tatsächlich dort. Außer daß sie im Moment nicht in Paris ist. Sie arbeitet an einem speziellen Forschungsprojekt. In Afrika. Seit gestern habe ich versucht, durch das Institut ein Treffen mit ihr zu arrangieren. Sie ist aber angeblich nicht zu erreichen. Sie bereitet irgendein Experiment mit einer äußerst ansteckenden Krankheit vor und ist sogar buchstäblich in Quarantäne. Man wollte mir noch nicht einmal sagen, wo genau sie sich befindet. Die letzten vierundzwanzig Stunden über habe ich versucht, mit ihrer Familie Kontakt aufzunehmen.«

»Ich habe es immer gesagt, du bist wie ein Hund mit einem Knochen. Du willst einfach nicht loslassen, wenn du dich erst einmal in eine Sache verbissen hast«, bemerkte Jack. »Oder war es eher Glück, daß du es geschafft hast, sie zu finden?«

»Nicht Glück. Ich bin eine verdammt gute Journalistin, Jack, nur deshalb habe ich sie gefunden«, gab Vivienne zurück.

Teil IV

Zoë
Wahrheit

27

Ich bin eine alte Frau.

Ich muß mir das heute eingestehen, denn es ist die Wahrheit. Noch bis vor kurzem glaubte ich, ich wäre dem Alter entkommen, hatte geglaubt, es wäre spurlos an mir vorübergegangen. Ich fühlte mich so stark, so voller Energie, voller Schwung. Aber in letzter Zeit bin ich schwach geworden und erschöpft. Ich fühle mich völlig ausgelaugt, als wäre alles Leben aus mir gewichen und hätte nur die zerbrechliche Hülle einer Frau zurückgelassen.

Wenn man jung ist, denkt man nie daran, daß man einmal alt sein wird, verschwendet keinen Gedanken an den unvermeidlichen Verfall. Die Jugend belügt uns, blendet uns, gibt uns eine trügerische Vorstellung von Unsterblichkeit, läßt uns glauben, wir wären groß, unbesiegbar, unvergänglich. Wie erschreckend ist es zu erfahren, daß wir nur zu vergänglich, zu verletzlich sind und daß wir am Ende sterben müssen. Der Gedanke, irgendwann einmal nicht mehr zu sein, aufzuhören zu existieren, ist kaum vorstellbar.

Letzte Woche, am sechsten April, habe ich meinen dreiundsiebzigsten Geburtstag gefeiert. An diesem Abend, als ich an meinem Frisiertisch saß und mich im Spiegel betrachtete, sah ich mich einen flüchtigen Moment lang ganz objektiv.

Was ich sah, erschreckte mich so, daß ich nach Luft rang. Das Bild, das mich anstarrte, konnte nicht ich sein, nein, unmöglich. Nein, diese Frau war nicht *ich*.

Ich war die große Zoë, die schöne Zoë, die Frau, die jeder Mann begehrte. Ich war mein ganzes Leben lang unwiderstehlich gewesen mit meinem kastanienbraunen Haar und den himmelblauen Augen, meiner Größe und geschmeidigen Eleganz, mit meiner schmalen Taille und den perfekten Brüsten und den endlos langen Beinen.

Am letzten Donnerstag konnte ich in meinem Spiegelbild nur noch Überreste einstiger Schönheit erkennen – die wundervollen blauen Augen und die hohen Wangenknochen. Das kastanienbraune Haar war nicht mehr dicht und üppig; und seine intensive Farbe verdankte es der Geschicklichkeit des Friseurs. Meine Körpergröße, meine langen Beine und meine Eleganz waren im Laufe der Zeit fast unverändert geblieben, aber meine Figur hatte ihre biegsame Schlankheit verloren.

Aber wie bezaubernd war ich früher auf dem Höhepunkt meiner Schönheit. Ich war die unangefochtene Herrscherin. Meine Schönheit wurde weit und breit gepriesen. Männer hatten mich angebetet, sich um mich gestritten.

Charles war letzte Woche anläßlich meines Geburtstags nach Paris gekommen. »Du siehst so wunder-, wunderschön aus«, hatte er an jenem Abend zu mir gesagt und den Champagnerkelch erhoben, um einen Toast auf meinen Geburtstag auszubringen. Nun ja, Schönheit liegt immer im Auge des Betrachters. Charles. Mein Sohn. Mein Stolz. Meine Freude. *Ma raison d'être.*

Er kam aus der Normandie zusammen mit seiner Frau Marguerite, und sie führten mich zu einem Geburtstagsdinner ins *Tour d'Argent*, mein Lieblingsrestaurant. Ich bin schon immer von dem Ausblick durch die vielen deckenhohen Fenster fasziniert gewesen, dem atemberaubenden Anblick der Seine und der Ausflugsschiffe, der Kathedrale Notre-Dame und dem glitzernden Himmel – Panoramaansichten dieser Stadt, die ich vor langer Zeit zu meiner Heimat gemacht hatte. Fünfundvierzig Jahre ist das in diesem Monat schon her.

Ich kam im April 1950 nach Paris.

Die Kastanien im Bois de Boulogne standen in voller Blüte, Fröhlichkeit erfüllte die Luft, und Paris freute sich immer noch über das Ende des Krieges. Liebe, Lachen, das Leben in vollen Zügen genießen – das waren die Dinge, die uns damals am wichtigsten waren.

Fünf Jahre, nachdem ich diese Stadt zu meiner Heimat erwählt hatte, traf ich Edouard. Ich verliebte mich in ihn. Und ich liebte ihn bis zu seinem Tod. Ich hätte alles für ihn getan. Alles, was in meiner Macht stand. Und das hatte ich auch getan.

Wenn wir alt geworden sind und entsetzliche Dinge passieren, die das Fundament unserer Existenz bedrohen, macht es uns das Alter in gewisser Weise leichter, mit allem fertig zu werden. Wir haben Erfahrungen erworben, sind weise geworden, und wir verfügen über das Wissen eines ganzen Lebens, um weiterzumachen und am Leben zu bleiben.

Aber wenn uns in der Jugend Schwierigkeiten und Schicksalsschläge heimsuchen, haben wir nur wenige Waffen, um sie zu bekämpfen, keinen Erfahrungsschatz, kein tief in unserem Bewußtsein gespeichertes Wissen, keine inneren Kraftreserven, die uns über die schwierige Zeit hinweghelfen. Das Leid überwältigt uns, kann uns sogar zerstören.

Ich kenne das; ich weiß, wie es ist, ich weiß es nur zu gut.

Bereits in meinen jungen Jahren war großes Leid über mich gekommen. Mein Leben war schwierig, schrecklich. Unvorstellbare Dinge wurden mir angetan, als ich jung war, Unvorstellbares wurde an mir verübt.

Ich litt allein. Ich hatte niemanden, der mir half. Niemanden, der mich rettete. Niemanden, der den Schmerz hätte lindern können. Niemanden, der mich tröstete. Ich sank tief in meiner Verzweiflung. Ich wollte nicht mehr leben. Ich glaubte, der Tod sei mein einziger Ausweg. Ich wollte meiner Qual ein Ende machen. Aber ich nahm mir nicht das Leben. Ich fand Mut und Stärke in mir selbst. Ich lebte weiter. Ich kam wieder auf die Beine. Langsam. Ich stieg höher. Ich erlebte einen ungeahnten Aufschwung.

Und schließlich wurde ich die unvergleichliche Zoë.

Die Frau, die alle Männer begehrten. Die Frau, der die Welt zu Füßen lag.

Edouard begehrte mich vom ersten Augenblick an, als er mich sah. Es war nicht ausschließlich sexuelle Lust, die ihn zu mir trieb, obwohl er meinen schönen Körper begehrte, das ist die Wahrheit. Er wollte auch Liebe von mir. Liebe und Hingabe. Ich schenkte sie ihm bereitwillig. Er akzeptierte sie und erwiderte meine Gefühle in vollem Umfang. Er betete mich an. Er hob mich in den Himmel. Er machte mich zu seiner Ehefrau.

Mein Ehemann gab mir Würde.

Edouard starb vor neun Jahren im Alter von neunundachtzig Jahren. Er sah immer jünger aus, als er war; er war auch nicht senil in seinen letzten Lebensjahren, sondern erstaunlich kräftig und robust bis zu seinem Ende. Er starb friedlich im Schlaf, ging behutsam hinaus in die dunkle Nacht, so behutsam, wie er gelebt hatte.

Der König ist tot, lang lebe der König, wie es so schön heißt.

Charles erbte alles. Den alten Titel, das Château und die Güter in der Normandie, den größten Teil des Familienvermögens. Charles schien sich kaum etwas aus diesen materiellen Dingen zu machen. Er war untröstlich über den Tod seines Vaters und trauerte lange um ihn. Sie hatten ein sehr enges Verhältnis gehabt, waren unzertrennlich gewesen, die besten Freunde, seit Charles ein kleiner Junge gewesen war.

Charles hat jetzt einen eigenen Sohn, meinen Enkel Gerard, der sechs Jahre alt ist und eines Tages den Titel erben wird. Ich hatte den Fortbestand der Familie gesichert – um welch großen Preis, das würde nie jemand wissen. Es durfte auch niemand wissen.

Am Morgen nach meinem Geburtstag hatten mein Sohn und ich zusammen gefrühstückt. Er hatte mich einen Moment angesehen und dann gesagt: »*Maman*, du bist eine große Dame. *Une femme avec grand courage.*«

Ich hatte schwach gelächelt, als ich ihm für sein Kompliment dankte.

Ja, ich besaß durchaus Mut, darin hatte er recht, und wenn ich eine große Dame war, *une grande dame*, dann deshalb, weil ich mich selbst dazu gemacht hatte. Ich war nicht groß geboren worden. Und auch nicht als Dame. Aber ich war immer schon mutig gewesen.

Das Leben ist hart. Es soll hart sein. Um uns auf die Probe zu stellen, um herauszufinden, was in uns steckt, um uns zu brechen oder stark werden zu lassen. Und die Lektionen des Lebens sind ebenso hart. Und dennoch, wenn wir klug und schnell sind, dann brauchen wir jene Lektionen nur einmal zu lernen.

Als ich zuerst mit Edouard verheiratet war, sagte er mir einmal, ich hätte das Gesicht einer Madonna. Ich hatte gelächelt, ihm gedankt und ihn auf die Wange geküßt.

Später, als ich allein war, hatte ich mich im Spiegel betrachtet, forschend mein Gesicht gemustert. Und ich kam zu dem Schluß, daß seine Feststellung in gewisser Weise zutraf. Nicht eine Falte, nicht ein Makel, nicht ein Zeichen von Schmerz oder Kummer auf diesem Gesicht. Wie konnte es sein, daß all die Qualen, die ich erlitten hatte, keine Spuren hinterlassen hatten?

Ich konnte diese Frage nicht beantworten. Vielleicht könnte man all das Leid, das ich ertragen hatte, an meinem Herzen ablesen, wenn man mich aufschneiden würde.

Es war Edouard, der mein Leben lebenswert machte. Ihm verdankte ich das größte aller Geschenke, das Geschenk des Glücks. Und langsam, mit unendlicher Liebe, löschte er viel von meinem Schmerz aus.

Er fehlte mir. Ich war verloren ohne ihn. Allein. Einsam.

Zutiefst getroffen und unglücklich über seinen Tod, lebte ich weiter, weil ich mir vor Jahren beigebracht hatte, zu überleben. Damals, als ich ein junges Mädchen war. Ich kannte keine andere Form des Daseins. Aber im Grunde wartete ich nur auf den Tag, an dem ich sterben würde, wenn Edouard und ich in einem anderen Leben wiedervereint sein würden, im Leben nach dem Tode.

Die antike Messinguhr auf dem marmornen Kaminsims begann zu schlagen und riß mich abrupt aus meinen Gedanken. Ich schaute hinüber und sah, daß die goldenen Zeiger auf der weißen Emailleoberfläche auf drei Uhr standen. Dann blickte ich wieder auf das Dokument auf dem Schreibtisch. Ich schob es in den Umschlag, legte diesen in die kleine Briefschatulle und verschloß sie. Seufzend stellte ich die Schatulle wieder in die Schreibtischschublade.

Ich hatte mich zu verschiedenen Zeiten immer wieder gefragt, ob es eine Vorsehung gibt, eine Art höheren Plan, wie Edouard geglaubt hatte, einen vorherbestimmten Grund für alles, was einem Menschen im Laufe seines Lebens zustößt.

War *ich* Teil eines großen kosmischen Schemas? War Edouard darin verwoben gewesen? Waren er und ich einfach nur Schachfiguren des Schicksals, Schachfiguren, die ihre Bestimmung erfüllten, wenn sie zusammenkamen, als Ehemann und Ehefrau vereinigt waren?

Edouard hatte einmal gesagt, was geschehen muß, wird auch geschehen. Nichts kann es aufhalten. »Dem uns vorherbestimmten Schicksal können wir nicht entgehen«, hatte er zu mir gesagt. »Und du, Zoë, bist mein Schicksal. Und ich bin deines, zweifle niemals daran.«

Mein Blick fiel auf sein Foto in dem Goldrahmen auf meinem Schreibtisch. Es war vor vierzig Jahren aufgenommen worden, dem Jahr, als wir uns kennengelernt und geheiratet hatten. Edouard war damals achtundfünfzig gewesen, fünfundzwanzig Jahre älter als ich, aber so vital und lebendig.

Ich blickte in seine Augen, und meine eigenen füllten sich mit Tränen. Ach, Edouard, sagte ich in Gedanken zu ihm. Hilf mir, gib mir Kraft.

28

Ich lebe seit vierzig Jahren in diesem Haus. Ich war als Braut hierhergekommen, und wenn ich es schließlich zum letztenmal verlasse, dann in einem Sarg.

Dann wird dieses Haus an meinen Sohn Charles übergehen. Er wird darin wohnen, wenn er aus der Normandie nach Paris zu Besuch kommt, so, wie es schon sein Vater und dessen Vorfahren getan haben, und eines Tages wird es meinem Enkel Gerard gehören.

Unser Familiensitz galt immer als eines der schönsten Häuser in der Stadt, das prächtigste *hôtel particulier*, wie man solche großen Pariser Stadthäuser nennt. Es steht in einer vornehmen Straße, der Faubourg Saint-Germain, im vornehmen siebten Arrondissement am *Rive gauche*, dem linken Seineufer, einem Bezirk, den ich immer geliebt habe.

Als ich vor all den Jahren nach Paris kam, zog es mich sofort zum *Rive gauche*, denn es schien mehr Fröhlichkeit und Stimmung auszustrahlen als das andere Ufer der Seine, ein überschäumendes Gefühl von Lebensfreude, das mir Schwung und neuen Mut verlieh.

Und ich bin noch immer entzückt von seinen malerischen Straßen und breiten Boulevards, den kleinen, baumumstandenen Plätzen, den Cafés, Antiquitätenläden und Kunstgalerien.

Heute wie damals ist die Gegend ein Anziehungspunkt für Schriftsteller, Künstler und Studenten der Sorbonne, die durch das Viertel wandern, sich im Café *Flore* und im Café *Deux Magots* treffen, um sich die Zeit zu vertreiben und die

Welt vorbeischlendern zu sehen, wie ich es einst getan habe, als ich jung war.

Als Kontrast dazu hat das siebte Arrondissement obendrein eine historische Fassade, sichtbar in der Architektur kultivierter alter Häuser wie dem meinen, in der Bauweise der Museen und der öffentlichen Gebäude. Wann immer ich den Wunsch verspüre, kann ich das Rodin-Museum besuchen oder das *Hôtel des Invalides*, in dem sich Napoleons Marmorsarkophag befindet.

Es war Edouard, der mich zum erstenmal dorthin führte, der mir soviel über den Kaiser erzählte und mir meine erste Lektion in französischer Geschichte erteilte. Ich lernte ständig von ihm, und sein Wissen war nur eines von vielen Geschenken, die er mir machte.

Oder wenn mir danach zumute ist, kann ich müßig zum *Palais du Luxembourg* hinüberschlendern, um eine Weile durch seine prächtigen Gärten zu wandern und dabei meinen Erinnerungen nachhängen. Denn hier war ich mit meinen Kindern hingegangen, als sie klein waren, damit sie toben und spielen und mit anderen Kindern zusammensein konnten. Das waren die wirklich frohen Tage meines Lebens gewesen, die goldenen Tage ihrer Kindheit und Jugend.

Es herrscht soviel Leben, soviel Trubel dort draußen auf den Straßen am linken Seineufer. Und dennoch, hinter den hohen Gartenmauern ist mein Haus ruhig; es ist still geworden, seit ich Witwe bin und meine Kinder erwachsen und fortgezogen sind.

Wenn die Kinder noch klein sind, denkt man niemals an den Tag, an dem sie ihre Flügel ausspannen und zu fliegen versuchen. Keine Mutter glaubt jemals, daß dieser Tag wirklich kommen wird. Aber irgendwann ist es soweit, und die Kinder werden gehen, ohne einen Blick zurückzuwerfen. Für mich war dies keine wirkliche Überraschung. Ich hatte Edouard immer erklärt, daß uns Kinder nur für eine kurze Zeitspanne gehören. Wenn der Tag kommt, müssen wir sie in die Welt ziehen lassen.

Die hübschen, eleganten Zimmer in meinem Haus sind noch immer unverändert, angefüllt mit kostbaren Antiquitäten, Gemälden und *objets d'art*; außergewöhnliche Besitztümer, von der Familie meines Mannes im Laufe von Jahrhunderten erworben, eine Sammlung, die Edouard sein ganzes Leben lang erweitert und vervollständigt hatte.

Früher einmal waren diese Zimmer mit Stimmen und Gelächter erfüllt gewesen, aber jetzt herrscht hier schon seit einigen Jahren Stille. Ich gebe keine Gesellschaften mehr, wie Edouard und ich es einst getan hatten, und mit wieviel Brillanz und Elan hatten wir es getan!

Viele Jahre galt ich als eine der großen Gastgeberinnen von Paris, war berühmt für meine erlesene Tafel und meine distinguierten Gäste.

Nur die feinste Qualität an Speisen und Weinen war für Edouard akzeptabel; er war ein Perfektionist, und unsere Gäste waren ebenfalls von höchstem Rang – französische Kabinettsminister, Politiker und preisgekrönte Schriftsteller. Und die *crème de la crème* der Pariser Gesellschaft, der engste und undurchdringliche Kreis der Elite, ein Zirkel, zu dem nur jene Zutritt hatten, die derselben Klasse angehörten.

Ich trauerte mehrere Jahre um Edouard, doch mit der Zeit legte ich meine Witwenkleider ab und begann erneut, Gäste einzuladen, jedoch in geringerem Umfang.

Ohne Edouard an meiner Seite verlor ich allerdings bald die Lust daran. Ich sah keinen Sinn mehr darin. Ich hatte es immer ihm zuliebe getan, um ihn zu erfreuen. Ich brachte die Welt zu ihm, um ihn zu unterhalten, und er hatte mir dafür Beifall gezollt, hatte jeden Moment genossen. Nachdem er nicht mehr länger hier war, um daran teilzuhaben, verloren die Dinners und Abendgesellschaften ihren Reiz für mich, wurden bedeutungslos und unwichtig.

Die Rückseite des Hauses geht auf einen großen Garten hinaus, einen der wenigen, die es in Paris noch gibt.

An diesem herrlichen Aprilnachmittag stand ich in dem kleinen Salon, von dem aus man auf den Garten hinausblickt. Der Gärtner hatte die antiken Springbrunnen angestellt, fünf insgesamt, von denen jeder in einem anderen Teil des Gartens stand. Von dort aus, wo ich stand, konnte ich sie leicht sehen, einfach indem ich meinen Kopf von einer Seite zur anderen drehte.

Wasserfontänen, die hoch in die Luft schossen, fingen glitzernd das Sonnenlicht ein, und wieder einmal erkannte ich, wie klug Edouard gewesen war, diese Brunnen bauen zu lassen. Sie sahen so kühl aus, so erfrischend und hübsch in dem hellen Licht, und das Plätschern des Wassers war stets zu hören, wenn ich mich draußen aufhielt.

Den Rest des Gartens hatte Edouard ganz schlicht angelegt. Grüne Rasenflächen waren von breiten Streifen mehrjähriger Stauden in den zartesten Farben eingerahmt, und den gesamten Garten umschloß ein Kreis hoher Bäume, die direkt vor der steinernen Mauer standen.

Die Bäume waren sehr alt und schon von Edouards Großvater im Jahre 1850 gepflanzt worden, in der Hauptsache Roßkastanien. Ihr grünes Laub bildete ein breites Blätterdach, das an heißen Sommernachmittagen oder schwülen Abenden kühl und einladend war.

Edouard hatte den Garten für mich so hübsch angelegt, weil er wußte, was er mir bedeutete. Ich genoß es, dort draußen unter den Kastanien zu sitzen und zu lesen. Ich verschlang Bücher geradezu, und es war Edouard, der meine Liebe zu Büchern gefördert hatte, eine Liebe, die ich schon seit meiner Kindheit gehegt hatte. Aber damals, in jenen schlimmen Tagen, hatte ich keine Bücher zur Verfügung gehabt und auch keine Zeit zum Lesen. Sie hatten mich zu hart arbeiten lassen und mir meine ganze Freizeit geraubt und vieles andere obendrein.

An diesem Nachmittag blieb jedoch keine Zeit zum Lesen oder zu einem Spaziergang durch den Garten. Ich hatte eine Aufgabe zu erledigen; und ich mußte meine Sache gut machen, um das zu schützen, was mir lieb und wert war.

Ich wandte mich vom Fenster ab und ging durch den Raum. Der kleine Salon war in zartem Hellgrün gehalten, mit einem wundervollen Aubusson-Teppich auf dem Boden und französischen Möbeln aus dem achtzehnten Jahrhundert, in intimen Gruppierungen aufgestellt.

Über den Konsolentischen zu beiden Seiten des Kamins hing jeweils ein großer, vergoldeter Spiegel, und ich erhaschte einen Blick auf mein Spiegelbild, als ich den Salon durchquerte. Ich blieb stehen, um mich genau zu betrachten. Und meine Wirkung abzuschätzen.

Kurz zuvor hatte ich mich umgezogen und trug jetzt ein Schneiderkostüm aus marineblauer Wolle und eine weiße Seidenbluse. Eine einreihige Perlenkette umschloß meinen Hals, an meinen Ohrläppchen schimmerten Perlen. Mein einziger anderer Schmuck waren mein Ehering aus Platin und Gold und eine Armbanduhr.

Ich entschied, daß ich ziemlich nüchtern und schmucklos, aber geschäftsmäßig wirkte, und genau diesen Eindruck hatte ich beabsichtigt.

Ich nickte zufrieden.

Ein leichtes Klopfen ertönte an der Tur, und Hubert kam herein. Er beugte leicht den Kopf. »Comtesse?«

»Ja, Hubert, was gibt es?«

»Möchten Sie, daß der Tee hier serviert wird, Madame? Oder im großen Salon?«

»Ich denke, hier wäre es passender, Hubert. Danke.«

Er nickte erneut und verschwand so schnell, wie er gekommen war, glitt auf leisen Sohlen davon. Edouard hatte ihn vor fünfundzwanzig Jahren als zweiten Butler eingestellt, und er war immer noch bei mir. Aber jetzt war er der ranghöhere Butler und stand dem gesamten Haushalt vor.

Ich setzte mich auf einen gradlehnigen Stuhl, um auf meinen Gast zu warten, der jeden Augenblick kommen mußte. Und während ich wartete, fragte ich mich, wie man richtig mit einer schußbereiten Pistole umging. Ich hatte keine Ahnung. Ich überlegte hin und her.

Plötzlich hatte ich keine Zeit mehr zum Nachdenken. Ich hörte Schritte auf dem Marmorboden der Eingangshalle, und einen Moment später öffnete Hubert die Tür des Salons.

Ich erhob mich und drehte mich erwartungsvoll zur Tür um.

»Madame«, sagte er, »Ihr Gast ist hier.« Er führte die junge Frau herein und fuhr fort: »Madame Trent, ich möchte Sie der Gräfin de Grenaille vorstellen.«

Ich trat einen Schritt vor, setzte ein höfliches Lächeln auf und streckte meine Hand aus. »Guten Tag, ich freue mich sehr, Sie kennenzulernen, Mrs. Trent.«

Die junge Frau lächelte mich an und umschloß meine Hand fest mit ihrer. »Und ich freue mich, Sie kennenzulernen, Gräfin. Es ist sehr freundlich und entgegenkommend von Ihnen, mich zu empfangen.«

Ich nickte, zog meine Hand zurück und wies auf die Sitzgruppe nahe der Terrassentür zum Garten.

»Wollen wir uns einen Moment dort hinsetzen? In ein paar Augenblicken wird Hubert den Tee servieren, aber ich denke, wir können uns unterhalten, während wir warten.«

»Danke«, erwiderte Vivienne Trent und folgte mir durch den Raum.

Sie nahm auf dem kleinen Sofa Platz.

Ich setzte mich auf denselben gradlehnigen Stuhl wie zuvor und erklärte: »Als mich das Pasteur-Institut anrief, sagte man mir, Sie wollten mit mir über meine Tochter Ariel sprechen. Es hätte etwas mit einem Artikel zu tun, den Sie über den verstorbenen Sebastian Locke schreiben.«

»Das ist richtig, Gräfin, ja. Ich schreibe eine Biographie

über ihn für die *Sunday Times*, die britische Zeitung. Ich nenne sie ›Der letzte große Philanthrop‹, und sie wird sich mit dem Wesen dieses Mannes befassen, mit dem, was ihn angetrieben hat. Ich werde auf seine großen Verdienste eingehen, sein Mitgefühl und seine Großzügigkeit für die Armen und Leidenden dieser Welt. Es wird eine sehr positive Story sein. Sehr optimistisch.«

»Ich verstehe«, murmelte ich. »Ich bin mir allerdings nicht sicher, ob ich Ihnen helfen kann. Meine Tochter ist nicht da, und ich kannte Mr. Locke nicht.«

»Aber Ihre Tochter kannte ihn, Gräfin. Nicht wahr?«

Ich zögerte, aber nur Sekundenbruchteile, dann nickte ich. »Ja, das ist richtig.«

»Ich würde mich gern mit ihr über Sebastian Locke unterhalten, hören, welche Eindrücke sie von ihm als einem Mann hatte, der seine Aufgabe darin sah, Wunder in der Welt zu vollbringen.«

»Ich glaube nicht, daß sie im Moment verfügbar ist. Tatsächlich bin ich mir sogar sicher, daß sie unabkömmlich ist.«

Vivienne Trent sah niedergeschlagen aus, dann beugte sie sich vor – ziemlich eindringlich, wie ich fand – und sagte: »Ich will ganz offen mit Ihnen sein, Gräfin. Ich bin nicht nur eine Journalistin, die eine Story über ihn schreibt, sondern auch ein Mitglied der Familie Locke.«

Ich nickte nur.

»Wenn ich das vielleicht näher erklären darf?« fragte Mrs. Trent.

»Aber bitte, natürlich«, erwiderte ich.

»Ich kannte Sebastian seit meinem zwölften Lebensjahr. Meine Mutter hatte sechs Jahre lang eine Beziehung mit ihm. Als sie starb, war ich achtzehn, und er wurde zu meinem Vormund bestimmt. Er schickte mich aufs College, nach Wellesley, und kümmerte sich ganz allgemein um mich. Wir heirateten, als ich zweiundzwanzig war und er zweiundvierzig. Wir waren fünf Jahre lang verheiratet und blieben auch nach unserer Scheidung immer Freunde. Wir haben uns gütlich getrennt.« Sie hielt inne und blickte mich intensiv an.

»Ich verstehe«, murmelte ich.

»Ich erzähle Ihnen das alles, Gräfin, damit Sie verstehen, daß meine Biographie über ihn sehr lobend ausfallen wird. Ich werde ihn nicht kritisch betrachten, ich habe nicht vor, ein Portrait Marke ›mit allen seinen Fehlern‹ zu verfassen. Ganz im Gegenteil. Und natürlich würde ich mich auch nur positiv über Ihre Tochter, Dr. Ariel de Grenaille, äußern.«

»Ich verstehe«, sagte ich erneut. »Danke für Ihre Erklärung. Aber ich weiß nicht, ob meine Tochter viel zu Ihrem Artikel beitragen könnte, selbst wenn sie verfügbar wäre. Und ich habe Ihnen ja gesagt, daß sie unabkömmlich ist.«

»Ich denke, sie könnte sogar eine ganze Menge dazu beitragen«, erwiderte Mrs. Trent rasch. »Schließlich war sie die letzte Frau, mit der er eine Beziehung hatte. Eine persönliche Beziehung auf einer emotionalen Ebene.«

Ich starrte sie an, sagte jedoch nichts. Ich saß nur da und wartete, während ich mich fragte, was sie als nächstes sagen würde.

Mehrere Minuten lang herrschte völlige Stille im Raum. Ich wußte, Vivienne Trent erwartete eine Bemerkung von mir, aber ich schwieg.

Schließlich war sie es, die das Schweigen brach. Sie räusperte sich und sagte: »Gräfin de Grenaille, Sebastian erzählte mir, er würde Ihre Tochter heiraten.«

»Das hat er gesagt?«

»Ja, so war es.«

»Wann hat er Ihnen das erzählt?«

»Letztes Jahr im Oktober, Anfang Oktober. Am Montag der Woche, in der er starb.«

»Sie waren seine Vertraute, Mrs. Trent? Oder wußten auch andere Familienmitglieder von seinen Absichten?«

Vivienne Trent schüttelte den Kopf. »Nein, niemand sonst wußte davon, Gräfin, weil *ich* seine einzige Vertraute war.«

Als ich nichts erwiderte, fragte sie mich mit leichtem Stirnrunzeln: »Wußten Sie nicht, daß sie vorhatten zu heiraten?«

»O ja, Ariel hatte es mir gesagt. Sie müssen ihm äußerst nahegestanden haben, Mrs. Trent, wenn er sich Ihnen anvertraute, selbst noch nach Ihrer Scheidung.«

»Das habe ich. Sebastian vertraute mir absolut.«

»Was hat er Ihnen über Ariel erzählt?«

»Nicht so sehr viel *über* sie, nur daß sie Wissenschaftlerin sei und in Afrika arbeitete. Aber er hat mir viel von seinen Gefühlen für sie erzählt, der Tiefe seiner Gefühle.«

»So, hat er das. Wie außergewöhnlich. Wirklich ungewöhnlich unter den Umständen.«

»Das denke ich nicht«, erwiderte sie.

»Aber Sie waren einmal seine Ehefrau. War es nicht verletzend für Sie zu erfahren, daß er eine andere Frau liebte? Zu hören, daß er sie heiraten wollte?«

»Nein, überhaupt nicht!« rief Vivienne Trent ziemlich heftig. »Er bedeutete mir etwas. Ich liebte ihn. Ich wollte, daß er glücklich war, Liebe und Freundschaft in seinem Leben hatte, so, wie er es sich für mich gewünscht hätte. Was er mir ja auch tatsächlich wünschte. Wie ich schon sagte, wir standen uns sehr, sehr nahe.«

»Ich sehe allmählich, daß Sie recht haben.«

»Gräfin de Grenaille, ich weiß, Ihre Tochter arbeitet in Afrika. Ich würde gerne hinfahren und sie sehen. Könnten Sie das bitte für mich arrangieren?«

»Das bezweifle ich stark, Mrs. Trent. Sie *ist* unabkömmlich.«

»Das hat mir das Pasteur-Institut bereits gesagt. Die Person, mit der ich gesprochen habe, deutete an, daß Ihre Tochter an der Erforschung ansteckender Krankheiten arbeitet. Und erklärte mir, daß Dr. de Grenaille in einer Art Quarantäne sei.«

»Das ist richtig.«

»Könnten Sie mir erklären, was genau sie macht?«

»Ich werde es versuchen«, erwiderte ich. »Ariel ist Virologin. Zur Zeit arbeitet sie mit Viren, die als heiße Viren bekannt sind.«

»In einem Labor in Afrika?« fragte Mrs. Trent und beugte sich vor, ihr Ausdruck war wachsam und fragend.

Ich nickte. »Ja.«

»Wo in Afrika?« wollte sie wissen.

»Zentralafrika.«

»Könnten Sie sich bitte etwas präziser ausdrücken, Gräfin?«

»Zaire. Sie arbeitet in Zaire.«

»Mit besagten heißen Viren?«

»Ja, Mrs. Trent, das erklärte ich bereits. Damit befaßt sie sich. Sie arbeitet schon seit sieben Jahren an diesem Projekt, und es dreht sich dabei speziell um Filoviren.

»Was sind das für Viren?«

»Manchmal werden sie auch Fadenviren genannt, *filum* ist das lateinische Wort für Faden. Sie sind äußerst ansteckend und gefährlich. *Tödlich.*«

Es klopfte an der Tür, und Hubert kam mit einem Teetablett in den Händen herein.

»Entschuldigen Sie, Madame«, sagte er; er stellte das Tablett auf dem kleinen antiken Tisch in der Mitte der Sitzgruppe ab und warf mir einen Blick zu. »Soll ich den Tee einschenken, Madame?«

»*Oui, merci*, Hubert.«

»Das klingt nach einem sehr gefährlichen Forschungsprojekt«, murmelte Vivienne Trent.

»Es ist die gefährlichste Tätigkeit in der heutigen medizinischen Forschung«, erwiderte ich. »Der kleinste Fehler, ein noch so geringfügiges Versehen, und sie könnte sich infizieren. Sie würde natürlich sterben, wenn das passierte. Es gibt keine bekannten Impfstoffe.«

29

Vivienne Trent und ich schwiegen, als wir unseren Tee mit Zitrone tranken, aber nach ein paar Augenblicken stellte sie ihre Tasse ab und sagte: »Ich glaube, ich habe von diesen heißen Viren gelesen. Sie sind relativ selten, nicht wahr?«

»Sehr, aber so tödlich, daß ich es kaum wage, darüber nachzudenken«, erwiderte ich. »Wie ich vorhin schon erklärt habe, gibt es keinen Impfstoff gegen sie, kein bekanntes Heilmittel. Sie wirken innerhalb weniger Tage tödlich, und sie töten auf die grauenhafteste Weise.«

»Wie töten sie?«

»Das wollen Sie nicht wissen«, antwortete ich und nahm einen kleinen Schluck Tee.

Vivienne Trent bedrängte mich nicht weiter. »Und diese Viren stammen aus Afrika, habe ich das richtig verstanden?« fragte sie ruhig.

»Ja, das ist richtig.

»Von wo genau?«

»Sie kommen in verschiedenen Gegenden vor. Ich bin keine Expertin, wissen Sie«, sagte ich mit einem leichten Lächeln.

»Aber Ihre Tochter hat doch sicherlich mit Ihnen über ihre Arbeit gesprochen, oder? Ihnen Genaueres darüber erzählt?« fragte sie beharrlich, und eine dunkle Braue hob sich.

»Ja, sie hat mir von Zeit zu Zeit darüber berichtet.«

»Dann müssen Sie doch mehr als der Durchschnittsbürger darüber wissen, Gräfin, mehr als zum Beispiel jemand wie ich.«

»Ich denke schon.«

»Gräfin de Grenaille, verzeihen Sie mir, wenn ich klinge, als wollte ich spionieren. Das will ich nicht, wirklich nicht. Ich versuche nur etwas Einblick in die Arbeit Ihrer Tochter zu gewinnen. Für mein Portrait von Sebastian. Abgesehen von ihrer emotionalen Bindung muß Ihre Tochter noch eine ganze Menge mit Sebastian gemeinsam gehabt haben, da seine Stiftung medizinische Forschungen in Afrika unterstützte und Gelder zur Bekämpfung von Krankheiten zur Verfügung stellte. Und natürlich liebte er das Land wirklich, wußte soviel darüber. Die beiden müssen sich sehr gut verstanden haben...« Sie brach ab und griff nach ihrer Handtasche. »Hätten Sie etwas dagegen, wenn ich mir ein paar Notizen mache? Nur für ein paar Hintergrundinformationen.«

Ich zögerte kurz, und dann, bevor ich mich bremsen konnte, willigte ich ein. »Nein, ich habe nichts dagegen, das ist vollkommen in Ordnung, Mrs. Trent.«

»Vielen Dank.« Sie schenkte mir ein warmes und sehr gewinnendes Lächeln, nahm Notizblock und Kugelschreiber heraus, klappte ihre Tasche zu und fuhr fort. »Sie sagten, die Viren kämen aus verschiedenen Gebieten Afrikas. Hat Ihre Tochter Ihnen jemals etwas über ihre ursprüngliche Herkunft erzählt?«

»Ariel und die anderen Ärzte und Wissenschaftler, die auf diesem Gebiet arbeiten, glauben, daß die Viren aus den Regenwäldern Afrikas stammen. Ariels Bericht zufolge gibt es diese Viren wahrscheinlich schon seit Hunderten von Millionen Jahren. Sie blieben bis vor kurzem jedoch unentdeckt. Unerforscht. Meine Tochter erklärte mir, weil die tropischen Wälder jetzt auf sehr systematische Weise zerstört werden, haben die Viren begonnen... herauszukommen. Sie sind sozusagen aktiviert worden. Und sie haben die menschliche Bevölkerung befallen.«

»Aber wie passiert das?« fragte sie, während sich ihre

Stimme eine Oktave hob und ihre intelligenten Augen noch intensiver als zuvor auf meine gerichtet waren.

»Wissenschaftler haben entdeckt, daß Affen als Wirtstiere für diese Viren fungieren können; sie infizieren ihre Artgenossen und werden so zu Überträgern. Ariel erklärte mir, daß es den Viren irgendwie gelungen sei, zu mutieren, daß sie ihre genetische Struktur verändert haben, um von Affen auf Menschen überzugreifen.«

»O mein Gott, das ist wirklich erschreckend!« rief sie. Ihre Stimme war voller Mitgefühl, als sie hinzufügte: »Es muß ausgesprochen besorgniserregend für Sie sein, Gräfin, zu wissen, daß Ihre Tochter mit diesen tödlichen Viren arbeitet und ihnen ständig ausgesetzt ist.«

»Das ist es«, antwortete ich und ertappte mich plötzlich dabei, daß ich mich ihr anvertraute. »Ich habe Angst um Ariel. Ich habe ständig Angst um sie. Und ich fürchte mich vor den Viren. Ich bemühe mich, nicht über ihre Arbeit nachzugrübeln, über die Gefahr, der sie ausgesetzt ist. Sie ist talentiert, wissen Sie, und versteht etwas von ihrer Arbeit. Und sie ist sehr sorgfältig, sehr vorsichtig…«

Ich brach ab und griff nach meiner Teetasse, erinnerte mich daran, daß ich nicht vorgehabt hatte, eine lange Unterhaltung mit Vivienne Trent zu führen. Aber sie war ausgesprochen entwaffnend. Ihre freundliche, mitfühlende Art war wirkungsvoll, und ich hatte begonnen, mich in ihrer Gegenwart zu entspannen. Ich fühlte mich ungezwungen. Von dem Augenblick an, als sie den kleinen Salon betreten hatte, hatte ich etwas Besonderes in ihr entdeckt, etwas Feines und Anständiges. Ich wußte instinktiv, daß sie vertrauenswürdig war, ein guter Mensch. Abgesehen davon sprachen wir ja nur über Ariels Arbeit. Und etwas anderes gab es ja auch nicht zu diskutieren.

»Das muß ein enormer Druck sein, der auf Ihnen lastet, Gräfin de Grenaille«, sagte Mrs. Trent. »Ständig mit dieser Furcht zu leben. Furcht um jemanden, den Sie lieben, meine ich. Ich kenne das nur zu gut. Vor Jahren, als ich mit Sebastian verheiratet war und er allein an Orte reiste, wo Chaos herrschte, mitten in einen Aufstand oder ein Kriegsgebiet, konnte ich kaum schlafen vor lauter Sorge um ihn. Ich war mir immer sicher, ihn würde eine Kugel treffen, oder er würde in die Luft gesprengt werden. Oder von Rebellentruppen entführt werden. Ich hatte auch Angst, er könnte sich irgendeine tödliche Krankheit zuziehen. Früher reiste er ziemlich unbesorgt in Afrika herum, und mir schlug oft das Herz bis zum Hals, wegen der Risiken, die er einging.« Sie lächelte und zuckte leicht die Achseln. »Tatsächlich ist ihm aber niemals etwas passiert. Früher sagte ich ihm immer, er müsse einen Schutzengel haben, der über ihn wacht.«

Ich nickte, sagte jedoch nichts dazu. Ich hoffte auch, meine Tochter hätte einen Schutzengel, der über sie wachte, wenn sie im Labor arbeitete. Tag und Nacht lebte ich mit dem Wissen, daß sie ihr Leben aufs Spiel setzte, wenn ihr auch nur der kleinste Fehler unterlief.

Vivienne Trent unterbrach meine Gedanken. »In den letzten paar Jahren ist eine Menge über heiße Viren geschrieben worden, abgesehen von dem Aids-Virus, meine ich. Wird nicht einer der gefährlicheren Viren ›Marburg-Virus‹ genannt?«

»Ja. Er gehört zur Familie der Filoviren, von denen ich Ihnen erzählt habe.«

»Arbeitet Ihre Tochter mit diesem Virus?«

»Inzwischen nicht mehr.«

»Und womit experimentiert sie jetzt?«

»Mit einem Virus, der ›Ebola Zaire‹ heißt. Er ist der tödlichste, der schlimmste. Er führt in neun von zehn Fällen zum Tod.

»O mein Gott, wie schrecklich!«

»Das ist es.«

»Was sind die Symptome?«

»Starke Blutungen ... furchtbare Blutungen ... hohes Fieber…« Meine Stimme erstarb. Allein schon der Gedanke daran war zu entsetzlich.

Vivienne Trent schien meine Worte zu verarbeiten. Dann blickte sie mich an und fragte: »Was hat Dr. de Grenaille dazu veranlaßt, Virologin zu werden?«

»Ariel hat sich schon immer für Viren interessiert und für Afrika, und eines Tages verschmolzen diese beiden Interessen.«

»Dann wollte sie schon immer Ärztin werden?

»Keine praktizierende Ärztin, sondern Wissenschaftlerin. Diesen Wunsch hatte sie schon als ganz junges Mädchen.«

»Ich kann ihr Interesse für Afrika völlig verstehen«, erwiderte Mrs. Trent und gestand dann: »Ich war dort mit Sebastian während unserer Flitterwochen, in Kenia, und ich verliebte mich in das Land. Ich bin oft mit ihm in andere Teile Afrikas gereist, in Angelegenheiten der gemeinnützigen Stiftung, und das Land hat mich immer fasziniert. Fühlt Ihre Tochter auch so?«

»Ja, ich glaube schon. Der Onkel meines Mannes hatte geschäftliche Interessen und Grundbesitz in Französisch-Äquatorialafrika, dem Französischen Kongo, wie es damals noch hieß. Ariel liebte es, seinen Geschichten zuzuhören, wenn er uns besuchte. 1973, als sie zwölf Jahre alt war, lud er uns alle nach Französisch-Kongo ein. Wir fuhren von Brazzaville aus los und reisten dann durch ganz Afrika. Auch Ariel verliebte sich in seine Schönheit und seine Rätsel, seine Aura von Zeitlosigkeit.«

Mrs. Trent nickte und bemerkte beiläufig: »Dann muß Ihre Tochter dreiunddreißig sein, richtig?«

»Ja. Sie wird Ende April vierunddreißig.«

»Ich hoffe, es macht Ihnen nichts aus, wenn ich das frage, Gräfin, aber war Dr. de Grenaille schon einmal verheiratet?«

»Nein. Sie hat sich immer sehr intensiv ihrer Arbeit gewidmet. Einmal sagte sie mir, sie sei ihr ganzes Leben so damit beschäftigt gewesen, durch ein Mikroskop zu sehen, daß sie keine Zeit dafür gehabt hätte, aufzublicken und einen Mann zu finden.«

Vivienne Trent lächelte. »Ich wünschte wirklich, ich könnte sie kennenlernen...«

»Ich habe Ihnen vorhin schon gesagt, daß das nicht möglich ist«, warf ich rasch ein. Ich klang wohl ein wenig schärfer, als ich beabsichtigt hatte. »Sie arbeitet in einem Labor, das isoliert ist, abgeschottet, wenn Sie so wollen, der Sicherheit wegen. Sie und ihr Team arbeiten bis spät in die Nacht, und die Arbeit selbst ist sehr schwierig, sehr anstrengend in mehrfacher Hinsicht. Zum einen müssen sie spezielle Kleidung tragen. Schutzanzüge...«

»Sie meinen Raumanzüge, wie die Astronauten sie tragen?« unterbrach sie mich.

»So ähnlich, ja. Und Helme mit Fenstern, Stiefel und mehrere Paar Handschuhe. Bedenkt man noch die ständige Gefahr, die Intensität der Arbeit und die komplizierte Kleidung, ist es eine sehr stressige Situation, wie Sie sich sicher vorstellen können.«

»Das kann ich«, erwiderte Vivienne Trent. Es entstand eine kleine Pause Sie lehnte sich gegen das Sofapolster zurück, ihre Miene war nachdenklich. »Ärztinnen und Ärzte wie Ihre Tochter sind die wahren Helden unserer Zeit, Gräfin; so selbstlos in so vieler Hinsicht«, sagte sie schließlich. »Sie müssen enorm stolz auf sie sein. Schließlich bemüht sie sich, eine sicherere Welt für uns alle zu schaffen.«

»Danke, Mrs. Trent, das ist sehr freundlich von Ihnen. Und ja, es stimmt, ich bin stolz auf Ariel. Sehr stolz.« Ich hielt inne und schüttelte den Kopf. »Aber ich bin häufig auch sehr beunruhigt und besorgt«, schloß ich mit einem schmerzlichen Lächeln.

»Ich kann durchaus verstehen, warum. Hat Ihre Tochter Sebastian durch ihre Arbeit kennengelernt? Ich stelle mir vor, daß es so gewesen sein muß.«

»Ihre Vermutung ist richtig. Tatsächlich war es so, daß sie ihn aufsuchte, um mit ihm zu sprechen. Sie wollte seine Stiftung bitten, ein spezielles Projekt zu unterstützen. Ein medizinisches Projekt, an dem einige ihrer Freunde in Zaire arbeiteten.«

»Und hat er Gelder bewilligt?«

»Natürlich. Hätten Sie etwas anderes erwartet?« Ich blickte sie unverwandt an.

Sie lachte. »Nein. Er war immer so großzügig, und besonders, wenn es um medizinische Forschung ging.«

»Nach dem, was ich von ihm weiß... über ihn erfahren habe, war er ein sehr guter Mensch, denke ich.« Als ich dies sagte, erkannte ich, daß Vivienne Trents Blick auf einen Tisch auf der anderen Seite des Raums fixiert war.

Ich folgte ihrem Blick und rief: »Ah, ich verstehe. Sie interessieren sich für Fotos von meiner Familie... von meinem Mann, Edouard, von meinem Sohn Charles und meiner Ariel. Sie ist die junge Frau auf dem Foto ganz rechts.«

Sie wandte ihre Aufmerksamkeit wieder mir zu und sagte: »Sie ist sehr hübsch. Darf ich mir die Bilder genauer ansehen, Gräfin?«

»Aber bitte.«

Sie erhob sich und durchquerte das Zimmer. Ich beobachtete sie, während sie das Foto von Ariel anstarrte, und ich verstand ihr Interesse an meiner Tochter voll und ganz. Dann musterte sie die Bilder von Edouard und meinem Sohn. Genau in diesem Moment fühlte ich den ersten stechenden Schmerz – einen so heftigen Schmerz, daß ich die Augen schloß und den Atem anhielt in dem Versuch, nicht laut aufzustöhnen. Ich hatte jetzt schon mehrere Wochen lang nicht mehr unter diesen Attacken gelitten und wurde jetzt regelrecht überrumpelt.

»Gräfin? Ist irgendwas nicht in Ordnung, Gräfin?« hörte ich Vivienne Trent fragen.

Ich öffnete die Augen, als sie neben mir stehenblieb.

Ich holte tief Luft und erklärte: »Ich fürchte, ich habe ganz plötzlich Schmerzen, Mrs. Trent.«

»Kann ich Ihnen helfen? Vielleicht kann ich Ihnen irgend etwas holen.« Sie beugte sich über mich, ihr Gesicht angespannt vor Besorgnis, und fragte: »Sind Sie krank? Brauchen Sie Medikamente?«

Ich war gerührt über ihre Rücksicht und berührte ihre Hand, die leicht auf meinem Arm ruhte. »Ich komme schon zurecht, danke. Aber wir werden unsere Unterhaltung jetzt beenden müssen.«

»Ja, natürlich, das verstehe ich vollkommen. Sie waren sehr großzügig mit Ihrer Zeit, Gräfin. Ich glaube, ich habe Ihre Geduld schon reichlich strapaziert. Als wir telefoniert haben, sagten Sie eine Stunde, und ich glaube, ich bin schon wesentlich länger hier.«

»Es hat mich gefreut, Sie kennenzulernen«, sagte ich. Ich fühlte mich schwach, und als mich der stechende Schmerz erneut überfiel, zuckte ich zusammen.

Vivienne Trent konnte das nicht entgehen, und sie rief bestürzt: »Oh, Gräfin! Ich sehe doch, daß Sie krank sind! Ich hole sofort Ihren Butler. Glauben Sie nicht auch, daß ich das tun sollte?«

Ich konnte nur nicken. Dann brachte ich mühsam hervor: »Da drüben ist eine Klingel, neben der Anrichte. Sie brauchen nur zu drücken, und Hubert wird sofort hier sein.«

Sie betätigte die Klingel und kehrte dann an meine Seite zurück, wobei sie sich besorgt über mich beugte. »Ich wünschte, ich könnte Ihnen in irgendeiner Weise helfen, Ihnen etwas Gutes tun, Gräfin.«

»Ich fürchte, das ist unmöglich, Mrs. Trent«, erwiderte ich. »Wissen Sie, ich habe Krebs. Ich werde bald sterben.«

30

Es ist töricht von einer alten Frau, dem Zauber einer jüngeren zu erliegen. Beide werden fast zwangsläufig Wunden davontragen.

Die jüngere Frau wird sich irgendwann langweilen und Ressentiments gegen das Wissen der älteren und die Last ihres Alters aufbauen. Und die alte Frau wird sich verletzt und im Stich gelassen fühlen, wenn sie schließlich zurückgewiesen wird.

Ich nehme an, es ist nur natürlich, daß junge Beine laufen wollen, in Bewegung bleiben, Neues erforschen wollen, während alte Beine immer langsamer werden.

Ich wußte das alles, hatte es schon lange gewußt, und doch hatte ich mir gestattet, mich von Vivienne Trent in ihren Bann ziehen zu lassen. Zum Glück waren die negativen Aspekte in unserem speziellen Fall nicht von Belang; ich würde nicht mehr lange leben, deshalb blieb keiner von uns beiden genügend Zeit, der anderen Schmerz zuzufügen.

Meine Ärzte hatten mir vor einigen Monaten erklärt, sie könnten nichts mehr für mich tun. Sie hatten mir erlaubt, das Krankenhaus zu verlassen, damit ich die Zeit, die ich noch hatte, zu Hause verbringen konnte.

Ich hatte weder Charles noch Ariel noch sonst irgend jemandem gesagt, wie nahe das Ende für mich war. Es hatte keinen Sinn. Sie konnten nichts tun, um mir zu helfen. In gewisser Weise wollte ich mich damit auch selbst schützen. Ich war mir längst darüber klargeworden, daß ich nicht in der Lage sein würde, mit den Gefühlen meiner Kinder fertig zu werden, wenn sie wußten, daß ich im Sterben lag. Ich hatte nicht die Kraft dazu.

Ich sehnte mich nach Frieden und Ruhe, wünschte mir, während der kurzen Zeitspanne, die mir noch blieb, so normal wie möglich zu leben. Es war wichtig für mich, meinen

Geschäften nachzugehen, wann immer ich dazu noch in der Lage war, um mir meinen Stolz zu bewahren.

Obwohl ich mich meinen Kindern nicht anvertraut hatte, hatte ich Vivienne Trent die Wahrheit gesagt. Ich hatte das heute vor einer Woche getan, an dem Nachmittag, als wir zusammen Tee tranken. Die Worte waren mir ohne nachzudenken über die Lippen gekommen, und es spielte auch keine Rolle, daß ich sie gesagt hatte.

Mir war durchaus nicht unbehaglich bei dem Gedanken, daß sie von meinem bevorstehenden Tod wußte. Teilweise lag das daran, daß sie eine Fremde war. Ich hatte jedoch auch ihre aufrichtige Besorgnis für mich erlebt, und sie hatte mir ihre mitfühlende Seite gezeigt.

Tatsache war, daß ich dieser jungen Frau vertraute.

Ich hatte etwas Gutes und Anständiges und durch und durch Ehrliches an jenem Tag in ihr gesehen. Und in der vergangenen Woche hatte sie mir bewiesen, daß ich mich in meinem Urteil nicht getäuscht hatte.

Kein Tag war vergangen, ohne daß sie mich angerufen hätte, um zu hören, wie es mir ging. Sie schickte Blumen und Bücher, von denen sie annahm, daß sie mir gefallen würden. Zwei der Bücher waren ihre eigenen, Bücher, die sie selbst geschrieben hatte.

Eines von ihnen handelte von Napoleon und Josephine und den frühen Jahren ihrer Ehe, und das andere war eine Biographie über Katharina die Große von Rußland. Sie waren in mehrfacher Hinsicht höchst aufschlußreich über die Autorin selbst gewesen.

In den letzten paar Tagen war Vivienne täglich um vier Uhr zum Tee gekommen, nur um bei mir zu sitzen und mir Gesellschaft zu leisten. Sie hatte mir eine Menge über sich selbst erzahlt, über ihr Leben, ihre Häuser in Lourmarin und Connecticut, hatte mich auf so nette Art unterhalten, daß es ihr gelungen war, meine Gedanken von meiner Krankheit abzulenken.

Zum Glück fühlte ich mich seit den letzten vierundzwanzig Stunden wieder besser. Der Schmerz hat endlich nachgelassen. Ich bin zur Zeit fast völlig frei davon.

Nicht einmal während dieser letzten Woche hatte mir Vivienne eine einzige Frage über Ariel und ihre Beziehung zu Sebastian Locke gestellt. Noch erwähnte sie etwas von der Biographie, an der sie schrieb.

Es ist möglich, einen Menschen ein ganzes Leben lang zu kennen und trotzdem nichts von ihm zu wissen. Dennoch hatte ich vom allerersten Tag an, als wir uns trafen, das Gefühl, Vivienne Trent zu kennen – so, als wären wir seit Jahren eng befreundet gewesen.

Sie war eine liebenswerte junge Frau, sehr betörend, ein Mensch, der sich irgendwie in mein Herz stahl. Ich konnte verstehen, warum ein Mann wie Sebastian Locke sie als junges Mädchen geliebt und später, als sie eine erwachsene Frau war, geheiratet hatte.

Vivienne war intelligent, ernst, warmherzig und liebevoll, und sie war zu keiner Falschheit fähig. Darüber hinaus schien sie völlig frei von Zynismus zu sein.

In gewisser Weise erinnerte sie mich an meine Tochter.

Sie waren sich charakterlich ziemlich ähnlich – verantwortungsbewußte, einfühlsame, engagierte und disziplinierte junge Frauen mit hohen Idealen und äußerst zielstrebig.

Aber Vivienne war wesentlich weltlicher gesinnt, kultivierter und sicherlich unbekümmerter als Ariel.

Meine Tochter hatte immer eine ungewöhnliche Ausstrahlung gehabt, eine, die viele fälschlicherweise für Unnahbarkeit hielten. Es war tatsächlich eine Aura der Isolation, etwas, was nicht ungewöhnlich ist bei den Hochbegabten, die tatsächlich anders *sind* und sich von uns geringeren Sterblichen etwas zurückzuziehen scheinen. Es ist, als lebten sie auf einem anderen Planeten.

Ariels Arbeit hatte in ihrem Leben immer an erster Stelle

gestanden. Sie hatte den größten Teil ihrer Erwachsenenjahre hindurch wenig Zeit für irgend etwas anderes gehabt. Bis Sebastian Locke in ihr Leben getreten war. Jetzt, nachdem er tot war, war ich dankbar, daß sie ihre Arbeit als Virologin hatte, in die sie sich stürzen konnte. Eine gefährliche Arbeit in vielfacher Hinsicht, aber sie hatte Ariel immer ausgefüllt, war etwas, was sie liebte und was ihr Bestätigung verschaffte.

Ich sehnte mich danach, sie wiederzusehen, bevor ich starb – das schöne Kind meines Herzens. Aber ich fürchtete, es würde kein Wiedersehen mehr geben. Es sei denn, sie beendete ihr gegenwärtiges Projekt früher als erwartet und kehrte nach Paris zurück.

Es war mir unmöglich, ihr zu sagen, wie krank ich wirklich war. Wenn ich es tat, wenn ich ihr sagte, ich brauchte sie, würde sie alles in Afrika stehen- und liegenlassen und zu mir kommen. Aber das wäre äußerst selbstsüchtig von mir.

Sie hatte dreiunddreißig Jahre lang mir gehört und hatte mir soviel Vergnügen und Freude bereitet, und so viele meiner Träume und Hoffnungen für sie hatten sich erfüllt. Und sie war eine gute Tochter gewesen. Deshalb zählte mein bevorstehender Tod nicht viel im allgemeinen Plan der Dinge.

Ich wußte, Ariel liebte mich, wußte, ich würde in ihrem Herzen und in ihrer Erinnerung noch lange nach meinem Tod weiterleben. So wie Edouard es tat. Wie viele Mädchen hatte sie ihrem Vater nahegestanden, und Edouard hatte sie angebetet. Sie würde ihre Erinnerungen als Trost haben. Sie hatte auch ein enges Verhältnis zu ihrem Bruder. Die beiden würden immer füreinander dasein.

Und was Charles betraf, er würde sofort zu mir kommen, wenn ich ihm schließlich die Wahrheit sagte, und er und Marguerite würden bis zum Ende bei mir bleiben.

Aber der bleiche Reiter auf dem bleichen Pferd war noch nicht gekommen, um mich zu holen. Ich hatte das Gefühl, mir blieben immer noch ein paar Wochen auf dieser Welt.

Ich hatte mich heute so viel besser gefühlt. Die Medikamente hatten endlich die unerträglichen Schmerzen gelindert, die mich letzte Woche so heftig überfallen hatten. Ich war wieder auf den Beinen, fähig, zurechtzukommen.

Ich hatte entschieden, daß Vivienne und ich heute den Tee draußen im Garten trinken würden. Ich hatte Hubert dementsprechende Anweisungen gegeben. Er hatte mir zugestimmt, daß es warm genug sei, und ich konnte ihn jetzt von meinem Schlafzimmerfenster aus sehen. Er verteilte Kissen auf den Gartenstühlen, und Josie, das Hausmädchen, breitete eine weiße Leinentischdecke auf einem kleinen Tisch aus.

Ich blickte auf meine Uhr und stellte fest, daß es Viertel vor vier war. Vivienne würde pünktlich um vier hier sein. Sie kam niemals zu spät.

»Könnte ich Sie etwas Persönliches fragen, Gräfin Zoë?« sagte Vivienne vorsichtig, den Kopf zur Seite geneigt, ihre Augen lächelnd.

»Sie können mich alles fragen, Vivienne«, erwiderte ich. »Und ich werde Ihnen ganz sicher antworten, wenn ich kann.«

»Sind Sie Französin?«

»Ja. Warum?«

»Sie sprechen so perfekt Englisch, aber ich entdecke da einen ganz leichten Akzent, aus dem ich nicht schlau werde. Und Sie klingen nicht wie die meisten Franzosen, wenn sie Englisch sprechen. Ich habe mich nur gefragt, ob Sie vielleicht irgendwo anders geboren wurden.«

»Wie bemerkenswert, daß Sie das heraushören. Sie müssen ein gutes Ohr haben.

»Dann sind Sie also keine Französin«, vermutete sie.

»Doch, das bin ich, ich habe die französische Staatsangehörigkeit, Vivienne. Aber ich wurde in Amerika geboren. Tatsächlich bin ich sogar irischer Abstammung. Meine

Mutter und mein Vater wanderten mit ihren Eltern nach Amerika aus, als sie noch Kinder waren. Beide wuchsen in New York auf. Sie lernten sich dort kennen und heirateten.«

»Wie erstaunlich! Dann sind Sie eine Amerikanerin irischer Abstammung.«

Ich nickte. »Ursprünglich, ja. Aber warum sind Sie so überrascht?«

»Sie wirken so französisch. Sie haben einen solchen Chic, das, was ich den wahren französischen Stil nenne – und dennoch sind Sie überhaupt keine Französin...« Sie unterbrach sich und schüttelte den Kopf. »Ich sollte das nicht sagen! Natürlich sind Sie Französin. Nachdem Sie jahrelang hier gelebt haben, die Kultur und Lebensweise der Franzosen angenommen haben und mit einem Franzosen verheiratet waren, wie könnten Sie es da nicht sein.«

»Seltsamerweise fühle ich mich sehr französisch, Vivienne. Und was Sie in meiner Stimme hören, ist ein leicht singender Tonfall, denke ich. Der irische Tonfall, den ich von meiner Mutter übernommen habe, als ich aufwuchs. Aber wissen Sie, mir war gar nicht bewußt, daß er immer noch herauszuhören ist, wenn ich Englisch spreche.«

»Er ist ganz schwach, aber er ist da«, erwiderte sie.

»Lassen Sie es mich erklären. Als ich zuerst nach Paris kam, verliebte ich mich in die Stadt, lange bevor ich Edouard kennenlernte und mich in ihn verliebte. Ich wußte, ich wollte hier leben; kein anderer Ort kam für mich in Frage, nachdem ich einmal die Lichterstadt gesehen hatte. Also begann ich augenblicklich, Französischunterricht zu nehmen, da ich wußte, ich mußte die Sprache beherrschen, wenn ich in Paris bleiben wollte. Ich bin froh, daß ich geblieben bin, Frankreich ist gut zu mir gewesen. Ich habe es niemals bereut, hierher übergesiedelt zu sein.«

»Sind Sie von Amerika aus nach Frankreich gekommen?« wollte Vivienne wissen.

»Nein, von London. Ich hatte dort während der Kriegsjahre gelebt.« Ich griff nach der Teekanne und füllte ihre Tasse und meine eigene.

»Danke«, sagte sie. Dann lehnte sie sich in ihrem schmiedeeisernen Gartenstuhl zurück und ließ ihren Blick durch den Garten schweifen. Mir schien, sie war ganz in Gedanken verloren.

Ich musterte sie. Sie schien abgelenkt, als wäre sie wegen irgend etwas besorgt, und nach einem Moment sagte ich: »Ist alles mit Ihnen in Ordnung, Vivienne?«

»Ja natürlich, warum fragen Sie?«

»Sie wirken so gedankenverloren, sogar ein bißchen beunruhigt.«

»Gräfin Zoë... es gibt da etwas, von dem ich das Gefühl habe, ich muß es Ihnen sagen. Ich wollte es gestern erwähnen, aber es war schon spät, und ich wollte Sie nicht ermüden. Ich zögere sogar jetzt, davon anzufangen.«

»Sprechen Sie ruhig. Mir geht es gut«, versicherte ich ihr. »Ich habe Ihnen vorhin ja schon gesagt, daß die Medikamente in den letzten vierundzwanzig Stunden Wunder für mich gewirkt haben. Also, warum erzählen Sie mir nicht, was Ihnen im Kopf umgeht? Warum reden Sie es sich nicht von der Seele?«

»Es ist so...« Sie brach etwas abrupt ab, seufzte und blickte weg, aber schließlich wandte sie mir wieder ihren Blick zu.

Ihre klaren grünen Augen waren von einer solchen Intelligenz, Offenheit und Aufrichtigkeit erfüllt, daß es mir fast den Atem verschlug.

»Es gibt da etwas, was ich Ihnen sagen, Ihnen erklären möchte«, begann sie mit leiser, ernster Stimme.

Ich nickte.

»Letzten Dienstag, als ich Sie kennenlernte, fühlte ich mich sehr zu Ihnen hingezogen. In der Stunde, die ich hier war, hatte ich das Gefühl, ich würde Sie kennen, hätte Sie schon immer gekannt. Als Sie zusammenbrachen, wollte ich Ihnen helfen. Ich konnte es nicht ertragen, Sie leiden zu sehen. Ich bin seitdem täglich zu Ihnen gekommen, weil ich mir Sorgen um Sie machte. Und als wir uns in den letzten Tagen unterhalten und einander näher kennengelernt haben, schien es mir, daß eine Bindung zwischen uns besteht. Es ist schwer zu erklären, weil wir uns ja erst vor einer Woche zum erstenmal getroffen haben. Aber es ist mir ernst mit dem, was ich sage. Ich fühle mich Ihnen wirklich nahe, Gräfin Zoë.«

»Ich weiß, Vivienne, und ich selbst fühle genauso. Es besteht ein Band zwischen uns. Als würde uns etwas näher zueinander hinziehen.« Ich tätschelte ihre Hand. »Ich wünschte, wir hätten uns schon viel früher kennengelernt. Sie sind eine ganz besondere junge Frau, Vivienne, und Sie sind mir in den wenigen Tagen sehr ans Herz gewachsen. Sie sollen wissen, daß Sie in dieser letzten Woche ein großer Trost für mich waren. Sie haben mir geholfen, diese kleine Krise zu überwinden.«

»Darüber bin ich wirklich froh!« rief sie erfreut und nahm meine Hand, um sie einen Moment fest in ihre zu nehmen.

»Sie erinnern mich so sehr an Ariel«, gestand ich ihr lächelnd. »Ich wünschte, Sie hätten einander gekannt. Ich glaube, Sie wären Freundinnen geworden. Gute Freundinnen.«

»Genau das war's, was Sebastian wollte, Gräfin Zoë. Er sagte das im letzten Oktober, als er mir erklärte, er würde Ariel heiraten. Er hatte gehofft, ich würde Weihnachten in Connecticut verbringen. Er wollte, daß ich Ariel dort kennenlernte, und er war sehr enttäuscht, als ich ihm sagte, ich würde um diese Zeit in Frankreich sein. Er wollte im neuen Jahr mit Ariel nach Lourmarin kommen und sagte damals, daß er wüßte, wir würden einander sehr mögen, wenn wir uns kennenlernten. Er erklärte mir, daß er mich bei seiner

Hochzeit im Frühjahr dabeihaben wollte. Tatsächlich hatte ich den starken Verdacht, daß er die Hochzeit in *Vieux Moulin* feiern wollte.«

»Und was hätten Sie wirklich dabei empfunden, wenn er es vorgeschlagen hätte?« fragte ich, während mein Blick nachdenklich auf ihr ruhte.

»Ich hätte mich gefreut«, erwiderte sie. »Und ich hätte ihnen einen herzlichen Empfang bereitet und ihnen eine schöne Hochzeit ausgerichtet. Sebastian bedeutete mir wirklich viel. Er war meine ganze Familie. Aber das wissen Sie ja.«

»Ja«, sagte ich leise. »Das weiß ich.«

»Gräfin Zoë?«

»Ja, Vivienne?« Ich schaute sie wachsam an, als ich etwas in ihrer Stimme entdeckte. Ich wappnete mich innerlich.

»Ich möchte Sie nicht verärgern, und ich weiß, Sie wissen das. Ich hoffe aufrichtig, Sie glauben nicht, ich hätte sie in der vergangenen Woche besucht, weil ich Hintergedanken habe. Und ich bin mir ganz sicher, Sie wissen, daß ich absolut aufrichtig bei allem gewesen bin, was ich Ihnen gerade gesagt habe. Aber ich *muß* Sie etwas fragen.«

»Dann fragen Sie, meine Liebe.«

»Ich würde Ariel immer noch gerne kennenlernen. Können Sie das bitte für mich arrangieren, Gräfin Zoë?«

»Vivienne, das kann ich nicht.«

»Eine Stunde, höchstens zwei, mehr brauche ich nicht mit ihr. Ich könnte nach Zaire fliegen. Mich eine Weile mit ihr unterhalten und dann wieder gehen. Ich würde anschließend sofort wieder gehen, das verspreche ich Ihnen. Bitte«, bat sie.

»Vivienne, *nein*. Ich kann das nicht arrangieren.«

»Was würde es denn schon schaden?« fragte sie.

»Mehr, als Sie sich möglicherweise vorstellen können!« rief ich und erschrak selbst darüber, wie scharf meine Stimme klang, aber ich konnte nichts dagegen tun.

Dann fuhr ich etwas ruhiger fort: »Als Ariel die Nachricht von Sebastian Lockes Tod erhielt, war sie am Boden zerstört. Sie war mehrere Wochen krank. Kurz darauf zog sie sich sogar von ihrem Forschungsprojekt zurück, zu ihrer eigenen Sicherheit. Sie erholte sich nur sehr langsam von der Nachricht seines Todes, und sie befürchtete, ihr könnte ein Fehler bei ihren Experimenten mit dem Virus unterlaufen, der Leben kosten könnte. Sein Tod hat sie tief getroffen. Und Sie *jetzt* dort hinfahren zu lassen, nur sieben Monate später, um sie zu befragen, um ihr Fragen über ihre Beziehung zu Sebastian zu stellen, über sein Verhalten, seine Einstellung und seinen Gemütszustand in den letzten Wochen seines Lebens, würde nur wieder Wunden aufreißen. Wunden, die gerade zu heilen begonnen haben. Die Art von Arbeit, mit der Ariel sich beschäftigt, ist so anstrengend, so gefährlich, daß ich nicht zulassen kann, daß sie von irgendwelchen emotionalen Aufregungen abgelenkt wird.«

Ich hielt inne und blickte Vivienne eindringlich an. »Versuchen Sie, es von meinem Standpunkt aus zu betrachten, meine Liebe. Ich möchte, daß Ariel absolut auf ihre Arbeit konzentriert ist, damit sie keine tödlichen Fehler begeht. Um es kurz zu machen: Ich möchte, daß sie in Ruhe gelassen wird. Von Ihnen. Und von jedem anderen. Es gibt nichts, was sie Ihnen sagen könnte, was Sie nicht bereits wissen. Sie können Ihren Artikel schreiben, ohne mit Ariel gesprochen zu haben, bitte glauben Sie mir das.«

»Ich verstehe Ihre Gefühle, Gräfin Zoë, verstehe alles, was Sie gesagt haben. Ich habe nur so hartnäckig darauf bestanden, sie zu treffen, weil ich dachte, Ariel hätte vielleicht einen Anhaltspunkt.«

»Einen Anhaltspunkt?« wiederholte ich verdutzt.

»Ja, einen Hinweis, warum Sebastian sich das Leben genommen hat.«

»Das bezweifle ich doch sehr. Sie kann Ihnen keine Erklärung zu seinem Tod liefern, Vivienne.«

»Sie liebte ihn, er liebte sie, und er war so *glücklich* in der letzten Woche seines Lebens«, murmelte Vivienne. »Wirklich glücklich, Gräfin.« Sie blickte mich an und schüttelte den Kopf. Ihr Ausdruck war traurig. »Ich kannte ihn so gut und seit so langer Zeit, und es war absolut unmöglich, daß er mir jemals etwas hätte vormachen können. In keiner Weise. Diese schreckliche Düsterkeit, diese gedrückte Stimmung, unter der er oft litt, war verschwunden. Er strahlte förmlich. Also, warum hätte er sich umbringen sollen, wenn er auf Wolke sieben schwebte und vorhatte, Ihre Tochter zu heiraten?«

»Liebe Vivienne, bitte hören Sie mir zu. Niemand weiß jemals wirklich, warum Menschen sich selbst so etwas Schreckliches, Tragisches antun, einen so furchtbaren und unwiderruflichen Schritt tun.«

»Ich habe seinen Selbstmord nie verstanden«, sagte Vivienne leise, fast wie zu sich selbst. »Ich wollte Ariel sehen, weil ich hoffte, sie könnte mir vielleicht helfen, das Ganze zu begreifen.«

»Wie hätte sie das tun können?«

»Ich hatte immer das unheimliche Gefühl, daß Ariel irgendwie darin verwickelt war. Bitte verstehen Sie mich nicht falsch, Gräfin, ich meine *indirekt* verwickelt. Ich wußte, sie war in Afrika, als er sich in Connecticut umbrachte.«

»Aber wie kommen Sie darauf, daß Ariel etwas wissen könnte?« drängte ich.

»Weil seine Beziehung zu ihr das einzige in seinem Leben war, was *neu, anders* war. Sein Lebensstil war ziemlich berechenbar. Sein Verhaltensmuster hatte sich nie sonderlich geändert. Jahrelang hatte er auf die gleiche Weise gelebt.«

»Und wie war die?« fragte ich neugierig.

»Er fuhr von Manhattan zu der Farm in Connecticut und dann wieder zurück nach Afrika. Oder in irgendeinen anderen Teil der Welt, wo er gebraucht zu werden glaubte. Er erledigte dort seine Arbeit, kehrte in die Staaten zurück, blieb eine Weile, kümmerte sich um die Angelegenheiten der Stiftung und von *Locke Industries* und brach dann wieder auf. Aber dann begegnete er Ariel in Zaire. Er verliebte sich, schmiedete Pläne für eine gemeinsame Zukunft, und ganz plötzlich nahm er sich das Leben. Meiner Meinung nach ist das alles sehr seltsam. Ich glaube, daß etwas Ungewöhnliches passierte in jener Woche, in der er in New York war. Zwischen dem Montag, an dem wir uns zum Lunch getroffen hatten, und dem Samstag, als er sich umgebracht hat. Etwas höchst Ungewöhnliches, was ihn in den Selbstmord trieb. Aber was, ist mir ein völliges Rätsel. Ich kann mir beim besten Willen keinen Grund vorstellen.«

»Vielleicht war sein Leben einfach unerträglich geworden«, warf ich ruhig ein.

»Was meinen Sie damit, Gräfin Zoë?«

»Ist das nicht der Grund, warum Menschen Selbstmord begehen, Vivienne? Weil ihr Leben unerträglich geworden ist. Sie wollen einfach nicht länger leben«, erklärte ich.

Vivienne schwieg. Ich konnte ihren Schmerz fühlen.

Nach einem Augenblick beugte sie sich vor und warf mir einen durchdringenden Blick zu. »Ich möchte Ihnen noch etwas anderes erklären, Gräfin. Ich habe Sebastian seit meinem zwölften Lebensjahr geliebt. Ich werde ihn immer lieben, und ein Teil von mir wird immer ihm gehören. Aber diese Biographie über ihn zu schreiben, ist auf lange Sicht nicht sehr wichtig für mich. Es ist in gewisser Weise ein Vorwand. Als mir die Idee kam, habe ich mich an die Arbeit gemacht, weil ich glaubte, es könnte mir helfen, seinen Tod zu verstehen, vielleicht sogar damit fertig zu werden. Oh, sicher, es wäre sehr befriedigend, nette Dinge über ihn zu schreiben. Aber mich trieb etwas wesentlich Dringenderes an als reine Heldenverehrung.«

Sie hielt inne, holte tief Luft und fuhr fort: »Ich hatte immer das Bedürfnis, herauszufinden, *warum* sich Sebastian

Locke das Leben genommen hat. Ich brauche dieses Wissen für mich selbst. Es war eine Tat, die so untypisch für ihn war, so gar nicht seinem Wesen entsprach. Und ich werde keinen Seelenfrieden finden, bis ich den Grund weiß. Ich glaube, es wird mich für den Rest meines Lebens verfolgen. Ich hatte gleich von Anfang an den Wunsch, dieses schreckliche Rätsel zu lösen. Damals bin ich auch auf die Idee gekommen, diesen Artikel zu schreiben. Ich dachte, es würde mir vielleicht helfen, mit Leuten zu sprechen, die ihn gekannt haben, und ich würde irgendwann auf die Wahrheit stoßen. Das ist der wirkliche Grund, warum ich Ihre Tochter treffen wollte. Nicht, um über ihre Beziehung zu schreiben. Sondern aus eigennützigen Gründen, um endlich Frieden zu finden.«

»Danke für Ihre Aufrichtigkeit, Vivienne. Ariel war ebenso perplex, verwirrt und erschrocken über seinen Selbstmord wie Sie. Und vielleicht *werden* Sie sie eines Tages kennenlernen, wenn ihre Wunden ganz geheilt sind.«

Vivienne nickte und stieß einen tiefen Seufzer aus. Dann sagte sie mit leiser Stimme: »Ich möchte dieses Kapitel einfach abschließen, Gräfin Zoë, und mit meinem Leben weitermachen.«

»Ich verstehe Ihre Gründe und Motive. Und bitte glauben Sie nicht, ich wäre verärgert, denn das bin ich nicht. Aber ich muß es Ihnen noch einmal sagen: Was immer Sie auch denken mögen, meine Tochter könnte Ihnen bestimmt nicht weiterhelfen.«

»Sie klingen so sicher.«

»Das bin ich auch.«

Vivienne klang ziemlich enttäuscht, als sie erwiderte: »Sie waren meine einzige Chance. Ich dachte, Sie wären die eine Person, die mir helfen könnte, durch Ariel die Wahrheit herauszufinden. Ich dachte, sie hätte den Schlüssel zu dem schrecklichen Vorfall.«

Einen Moment lang war ich zu keinem Gedanken fähig.

Mein Verstand war wie erstarrt. Ich saß einfach da, fröstelte leicht von der schwachen Brise, die inzwischen aufgekommen war, und blickte in jene ruhigen, aufrichtigen grünen Augen, die meinen Blick unverwandt erwiderten.

Und als ich in das hübsche Gesicht dieser ehrlichen jungen Frau schaute, traf ich eine bedeutungsvolle Entscheidung.

Ich spürte, daß sie Integrität besaß, daß Ehrgefühl ein wesentlicher Teil ihres Charakters war, und deshalb wußte ich tief im Inneren, daß ich ihr vertrauen konnte.

Ich erhob mich von meinem Stuhl. »Lassen Sie uns hineingehen, Vivienne. Es wird langsam kühl«, sagte ich.

Sie nickte und stand auf, nahm fürsorglich meinen Arm und geleitete mich ins Haus.

Nachdem wir in dem kleinen Salon Platz genommen hatten, lehnte ich mich in den weichen Kissen des Sofas zurück und betrachtete Vivienne eine ganze Weile schweigend.

Schließlich holte ich tief Luft und begann: »Ich werde Ihnen eine Geschichte erzählen, eine bekannte Geschichte, so alt wie die Welt selbst... die Geschichte von einem Mann, einer Frau und einem anderen Mann...«

31

»Ich war achtundzwanzig und eine reiche junge Witwe, als ich Paris zum erstenmal besuchte, Vivienne.

Paris hatte es mir auf Anhieb angetan, und ich beschloß, auf Dauer nach Frankreich überzusiedeln. Aus zahlreichen Gründen war ich entschlossen, London für immer zu verlassen. Es reicht wohl, wenn ich sage, daß ich es als unerläßlich für mein Wohlergehen betrachtete, fortzugehen.

Innerhalb einiger Wochen hatte ich für die erste Zeit ein möbliertes Appartement in der Rue Jacob am linken Seineufer gefunden, eine Studentin engagiert, um Sprachunterricht zu nehmen, und meine Suche nach einer angemessenen Bleibe begonnen, einem Ort mit Charme und Eleganz, wo ich mich auf Dauer wohl fühlen konnte. Meine Französischlehrerin, eine junge Frau aus guter Familie, half mir, das perfekte Appartement in der Avenue de Breteuil zu finden – groß, luftig und sehr hell. Während die Wohnung renoviert und passend eingerichtet wurde, machte ich mich an meine Sprachstudien und gewöhnte mich gleichzeitig an Paris und an die französische Lebensart.

Obwohl es aus meinem eigenen Mund vielleicht überheblich klingt, war ich sehr schön, als ich jung war, Vivienne. Ich war sehr reizvoll. Ich nehme an, das ist die beste Bezeichnung dafür. Mein Aussehen war betörend, eher glanzvoll als exotisch. Männer fanden mich unwiderstehlich. Es mangelte mir nicht an männlicher Gesellschaft in Paris, und ich hatte viele Begleiter, um überall dort auszugehen, wo ich gern wollte.

Aber ich war mir wohl bewußt, daß nicht Männer, sondern Frauen der Schlüssel zu meinem Erfolg in der Pariser Gesellschaft waren. Nur sie konnten mich in die richtigen Kreise einführen. Männer bewunderten mich zwar, schmeichelten mir, begehrten mich, luden mich zum Essen ein und verliebten sich in mich. Es waren jedoch die Frauen, die mir all die wichtigen Türen öffnen konnten; es waren schon immer Frauen gewesen, die in Gesellschaftskreisen tonangebend waren, die die Entscheidungen trafen und die Einladungen aussprachen. Sie können eine andere Frau entweder unterstützen oder sie vernichten, besonders jemanden, der neu in der Stadt ist.

Ich hatte weder vor, mich damit abzufinden, daß mir irgendwelche Türen verschlossen blieben oder vor der Nase zugeknallt wurden. Noch hatte ich die Absicht, mich von irgend jemandem kleinmachen zu lassen. Das hatte man mir in meiner Kindheit angetan. Fast wäre es ihnen gelungen, mich zu brechen. Ich würde niemals zulassen, daß so etwas erneut mit mir geschieht.

Zum Glück hatte ich eine Förderin, eine Mentorin, wenn Sie so wollen, jemanden, den ich einige Jahre zuvor in London kennengelernt hatte. Sie war eine Frau mittleren Alters und ein Mitglied der feinen Gesellschaft von hohem Ansehen, und sie galt als eine der größten Gastgeberinnen in Paris, ja in ganz Frankreich.

Sie selbst war von vornehmer Herkunft, hatte in eine der großen alten Familien Frankreichs hineingeheiratet, und wie ich war sie Witwe.

Diese fähige und bemerkenswerte Frau war eine gute Freundin meines ersten Mannes gewesen, des verstorbenen Harry Robson. Wegen seiner Freundlichkeit und Hilfsbereitschaft ihr gegenüber während einer höchst schwierigen Phase ihres Lebens und aufgrund ihrer langjährigen Freundschaft nahm sie mich unter ihre Fittiche, als ich 1950 nach Paris kam.

Sie war die Baronin Désirée de Marmont, attraktiv, elegant, charmant, gebildet und sehr bewandert auf allen möglichen Gebieten. Ihr verdanke ich meine Kenntnisse über feine französische Möbel des achtzehnten Jahrhunderts, über Aubusson- und Savonerie-Teppiche, Gobelins, Porzellan und Kunst.

Ich hatte bereits einen guten Geschmack für Kleidung entwickelt, als ich nach Paris kam, aber es war die Baronin, die mich mit ihrem Chic prägte, ihrem unvergleichlichen Stil, ihrem Gespür für Eleganz. Was Sie an mir bewundern, dieses Gefühl für Stil, von dem Sie sprachen, Vivienne, habe ich von Désirée de Marmont übernommen.

Als erstes nahm sie mich zu ihren Lieblingscouturiers mit, ihren Hutmacherinnen und Schustern, um dafür zu sorgen, daß ich schlicht, aber elegant gekleidet war, nach der neuesten Mode. Es waren ihre bevorzugten Innenarchitekten, die mir – unter ihrer Anleitung – halfen, mein neues Appartement in der Avenue de Breteuil einzurichten und zu gestalten. Und es war sie, die den richtigen Butler für mich fand, einen Koch und eine Haushälterin. Um es kurz zu machen, sie überwachte jeden Aspekt meines Lebens.

Und so machte Désirée mich zu einer eleganten, gepflegten jungen Frau mit unverwechselbarem Stil, vornehm und kultiviert, ganz abgesehen von meinem von Natur aus attraktiven Äußeren. Zwei Jahre nach meiner Ankunft in Paris entschied sie, daß ich ›fertig‹ war und somit endlich bereit, als ihr Schützling aus London in die Pariser Gesellschaft eingeführt zu werden.

Und auf diese Weise, Vivienne, begann ich wieder zu leben. Es war mein viertes Leben. Ich hatte bereits drei andere hinter mir, von denen ich zwei zu vergessen, vollständig auszulöschen versucht hatte. Niemand wußte davon, noch nicht einmal Désirée. Sie wußte nur über eines Bescheid, über mein ziemlich angenehmes, aber langweiliges Leben als Ehefrau von Harry Robson, dem dritten Sohn eines unbedeutenden englischen Lords.

Désirée hatte ein Kind, ihren Sohn Louis, mit dem sie sich nicht besonders gut verstand. Obwohl sie erst Anfang Fünfzig war, wurde ich in gewisser Weise eine Ersatztochter für sie, jene Tochter, die sie niemals gehabt hatte.

Es existierte ein besonderes Band zwischen uns, ähnlich der Verbindung zwischen uns beiden, Vivienne. Sie war damals nicht nur meine Mentorin, sondern auch meine Inspiration. Ich strebte danach, genau wie sie zu sein, und bis zu einem gewissen Grade gelang mir das wohl auch, wie ich glaube.

Als gute Frau, freundlich, liebevoll, witzig, amüsant und eine wundervolle Kameradin, gehörte Désirée zu jenem gesellschaftlichen Elitekreis, der als *le gratin* bekannt ist, die oberste Kruste. Trotz dieser Tatsache war sie alles andere als ein Snob. Ich habe während meines langen Lebens festgestellt, daß echte Aristokraten, wie zum Beispiel Désirée de

Marmont und Edouard, niemals hochmütig sind. Meiner Erfahrung nach sind es die Emporkömmlinge und Neureichen, die gern verächtlich auf andere herabblicken.

Es war meine beste Freundin Désirée, die mich mit *Monsieur le Comte*, Edouard de Grenaille, bekannt machte. Der Abend, als wir uns kennenlernten, war ein *coup de foudre*, wie die Franzosen sagen, ein Blitz aus heiterem Himmel. Oder Liebe auf den ersten Blick, wenn Sie das vorziehen. Bis zu diesem Zeitpunkt hatte ich schon fünf Jahre in Frankreich gelebt. Ich war dreiunddreißig und völlig ungebunden. Er war ein kinderloser Witwer, ebenfalls ohne feste Bindung, und achtundfünfzig Jahre alt. Man sah ihm sein Alter jedoch nicht an. Er wirkte auch nicht wie ein Mann Ende Fünfzig.

Er war gutaussehend, flott, geistreich, und er sprühte vor Charme. Edouard riß mich förmlich von den Füßen. Noch im selben Jahr heirateten wir. Ich wurde *Madame la Comtesse*, die Herrin dieses Hauses und eines wundervollen Schlosses in der Normandie.

Die ersten zwei Jahre waren wir vollkommen glücklich. Dann trat ein Problem in unserer Ehe auf. Ich wurde nicht schwanger. Edouard, kinderlos und voller Sehnsucht nach einem Erben, um den Fortbestand des Geschlechts zu sichern, begann sich zu verändern. Er wurde depressiv, schlecht gelaunt, kritisch mir gegenüber. Oh, natürlich nicht ständig, Vivienne; es gab durchaus Augenblicke, wo er wieder ganz er selbst war, der Edouard unserer Verlobungszeit, zärtlich und rücksichtsvoll. Wir hatten immer ein gutes, aktives Sexleben gehabt, und wir liebten uns. Aber Liebe und Sex sind nicht immer genug. Zu einer guten Ehe gehört noch so vieles mehr.

Zu der Zeit, als unser dritter Hochzeitstag nahte, gab es einen regelrechten Bruch in unserer Beziehung. Edouard war immer introvertierter geworden; seine Gedanken kreisten unablässig um seine Abstammung und die Tatsache, daß er keinen Erben hatte, der den Familiennamen fortführen würde. Etwas irrational gab er mir die Schuld daran. Obwohl er mich liebte, ließ er es an mir aus. Fast zwei Jahre lang lief ich zu Ärzten und Spezialisten, nachdem Désirée mir dazu geraten hatte. Die Antwort war immer die gleiche: Mit mir war alles in Ordnung.

Wenn ich versuchte, mit Edouard darüber zu sprechen, die medizinischen Meinungen und Empfehlungen an ihn weiterzugeben, die ich erhalten hatte, wurde er wütend und weigerte sich, mir zuzuhören. Inzwischen war ich mir bewußt, daß er wahrscheinlich nicht in der Lage war, sich einer simplen Tatsache zu stellen: daß er unfruchtbar war, nicht fähig, Kinder zu zeugen.

Ich fürchtete um unsere Ehe, und ich muß zugeben, ich war ziemlich erleichtert, als er beschloß, nach Brazzaville in Äquatorialafrika zu gehen. Er folgte einer lange bestehenden Einladung, seinen Onkel Jean-Pierre de Grenaille zu besuchen, der dort große Güter besaß. Ich dachte, die vorübergehende Trennung würde uns beiden guttun. Edouard schien mir zuzustimmen. Er plante eine lange Reise, da er auf Safari gehen wollte, um Großwild zu jagen.

Es war Anfang Juni 1960, als er nach Brazzaville abreiste. Bevor er ging, äußerte er die Hoffnung, daß sich unsere dreimonatige Trennung positiv auswirken würde. Er sagte, sie würde vielleicht helfen, die Spannungen zwischen uns abzubauen.

In den ersten beiden Wochen nach Edouards Abreise verbrachte ich meine Tage damit, mich weiteren gynäkologischen Tests zu unterziehen. Aber die Resultate waren die gleichen wie zuvor. Drei neue Ärzte bestätigten mir, daß es keinen Grund gab, warum *ich* kein Baby haben könnte.

Gegen Ende Juni fühlte ich mich schlecht, niedergeschlagen und ungeheuer traurig. Ich hatte eine so schreckliche Kindheit und Jugend gehabt. Plötzlich kam es mir so vor, als wiederholte sich die Vergangenheit, wenn auch in etwas abgewandelter Form. Ich begann zu glauben, daß ich dazu verurteilt war, unglücklich zu sein, daß mein Leben niemals gut verlaufen würde. Ich hatte auch Angst davor, unsere Ehe würde endgültig zerbrechen, wenn Edouard aus Afrika zurückkehrte, daß wir am Ende nur noch nebeneinanderher leben oder uns scheiden lassen würden. Ich war mir nicht sicher, welche Aussicht für mich die schlimmste war.

Paris war in jenem Sommer unerträglich heiß. Dennoch verspürte ich nicht das Bedürfnis, allein zu unserem Château in der Normandie zu fahren. Gereizt, ruhelos, von Angst getrieben und ständig kurz davor, in Tränen auszubrechen, besuchte ich Désirée de Marmont, in der Hoffnung, sie könnte mir vielleicht einen Rat geben und mich wieder etwas aufrichten. Sie wußte, warum ich schon so lange bekümmert war, und sie war sich auch bewußt, daß Edouard es vorzog, mir die Schuld daran zu geben, daß er keinen Erben hatte.

Als ich auf ihrem Landgut in Versailles ankam, um dort das Wochenende zu verbringen, musterte sie mich nur mit einem Blick und warf besorgt die Hände hoch. Sie sagte mir, ich wäre zu dünn und erschöpft, bestand darauf, daß ich sofort Ferien machte.

Selbst jetzt erinnere ich mich noch ganz deutlich an das, was sie vor all den Jahren zu mir sagte. ›Fahr runter an die Côte d'Azur, *ma petite*. Laß dich in der Sonne bräunen, geh schwimmen, entspann dich, mach lange Spaziergänge, iß ordentlich, geh zum Shopping und kauf dir ein paar hübsche Dinge und genieße ein romantisches Zwischenspiel mit einem netten jungen Mann, wenn sich die Möglichkeit bietet.‹ Sie können sich nicht vorstellen, wie schockiert ich über ihren letzten Vorschlag war. Ich war sprachlos.

Dann erklärte ich Désirée etwas entrüstet, daß ich Edouard liebte. Sie lächelte nur. Um so mehr Grund, eine kleine Affäre zu haben. Sie wird dich entspannter machen, dir wieder Selbstvertrauen geben, und wenn Edouard zurückkommt, wirst du in der richtigen Stimmung sein, um Wunder zu bewirken. Du kannst ihn verwöhnen, verführen, ihm das Gefühl von Männlichkeit vermitteln, und glaub mir, du wirst in der Lage sein, deiner Ehe wieder Auftrieb zu geben. Natürlich beharrte ich darauf, daß eine Affäre völlig indiskutabel sei.

Aber an jenem Sonntagnachmittag, kurz bevor ich wieder nach Paris zurückfuhr, nahm Désirée mich beiseite und sagte mir noch einmal, daß ich dringend einen Tapetenwechsel brauchte, meiner eigenen Gesundheit zuliebe. ›Geh nach Cannes, Zoë‹, riet sie mir. ›Amüsier dich ein bißchen. Und wenn sich eine Chance für einen kleinen Flirt bietet, nutze sie. Was kann es denn schon schaden? Überhaupt nichts. Vorausgesetzt natürlich, es weiß niemand davon. Denk nur immer daran, vorsichtig zu sein, diskret. Und hör auf den Rat einer erfahrenen Frau: Nimm dir ein Zimmer in einem der kleineren Hotels und benutze einen erfundenen Namen.‹ Auf dem Rückweg nach Paris ließ ich mir ihre Worte durch den Kopf gehen.

Ich hatte niemals die Absicht gehabt, nach Cannes zu fahren, Vivienne. Aber im Laufe der folgenden Woche wurde der Gedanke, Ferien in der Sonne zu machen, immer verlockender. Eines Morgens rief ich kurzentschlossen im Hotel *Gray d'Albion* in Cannes an und reservierte ein Zimmer auf den Namen Geneviève Brunot, bestellte eine Zugfahrkarte, packte ein paar schlichte Kleider ein und verließ Paris, um nach Südfrankreich zu fahren.

Désirée hatte recht damit gehabt, daß mir ein Tapetenwechsel guttun würde. Nach drei Tagen ausgedehnter Sonnenbäder, langer Spaziergänge und guten Essens fühlte ich mich schon viel besser und sah wieder mehr wie mein altes Ich aus.

In Cannes war viel los in jenem Sommer. Die Sechste Flotte der amerikanischen Marine, im Mittelmeer stationiert, war gerade in den Hafen eingelaufen. Hunderte junger Marinesoldaten hatten Landurlaub und mischten sich unter die Einheimischen und Touristen. Ich schaffte es irgendwie, mich in das Getümmel zu stürzen. Es herrschte eine Atmosphäre des Überschwangs, eine allgemeine festliche Stimmung. Alle Menschen um mich herum schienen jung, fröhlich und glücklich zu sein. Ich ließ mich von dem Gefühl der Lebensfreude anstecken. Und natürlich traf ich einen jungen Mann.«

Ich unterbrach meine Erzählung und blickte zu Vivienne hinüber. Sie saß auf der Kante ihres Stuhls und schaute mich gespannt an. Ihre Augen waren auf mein Gesicht gerichtet, und ich wußte, sie hatte aufmerksam zugehört.

»Ich fürchte, es wird eine ziemlich lange Geschichte«, sagte ich, »länger, als ich beabsichtigt hatte. Kann ich Ihnen eine Erfrischung anbieten, Vivienne? Tee? Kaffee? Oder vielleicht einen Drink?«

»Nur wenn Sie auch etwas trinken, Gräfin Zoë«, erwiderte sie mit einem kleinen Lächeln.

»Ich glaube, das werde ich. Ich werde ein Glas Champagner trinken. Wäre das nach Ihrem Geschmack, meine Liebe?«

»Aber ja, gerne. Danke.«

»Würde es Ihnen etwas ausmachen, nach Hubert zu läuten?«

»Natürlich nicht«, sagte sie und eilte durch den Raum. Nachdem sie meiner Bitte nachgekommen war, warf sie einen Blick auf die Fotos auf dem Konsolentisch und meinte: »Das ist ein Bild von Ihnen, nicht, Gräfin? Als Sie in den Dreißigern waren?«

Ich nickte. »Ja, das ist richtig.«

»Wie schön Sie waren.«

Ich lächelte nur und schaute auf die Tür, als Hubert anklopfte und eintrat. »Madame?«

»Hubert, wir hätten gern eine Erfrischung. Bitte bringen Sie uns eine Flasche *Dom Perignon* und zwei Gläser. Oh, und vielleicht sollten Sie besser das Teegeschirr aus dem Garten hereinholen.

32

Vivienne stellte ihren Champagnerkelch auf dem Tisch ab, beugte sich auf ihrem Stuhl vor und sagte eindringlich: »Bitte hören Sie nicht auf, Gräfin Zoë, bitte erzählen Sie Ihre Geschichte weiter... Sie sagten, Sie hätten damals einen jungen Mann in Cannes getroffen...«

»So war es, Vivienne. Er war ein netter junger Mann, ein Amerikaner. Mehrere Morgen hindurch hatte ich das Frühstück auf der Terrasse eines kleinen Cafés unweit von meinem Hotel eingenommen. Er war fast jeden Tag ebenfalls dort, trank eine Tasse Kaffee und rauchte eine Zigarette. Er hatte mich immer angelächelt oder mir höflich zugenickt, und am vierten Morgen, als ich wieder in das Café kam, sprach er mich an. Er sagte guten Morgen auf Französisch. Ich reagierte mit einem Lächeln.

Kurze Zeit danach zahlte ich meine Rechnung und verließ das Café. Ich war noch nicht weit gegangen, als mich der junge Mann einholte. In ziemlich holprigem Französisch fragte er mich, ob ich an den Strand wolle. Als ich sagte, er könne ruhig Englisch mit mir reden, grinste er mich an und fragte, ob er sich mir anschließen dürfte.

Ich zögerte einen Moment. Aber er wirkte so gepflegt, so liebenswert und höflich, daß ich mich fragte, was es schon groß schaden könne. Außerdem hatte ich ihn immer nur allein in dem Café gesehen, nie mit irgendwelchen Freunden. Plötzlich hatte ich den Eindruck, daß er einsam war, so, wie auch ich mich in jenem Augenblick meines Lebens einsam fühlte.

Er mußte mein Zögern bemerkt haben, denn er entschuldigte sich dafür, unhöflich gewesen zu sein, streckte mir seine Hand hin und sagte ›Joe Anthony‹. Ich schüttelte ihm die Hand. ›Geneviève Brunot‹, sagte ich und fügte hinzu, daß er mich gerne zum Strand begleiten dürfe.

Wir verbrachten den Morgen mit sonnenbaden, schwimmen und Gesprächen über alle möglichen Themen. Er war ziemlich ruhig und erzählte nicht viel über sich selbst. Aber das tat ich auch nicht. An jenem Tag war ich reserviert, etwas ungesellig. Er lud mich zum Lunch in eines der kleinen Cafés am Strand ein, und ich erinnere mich, daß ich dachte, wie jung, gesund und unkompliziert er aussah, als er sein Beefsteak mit Pommes frites und grünem Salat mit solchem Appetit verzehrte und jeden Schluck Rotwein gründlich genoß.

Nach dem Lunch begleitete er mich zum Hotel *Gray d'Albion* zurück. Auf dem Weg dorthin bat er mich, am Abend mit ihm essen zu gehen. Wieder zögerte ich kurz, und als ich schließlich zustimmte, mich später mit ihm zu treffen, sah er so erleichtert und glücklich aus, daß ich gerührt war.

Und so fing sie an, unsere kleine Affäre. Am folgenden Morgen trafen wir uns zum Frühstück in dem Café, und danach gingen wir wieder zusammen an den Strand. An dem Abend führte er mich ins *Chez Félix* zum Dinner und anschließend ins *La Chunga*, einen bekannten Nachtclub an der Croisette.

Inzwischen hatte ich erfahren, daß Joe erst zweiundzwanzig war. Ich war verblüfft, als er mir das sagte, weil er älter wirkte und tatsächlich sehr gebildet und weltmännisch war. Ich wagte es nicht, ihm mein Alter zu verraten, zuzugeben, daß ich bereits achtunddreißig war. Als er mich fragte, wie alt ich wäre, log ich. Ich ließ zehn Jahre weg und erklärte, ich sei achtundzwanzig. Ich wirkte damals wirklich wesentlich jünger, als ich war, alle sagten das. Ich war schlank und beweglich, und mein Gesicht war völlig glatt.

Aber ich war aufrichtig zu Joe, was meinen Familienstand betraf, und er wußte von Anfang an, daß ich eine verheiratete Frau mit Verpflichtungen war.

In jener Nacht im *La Chunga*, als wir uns auf der Tanzfläche bewegten, er mich fest in seinen Armen hielt und mich auf die Wange küßte, erkannte ich, daß ich das Unausweichliche nicht verhindern konnte. Ich wußte, wir würden im Bett landen. Joe wußte es auch. Vom Beginn unserer Freundschaft an war etwas Besonderes zwischen uns gewesen.

Wir verbrachten die nächsten vier Tage und Nächte zusammen, bis ich plötzlich in Panik geriet. Sosehr ich Joe mochte, so attraktiv und liebenswert ich ihn auch fand – ich erkannte, daß ich viel zuviel riskierte, indem ich diese Beziehung fortsetzte. Und mir ging schlagartig auf, daß ich keine andere Wahl hatte, als unsere kurze romantische Liaison zu beenden.

Als ich Joe erklärte, ich wäre wegen eines plötzlichen Notfalls nach Hause zurückgerufen worden, verstand er. Trotzdem sah er enttäuscht aus, als ich sagte, wir könnten uns nie mehr wiedersehen, und war traurig, als wir voneinander Abschied nahmen.

Gegen Abend stieg ich in den Zug nach Paris und kehrte in mein wirkliches Leben zurück. Fast sofort bereute ich die Affäre und wünschte, sie wäre niemals passiert. Je länger ich darüber nachdachte, desto mehr fand ich, ich hätte mich töricht und unverantwortlich benommen. Im stillen schimpfte ich ununterbrochen mit mir. Andererseits gab es keine Möglichkeit, die Zeiger der Uhr zurückzudrehen. Ich konnte meinen Ehebruch nicht rückgängig machen. Ich redete mir ein, ich wäre nicht die erste verheiratete Frau, die eine Affäre gehabt hatte. Millionen Männer und Frauen betrogen einander, und es war nur allzu menschlich. Aber dieses Wissen gab mir kein besseres Gefühl.

Ich versuchte angestrengt, jene wenigen verbotenen

Tage, die ich mit Joe in Cannes verbracht hatte, aus meinem Gedächtnis zu verdrängen, und in gewissem Maße gelang mir das auch. Aber es gab immer wieder schreckliche Augenblicke, in denen meine Schuldgefühle zurückkehrten, gewöhnlich mitten in der Nacht, wenn ich mich unruhig im Bett hin und her warf und mit meinem schlechten Gewissen kämpfte.

Und dann, Ende Juli, hatte ich etwas, um meine Gedanken zu beschäftigen, tatsächlich waren es ziemlich ernste Sorgen. Ich hatte meine Periode nicht bekommen. Als die Tage vergingen, kam ich immer mehr zu der Überzeugung, daß ich schwanger mit Joe Anthonys Kind war. Im August begann mein Körper, gewisse Veränderungen durchzumachen, speziell meine Brüste waren empfindlich und vergrößert. Ende August blieb auch meine zweite Periode aus. Nach meinen Berechnungen war ich etwa in der fünften oder sechsten Schwangerschaftswoche.

Ich wurde von panischem Schrecken ergriffen, quälte mich mit Selbstvorwürfen, wußte nicht, was ich tun sollte. Ich dachte daran, mich Désirée anzuvertrauen, überlegte es mir dann jedoch wieder anders, obwohl ich mir später nie sicher gewesen bin, warum. Sie war meine engste und liebste Freundin, ich vertraute ihr, und ich wußte, sie würde mein Vertrauen niemals enttäuschen. Und doch konnte ich mich nicht dazu überwinden, ihr von meiner Affäre mit Joe zu erzählen.

Vielleicht war ich etwas unsicher, schämte mich womöglich auch ein bißchen, obwohl ich wußte, daß Désirée de Marmont eine Frau von Welt und sehr klug war. Sie hätte sich niemals erlaubt, mich oder irgend jemand anderen zu verurteilen. Es gab sogar einen Moment, wo ich mit dem Gedanken an Abtreibung spielte, aber ich ließ die Idee sofort wieder fallen. Ich fand sie einfach zu abstoßend.

Ich bin kein religiöser Mensch. Der Glaube an Gott wurde mir gründlich ausgetrieben, als ich jung war. Wenn man alle Arten von Mißbrauch durch Erwachsene erleidet, ist es für ein Kind schwer, seinen Glauben an Gott zu behalten. Als junges Mädchen fragte ich mich oft, warum Gott es zuließ, daß mir so schreckliche Dinge passierten, warum Gott erlaubte, daß es soviel Böses auf dieser Welt gab. Aber ich fand keine Antworten. Ich hatte das Gefühl, er hätte mich im Stich gelassen. Und ich hörte auf, an seine Existenz zu glauben.

Als ich Edouard heiratete, mußte ich mich natürlich zum Schein zum Glauben bekennen, weil die de Grenailles eine streng katholische Familie waren. Es waren jedoch nur Lippenbekenntnisse. Stellen Sie sich meine eigene Überraschung vor, Vivienne, als ich mich eines Tages Ende August auf einem Spaziergang dabei ertappte, wie ich eine Kirche im Quartier Latin betrat. Es war *St.-Etienne-du-Mont*, ein Gotteshaus, in dem ich noch nie zuvor gewesen war.

Bis zum heutigen Tag weiß ich nicht, warum ich gerade in jene Kirche an gerade jenem speziellen Nachmittag ging. Ich wollte nicht etwa beten. Ich saß einfach nur da und ließ mich von der Stille einhüllen. Das Innere war sehr schön, mit alten Kreuzgängen, aufstrebenden Pfeilern und bunten Glasfenstern. Aber es war die Ruhe, der absolute Frieden, was mich am meisten beeindruckte.

Ich saß dort lange Zeit. Eine Art Müdigkeit überkam mich. Meine Gedanken hatten sich den ganzen Morgen um das Baby gedreht, und ich hatte mir Sorgen gemacht, mich gefragt, was ich tun sollte. Aber nach einer Weile schloß ich die Augen und vergaß meine Sorgen, als ich mich schließlich entspannte. Dann, ohne Vorwarnung, erlebte ich plötzlich einen Ansturm intensivster Gefühle, ich spürte eine so innige Liebe für das Kind, das ich trug, daß ich verblüfft war.

Fast augenblicklich wurde mir die Situation völlig klar. Mit großer Deutlichkeit blickte ich genau in das Herz der Dinge. Und ich wußte mit einemmal, was ich tun würde. Wenn das Baby geboren war, würde es ein de Grenaille sein.

Es würde wieder Freude und Glück in unsere Ehe bringen, und Edouard würde das Kind so sehr lieben, wie ich es bereits tat. Das Baby war die Lösung für alle unsere Probleme.

Eine kurze Weile später erhob ich mich und ging langsam den Gang hinunter, endlich zuversichtlich, daß alles in Ordnung kommen würde. Ein paar Schritte vor dem Ausgang hielt ich inne, um etwas Geld in den Opferstock zu werfen. In dem Moment sah ich, daß die Kirche den Reliquienschrein der heiligen Geneviève enthielt. Ich mußte unwillkürlich denken, was für ein seltsamer Zufall das war.

Fast über Nacht verschwanden meine Schuld- und Reuegefühle, und eine wundervolle Vorahnung, daß sich alles zum Guten wenden würde, stieg in mir auf. Edouard kehrte am ersten September aus Brazzaville zurück. Von dem Augenblick an, in dem er hereinkam, war ich überzeugt, daß alles in Ordnung kommen würde. Er war in so heiterer Stimmung, Vivienne, daß mir sogar noch leichter ums Herz wurde als in der Kirche. Er war braungebrannt und sah fit aus, er war voller Humor und schien froh zu sein, daß er wieder zu Hause war. Gleich als erstes entschuldigte er sich bei mir für sein ungehobeltes Benehmen vor seiner Abreise.

An diesem Wochenende fuhren wir auf unser Schloß in der Normandie, und in der Stille unseres wunderhübschen alten Schlafzimmers liebten wir uns leidenschaftlich. Es war, als versuchte Edouard, seine Ungerechtigkeit und Unfreundlichkeit mir gegenüber während der vergangenen Jahre wiedergutzumachen. Seine Leidenschaft ließ nicht nach an jenem Wochenende, und immer wieder beteuerte er mir, wie sehr er mich liebte.

Edouard machte mich strahlend glücklich an dem Wochenende, und meine Gefühle für ihn waren so stark wie früher. Ich verstand jetzt, daß ich meinen Mann aus tiefstem Herzen liebte und wieviel er mir bedeutete. Einen Monat später war ich soweit, Edouard zu erzählen, daß ich schwanger war. Natürlich war er außer sich vor Freude.

Und meine gesamte Schwangerschaft hindurch behandelte er mich liebevoll, nachsichtig, freundlich und rücksichtsvoll. Er konnte gar nicht genug für mich tun. Ich war vollkommen zufrieden und glücklich während der Zeit, als ich das Kind austrug.

Natürlich gab es zwischendurch Tage, an denen mir plötzlich Bedenken kamen. Ich bin von Natur aus nicht verschlagen, und gelegentlich bekümmerte mich mein Betrug. Aber jedesmal, wenn mich Schuldgefühle plagten, konzentrierte ich alle meine Gedanken auf Edouard. Ich erinnerte mich daran, daß ich im Begriff war, ihm das Kind zu schenken, das er sich sein ganzes Erwachsenenleben lang gewünscht hatte.

Seine erste Frau hatte ihm diesen Wunsch versagt. Ich nicht. Ich würde den Erben zur Welt bringen, nach dem er sich so sehnte. Ich hatte dafür gesorgt, daß sein Familienname und sein Titel fortbestehen würden. Das Geschlecht der de Grenaille würde weiterexistieren. Edouard würde niemals wissen, daß das Kind nicht von ihm war. Er würde ihm ein guter Vater sein, und er würde das Kind durch seine Liebe zu seinem eigenen machen, daran zweifelte ich niemals.

Ich war sicher, daß Joe Anthony inzwischen wieder in die Staaten zurückgekehrt war, in der Vergessenheit verschwunden. Joe kannte meinen richtigen Namen nicht. Ich war Geneviève Brunot für ihn. Deshalb war ich sicher. Das Baby war sicher. Ich würde Joe Anthony niemals im Leben wiedersehen. Davon war ich überzeugt.

Mein Baby wurde acht Monate nach der Nacht geboren, als Edouard und ich unsere leidenschaftliche Wiedervereinigung im Familienschloß genossen hatten. Edouard nahm an, das Kind wäre vorzeitig zur Welt gekommen, und ich widersprach ihm nicht. Sie war ein zierliches Baby, klein und zart, und wir nannten sie Ariel. Und sie schien tatsächlich wie ein kleiner Luftgeist, ein fröhlicher kleiner Kobold.

Im ersten Jahr ihres Lebens liebte Edouard Ariel abgöttisch, doch dann überkam ihn allmählich wieder diese Unzufriedenheit, an die ich mich nur zu gut erinnerte. Immer wieder knurrte er, er wünschte, sie wäre ein Junge geworden, und drückte mir gegenüber ständig sein Verlangen nach einem Sohn aus. Ich wußte jedoch, daß ich von Edouard nicht schwanger werden würde, ganz gleich, wie oft wir uns liebten. Er war unfruchtbar. Ich machte mir wieder Sorgen um unsere Ehe. Als seine Unzufriedenheit mit Ariel und mir mit der Zeit nur noch zunahm, wurde ich immer nervöser und deprimierter. Und verzweifelter.

Nach französischem Gesetz kann auch eine Tochter den Titel und die Güter erben, und natürlich wußte Edouard das. Es war einfach so, Vivienne: Er war besessen. Dieser überwältigende Wunsch, einen Sohn zu haben, war zu einer Zwangsvorstellung bei ihm geworden. Je häufiger er darüber sprach, desto mehr begriff ich, daß die Idee wie ein Krebsgeschwür an seinem Inneren fraß.

Kurz vor Ariels zweitem Geburtstag war Edouard so schwierig geworden, daß das Leben mit ihm kaum noch zu ertragen war. Er war launenhaft, jähzornig und extrem gereizt. Aber dann – später in jenem Sommer – mußte er unerwartet verreisen, und ich war froh darüber.

Sein Onkel Jean-Pierre hatte einen Herzinfarkt erlitten. Da Edouard sein einziger lebender Verwandter war, hielt mein Mann es für seine Pflicht, nach Brazzaville zu fahren und sich dort um alles zu kümmern. Ich bestärkte ihn darin, und als er ging, stieß ich einen Seufzer der Erleichterung aus. Ich war froh, für ein paar Wochen allein zu sein und mein inneres Gleichgewicht wiederzufinden.

Désirée de Marmont reiste in derselben Woche nach Biarritz und bat mich, mit ihr zu kommen. Zuerst lehnte ich ihre Bitte ab, doch dann nahm ich ihre Einladung im letzten Moment an. Ich nahm Ariel und das Kindermädchen mit.

Wie es der Zufall wollte, lernte ich einen Mann in Biarritz

kennen. Er war ein Freund von Désirée, und er erwies sich als charmanter und aufmerksamer Begleiter, der mich zum Lunch und zum Tee einlud, zu Autofahrten entlang der Küste und ins Kino. Er und ich wurden ziemlich schnell gute Freunde. Patric Langalle war ein Landbesitzer aus der Gegend, besaß einen Adelstitel und war verheiratet. Seine Frau begleitete ihn jedoch nie, wenn er Désirée besuchte, und ich gewann den Eindruck, daß es keine besonders glückliche Ehe war. Ich erkannte bald, wie stark er sich zu mir hingezogen fühlte, und eines Tages traf ich eine Entscheidung. Ich würde seinen Avancen nicht länger widerstehen. Ich würde eine Affäre mit Patric haben. Mein Mann sehnte sich verzweifelt nach einem Sohn. Ich würde ihm einen schenken.

Und auf diese Weise wurde Charles empfangen, Vivienne. Vielleicht hört sich die Geschichte so an, als wäre meine Affäre mit Patric reine Berechnung gewesen, ein kaltblütiger Entschluß meinerseits. Aber so war es nicht, wirklich nicht. Obwohl ich natürlich zugebe, daß ich mich ganz bewußt dazu entschlossen hatte, so brennend, wie ich mir wünschte, schwanger zu werden.

Aber Patric war ein freundlicher, liebevoller Mann, und er gab mir wieder das Gefühl, eine Frau zu sein, begehrenswert, und meine Nervosität und Verzweiflung legten sich bald. Ich fühlte mich so gut wie schon lange nicht mehr. Ich gestehe, es war anders als meine Affäre mit Joe Anthony. Joe und ich waren einander unwissentlich in die Arme gestolpert, fast wie durch Zufall. Diese Sache hier war in gewisser Weise kalkuliert, aber ich mochte Patric, und ich wußte, wieviel ich ihm bedeutete.

Nachdem Edouard endlich den langersehnten Sohn in seinen Armen hielt, kehrte er zu seinem alten Ich zurück, wurde wieder der wundervolle Mann, den ich ursprünglich geheiratet hatte. Er betete seine Kinder an, und er betete mich an. Er wurde ein vorbildlicher Vater und Ehemann, und wir genossen unser häusliches Glück.

Die folgenden zwanzig Jahre waren die besten Jahre meines Lebens, Vivienne. Ich schaute niemals zurück. Ich verschwendete niemals einen Gedanken an Joe Anthony. Oder an Patric Langalle. Edouard und unsere Kinder waren mein ganzer Lebensinhalt. Ich war zufrieden. Hatte meinen inneren Frieden gefunden. Das Glück, von dem ich vor Jahren geträumt hatte, war endlich mein. Ich vergaß sogar meine schreckliche Kindheit und die schlimmen Dinge, die ich in meinen jungen Jahren erlebt hatte. Ich war eine gute Ehefrau, eine gute Mutter, und ich genoß diese Rollen.«

Ich brach ab und blickte Vivienne an. »Ich kann mir vorstellen, daß ich Sie schockiert habe... mit meinem Geständnis, daß ich Edouard in dem Glauben ließ, Ariel und Charles wären seine Kinder.«

»Aber nein, überhaupt nicht!« rief Vivienne und schüttelte den Kopf. »Sie haben Ihrem Mann alles gegeben, was er sich wünschte, Gräfin Zoë. Sie haben ihn glücklich gemacht, Freude in sein Leben gebracht. Er hatte diese Kinder von ihrer Geburt an, also *waren* es seine. Abgesehen davon – nur weil ein Mann Sperma in eine Frau pumpt und sie von ihm schwanger wird, bedeutet das nicht automatisch, daß er ein Vater ist. Was zählt, ist, was ein Mann tut, nachdem das Kind geboren ist. Nach dem, was Sie mir erzählt haben, liebte der Graf Ariel und Charles sehr, und das ist es doch, worauf es ankommt.«

»Danke, daß Sie das gesagt haben, Vivienne«, erwiderte ich. Dann fuhr ich in meiner Erzählung fort. »Von dem Moment an, als Charles zur Welt kam, gab es niemals mehr ein böses Wort zwischen Edouard und mir. Wir waren uns so nahe, fast wie ein Wesen, und ich wußte unser Glück aus tiefstem Herzen zu schätzen. Ja, das Leben war für mich endlich so, wie ich es mir immer erträumt hatte.

Dann, im Frühjahr 1983, traf es mich wie ein Blitz aus heiterem Himmel, und meine ganze Welt brach zusammen.« Ich hielt inne und nahm einen Schluck Champagner.

»Was ist passiert?« fragte Vivienne hastig.

»Ich bekam einen Brief von einem Mann namens Sam Loring, einem Fremden. Er schrieb mir, er sei aus Chicago zu einem kurzen Besuch nach Paris gekommen, und er wäre ein Freund von Joe Anthony und Geneviève Brunot und wollte mich sehen. Ich war wie vom Donner gerührt. Zwei Tage lang tat ich nichts, dann rief ich ihn schließlich im Hotel *Scribe* an, wie er es verlangt hatte.

Wir trafen uns an jenem Nachmittag in der Halle des Hotels. Er war ein großer, schlanker, grauhaariger Mann mit einem kantigen Gesicht und sah aus, als wäre er Anfang Siebzig. Ich hatte ihn noch nie zuvor gesehen.

Ohne Umschweife fragte ich ihn, was er von mir wollte. Er wiederholte, was er in dem Brief geschrieben hatte: Daß er ein Freund von Joe Anthony sei und über meine Affäre mit Joe vor dreiundzwanzig Jahren Bescheid wüßte. Er erklärte mir, ich hätte damals den Namen Geneviève Brunot benutzt und wäre Gast im Hotel *Gray d'Albion* in Cannes gewesen.

Natürlich stritt ich alles ab. Er reagierte völlig kalt und erwiderte, ich würde sicherlich nicht wollen, daß mein Mann von meiner Affäre erführe, noch würde ich mir wünschen, daß abfällige Bemerkungen über Ariels Ehelichkeit fielen. Ich spielte die Entrüstete, nahm eine hochmütige Haltung an und erklärte ihm brüsk, daß er Unsinn redete. Dann wandte ich mich zum Gehen.

Sam Loring drängte mich zu bleiben und brachte ein altes Foto zum Vorschein. Es war ein Bild von mir und Joe Anthony, das vor all jenen Jahren im *La Chunga* aufgenommen worden war. Joe hatte seinen Arm um mich gelegt. Ich schaute zu ihm auf und lächelte. Ich erkannte auf Anhieb, daß das Foto sehr eindeutig und damit gefährlich war. Sam Loring wies mich auf das Datum hin, das der Fotograf auf die Rückseite des Bildes gestempelt hatte. Juli 1960. Ich saß in der Falle.

Ich fragte Sam Loring, was genau er wollte. Aber noch bevor er antwortete, wußte ich, daß er es auf mein Geld abgesehen hatte. Wahrscheinlich auf eine beträchtliche Summe. Ich wußte aber auch, wenn ich ihn jetzt für sein Schweigen bezahlte, würde ich mich dadurch nur weiteren Erpressungsversuchen ausliefern. Andererseits – welche Alternative blieb mir denn schon?

Zwar würde Loring niemals beweisen können, daß Ariel nicht Edouards Kind war, aber das Datum auf der Rückseite des Fotos war belastend, und das machte mir angst. Außerdem wollte ich verhindern, daß Edouard irgendwelche Zweifel hinsichtlich Ariel kamen. Oder hinsichtlich Charles, was das betraf. Ich mußte meine Kinder schützen. Und meinen Ehemann. Er war kein junger Mann mehr; er war fünfundzwanzig Jahre älter als ich, wenn auch damals, mit sechsundachtzig, noch ein vitaler und gesunder Mann. Trotzdem wollte ich ihm unnötige Aufregungen ersparen.

Sam Loring versetzte mir einen Schock, als er einhunderttausend Dollar für sein Schweigen verlangte. Ich erklärte ihm, ich hätte nicht die Absicht, ihm Geld zu geben, wies ihn darauf hin, daß ich keine Garantie hätte, daß er nicht später mehr von mir fordern würde. Seine Antwort war, daß ich ihm eben vertrauen müßte. ›Ganovenehre‹ lautete sein Kommentar.

Ich lachte ihm ins Gesicht. Dann fragte ich ihn, warum er so lange gewartet hatte, um mir diese außergewöhnliche Geschichte zu erzählen, die ihm sowieso niemand glauben würde. Loring erwiderte, daß er im Ruhestand lebte, ernste Familienprobleme hätte und große finanzielle Schwierigkeiten und daß er niemals Kontakt mit mir aufgenommen hätte, wäre er nicht in einer so verzweifelten Lage.

Ich forderte eine Erklärung über Joe Anthony. Ich verlangte zu wissen, woher Loring ihn kannte und wie er in den Besitz des Fotos gelangt sei, das der Fotograf im *La Chunga* vor so langer Zeit aufgenommen hatte.

Es war eine seltsame Geschichte, die er mir erzählte, Vivienne. Aber ich glaubte ihm. Loring erklärte, er wäre vor dreiundzwanzig Jahren von einem amerikanischen Geschäftsmann eingestellt worden, um die Sicherheitsabteilung in dessen Firma zu leiten. Im Sommer 1960 wurde Loring nach Europa geschickt, um dem Sohn seines Arbeitgebers zu folgen, der allein durch Frankreich und Italien reiste. Seine Aufgabe bestand darin, unauffällig ein Auge auf den jungen Mann zu behalten und dafür zu sorgen, daß er nicht in Schwierigkeiten geriet.

Der fragliche junge Mann war natürlich Joe Anthony. Loring gestand mir, daß er von Anfang an über unsere Affäre Bescheid gewußt hatte. Er hatte uns zusammen am Strand gesehen, in dem kleinen Cafe, im *La Chunga* und uns dabei beobachtet, wie wir in mein Hotel gingen. Er erklärte mir weiter, daß er zu jenem Zeitpunkt einen französischen Detektiv engagiert hatte, der mir folgen sollte, und daß der Mann mit mir zusammen den Zug nach Paris bestiegen hatte, nachdem ich von Joe Abschied genommen hatte.

Anscheinend wußte Loring innerhalb von vierundzwanzig Stunden, wer ich wirklich war. Er wußte sogar, wann Ariel geboren wurde, und kannte das Krankenhaus, in dem sie zur Welt gekommen war. Durch den französischen Detektiv hatte er mich danach noch einige Jahre weiter im Auge behalten, nur für den Fall, daß Joe Anthony jemals versuchen sollte, wieder mit mir in Kontakt zu treten. Und was das Foto betraf – das hatte er gleich am nächsten Tag von dem Fotografen im *La Chunga* gekauft.

Ich sagte ihm, ich würde das Geld besorgen, machte mit ihm ein Treffen für drei Tage später aus und verließ das Hotel *Scribe*. Im Taxi auf dem Weg nach Hause sagte ich mir, daß Loring nichts beweisen konnte, daß ich mich seinem Erpressungsversuch nicht beugen würde, aber sobald ich unser Haus betrat, wußte ich, daß mir gar nichts anderes übrigblieb. Ich hatte viel zuviel zu verlieren.

Ich brauchte mehrere Tage, um das Geld zusammenzubekommen, hauptsächlich deshalb, weil ich Loring bar bezahlen wollte. Zum Glück hatte mich mein verstorbener Ehemann Harry Robson als sehr reiche Frau zurückgelassen, und ich benutzte etwas von seinem Erbe, um den Erpresser zu bezahlen.

Als ich Loring am Ende der Woche erneut traf, verlangte ich das Foto im Austausch für das Geld. Und ich zwang ihn, mir zu versprechen, daß er mich in Zukunft in Ruhe lassen würde. Natürlich wußte ich, daß es keine Garantie gab. Mein verzweifelter Wunsch, ihn loszuwerden und die Sache ein für allemal hinter mich zu bringen, ließ mich an jenem Tag ein großes Risiko eingehen.

Sam Loring gab mir tatsächlich sein Wort – was auch immer es wert war – und schwor mir, daß ich ihn nie wiedersehen würde. Dann zog er das Foto aus seiner Tasche.

Als er es mir gab, meinte er: ›War ein gutaussehender Bursche, Ihr Joe Anthony, nicht? Außer, daß er gar nicht so hieß.‹ Ich fragte ihn, was er damit meinte, und Loring erwiderte: ›Sie waren nicht die einzige, die sich als eine andere Person ausgab und einen erfundenen Namen benutzte, Gräfin. Joe hat damals das gleiche getan. Sein richtiger Name war Sebastian Locke.‹ «

33

Vivienne starrte mich sprachlos an.

Sie war völlig geschockt, ihr Gesicht war kreideweiß. »O mein Gott!« rief sie. »Wenn Sebastian Joe Anthony war, dann war er Ariels Vater. O mein Gott!« Sie lehnte sich in ihrem Sessel zurück und schüttelte den Kopf, als wollte sie es nicht wahrhaben, dann sagte sie erneut: »O mein Gott! O *nein*!«

Ich war auf diese Reaktion gefaßt gewesen, und so nickte ich nur und sagte ganz leise: »Ja.«

»Wußte Sebastian davon, Gräfin Zoë? Ist das der Grund, weshalb er sich das Leben nahm?« verlangte Vivienne zu wissen. »Es muß so gewesen sein! Natürlich! Er hat Selbstmord verübt, weil er herausfand, daß er sich auf eine inzestuöse Beziehung eingelassen hatte, wenn auch unwissentlich. So war es, nicht wahr?«

Ich gab einen Moment lang keine Antwort. Es entstand eine kleine Pause, bevor ich langsam sagte: »Damit Sie alles verstehen, Vivienne, muß ich ganz von vorne beginnen... am Beginn meines Lebens...

Ich wurde am sechsten April 1922 geboren. Meine Eltern waren Niall und Maureen Rafferty, und sie tauften mich Mary Ellen. Wir lebten in Queens, und die ersten paar Jahre meines Lebens verliefen durchaus glücklich. Aber die Dinge änderten sich drastisch für mich und meine Mutter, als mein Vater 1927 ums Leben kam. Er war Bauarbeiter und wurde von einem Stahlträger auf einer Baustelle getroffen. Er starb an Kopfverletzungen.

Meine Mutter mühte sich die folgenden zwei Jahre ab, uns über die Runden zu bringen, aber trotz ihrer tapferen Versuche, den Lebensunterhalt für uns zu verdienen, war sie nicht sehr erfolgreich.

Sie war jedoch eine hübsche, wenn auch etwas zerbrechlich wirkende Frau, und als Tommy Reagan, ein alter Freund meines Vaters, eines Tages zu uns kam, hatte sie es sofort auf ihn abgesehen. Tommy, der als hart arbeitender, trinkfreudiger Junggeselle galt, verliebte sich in sie, und wenige Monate später waren sie verheiratet.

Mein Stiefvater hatte eine gesicherte Arbeit; er verwaltete eine Farm in Somerset County in der Nähe von Peaback, New Jersey. Neben einem guten Gehalt stellte man ihm auch ein kleines Haus zur Verfügung, von dem er sagte, daß es auch für uns, seine neue Familie, groß genug wäre.

Zuerst dachte ich, alles würde herrlich werden. Wir würden auf dem Land auf einer Farm leben und hätten wieder einen Mann in der Familie, der für uns sorgen würde. Ich merkte nur zu bald, wie sehr ich mich geirrt hatte. Tommy Reagan ärgerte sich über mich, er haßte es, das Kind eines anderen Mannes in seinem Haus zu haben. Wenn ich jetzt so zurückdenke, glaube ich, er war krankhaft eifersüchtig auf die Liebe meiner Mutter zu mir, auf den besonderen Platz, den ich in ihrem Herzen hatte.

Auf jeden Fall ließ er seinen Frust an mir aus, wann immer etwas schiefging, und manchmal auch, wenn gar keine Ursache bestand. Er war ein harter Mann, der keine Bedenken hatte, mich beim geringsten Anlaß zu schlagen.

In der ersten Zeit ihrer Ehe war er vorsichtig und schlug mich niemals in Gegenwart meiner Mutter, aber als er mit der Zeit erkannte, wie abhängig sie von ihm war, wurde er nachlässiger. Vielleicht war er ihr gegenüber auch einfach gleichgültiger geworden. Ich bin mir dessen nie sicher gewesen, Vivienne, aber ich glaube doch, daß ihre Ehe ziemlich schnell ihren Glanz verlor.

Seine Einstellung mir gegenüber war unerbittlich. Sein Motto war: ›Eine Tracht Prügel hat noch keinem geschadet‹. Wenn die Anzahl der Schläge, die ich von ihm bekam, ein Maßstab dafür war, muß ich damals das am besten erzogene Kind weit und breit gewesen sein.

Tommy Reagan hielt eiserne Disziplin und war das perfekte Beispiel eines von Natur aus unversöhnlichen Menschen, der sich zu einem Tyrann entwickelte, wenn man ihm auch nur ein kleines bißchen Macht gab. Er war ein Rüpel und ein Feigling und hackte nur auf den Schwachen und Hilflosen herum, denjenigen, die nicht zurückschlagen konnten.

Meine Mutter und ich waren vollkommen von ihm eingeschüchtert. Ich versuchte, ihm aus dem Weg zu gehen, so gut ich konnte. Fast jedesmal mußte meine Mutter klein beigeben, wenn sie mich zu verteidigen versuchte. Oft hörte ich sie nachts im Bett weinen, besonders, wenn er wieder getrunken hatte.

Tatsache war, daß mein Stiefvater mich zu seinem Prügelknaben machte, und Jahre später, lange nachdem ich die Farm verlassen hatte, begann ich zu begreifen, wie sadistisch er gewesen war.

Zu alldem kam der unglückliche Umstand, daß meine Mutter nach nur drei Jahren Ehe mit Tommy herzkrank wurde und dadurch eine Halbinvalidin. Die Hälfte der Zeit war sie ans Bett gefesselt. Ihr schlechter Zustand machte meinen Stiefvater wütend, und mein Leben wurde noch unerträglicher. Abgesehen davon, daß er mich verprügelte, wann immer es ihm in den Sinn kam, mußte ich mich für ihn abschuften. Er zwang mich, das Haus sauberzumachen und für uns zu kochen, da meine Mutter meistens zu schwach und kränklich war. Ich war damals zehn Jahre alt.

Ich wurde schnell erwachsen, Vivienne. Im Alter von dreizehn war ich schon gut entwickelt und sah älter aus, als ich war. Frühreif ist vielleicht der beste Ausdruck. Ich war ein hübsches Mädchen und wie eine Knospe kurz vor dem Erblühen. Meine Mutter hatte mir schon vorhergesagt, daß ich als Erwachsene eine schöne Frau sein würde.

Eines Tages, im Sommer 1935, erregte ich die Aufmerksamkeit des Besitzers der Farm. Plötzlich begann er, mich genauer zu mustern, wenn ich über das Grundstück ging – und sehr viel länger, als er es bisher getan hatte.

Er wurde sehr freundlich und lud mich in das Haupthaus ein, meistens in sein Büro, wo er mir Bonbons und Schokolade schenkte. Bänder für meine langen Haare, alte Zeitschriften und einmal ein Buch. Und bald waren seine Hände überall auf meinem Körper, auf meinen Brüsten und unter meinem Rock, zwischen meinen Beinen und überall, wo er den Drang verspürte, mich anzufassen.

Und damit begann mein wirkliches Elend. Es dauerte

nicht lange, bis er seine Hosen aufknöpfte, sich mir zeigte und mich zwang, ihn zu berühren. Es gab Zeiten, da zwang er mich sogar, einen Teil meiner eigenen Kleider auszuziehen.

Obwohl ich schreckliche Angst vor ihm hatte, gab es nichts, was ich hätte tun können, um ihn daran zu hindern. Meine Mutter war krank; ich wollte sie nicht aufregen und ihren Zustand noch verschlechtern, indem ich mit meinem Kummer zu ihr kam. Mit meinem Stiefvater konnte ich nicht sprechen, außerdem hätte er mir sowieso nicht geglaubt. Vielleicht wußte er es sogar und ignorierte es bewußt. Ich bedeutete ihm nichts, ich war nur ein Ärgernis für ihn. Ich bemühte mich, alles zu verdrängen, redete mir ein, es wäre niemals geschehen.

Der Farmbesitzer warnte mich, wenn ich jemals ein Wort von dem verlauten ließe, was er in der Abgeschiedenheit seines Büros mit mir tat, würde er uns hinauswerfen. Er würde meinen Stiefvater feuern und uns ohne Geld oder Empfehlungsschreiben auf die Straße setzen.

Ich gab mir selbst die Schuld, dachte, es wäre mein Fehler, daß er mich mißbrauchte, so freimütig, so schamlos. Kurz bevor er begonnen hatte, mich abzufangen, hatte seine Mutter ihn besucht, und sie sagte mir, ich wäre ein sehr hübsches Mädchen. Aber dann fügte sie mit boshafter Stimme hinzu, daß mich mein Aussehen eines Tages unweigerlich in Schwierigkeiten bringen würde. Sie sagte, es würde mich nur auf den Pfad zur Hölle führen, wo Satan darauf wartete, mich zu verschlingen. Was mich betraf, so war ihr Sohn der leibhaftige Satan auf Erden.

Ich war vierzehn, als er mich im September 1936 vergewaltigte. Natürlich war ich Jungfrau gewesen, und da er mit roher Gewalt vorgegangen war, blutete ich heftig.

Es gab einige Aufregung wegen dieser Sache. Er hatte die Tür nicht richtig verschlossen in seiner Hast, mich gefügig zu machen. Die Haushälterin hatte uns überrascht. Unser unordentliches Äußeres und das Blut auf dem Teppich sprachen Bände. Sie wußte, was hier passiert war, und sagte es ihm auf den Kopf zu. Aber wie jeder andere auf der Farm fürchtete sie sich davor, ihren Job zu verlieren. Und so tat er weiter mit mir, was er wollte.

Im Winter 1937 passierte es dann. Ich wurde schwanger. Ich war fünfzehn und verängstigter als jemals zuvor, als ich erkannte, daß er mir ein Kind gemacht hatte. Aber die Zeiten waren hart, er war der Chef meines Stiefvaters, und wir waren abhängig von ihm. Deshalb wurden nicht viele Worte über meinen Zustand verloren. Meine Mutter weinte viel. Mein Stiefvater schob mir die Schuld zu.

Der Besitzer der Farm war in den Dreißigern und hatte nie geheiratet. Die Idee eines Kindes und einer Ehefrau muß ihm wohl gefallen haben. Sehr zu Tommy Reagans Überraschung und zu meiner eigenen heiratete er mich wegen des Babys. Die Hochzeit fand auf der Farm statt. Die Trauung wurde von einem ortsansässigen Richter vorgenommen. Es war eine schlichte Feier, die ziemlich eilig vonstatten ging.

Das Seltsame war, daß mein Ehemann sofort danach wegging und mich in dem kleinen Haus mit meiner Mutter und meinem Stiefvater zurückließ. Als er ein paar Monate später unerwartet auf die Farm zurückkehrte, holte er mich zu sich in das Haupthaus. Er hatte weiterhin Sex mit mir, bis es ihm wegen meines Zustands nicht mehr möglich war. Aber er sprach kaum mit mir, und es war keine Wärme zwischen uns, keine Freundlichkeit in ihm. Ich träumte davon, wegzulaufen, doch ich wußte, ich konnte es nicht.

Am ersten Juni setzten bei mir die Wehen ein. Ich lag fast zwei Tage lang in den Wehen, und als das Baby endlich am dritten Juni zur Welt kam, war ich völlig erschöpft. Traurigerweise starb mein Kind.

Mehrere Monate lang war ich sehr krank. Schwach, erschöpft und verängstigt wie ich war, wollte ich gar nicht wieder gesund werden. Solange ich krank im Bett lag, konnte mir keiner weh tun. Ich wußte jedoch, daß ich mich nicht ewig verstecken konnte. Als ich schließlich wieder auf den Beinen war, erklärte mir mein Stiefvater, mein Ehemann wolle mich zur endgültigen Genesung fortschicken. Es war entschieden worden, daß ich nach London gehen sollte, um dort bei meiner Tante Bronagh, der Schwester meiner Mutter, zu wohnen. Anscheinend war es die Idee meiner Mutter gewesen, mich dorthin zu schicken, und wie durch ein Wunder hatte mein Mann zugestimmt.

Ich kann Ihnen nicht sagen, wie erleichtert ich war, von alldem wegzukommen. Ich bekam meinen Mann nicht mehr zu Gesicht, bevor ich nach New York fuhr, um an Bord des Schiffes zu gehen, da er geschäftlich in Kanada war. Ich wußte jedoch, er bezahlte für meine Überfahrt nach England sowie für ein paar neue Kleider, und er hatte mir dreihundert Dollar für meine Ausgaben in London zur Verfügung gestellt.

Ich werde mich immer daran erinnern, was meine Mutter an dem Tag, als ich die Farm verließ, zu mir sagte. Ich habe niemals ihr Gesicht vergessen, die Art, wie sie mich anblickte, den Klang ihrer Stimme. ›Komm nicht hierher zurück, mein Liebstes‹, flüsterte sie mir zu, als ich mich über sie beugte, um sie zum Abschied zu küssen. Sie sagte mir, daß sie mich liebte, und ich erinnere mich, wie glücklich sie an diesem Morgen aussah. Ich wußte, sie war unendlich erleichtert, daß ich entfliehen konnte.«

Ich hob mein Glas, nahm einen Schluck Champagner und setzte mich etwas bequemer auf dem Sofa zurecht.

Vivienne, die mich aufmerksam beobachtet hatte, rief bestürzt: »Sie werden doch jetzt nicht aufhören, oder, Gräfin Zoë? Ich möchte auch den Rest Ihrer Geschichte hören. Bitte.«

»Das sollen Sie auch, Vivienne«, erwiderte ich. »Ich werde Ihnen alles erzählen... Dinge, die noch keiner je zuvor gehört hat.«

34

»In London begann ich mein zweites Leben, Vivienne. Und es war sehr viel glücklicher als mein erstes, nicht zuletzt dank der Hilfe meiner Tante Bronagh.

Sie war die jüngere Schwester meiner Mutter und Schauspielerin. Als sie in New York lebte, hatte sie mit einem kleinen Theaterensemble in Greenwich Village gearbeitet. Und dort hatte sie auch einen jungen englischen Schauspieler namens Jonathan St. James kennengelernt. Sie hatten sich verliebt, und als er 1933 nach England zurückkehrte, ging sie mit ihm. Sie waren seit fünf Jahren verheiratet, als ich ankam, um bei ihnen zu wohnen.

In dem Augenblick, als ich ihr kleines Haus in Pimlico betrat, hob sich meine Stimmung schlagartig. Es war ein warmer, gemütlicher Ort, fast wie ein Puppenhaus, und Jonathan St. James gab mir das Gefühl, willkommen zu sein. Wie Bronagh war er Ende Zwanzig, und die beiden waren voller Vitalität und Optimismus und etwas bohemienhaft in ihrer Lebensart. Sie waren verrückt nacheinander, verrückt aufs Theater, und beide traten in Stücken im West End auf. Dort waren sie ganz in ihrem Element. Ihr Glück und ihre Fröhlichkeit wirkten ansteckend, und ich fühlte mich bald glücklicher – glücklicher, als ich mich seit meiner frühen Kindheit gefühlt hatte, als mein Vater noch am Leben gewesen war. Sie gingen liebevoll miteinander um und auch mit mir.

Langsam besserte sich mein Gesundheitszustand; meine Lebensgeister erwachten wieder. Und Bronagh heilte meine Seele. Mitfühlend von Natur aus, hatte sie ein verständnisvolles Herz, und irgendwann wagte ich es, mich ihr anzuvertrauen. Stück für Stück erzählte ich, was geschehen war. Innerhalb von drei Monaten kannte sie meine gesamte Lebensgeschichte, und sie war voller Zorn. ›Du wirst nicht dorthin zurückgehen, Mary Ellen. Höchstens über meine Leiche, das schwöre ich zu Gott! Herr im Himmel! Es ist ein Verbrechen, was man dir angetan hat, ein regelrechtes Verbrechen!‹ Jonathan, der inzwischen alles von Bronagh erfahren hatte, war ebenfalls der Meinung, daß ich unter keinen Umständen nach New Jersey zurückkehren dürfte.

Aber niemand schien es besonders eilig zu haben, mich zurückzuholen, einschließlich meiner Mutter. Natürlich wußte ich, daß es in ihrem Fall daran lag, daß sie mich beschützen wollte und nicht erneut Gefahren aussetzen. Sie schrieb mir regelmäßig und versäumte es nie, mich ihrer Liebe zu versichern, und ich tat das gleiche, schickte ihr einmal in der Woche einen ausführlichen Brief.

Nach sechs Monaten in London war ich ein anderer Mensch geworden. Bronagh und Jonathan hatten wirklich ein Wunder vollbracht. Sie hatten mich verwöhnt und umsorgt, und man sah es mir an. Ich hatte zugenommen; endlich war wieder Fleisch auf meinen Rippen. Ich war gewachsen, und meine Figur war schlank und geschmeidig. Eine Rose in voller Blüte, wie Bronagh mir immer wieder sagte.

Aber was am wichtigsten war: Ich fühlte mich sicher, sicherer als seit Jahren, dank Bronagh und Jonathan. Ich war nicht länger verschüchtert und voller Furcht, geschlagen oder mißbraucht zu werden. Die Angst, mit der ich so lange gelebt hatte, hatte schließlich nachgelassen, und ich wußte, daß sie eines Tages völlig verschwunden sein würde.

Früher einmal hatte ich geglaubt, der einzige Ausweg aus meiner Qual wäre der Tod. Ich war dreizehn Jahre alt gewesen, noch fast ein Kind, Vivienne, als ich daran dachte, Selbstmord zu begehen, das war Teil der Tragödie. Sie sehen, ich hatte niemals eine Kindheit gehabt.

Aber ich hatte während jener ersten Monate in London meine Krise überwunden. Es war mir bewußt, daß ich ein ganz anderer Mensch werden konnte, eine neue Identität annehmen, von neuem beginnen konnte.

In jenem Sommer fand Bronagh durch eine ihrer Freundinnen eine Arbeit für mich. Ich wurde Tänzerin in einem Kabarett im West End. Wegen meines attraktiven Aussehens, meiner Größe und schlanken Figur gab ich das perfekte Showgirl ab.

Ich liebte alles – den Glamour, die prächtigen Kostüme, die Zuschauermenge, den Schein der Rampenlichter. Ich hatte mein wahres Metier gefunden. Die Bühne gehörte mir. Sie bedeutete alles für mich. Sie wurde meine ganze Welt. Ich ließ Tod und Kummer hinter mir, griff hungrig nach dem Leben.

Da ich in einer brandneuen Welt lebte, brauchte ich einen brandneuen Namen. Ich verwarf meinen alten Namen – Mary Ellen Rafferty –, der mich nur an meinen Schmerz und meine Demütigungen erinnerte, und erfand einen neuen für mich.

Zoë Lysle. Ich war nicht länger Mary Ellen, ich war jetzt Zoë. Mit diesem neuen Namen nahm ich eine andere Persönlichkeit an. Zoë war niemals berührt oder mißbraucht worden; sie war sauber, rein, unversehrt. Und jeden Abend, wenn ich in meinen eleganten Federn die Bühne betrat, wurde ich wiedergeboren. Ich blühte auf.

Meine Mutter fehlte mir, ich machte mir Sorgen um sie. Und ich wurde manchmal traurig, wenn ich an mein Baby dachte, das bei der Geburt gestorben war. Aber diese Momente gingen vorüber. Schließlich war ich erst sechzehn. Ich hatte ein neues Leben angefangen ... als Zoë. Ich blickte immer nach vorn, niemals zurück.

Ich hörte nichts von meinem Mann, und ich war erleichtert, daß er sich so lange nicht gemeldet hatte. In meiner ersten Zeit in London hatte ich befürchtet, er würde mich schließlich nach Amerika zurückholen. Doch als der Sommer verging und keine Nachricht von ihm kam, entspannte ich mich langsam.

Dann, am dritten September 1939, erklärte Großbritannien Deutschland den Krieg. Die Welt wurde auf den Kopf gestellt. Die Kriegsjahre in London waren außerordentlich – voller Entbehrungen und Gefahr wegen der ständigen Luftangriffe. Aber ich überstand sie relativ unbeschadet.

Nachdem Amerika 1941 in den Krieg eingetreten war, strömten amerikanische Truppen nach England. Jedesmal, wenn ich einen GI sah, hatte ich Angst, ihm ins Gesicht zu sehen, weil ich fürchtete, es könnte mein Stiefvater sein. Aber er tauchte nicht in London auf, obwohl ich von meiner Mutter wußte, daß sich Tommy zur U. S. Army gemeldet hatte.

Und was meinen Mann betraf, so wußte ich nicht, was aus ihm geworden war. Er hatte die Farm in Somerset County verkauft, sich von mir scheiden lassen und die Scheidungsurkunde 1940 nach London geschickt, an Bronaghs Adresse. Ich habe nie wieder von ihm gehört.

Als Showgirl hatte ich viele Bewunderer und ging mit einigen von ihnen aus. Aber ich war immer mißtrauisch, immer auf der Hut, entschlossen, mich niemals wieder der Herzlosigkeit anderer auszuliefern.

Im Jahre 1943 lernte ich jedoch einen englischen Offizier der Coldstream Guards kennen. Es war Harry Robson, Hauptmann in der Armee und Sohn eines englischen Lords. Harrys Vater war dreimal verheiratet gewesen, und seine letzte Ehefrau, Harrys Mutter, war eine amerikanische Erbin gewesen, die über ein Vermögen aus dem Eisenbahnbau verfügte. Als sie 1940 starb, hatte Harry alles geerbt.

Ich war einundzwanzig, als Harry und ich zusammen auszugehen begannen. Er war achtundzwanzig. Harry hatte es förmlich umgehauen, als er mich das erstemal sah, und ich war sehr von ihm eingenommen. Er hatte ein angenehmes Äußeres und ein nettes Wesen, der erste freundliche Mann, der mir außer Jonathan St. James begegnet war.

Ermutigt von Jonathan und Bronagh, nahm ich Harrys Heiratsantrag an. Wir heirateten 1944. Er bestand damals darauf, daß ich mich von der Bühne zurückzog, und ich tat es mit Freuden. Ich hatte mich zwar daran gewöhnt, mich von Männern beäugen zu lassen. Aber ganz im Vertrauen, Vivienne, ich fühlte oft einen Knoten der Angst in meinem Inneren, wenn ich instinktiv spürte, daß ich jemandes Interesse geweckt hatte, der vielleicht schwierig im Umgang werden könnte. Seltsamerweise vermißte ich die Bühne niemals, obwohl ich sie früher so geliebt hatte.

Und so begann mein drittes Leben. Harry und ich hatten fünf Jahre zusammen. Es waren gute Jahre. Ich war voll und ganz für ihn da. Ich wußte, ich machte ihn glücklich; er gab mir dafür Sicherheit, Geborgenheit und sehr viel Liebe.

1949 erlitt Harry einen tödlichen Unfall. Beim Überqueren einer Straße wurde er von einem Doppeldeckerbus überfahren. Er erlag eine Woche später seinen inneren Verletzungen. Ich war von Kummer überwältigt. Ich hatte Harry geliebt, auf meine eigene Weise, und ich wußte, ich würde diesen sanften, großzügigen Mann, der so gut zu mir gewesen war, sehr vermissen.

Nach dem Begräbnis trauerte ich um ihn, zog mich zurück und fragte mich, was ich mit dem Rest meines Lebens anfangen sollte. Ich war siebenundzwanzig, und Harry hatte mich zu einer reichen Frau gemacht. Ich war seine Alleinerbin.

Ich verspürte kein Bedürfnis, nach Amerika zurückzukehren. Es gab dort niemanden, der auf mich wartete. Meine Mutter war nicht lange nach meiner Heirat mit Harry gestorben. Es war ein Jahr nach Harrys Tod, als ich mich entschloß, Urlaub in Paris zu machen. Und fast augenblicklich stand für mich fest, daß ich dort auf Dauer leben wollte. Ich übersiedelte und verschwand für immer aus der Londoner Szene.

Ich begann mein viertes Leben, als ich Edouard heiratete, aber über dieses Leben wissen Sie ja bereits eine ganze Menge, Vivienne. Wie ich schon sagte, kreuzte Sam Loring

1983 in Paris auf und erpreßte mich um die stattliche Summe von einhunderttausend Dollar wegen meiner Affäre mit Joe Anthony, oder eher, Sebastian Locke. Ich zahlte, weil ich meine Familie schützen wollte, obwohl ich wußte, daß ich damit ein großes Risiko einging. Loring konnte jederzeit zurückkommen und mehr Geld von mir verlangen.

Ein paar Tage, nachdem ich Lorings Forderung erfüllt hatte, begann ich jedoch, mir wegen einer anderen Sache Sorgen zu machen, eine, die noch viel ernstere Auswirkungen hatte als die Erpressung. Ich entschied, nach Amerika zu gehen, um etwas für mich selbst zu überprüfen. Als ich Edouard erklärte, ich hätte Familienangelegenheiten in den Staaten zu regeln, schlug er vor, ich sollte allein fahren. Mit sechsundachtzig war ihm nicht mehr nach großen Reisen zumute.

Ich flog nach New York und ging geradewegs ins *Pierre,* wo ich eine Suite reserviert hatte. Am folgenden Tag engagierte ich einen Privatdetektiv. Er brauchte nicht lange. Innerhalb von achtundvierzig Stunden hatte er mir die Informationen besorgt, die ich brauchte.

Was ich insgeheim befürchtet und wovor ich solche Angst gehabt hatte, war wahr. Mehrere Tage lang stand ich unter Schock und war unfähig, einen klaren Gedanken zu fassen. Aber als der Schock nachließ, stieg enorme Wut in mir auf. Zum erstenmal in meinem Leben wollte ich jemanden umbringen...

Ich erkannte, daß ich nicht weitermachen konnte.

Eine Woge von Gefühlen schlug über mir zusammen, und ich wurde überwältigt von der schrecklichen Wut, die ich zwölf Jahre zuvor erlebt hatte. Ich zitterte innerlich.

Der Zorn hat sich niemals wirklich gelegt«, sagte ich schließlich, während ich Vivienne anblickte, ihren Blick mit meinen Augen festhielt. »Und auch nicht mein Bedürfnis, diesen Mann zu töten.«

»Welchen Mann? Wen meinen Sie, Gräfin Zoë?«

»Cyrus Locke.«

»*Cyrus*? Aber warum? Wegen Loring? Weil Cyrus Loring losgeschickt hatte, um Sebastian zu folgen, als Sie ihn vor all den Jahren in Cannes kennenlernten?«

»Nein, Vivienne, dies hat nichts mit Loring zu tun. In gewisser Weise war er ein Geschenk des Himmels, als er damals zu mir kam. Er half mir, ohne es zu wissen, half mir, eine große Tragödie zu verhüten.«

Ein verwirrter Ausdruck trat auf Viviennes Gesicht. »Es tut mir leid, Gräfin, aber ich fürchte, ich kann Ihnen nicht folgen.«

»Nein, natürlich können Sie das nicht, liebes Kind«, sagte ich und brach ab.

Meine Kehle schnürte sich plötzlich zusammen, ich konnte Tränen in meinen Augen brennen fühlen und hatte unkontrolliert zu zittern begonnen.

Ich holte tief Luft und schlang meine Finger ineinander, um mich zu beruhigen, aber meine Stimme bebte, als ich sagte:

»Cyrus Locke war der Besitzer der Farm in New Jersey. Er war der Mann, der mich als Fünfzehnjährige vergewaltigte, der Mann, der mich schwängerte, mich heiratete und mich dann wie ein Stück wertlosen Abfall beiseite legte. Und er stahl mir mein Kind. Er erzählte mir, mein Baby wäre bei der Geburt gestorben, aber das war nicht die Wahrheit. Mein Sohn lebte. Mein Sohn Sebastian.«

Als ich seinen Namen aussprach, quollen die Tränen unter meinen Lidern hervor und rollten meine Wangen hinunter. Ich schlug meine zitternden Hände vors Gesicht, und die Tränen flossen ungehindert weiter.

Vivienne kam zu mir und setzte sich neben mich auf das Sofa. Sie nahm mich in die Arme und hielt mich fest an sich gedrückt, versuchte mich zu trösten.

Und ich weinte, schluchzte haltlos, wie ich 1983 geweint hatte, an dem Abend, an dem ich die schreckliche Wahrheit entdeckt hatte. Und ich fühlte mich, als bräche mir erneut das Herz, so, wie mir damals zumute gewesen war.

35

Schließlich löste ich mich von Vivienne, fand ein Taschentuch in meiner Tasche und putzte mir die Nase.

Dann blickte ich sie an.

Ihr Gesicht war bleich, und ich konnte den Schmerz in ihren Augen sehen. Ich streckte den Arm aus und drückte ihre Hand. »Danke«, sagte ich, und bevor sie irgendwelche Fragen stellen konnte, fuhr ich fort: »Ich würde meine Geschichte gern zu Ende bringen und Ihnen auch den Rest noch erzählen, Vivienne.«

Sie nickte. »Das müssen Sie.«

»Mit Sam Lorings Information im Hinterkopf wurde ich mißtrauisch, als ich über Joe Anthonys Alter nachzudenken begann...« Ich brach ab. »Ich nenne ihn in Gedanken immer Joe, niemals Sebastian. Jedenfalls, er war zweiundzwanzig und ich achtunddreißig, als wir uns in Cannes begegneten. Sechzehn Jahre Altersunterschied. Meine Gedanken überschlugen sich. Mein Baby war am dritten Juni 1938 geboren worden. Das Kind war noch am selben Tag gestorben, laut Angaben von Cyrus Locke und der Hebamme, die bei der Entbindung auf der Farm in New Jersey dabeigewesen war. Hätte mein Junge gelebt, dann wäre auch er 1960 zweiundzwanzig Jahre alt gewesen.

Es war kaum wahrscheinlich, daß Cyrus Locke im Jahre 1938 *zwei* Söhne gezeugt hatte. Nein, nur meinen, überlegte ich. Besonders, da er mehrere Jahre lang keine neue Ehe eingegangen war.

Das Unvorstellbare starrt mir ins Gesicht. War es möglich, daß mein Kind gelebt hatte? War es möglich, daß Sebastian nicht Hildegarde Lockes Sohn war, sondern meiner? Wenn er es war, dann hatte ich ein Kind von meinem eigenen Sohn empfangen. Meine Tochter Ariel.

Entsetzen packte mich, und natürlich leugnete ich dieses Wissen lange vor mir selbst, ich wollte es einfach nicht wahrhaben. Aber dann siegte der Verstand über das Gefühl, und ich war überzeugt, daß Cyrus Locke mich vor all jenen Jahren belogen hatte. Mich quälte der Gedanke, daß wir Inzest begangen hatten, wenn auch unwissentlich. Ich fühlte mich wie in einem Alptraum. Ariel, mit meinem eigenen Sohn gezeugt! Mein Bewußtsein verschloß sich vor der grauenhaften Vorstellung, wann immer ich daran dachte.

Nach langem Nachdenken und gründlicher Selbstprüfung gelangte ich zu dem Schluß, daß ich nur eines tun konnte. Ich mußte nach New York reisen und die Fakten ausgraben. Ich mußte die Wahrheit wissen, um meiner eigenen geistigen Gesundheit willen.

Wie ich Ihnen bereits sagte, engagierte ich dort einen Privatdetektiv und bat ihn, gewisse Dokumente für mich zu beschaffen. Ich erteilte ihm auch den Auftrag, mich mit Informationen über Cyrus Locke zu versorgen. Ich war mir vage bewußt, daß er nach der Scheidung von mir irgendwann erneut geheiratet und Kinder gezeugt hatte. Ich hatte im Laufe der Jahre gelegentlich Artikel über ihn in den Zeitungen gesehen, aber da ich jene schmerzliche Phase meines Lebens vergessen wollte, hatte ich kaum Notiz davon genommen.

Mehrere Tage später erstattete mir der Privatdetektiv im *Pierre* Bericht. Er brachte verschiedene Dokumente mit und eine detaillierte Zusammenfassung von Cyrus Lockes Leben.

Das wichtigste Dokument war eine Kopie von Sebastians Geburtsurkunde. Und da stand es, schwarz auf weiß, das Datum seiner Geburt: dritter Juni 1938. Als Name des Vaters war Cyrus Lyon Locke angegeben. Der Name der Mutter war Mary Ellen Rafferty Locke. *Ich*. Als Geburtsort war

Reddington Farm, Somerset County, New Jersev, eingetragen. Der Privatdetektiv hatte auch eine Kopie meiner Heiratsurkunde besorgt.

Der Bericht über Cyrus Locke verschaffte mir zusätzlichen Einblick in sein Leben. Anscheinend war er nach Maine gezogen, nachdem er die Farm in New Jersey verkauft hatte, und hatte in einer Villa gelebt, die ihm seit Dezember 1937 gehörte. Offenbar hatte er das Haus unmittelbar nach unserer Heirat gekauft. Es bestand für mich kein Zweifel daran, daß er das Baby mit einem Kindermädchen nach Maine geschafft, die beiden in dem Haus untergebracht und das Kind allein aufgezogen hatte, bis er mehrere Jahre später erneut heiratete.

Ich glaube, das hatte er von Anfang an vorgehabt, Vivienne. Als er mich vergewaltigte, war er dreiunddreißig Jahre alt, unverheiratet und kinderlos. Nachdem er festgestellt hatte, daß ich von ihm schwanger war, heiratete er mich, um das Kind zu bekommen. *Mich* wollte er nicht. Ich war für ihn nicht mehr von Nutzen. Aber er wollte einen Erben haben. Je länger ich darüber nachgrübelte, desto überzeugter wurde ich, daß dies die einzig mögliche Erklärung war. Warum hätte er mir sonst mein Kind weggenommen?

In jener Nacht im Hotel *Pierre* brach meine Welt in Scherben. Ich war so am Boden zerstört, daß ich fast eine Woche lang nicht in der Lage war, irgend etwas zu tun. Schließlich gelang es mir, mich zusammenzureißen, und ich flog nach Frankreich zurück. Ich hatte ein Leben dort, einen Ehemann und eine Familie, die mich liebte.

Aber es war nicht einfach für mich, weiterzumachen, und einige Monate lang war ich ernstlich krank. Die Ärzte standen vor einem Rätsel, Edouard desgleichen. Ich nicht. Ich wußte, was mir fehlte. Ich trug ein schreckliches Geheimnis in meinem Herzen. Ein Geheimnis, das ich keinem Menschen auf der Welt anvertrauen konnte. Es war die schwerste Last, die ich jemals zu tragen hatte, und ich machte mir

Sorgen um Ariel. Mit zweiundzwanzig war meine Tochter eine schöne junge Frau und eine brillante Studentin. Alle sagten ihr eine außergewöhnliche Karriere als Medizinerin voraus. Ich wußte, sie hatte keinen genetischen Defekt mitbekommen; trotzdem hatte ich Angst um sie.

Es war Edouard, der mir half, wieder gesund zu werden. Er war nicht mehr jung, aber er war ein robuster und aktiver Mann, und er widmete mir all seine Zeit. Er war immer an meiner Seite, ermutigte und unterstützte mich ständig. Und er war voller Liebe.

Allmählich begann ich mich besser zu fühlen. Ich hörte auf, mir Vorwürfe zu machen. Ich akzeptierte, daß ich nicht ändern konnte, was vor so langer Zeit passiert war; deshalb mußte ich lernen, damit zu leben.

Nachdem ich schließlich wieder auf den Beinen war, verwendete ich all meine Kraft und Energie darauf, Edouard, Charles und Ariel meine ganze Liebe zu geben. Ich überstand diesen Schicksalsschlag, weil ich von Natur aus eine Überlebenskünstlerin bin. 1985 erhielt ich einen Brief, der den Poststempel Chicago trug. Mein Herz setzte einen Schlag lang aus, als ich den Namen S. Loring auf der Rückseite des Kuverts sah. Der Brief stammte von Sam Lorings Tochter Samantha. Sie teilte mir mit, daß ihr Vater gestorben sei. Eine seiner letzten Bitten an sie war, sie solle es mich wissen lassen, wenn er tot wäre. Sie schrieb mir, daß er mir für meine Hilfe in seiner Notlage dankte. Mein Erpresser war also tot.

Als mein geliebter Edouard 1986 starb, hatte ich das Gefühl, auch mein Leben wäre zu Ende. Wir hatten uns in den letzten zwanzig Jahren unserer Ehe sehr nahegestanden. Er war meine große Liebe und mein treuer Gefährte gewesen, mein Lebensinhalt. Ohne ihn, so glaubte ich, gäbe es für mich keinen Grund, weiterzuleben. Aber ich machte weiter. Ariel und Charles, meine Schwiegertochter Marguerite und mein Enkel Gerard bereiteten mir unendlich viel Freude. Als die Jahre vergingen, gelang es mir irgendwie, Joe Anthony aus meinem Bewußtsein zu verdrängen, und ich ließ die Vergangenheit hinter mir.

Und dann, eines Abends im letzten September, kam die Vergangenheit zurück, um mir ins Gesicht zu schlagen. Ariel kehrte aus Zaire zurück, und sie brachte ihren Verlobten mit, um ihn mir vorzustellen. Sein Name war Sebastian Locke.

Ich werde diesen Abend niemals vergessen, Vivienne. Wie ich ihn überstanden habe, das werde ich wohl nie begreifen. Mein Verstand war wie gelähmt, meine Sinne schwammen. Ich sah auch, was für ein wundervoller Mann er war; mein Inneres schmerzte, weil ich auf so grausame Weise meines Sohnes beraubt worden war.«

Ich lehnte mich in die Kissen zurück, erschöpft und leer, dann schloß ich: »Und das ist die Geschichte meines Lebens. Jetzt wissen Sie alles, Vivienne...«

Vivienne beugte sich zu mir vor, nahm meine Hand und hielt sie fest in ihrer. »Sie haben mich tief bewegt, Gräfin Zoë. Mir blutet das Herz, wenn ich daran denke, was Sie alles haben durchmachen müssen. Ich weiß nicht, wie Sie das ertragen haben.«

»Nur sehr wenige Menschen haben ein leichtes Leben auf dieser Welt, Vivienne. Was wirklich zählt, ist, daß wir überleben, aushalten.«

Vivienne schwieg eine Weile, dann meinte sie mit so leiser Stimme, daß ich sie kaum hören konnte: »Sie haben es Sebastian gesagt, nicht wahr?«

»Ja, das habe ich. Was hätte ich sonst tun sollen?«

»Und das war der Grund, weshalb er Selbstmord verübt hat, nicht?« flüsterte sie.

»Ja, Vivienne, das glaube ich.«

»Sie müssen es ihm gesagt haben, nachdem er und ich uns an jenem Montag zum Lunch getroffen hatten.«

»Ja, das ist richtig. Ich sah ihn am Mittwoch.«

»Sie sind nach New York geflogen?«

Ich nickte. »Ariel ging wieder zurück nach Zaire. Sebastian flog nach New York. Ich folgte ihm. Ich rief ihn in der Locke-Stiftung an, erklärte, daß ich in New York sei und ihn dringend sprechen müßte. Er war einverstanden. Warum hätte er sich auch nicht mit mir treffen sollen? Ich war die Mutter der Frau, die er zu heiraten gedachte.«

»Wo haben Sie sich getroffen?«

»In seinem Stadthaus. Ich muß zugeben, ich war extrem aufgeregt und bekümmert, in meinem Inneren herrschte ein furchtbarer Tumult. Aber ich brachte es fertig, mir nichts anmerken zu lassen. Ich kam ohne Umschweife auf meine Lebensgeschichte zu sprechen. Ich erzählte ihm, daß ich früher einmal mit Cyrus Locke verheiratet gewesen war und daß er mein Sohn war, den mir sein Vater unmittelbar nach der Geburt gestohlen hatte. Und dann erklärte ich ihm, daß ich auch Geneviève Brunot war. Er war verwirrt und tief erschüttert von dieser Nachricht. Und natürlich glaubte er kein Wort davon. Zu Anfang jedenfalls nicht.

Ich hatte jedoch die notwendigen Dokumente, um meine Behauptungen zu beweisen. Seine Geburtsurkunde. Und meine eigene. Meine Heiratsurkunde. Ariels Geburtsurkunde. Und das Foto von Joe Anthony und Geneviève Brunot, aufgenommen im Juli 1960 im *La Chunga*. Was ihn völlig verdutzte, war, daß diese Frau, die ihn mit einer so grauenhaften Geschichte konfrontierte, Geneviève sein sollte, die hübsche junge Frau, die er in Cannes getroffen hatte. Ich überzeugte ihn davon, daß sie und ich ein und dieselbe Person waren. Ich erklärte, daß ich bei meinem Alter geschwindelt und mich zehn Jahre jünger gemacht hatte, weil er damals so jung gewesen war. Ich wußte zu viele relevante Details über jene vier Tage, die wir zusammen verbracht hatten. Er hatte gar keine andere Wahl, als mir zu glauben. Ich zeigte ihm auch einige andere Fotos von mir, die in jenem Jahr aufgenommen worden waren. Sie halfen, ihn zu überzeugen, daß ich tatsächlich Geneviève Brunot war.

Als er wissen wollte, wie ich das alles herausgefunden hatte, erzählte ich ihm, wie Sam Loring in Paris Kontakt mit mir aufgenommen, mich erpreßt und mich über Joe Anthonys wahre Identität aufgeklärt hatte. Ehe ich es mich recht versah, vertraute ich ihm auch einige der Dinge an, die ich Ihnen heute erzählt habe, Vivienne. Von Cyrus Lockes Vergehen an mir…«

Ich hielt einen Moment inne, dann fügte ich zögernd hinzu: »Ich habe Sebastian damit getötet. Ich weiß das. Aber ich mußte es ihm sagen, um eine große Tragödie zu verhindern. Ich sagte ihm, er dürfe Ariel nie wiedersehen.«

Vivienne starrte mich durchdringend an und schüttelte den Kopf. »Und am Ende jener Woche nahm Sebastian sich das Leben. Aber das hätte er nicht zu tun brauchen. Er hätte seine Verlobung mit Ariel lösen können, und er hätte noch nicht einmal erklären müssen, warum.«

»Ja, Vivienne, Sie haben recht.« Ich stieß einen tiefen Seufzer aus und umschlang ihre Hand noch fester. »Ich wußte an jenem Tag nur, daß ich die Heirat zwischen Ariel und Sebastian verhindern mußte. Ich wäre niemals auf die Idee gekommen, daß er sich umbringen würde. Aber ich hätte es wissen müssen, ich hätte es mir denken müssen, als er sagte: ›Wie soll ich nur ohne sie weiterleben? Sie ist der einzige Mensch, den ich jemals wirklich geliebt habe.‹ Ich weinte, als er das sagte, und er weinte auch.«

Vivienne war sehr still. Ihre Augen waren feucht, und dann kullerten langsam Tränen ihre Wangen hinunter. Sie konnte nicht sprechen. Meine Kehle war ebenfalls wie zugeschnürt. Wir saßen einfach nur da, hielten einander an den Händen, jeder in seine eigenen Gedanken versunken.

Nach einer Weile riß Vivienne sich zusammen. »Sie haben mir zu Anfang gesagt, daß kein Mensch irgend etwas von dieser Sache weiß. Warum haben Sie es mir erzählt?«

»Weil Sie ein solches Bedürfnis hatten zu verstehen, warum Sebastian sich das Leben nahm. Ich spürte, wenn ich Ihnen nicht alles erklären würde, würde es Sie bis an Ihr Lebensende nicht mehr loslassen.«

»Danke, Gräfin Zoë, daß Sie sich mir anvertraut haben«, antwortete sie leise.

»Wissen Sie, liebe Vivienne, ich habe niemals begriffen, warum alles das geschah... warum ich Joe Anthony vor all den Jahren in Cannes begegnen mußte. Zufall? Schicksal? Ich kann es nicht erklären... ich glaube nicht, daß es irgend jemand könnte...«

»Wie tragisch das alles ist«, murmelte Vivienne. Sie blickte mir ernst in die Augen. »Ich habe ihn so sehr geliebt. Immer.«

»Ich weiß... und das ist ein weiterer Grund, warum Sie die Wahrheit erfahren mußten. Die Wahrheit befreit uns, Vivienne.«

Teil V

Vivienne
Ehrgefühl

36

Gräfin Zoës Haus am Faubourg Saint-Germain war sehr ruhig, als Hubert mir öffnete. Stiller als sonst, dachte ich, als ich ihm durch das mit Marmor ausgelegte Foyer folgte.

»Wie geht es Gräfin de Grenaille?« erkundigte ich mich, während Hubert mich die breite Treppe hinaufführte.

»Ein bißchen besser heute«, erwiderte er. »Sie hat sich wieder erholt. Sie ist eine höchst bemerkenswerte Frau, Madame Trent. Und sie freut sich darauf, Sie zu sehen.«

»So, wie ich mich auf sie freue, Hubert.«

Er führte mich den Korridor hinunter zu ihrem Schlafzimmer, ließ mich eintreten, entschuldigte sich und verschwand wieder, wie immer der perfekte Butler.

Ich blickte hinüber zu dem antiken Bett und sah zu meiner Überraschung, daß es leer war und die seidenen Bezüge glattgestrichen.

»Ich bin hier, Vivienne, ich sitze hier am Kamin«, sagte Gräfin Zoë mit einer Stimme, die kräftiger klang, als ich erwartet hatte. Heute morgen am Telefon hatte sie schwach geklungen. Ich war erschrocken gewesen, besorgt um ihre Gesundheit.

Ich drehte mich zu ihr um und durchquerte lächelnd den Raum. Ich stellte überrascht fest, daß sie sehr gut aussah. Hubert hatte recht, sie *war* bemerkenswert, wirklich außergewöhnlich. Ihr kastanienbraunes Haar war modisch frisiert, und sie trug Make-up, war perfekt geschminkt. Wieder einmal war ich verblüfft über das atemberaubende Aussehen dieser dreiundsiebzigjährigen Frau.

An diesem Nachmittag trug sie einen ritterspornblauen Seidenanzug, ganz offensichtlich ein Couture-Modell, und

Saphirohrringe. Die Farbe des seidenen Anzugs und der Ohrringe paßte genau zu ihren wundervollen Augen. Vom ersten Moment an, als ich ihr begegnet war, hatte ich ihre große Schönheit erkannt, und es hatte eigenartige Augenblicke gegeben, als sie mir sehr vertraut erschienen war. Ich war verwirrt gewesen und nicht in der Lage, dahinterzukommen, warum das so war. Jetzt wußte ich es. Sie erinnerte mich an Sebastian. Es waren natürlich ihre Augen. Wie ein Stück Himmel, dachte ich, genau wie seine gewesen waren. Sie hatten auch den gleichen Mund. Einen sensiblen, verletzlichen Mund.

Als ich neben ihr stehenblieb, sagte sie: »Ich bin froh, daß Sie wieder in Paris sind, Vivienne. Ich habe mich danach gesehnt, Sie zu sehen. Danke, daß Sie gekommen sind.«

»Ich hatte vor, heute vorbeizukommen«, erwiderte ich, während ich mich herabbeugte und sie auf beide Wangen küßte. »Ich war gerade im Begriff, Sie anzurufen und mich selbst zum Tee einzuladen, als Sie im Hotel anriefen.«

Sie lächelte mir zu und tätschelte meine Hand, die auf ihrem Arm ruhte. »Sie sind etwas ganz Besonderes für mich geworden, Vivienne.«

»So, wie Sie für mich, Gräfin Zoë.« Ich trug eine Einkaufstüte voller Bücher und stellte sie neben ihren Sessel, bevor ich fortfuhr: »Die hier sind für Sie. Ich hoffe, sie gefallen Ihnen.«

»Das werden sie ganz sicher. Sie scheinen meinen Geschmack sehr genau zu kennen, und wie nett von Ihnen, meine Liebe. Danke.«

Ich setzte mich in den Sessel ihr gegenüber und blickte sie erwartungsvoll an.

»Ich wollte Sie sehen, weil ich etwas für Sie habe.« Im Sprechen wandte sie sich zu dem Louis-quinze-Tischchen neben ihrem Platz um und griff nach einem kleinen Päckchen. Sie beugte sich leicht vor, als sie es mir reichte, und erklärte: »Dies ist für Sie, Vivienne.«

Ich war überrascht und rief: »Aber Gräfin Zoë, Sie brauchen mir doch keine Geschenke zu machen!«

Sie lachte leicht. »Ich weiß ... nun kommen Sie schon, öffnen Sie es.«

Ich tat es, entfernte das Seidenband und das goldene Geschenkpapier. Das kleine Samtkästchen in meinen Händen sah alt aus, und als ich den Deckel aufklappte, schnappte ich völlig überrascht nach Luft. Auf dem dunkelroten Samt lag eine herzförmige Brosche, über und über mit kleinen Diamanten besetzt, und in der Mitte war ein etwas größerer Diamant eingelassen. »Gräfin Zoë! Sie ist wundervoll! Aber ich kann dieses Geschenk nicht annehmen, es ist viel zu wertvoll!«

»Ich möchte, daß Sie sie haben. Harry Robson schenkte sie mir, als wir 1944 heirateten, und ich habe sie immer gemocht. Ich glaube, Sie werden auch Ihre Freude daran haben. Es ist sowohl eine Brosche als auch ein Anhänger. Wenn Sie auf die Rückseite schauen, werden Sie sehen, wie es funktioniert. Dort ist ein kleiner Haken, damit man sie an eine Kette hängen kann.«

»Aber dies ist etwas, was Sie Ariel oder Ihrer Schwiegertochter geben sollten.«

»Ist Ihnen noch nicht aufgegangen, daß Sie meine Schwiegertochter sind? Oder waren, als Sie mit Sebastian verheiratet waren.«

Ich starrte sie nur an, ohne zu sprechen. Natürlich hatte sie recht. Aber die Brosche war offensichtlich äußerst wertvoll, und es widerstrebte mir, sie anzunehmen.

»Das ist jedoch nicht der Grund, warum ich sie Ihnen schenke«, fuhr Gräfin Zoë fort. »Ich möchte, daß Sie ein Andenken haben, etwas Besonderes, was Sie an mich erinnert, wenn ...«

»Oh, Gräfin Zoë, ich werde Sie niemals vergessen, wie könnte ich das! Sie sind der außergewöhnlichste Mensch, den ich in meinem ganzen Leben kennengelernt habe.«

»Bitte nehmen Sie die Brosche an, Vivienne, Sie würden mich damit sehr glücklich machen. Es bereitet mir das größte Vergnügen, zu wissen, daß Sie jedesmal, wenn Sie sie anstecken, an eine alte Dame erinnert werden, die sehr an Ihnen hängt.«

»Sie reden, als würden Sie mich nicht wiedersehen. Aber das werden Sie! Jedesmal, wenn ich nach Paris komme!« rief ich.

»Das hoffe ich ganz sicherlich. Aber lassen Sie uns realistisch sein, meine Liebe. Ich bin eine alte Frau, und ich bin sehr krank. Sie wissen das, Vivienne. Und ich werde nicht für ewige Zeiten auf dieser Erde sein. Aber genug! Wir wollen heute nicht rührselig werden. Bitte nehmen Sie die Brosche an. Tun Sie es mir zuliebe.«

»Natürlich nehme ich sie an, Gräfin, und vielen, vielen Dank. Sie ist wundervoll, Sie sind sehr großzügig...«

Ich erhob mich und ging zu ihr, um ihr einen Kuß zu geben. Dann blickte ich in ihr emporgewandtes Gesicht und sagte: »Solange Sie nur wissen, daß ich die Brosche nicht brauche, um mich an Sie zu erinnern.«

»Aber ja, das weiß ich doch«, erwiderte sie. Ihre leuchtend blauen Augen blitzten plötzlich.

Ich spürte, sie war glücklich, und das machte mich zutiefst froh. Ich nahm das Diamantherz aus dem Kästchen und steckte es an meine Kostümjacke. »Na, wie sieht das aus?«

»Blendend«, sagte sie, blickte zu dem Schreibtisch am Fenster hinüber und fuhr fort: »Würden Sie mir bitte die Briefschatulle dort auf dem Schreibtisch bringen, Vivienne?«

Ich nickte und folgte ihrer Bitte. Dann setzte ich mich wieder in meinen Sessel am Kamin. Während ich mich in die antiken Gobelinkissen zurücklehnte, sah ich zu, wie sie die Schatulle öffnete und in ihrem Inhalt kramte.

Diese Frau hatte mich von dem Moment an fasziniert, als

ich ihr Haus betreten hatte, und wir hatten uns fast augenblicklich zueinander hingezogen gefühlt. Ich war vollständig ihrer Ausstrahlung erlegen; sie hatte etwas Einzigartiges an sich. Sie war ein verständnisvoller Mensch, intelligent, klug und mutig. So unglaublich tapfer. Wenn ich an die furchtbaren Dinge dachte, die ihr in ihrem Leben zugestoßen waren, fragte ich mich, wie sie das alles ertragen hatte, wie sie überlebt hatte. Es grenzte an ein Wunder, wie sie diese Tragödien gemeistert hatte, so voller Mut. Zoë de Grenaille war tatsächlich eine unbezwingbare Frau. Ich war von aufrichtiger Bewunderung für sie erfüllt, und ich hatte sie sehr ins Herz geschlossen.

»Vivienne?«

»Ja, Gräfin?«

»Dies ist Sebastians Geburtsurkunde. Bitte verbrennen Sie sie.« Sie reichte mir das Dokument und fuhr fort: »Sie können Sie lesen, wenn Sie möchten...«

Ich nickte, blickte auf das Schriftstück, das ich jetzt in der Hand hielt. Dort standen die Tatsachen, schwarz auf weiß. Sie entsprachen genau dem, was sie mir erzählt hatte. Die Namen tanzten vor meinen Augen. Cyrus Lyon Locke. Mary Ellen Rafferty Locke. Sebastian Lyon Locke. Reddington Farm, Somerset County, New Jersey. Und Sebastians Geburtsdatum, dritter Juni 1938. Wie oft hatte ich mit ihm an diesem Datum seinen Geburtstag gefeiert.

»Dies war der Anfang... der Anfang einer großen Tragödie«, flüsterte ich.

»Verbrennen Sie sie, Vivienne. Bitte.«

»Sofort.« Ich ging zum Kamin, kniete mich davor und übergab Sebastians Geburtsurkunde den Flammen.

»Jetzt das hier. Meine Heiratsurkunde.«

Ich hielt das Stück Papier, das die Vereinigung zwischen Mary Ellen Rafferty Locke und Cyrus Lyon Locke rechtskräftig gemacht hatte, und eine Woge von Zorn ergriff mich. Er war der Urheber allen Übels. Cyrus Locke. Wie schlecht er gewesen war. Ich zerriß die Heiratsurkunde in zwei Hälften und ließ die Stücke ins Feuer fallen.

»Dies ist das Foto, das 1960 im *La Chunga* aufgenommen wurde«, erklärte Gräfin Zoë und reichte mir das Bild. »Werfen Sie es ebenfalls ins Feuer.«

Mein Blick fiel auf das Foto. Ich mußte es mir einfach ansehen. Mir blickte ein Sebastian, den ich nicht gekannt hatte, entgegen. Ich erkannte ihn auf Anhieb, es stand völlig außer Zweifel, wer er war. Aber wie anders er aussah als der Sebastian, den ich gekannt hatte. Den älteren Mann. Auf dem Foto war er so jung, so unberührt vom Leben. Und die Zoë neben ihm war eine strahlend schöne Frau. Ihre Schönheit war in voller Blüte. Sie sah phantastisch aus. Kein Wunder, daß sie für Männer so unwiderstehlich gewesen war.

Als ich mir ihres Blickes bewußt wurde, legte ich das Foto auf die Holzscheite und beobachtete, wie es sich zusammenrollte und vollständig verbrannte. Dann wandte ich den Kopf, um Gräfin Zoë anzusehen.

»Sie haben sich gerade gewünscht, Sie könnten es behalten, Vivienne«, sagte sie langsam. »Und einen Moment lang hätte ich Ihnen fast gesagt, Sie dürften es an sich nehmen. Aber es ist besser, alles zu vernichten. Es ist nicht etwa so, daß ich Ihnen das Bild nicht anvertrauen würde, aber...« Ihre Stimme erstarb, und sie blickte weg.

»Ich weiß, daß Sie mir vertrauen. Und Sie haben recht, es ist besser so. Es wird Ihnen leichter ums Herz sein.

Sie seufzte unterdrückt und murmelte: »Lassen Sie mich sehen, was noch alles hier drin ist. Ach ja, meine Heiratsurkunde von Caxton Hall in Westminster, als ich Harry Robson heiratete. Kein Grund, die auch zu vernichten. Hier ist allerdings meine eigene Geburtsurkunde. Bitte verbrennen Sie sie.« Sie reichte mir das Dokument und lehnte sich wieder in ihrem Sessel zurück.

»Sind Sie sicher?« fragte ich. »Ich meine, es gibt eigentlich keinen Grund, diese Urkunde wegzuwerfen, oder?«

Sie überlegte einen Moment. Schließlich sagte sie leise: »Ariel und Charles wissen, daß ich in meiner Jugend Schauspielerin war und damals Zoë Lysle hieß. Sie wissen auch, daß ich verwitwet war, als ich Edouard heiratete – die Witwe von Harry Robson, angeblich mein erster Ehemann. Aber sie haben niemals den Namen Mary Ellen Rafferty gehört, und ich möchte alles verbrennen, was mich jemals mit der Familie Locke in Verbindung bringen könnte. Werfen Sie sie ins Feuer, meine Liebe. Bitte.«

Ich kam ihrer Aufforderung nach und erhob mich dann.

»Es war richtig, die belastenden Beweise zu vernichten«, fuhr Gräfin Zoë fort. »Ich würde auf keinen Fall wollen, daß Ariel oder Charles sie später finden. Aber ich bin froh, daß ich Ihnen alles erzählt habe, Vivienne. Ich glaube, ich habe eine Last von Ihren Schultern genommen, als ich Sie in mein Vertrauen zog, und es hat mir geholfen, mein Geheimnis mit Ihnen zu teilen. Es hat mich zwölf Jahre lang niedergedrückt, und mit Ihnen darüber zu sprechen war eine große Erleichterung für mich.«

Ich stand auf und ging neben ihrem Sessel in die Hocke. »Ich werde Ihr Vertrauen nicht enttäuschen«, sagte ich, während ich tief in diese faszinierenden blauen Augen blickte. »Ich werde niemals jemandem davon erzählen, solange ich lebe.«

Gräfin Zoë beugte sich näher zu mir, küßte mich auf die Stirn und berührte sanft meine Wange. »Ich weiß, daß Sie nichts von dem enthüllen werden, was ich Ihnen erzählt habe. Sie sind ein so lieber Mensch, so aufrichtig und loyal. Und Sie haben ein angeborenes Ehrgefühl. Sie wären ebensowenig fähig, etwas Schäbiges zu tun, wie Ariel.« Sie brach ab und schaute mich eindringlich an, als sie fortfuhr: »Sie sind wie eine zweite Tochter für mich geworden. Ich habe Sie sehr ins Herz geschlossen, Vivienne.«

»Danke für diese wundervollen Worte, Gräfin Zoë, und Sie sollen wissen, daß ich Sie auch sehr, sehr gern habe.«

Ein Lächeln spielte um ihren Mund und war gleich darauf wieder verschwunden. Ein plötzlicher Kummer schien sie zu quälen, und ihre Augen füllten sich mit Tränen. Sie griff nach meinen Händen, als sie mit gepreßter Stimme sagte: »Es ist, als hätte ich ein Messer genommen und es ihm ins Herz gestoßen. Ich bin für Sebastians Tod verantwortlich, Vivienne. Ich habe mehr als sieben Monate mit diesem Wissen gelebt, und es hat mich überwältigt. Der Kummer ist unerträglich.« Tränen rollten über ihre Wangen.

»Bitte, geben Sie sich nicht die Schuld an seinem Selbstmord, bitte!« erwiderte ich. »Sie mußten Sebastian die Wahrheit sagen. Es war das einzige, was Sie tun konnten. Sie konnten nicht zulassen, daß er Ariel heiratete. Das wäre gewissenlos und unverantwortlich gewesen.«

Sie suchte in ihrer Tasche nach einem Taschentuch. »Sein Tod ist ein Schatten auf meinem Herzen«, sagte sie.

Ich fuhr fort, sie zu trösten, und schließlich gewann sie ihre Fassung zurück.

Hubert brachte das Teetablett, schenkte zwei Tassen für uns ein und ging wieder.

Eine Weile tranken wir schweigend unseren Tee. Es war Gräfin Zoë, die als erste sprach. »Liebe ist das einzige, wofür es sich in dieser schrecklichen und unverständlichen Welt zu leben lohnt. Es ist das einzige, was unserer Existenz einen Sinn geben kann. Nehmen Sie den Rat einer alten Frau an, die fast alles gesehen und viel erlebt hat... schließen Sie keine Kompromisse, wenn es um die Ehe geht. O ja, Sie werden wieder heiraten, Vivienne, da bin ich mir absolut sicher. Aber Sie dürfen nur aus Liebe heiraten.«

»Ich weiß, und es gibt keinen anderen Grund, soweit es mich betrifft.«

»Wenn der richtige Mann kommt, dann werden Sie es wissen. Es wird Sie von den Füßen reißen, aber Sie werden sich Ihrer Gefühle sehr sicher sein, daran zweifle ich nicht.«

»Ich glaube, das werde ich, Gräfin Zoë.«

Ein leises Lächeln lag auf ihrem Gesicht, aber ich konnte die Tränen in ihren Augen schimmern sehen, als sie weich hinzufügte: »Oh, ich zweifle nicht an *Ihnen*, Vivienne. Ganz und gar nicht.« Es entstand eine Pause, bevor sie schloß: »Sie haben noch Ihr ganzes Leben vor sich. Leben Sie es gut von diesem Tag an.«

37

Von Gräfin Zoës Haus fuhr ich geradewegs zu dem Restaurant, wo ich mit Jack zum Dinner verabredet war.

Als ich mich im Sitz des Taxis zurücklehnte, nachdem ich dem Fahrer die Adresse des *Chez Voltaire* genannt hatte, überlegte ich, ob ich die Diamantbrosche abnehmen sollte. Sie steckte immer noch am Revers meiner Kostümjacke und machte sich phantastisch auf dem schwarzen Wollstoff. Ich beschloß, sie dort zu lassen, wo sie war.

Jack war schon da, als ich kam, und er stand von seinem Platz auf, als mich der Ober zum Tisch führte. »Ach, ist das schön, dich zu sehen«, sagte er und küßte mich auf die Wange.

Wir setzten uns. Ich schaute ihn über den Tisch hinweg an und meinte: »Ich freue mich auch, Jack.«

Er grinste mich an. »Du siehst heute abend ausgesprochen flott aus, Viv. Sehr schick. Tolles Kostüm. Woher hast du denn diese Brosche?«

»Die habe ich schon seit einer Ewigkeit«, erwiderte ich ausweichend und bereute es jetzt, daß ich sie im Taxi nicht abgenommen hatte.

»Sie sieht sehr nach einem Geschenk von Sebastian aus«, sagte er, winkte einem Ober und fragte: »Was möchtest du trinken?«

»Ich hätte gern ein Glas Sekt, Jack.«

»Gute Idee. Ich werde auch Sekt trinken. Ich habe in letzter Zeit nichts mehr für die harten Sachen übrig.« Er bestellte eine Flasche *Veuve Cliquot*, der Ober ging fort, um sie zu holen, und Jack fragte: »Also, hast du die Frau endlich aufgestöbert?«

»Welche Frau?« fragte ich, obwohl ich sofort wußte, wen er meinte. Ariel. Sie war das Thema unserer letzten Unterhaltung im *Château d'Cose* gewesen, vor wenigen Wochen.

»Na, die mysteriöse Frau in Sebastians Leben. Ariel de Grenaille natürlich«, erwiderte er.

»Nein, habe ich nicht«, erklärte ich. »Und ich glaube auch nicht, daß ich es tun werde.«

»Warum nicht? Du warst so übereifrig, was das betraf... so versessen darauf, mit ihr zu sprechen.«

»Nun, ich habe mich mit ihrer Mutter unterhalten, und Ariel ist in Afrika. Ich habe nicht vor, dorthin zu fahren, Jack. Ich glaube, es lohnt die Mühe nicht.«

»Das ist aber ein Meinungsumschwung! Und? Was hast du herausgefunden? Von der Mutter, meine ich?«

»Nicht besonders viel. Ariel lebt in Afrika. Dort war sie auch, als Sebastian Selbstmord verübte. Sie kann also auch kein Licht in die Angelegenheit bringen. Sie weiß nicht mehr darüber als du oder ich.«

»Ist sie tatsächlich Ärztin?«

»Ja.«

»Wissenschaftlerin?«

»Ja, sie arbeitet mit heißen Viren wie dem Ebola- und dem Marburg-Virus. Das hat mir ihre Mutter erzählt.«

»Himmel! Eine verdammt gefährliche Arbeit.«

»Richtig.«

Der Ober kam mit dem Sektkübel und machte sich daran, die Flasche zu öffnen. Damit war Jacks Fragerei fürs erste ein Riegel vorgeschoben. Aber kaum waren wir wieder allein, horchte er mich weiter über Ariel de Grenaille aus.

»War sie denn mit Sebastian verlobt?« fragte er beharrlich, ganz offensichtlich neugierig.

»Nach allem, was ich erfahren habe, ja. Sie hatten vor, irgendwann im Frühjahr zu heiraten. Ungefähr um diese Zeit. Wie Sebastian es mir ja schon erzählt hatte, Jack. Und das war's, mehr gibt es nicht dazu zu sagen. Außer, daß du von Anfang an recht gehabt hast. Wir werden niemals erfahren, warum sich Sebastian das Leben genommen hat. Es ist noch immer ein Rätsel.«

»Du hast also nicht vor, sie wegen der Biographie zu interviewen?«

»Nein, das werde ich nicht. Prost.« Ich stieß mit ihm an.

»Prost«, sagte er. »Übrigens, wie kommst du mit deiner Arbeit voran? Oder bist du vielleicht schon fertig damit?«

Ich lachte. »Nein, ich bin noch nicht fertig. Aber ich werde morgen nach Lourmarin zurückfahren, und ich bin fest entschlossen, meinen Artikel dort abzuschließen. Es fehlt nur noch der letzte Schliff.«

»Ich hatte gehofft, du würdest noch ein paar Tage in Paris bleiben«, murmelte er leicht enttäuscht. »Ich dachte, du könntest mir Gesellschaft leisten. Ich bin bis zum Ende der Woche in Weingeschäften hier.«

»Das würde ich ja gerne, aber ich muß wirklich zurück. Ich habe soviel zu tun, und mein Buch über die Brontë-Schwestern erscheint im Sommer. Ich werde ein bißchen Werbung dafür machen müssen, ein bißchen herumreisen, und jetzt im Moment brauche ich etwas Zeit für mich in *Vieux Moulin*. Ruhe. Ich muß eine Weile allein sein.

»Fährst du im August wie üblich nach Connecticut?« wollte Jack wissen.

»Ja, warum?«

»Kann sein, daß ich zu der Zeit auch dort sein werde. Auf der *Laurel Creek Farm*.«

»Das ist ja nicht zu glauben! Ich kann mir gar nicht vorstellen, daß du das Château verlassen würdest!«

Er lachte. »Ich habe mir überlegt, daß ich vielleicht ein paar Wochen dort verbringen werde. Ich werde ganz bestimmt nicht auf Dauer nach Connecticut übersiedeln, Vivienne.«

Ich lehnte mich in meinem Stuhl zurück und betrachtete ihn einen Moment. Er sah gut aus, schlanker und sehr viel gepflegter als sonst. Mir fiel auch auf, daß er in guter Stimmung war, fast milde, was ungewöhnlich für ihn war. Ich holte tief Luft und sagte: »Jack, ich möchte dich etwas fragen.«

»Schieß los.«

»Ich möchte, daß du mir fest in die Augen siehst und mir sagst, daß du Catherine Smythe nicht liebst.«

»Ach, Viv, jetzt hast du den Abend ruiniert, und dabei hat er gerade erst angefangen!«

»Liebst du sie?« drängte ich. Als er schwieg, fuhr ich unbarmherzig fort. »*Ich* bin's, Viv, die dir gegenübersitzt, deine älteste und engste Freundin. Und du kannst mich nicht an der Nase herumführen. Sieh mir fest in die Augen, Jack Lyon Locke, und sag mir, daß du sie nicht liebst.«

»Doch, das tue ich, aber…«

»O nein, Jack, nein. Kein Aber.«

»Wer hat dir die tolle Brosche geschenkt?«

»Wechsle jetzt nicht das Thema.«

»Okay, okay, ich liebe sie. Na und?«

»Ich habe Catherine vor zwei Tagen gesehen. Als ich in London bei meinem Verleger war.«

»Du hast sie gesehen!« Er setzte sich aufrechter hin und starrte mich eindringlich an. »Wie geht es ihr?«

»Sie sieht phantastisch aus. Sie hat einen wundervollen Teint, wie ein Pfirsich. Ich muß schon sagen, es gibt einige Frauen, die während der Schwangerschaft wirklich aufblühen, und sie ist eine davon. Und sie ist in großartiger Stimmung, glücklich über das Baby, und sie arbeitet hart an ihrem Buch über Fulk Nerra. Und sie hat vor, umzuziehen.«

»Wann?«

»Also, tatsächlich hat sie noch keine neue Wohnung gefunden, Jack, aber sie ist intensiv auf der Suche, und sie hofft sehr, den Umzug und alles hinter sich zu haben, bevor das Baby zur Welt kommt.« Ich blickte ihn an, wartete auf einen Kommentar oder eine Frage, aber er sagte nichts. Er trank seinen Sekt aus und sah sich suchend nach dem Ober um, der sofort herbeigeeilt kam, um sein Glas zu füllen.

Nachdem wir wieder allein waren, sagte ich: »Catherine liebt dich sehr, Jack.«

»Das kannst du deiner Großmutter erzählen«, knurrte er mißmutig.

»Ich weiß, daß sie dich liebt«, erwiderte ich sanft, »und ich weiß auch, daß sie gern mit dir zusammensein würde, mit oder ohne Trauschein. Jedenfalls denkt sie sehr frei über die Ehe, aber das weißt du ja.«

»Wenn sie mich so sehr liebt, wie du behauptest, warum hat sie mich dann verraten?« fragte er schmollend.

»Inwiefern hat sie dich verraten, Jack?« murmelte ich stirnrunzelnd.

»Sie ist schwanger geworden, obwohl sie wußte, daß ich keine Kinder wollte.«

»Ich glaube nicht, daß sie das absichtlich getan hat. Nach dem, was sie mir erzählte, war es ein Versehen. Ich möchte dich etwas fragen, nur aus Neugier. Warum bist du so gegen Kinder?«

»Ich bin überhaupt nicht gegen Kinder. Ich will nur keine eigenen haben.«

»Catherine sagt, du denkst, du könntest ein Kind nicht lieben. Weil du glaubst, daß Sebastian dich nicht liebte.«

Ein sardonisches Lächeln verzog seine Mundwinkel. »Das hat sie mir beim Abschied noch an den Kopf geworfen, wenn ich mich richtig erinnere. Und sie ist völlig übergeschnappt. Natürlich kann ich ein Kind lieben...«

»Warum fährst du dann nicht nach London und holst sie,

bringst sie nach Frankreich zurück? Ihr könntet ein wunderschönes Leben zusammen haben, Jack.«

»Kommt nicht in Frage, Viv. Allein bin ich besser dran.«

»Nein, das glaube ich nicht. Sie hat mir noch etwas anderes erzählt, Jack. Sie sagte, du hättest ihr Dinge über Sebastian anvertraut, aus denen sie schloß, daß er an einer psychischen Störung litt, die Dissoziation genannt wird.«

»Stimmt. Das hat sie mir auch alles an den Kopf geworfen! Eine Menge psychiatrischen Schwachsinn!«

»Nicht unbedingt, Jack. Es gibt eine solche Störung; ich habe mit einem Psychiater darüber gesprochen, den ich kenne.« Ich hielt inne und fuhr dann langsam fort: »Ich glaube, Catherine hat recht. Sebastian litt höchstwahrscheinlich daran.«

»Okay, okay, es geschehen also noch Zeichen und Wunder.«

»Nein, überhaupt nicht. Aber ich habe viel über ihn nachgedacht in den vergangenen Wochen, seit ich an seinem Portrait für die *Sunday Times* arbeite, und ich habe inzwischen eine andere Einstellung zu ihm bekommen.«

»Laß hören. Ich bin ganz Ohr.«

»Ich glaube, Sebastian hatte Probleme, ein intimes Verhältnis zu uns zu entwickeln, uns mit einer gewissen Intensität zu lieben. Er war einfach nicht dazu fähig, das Gefühl war nicht da. Schlicht und einfach: Es fehlte ihm. Und mit *uns* meine ich dich, mich und Luciana. Meine Mutter. Und wahrscheinlich alle Ehefrauen. Weißt du, er hatte niemals erlebt, was Mutterliebe ist, hatte zu *keinem* Menschen eine enge Beziehung entwickelt während der ersten Jahre seiner Kindheit, wenn es von so entscheidender Bedeutung ist. Und dennoch war er ein mitfühlender, warmherziger Mensch, Jack. Denk nur mal daran, wie besorgt er um den Zustand der Welt war, wie sehr er jenen in Not helfen wollte. Es war ihm möglich, enorme Wohltätigkeitsarbeit zu leisten, die Welt sozusagen als Ganzheit zu ›lieben‹, weil er mit all den Menschen da draußen keine enge Beziehun eingehen mußte. Er spendete riesige Summen und reiste durch die Welt, um sicherzugehen, daß es den Notleidenden auch wirklich zugute kam. Und er vermittelte den Eindruck, ein ›liebevoller‹ Mann zu sein.«

Jack hörte mir zu, nahm meine Worte in sich auf, und ich konnte spüren, daß sie auch bei ihm angekommen waren. Ich fuhr fort: »Sebastian bemühte sich so sehr, er tat sein Bestes für uns, und wir haben ihm wirklich etwas bedeutet, Jack. Tatsächlich hat er uns dreien immer gezeigt, wie sehr er an uns hing, hat es auf so viele verschiedene Arten demonstriert. Er hat dir das Château gegeben, weil *du* es so geliebt hast. Und nicht etwa wegen steuerlicher Vorteile, wie du ihm oft unterstellt hast. Er hat dich ermutigt, mit Olivier zu arbeiten und alles über Winzerei zu lernen. Ich weiß, er erwartete, daß du eines Tages *Locke Industries* und die Locke-Stiftung leiten würdest, aber er hat niemals gesagt, du könntest es nicht aus der Ferne tun, so, wie er es selbst immer getan hat. Und er hat nicht ein einziges Mal gesagt, du müßtest das Weingut aufgeben. Er hat Zeit mit dir verbracht, er hat dich zu so vielen Dingen ermutigt, als du jung warst. Sebastian hat geholfen, dich zu dem zu machen, was du heute bist.«

Jack blickte mich erstaunt an. »Was meinst du damit, er hat Zeit mit mir verbracht? Das hat er nie getan! Er war ständig auf Reisen, hat mir immer Luciana aufgehalst. Und dich, mein Schatz!«

Ich lachte ihm ins Gesicht. »Ach Gott, Jack, du klingst wie ein trotziger kleiner Junge. Und wenn wir schon mal dabei sind, *ich* war diejenige, die dich und Luciana aufgehalst bekam.«

Ich beugte mich vor und ergriff seine Hand, die auf dem Tisch lag. »Hör mir zu! Sebastian hat für dich getan, was in seinen Kräften stand. Ich weiß es! Ich habe es gesehen! Und er *hat* Zeit mit dir verbracht. Er hat dir Reiten beigebracht,

Tennis, Rudern und Schwimmen und tausend andere Dinge. Du hast das nur alles verdrängt, weil du ihn aus irgendeinem unerfindlichen Grund haßt. Ich weiß beim besten Willen nicht, warum. Und ich werde wohl nie verstehen, warum du nie ein gutes Haar an ihm gelassen hast.«

»Du hast ihn immer von einem anderen Blickwinkel aus betrachtet. Du siehst ihn eben anders als ich, Viv!« gab er zurück.

»Das stimmt in gewisser Weise, das gebe ich zu. Aber ich glaube, ich sehe ihn langsam realistischer. Ich weiß, ich habe ihn immer vergöttert. Und idealisiert. Ich habe jahrelang unter einer Krankheit gelitten, die man Heldenverehrung nennt. Aber ich bin dabei, das zu überwinden. Er war nicht perfekt, das habe ich inzwischen erkannt. Er war launisch und schwierig, und kaum ein Mensch hat sich so gequält. Deshalb war er oft so düster und mißmutig. Und ich glaube, seine Qual entsprang seiner schrecklichen Kindheit. Von Cyrus Locke und irgendeinem furchtbaren Kindermädchen aufgezogen zu werden und dann eine so unerträgliche Stiefmutter wie Hildegarde Orbach zu bekommen, muß der absolute Horror gewesen sein. Armer kleiner Junge. Wenn ich über seine Kindheit nachdenke, blutet mir das Herz. Tatsächlich hat er sich meiner Meinung nach unter diesen Umständen sehr gut entwickelt.«

Jack blickte mich eindringlich an, während er meine Worte verdaute. Er hatte einen seltsamen Ausdruck auf dem Gesicht, als er sagte: »Du scheinst seine Psychologie sehr genau entschlüsselt zu haben... glaubst du wirklich, daß er an Dissoziation litt?«

»Ehrlich gesagt, ja, Jack, das glaube ich.«

Er nickte. »Du hast gesagt, er hätte nicht intensiv lieben können. Willst du etwa behaupten, er konnte *dich* nicht lieben?«

»Ja, davon bin ich überzeugt. Ich glaube nicht, daß er mich liebte, nicht auf die Weise, wie du und ich jemanden lieben, Jack. O sicher, Sebastian sagte, er liebte mich, machte Lippenbekenntnisse. Und ich weiß, ich bedeutete ihm sehr viel, er war um mein Wohlergehen besorgt, und er hatte eine sexuelle Beziehung zu mir. Sogar eine sehr intensive. Aber sexuelle Leidenschaft kann man nicht als Liebe interpretieren.«

»Es geschehen tatsächlich noch Zeichen und Wunder«, murmelte Jack so leise, daß ich ihn kaum hören konnte.

»Ich sehe ihn in einem anderen Licht«, erklärte ich. »Ich verstehe ihn jetzt besser, das ist alles. Und ich liebe ihn nicht weniger als jemals zuvor. Meine *Sichtweise* von ihm hat sich geändert. Nicht meine Gefühle für ihn. Sie sind immer noch genau dieselben.«

»Ich verstehe.«

»Kannst du dich nicht im Zweifelsfall einmal für ihn entscheiden, Jack? Ich glaube, du würdest dich besser fühlen. Du hast keinen Grund, ihn zu hassen. Er war ein guter Vater.«

Er sagte nichts. Er saß nur da und starrte mich über den Tisch hinweg an, und plötzlich wußte ich, ohne daß er es aussprechen mußte, daß ich in sein Inneres vorgedrungen war. Und ich erkannte, daß er mich noch mehr als bisher respektierte, weil ich so aufrichtig zu ihm gewesen war.

Ich trank meinen Sekt. Auch ich schwieg.

Ganz unvermittelt rief Jack: »Aber er hat sich immer genommen, was ich haben wollte…«

»Was meinst du damit?« fragte ich verwirrt.

»Meine Herzensdame, zum Beispiel. Deine Mutter. Ich liebte Antoinette sehr.«

Ich war so schockiert, daß ich ihn mit offenem Mund anstarrte. »Jack, meine Mutter war eine *Mutter* für dich! Sie war eine erwachsene Frau. Sie hatten eine leidenschaftliche Beziehung. Sie betete ihn an. Worauf um alles in der Welt willst du hinaus?«

»Ich weiß nicht… ich hatte immer das Gefühl, ich wetteiferte mit ihm… um ihre Liebe und Aufmerksamkeit. Und um deine. Ich konnte es nicht fassen, daß er dich heiratete. Er hat dich mir weggenommen.«

»Oh, Jack, das tut mir so leid. Es tut mir unendlich leid, daß du mit diesen schrecklichen Gefühlen gekämpft hast, mit Frust und Zorn. Und ganz offensichtlich jahrelang. Aber Sebastian hat keinen Konkurrenzkampf gegen dich geführt, siehst du das denn nicht? Du warst ein kleiner Junge. Er war ein Mann, und einer, der unglaublich attraktiv für Frauen war.«

Jack seufzte schwer. »Ich schätze, es war genau andersherum… ich nehme an, *ich* habe einen Kampf gegen *ihn* geführt. Ist es das, was du sagen willst?«

»Ja, ich denke schon, Jack.« Ich beugte mich näher zu ihm. »Ich möchte, daß du etwas für mich tust. Und für dich selbst. Und es ist enorm wichtig, also hör mir bitte zu, und fang nicht an, dich suchend im Lokal umzusehen.«

Er konzentrierte seinen Blick auf mich. »Ich höre, Viv.«

»Ich möchte, daß du nach London fährst. Sofort. Ich will nicht, daß du noch mehr Zeit verschwendest. Hol Catherine und bring sie nach Aix-en-Provence zurück. Ich möchte, daß du sie augenblicklich heiratest, damit das Baby ehelich ist, wenn es auf die Welt kommt.«

»Warum?«

»Weil ich möchte, daß du dein Leben noch einmal neu beginnst. Ich möchte einen neuen Anfang für dich, einen neuen Anfang für die Locke-Dynastie. Das Baby, das Catherine erwartet, ist die Zukunft der Dynastie. Und Catherine selbst ist deine Zukunft, Jack. Du wirst niemals jemanden treffen, der besser zu dir paßt als sie. Und sie liebt dich sehr.«

Er saß reglos da, hörte aufmerksam auf jedes Wort.

Ich lächelte schwach. »Es ist seltsam, weißt du«, fuhr ich fort. »Ich habe gerade erkannt, daß Catherine dich auf genau die gleiche Weise liebt, wie ich Sebastian liebte.«

Er lehnte sich in seinem Stuhl zurück und warf mir einen fragenden Blick zu. Und ich mußte unwillkürlich denken, wie sehr er seinem Vater in diesem Moment ähnelte. Seine blauen Augen richteten sich intensiv auf mich, und er hob eine dunkle Braue. »Und was heißt das?« fragte er schließlich.

»Von ganzem Herzen, mit Körper, Seele und Verstand«, erwiderte ich.

38

In der Ruhe der alten Mühle in Lourmarin hatte ich mich wieder gründlich erholt, so, wie ich es vorhergesehen hatte. Das war einer der Gründe, weshalb ich so gern in die Provence zurückkehrte, um in der Stille meines Hauses zu schwelgen, seine Schönheit und die Schönheit meines Gartens wiederzuentdecken, meinen inneren Frieden zu finden.

Die Stille und Abgeschiedenheit in den vergangenen zwei Wochen war ein Geschenk des Himmels gewesen. Ich hatte meine Gedanken sortiert und Ordnung in das Chaos in meinem Kopf gebracht.

Und jetzt war alles klar für mich. Ich hatte die ganze Geschichte begriffen und war endlich mit mir selbst im reinen.

Ich hatte mich verändert.

Ich würde niemals wieder wie früher sein.

Und ich würde auch die Welt niemals mehr auf die gleiche Weise sehen.

Einflüsse, die sich meiner Kontrolle entzogen, hatten diese Veränderungen in mir bewirkt – Sebastians Selbstmord, Gräfin Zoës Geständnisse, Catherines Einsichten, meine neugefundenen Erkenntnisse über jene, die ich zu kennen geglaubt, aber in Wirklichkeit überhaupt nicht gekannt hatte. Und mein neues Selbstverständnis.

Jack und ich standen uns näher als je zuvor, vielleicht weil ich mich so offen über Sebastian und meine veränderte Wahrnehmung von ihm geäußert hatte. Und irgendwie habe ich Jack geholfen, die Zukunft jetzt klarer als früher zu sehen.

Jack hatte endlich mit sich selbst Frieden geschlossen. Er hatte den Haß gegen seinen Vater begraben; der Tumult in seinem Inneren war bezwungen. Jack war dem Rat gefolgt, den ich ihm in Paris gegeben hatte. Er war nach London gefahren, um mit Catherine zu sprechen, und hatte sie nach Aix-en-Provence zurückgeholt. Zusammen war es uns gelungen, sie zu überzeugen, seine Ehefrau zu werden.

Sie haben gestern im *Château d'Cose* geheiratet.

Es war eine intime Hochzeit. Wir waren uns alle einig gewesen, daß es nicht anders sein sollte. Olivier Marchand und seine Frau Claudette waren anwesend, zusammen mit Madame Clothilde und ihrem Mann Maurice und einigen der anderen altgedienten Mitarbeiter, mit denen Jack und ich aufgewachsen waren.

Luciana war in New York und hatte leider nicht kommen können. Aber sie hatte Jack kurz vor der Trauung angerufen, um ihm zu gratulieren und ihm alles Gute zu wünschen. Und sie hatte auch mit Catherine gesprochen.

Anschließend hatten wir im Garten Mittag gegessen. Es war so ein schöner Maitag gewesen; der Flieder war voll erblüht, und Catherine war eine bezaubernde Braut gewesen in einem blaßrosa Kleid und passendem Mantel, was ihr rotes Haar besonders gut zur Geltung brachte. Jack hatte noch nie in seinem Leben besser ausgesehen. Er trug einen dunkelblauen Anzug, ein weißes Hemd und eine graue Seidenkrawatte und sah Sebastian ähnlicher als je zuvor. Ich hatte ihn noch niemals so glücklich gesehen. Ich freute mich unendlich für ihn, freute mich für sie beide. Sie würden schon zurechtkommen, die zwei. Ich hatte keine Befürchtungen.

Ich stand von meinem Schreibtisch auf und ging durch die Bibliothek zu der Terrassentür, die auf den Garten hinausblickte. Einen Moment lang stand ich nur da und schaute hinaus, dachte, was für ein herrlicher Abend es war. Dann stieß ich die Tür auf und trat auf die Terrasse hinaus.

Mein Blick wanderte in die Ferne.

Der Himmel veränderte seine Farbe, während die Sonne im Westen unterging. Die Farben entlang des Horizonts waren atemberaubend. Zinnoberrot und Orange verliefen zu Pfirsichfarben und Gold, Violett verschmolz mit dunklem Amethyst, und helles Lila zog sich in fransigen Streifen durch das blasseste Rosa. Es war der prachtvollste Sonnenuntergang, den ich seit langem beobachtet hatte.

Das Licht, das hinter dunkler werdenden Wolken hervorströmte, sah fast übernatürlich aus, als stammte es aus einer verborgenen Quelle unterhalb der düsteren Hügel.

Erst das Schrillen des Telefons zwang mich, meinen Blick von dem faszinierenden Farbenkaleidoskop am Himmel loszureißen.

Ich eilte in die Bibliothek und griff nach dem Hörer. »*Vieux Moulin*. Hallo?«

»Ich möchte bitte mit Madame Trent sprechen.«

»Am Apparat. Hubert, sind Sie das?«

»Ich bin's, Madame. Guten Abend...« Er brach ab, seine Stimme zitterte, als er sich um Beherrschung bemühte.

Ich wußte, was er sagen würde, wußte bereits, welche Nachricht er mir mitteilen wollte, bevor er erneut sprach. »Geht es um Gräfin Zoë, Hubert?« fragte ich leise.

»Ja, Madame. Sie ist vor ein paar Augenblicken gestorben. Sie spürte, daß es heute nachmittag mit ihr zu Ende gehen würde. Sie bat mich, Ihnen Bescheid zu sagen. ›Rufen Sie Madame Trent sofort an, Hubert. Sie muß es augenblicklich erfahren.‹ Das war es, was sie zu mir sagte. Es war ihr letzter Wunsch. Sie ist ganz sanft eingeschlafen, Madame. Und sie war im reinen mit sich.«

»War ihr Sohn Charles bei ihr, Hubert?«

»Ja. Monsieur le Comte hat an ihrem Bett gesessen, zusammen mit seiner Frau und seinem kleinen Sohn. Und Mademoiselle Ariel. Monsieur hat die Einwände seiner Mutter letzte Woche schließlich beiseite geschoben und seine Schwester aus Afrika zurückgeholt.«

»Ich bin so froh, daß sie alle bei ihr waren«, sagte ich mit zitternder Stimme. Ich wischte die Tränen von meinen Wangen. »Danke, daß Sie mir Bescheid gesagt haben, Hubert. Guten Abend.«

»Guten Abend, Madame.«

Ich legte den Hörer auf und kehrte auf die Terrasse zurück. Ich ging die Treppe in den Garten hinunter, den Sebastian und ich vor so vielen Jahren gemeinsam angelegt hatten.

Wie schön er heute abend aussah. Viele der Blumen hatten dieses Jahr früh geblüht. Die Beete waren ein Meer von Farben, und die milde Abendluft war vom süßen Duft der Blüten erfüllt.

Ich blieb stehen und blickte auf meine Lavendelfelder hinaus und auf die Wiesen dahinter. Alles verschwamm vor meinen Augen. Ich konnte nichts sehen durch meine Tränen.

Meine Gedanken waren bei Gräfin Zoë. Sie hatte mir klargemacht, daß die Vergangenheit unabänderlich war. Meine Vergangenheit war Sebastian, und ein Teil von mir würde immer ihm gehören. Aber ich hatte ihn gehen lassen... ich hatte seinen Geist endlich ausgetrieben. Und jetzt konnte ich mit meinem Leben weitermachen. Wie Jack konnte ich noch einmal ganz neu anfangen.

Gräfin Zoë hatte mich befreit.